漢語詞彙

（重排本）

孙常叙　著

商務印書館

2010年·北京

图书在版编目(CIP)数据

汉语词汇/孙常叙著.—北京:商务印书馆,2006
ISBN 978－7－100－04956－6(重排本)

I. 汉… II. 孙… III. 汉语－词汇－理论研究
IV. H13

中国版本图书馆 CIP 数据核字(2006)第 026167 号

HÀNYǓ CÍHUÌ

汉 语 词 汇
(重排本)

孙常叙 著

商 务 印 书 馆 出 版
(北京王府井大街36号 邮政编码 100710)
商 务 印 书 馆 发 行
北京瑞古冠中印刷厂印刷
ISBN 978－7－100－04956－6

2006 年 7 月第 1 版　　　　开本 850×1168　1/32
2010 年 9 月北京第 2 次印刷　　印张 17¼
定价:36.00 元

内 容 简 介

　　本书是以马克思主义语言学说为指导思想,以现代汉语实词为主要研究对象,从理论和实际就"词""词汇和基本词汇"以及"词汇音变"三方面分别地试论了汉语词汇的一些主要问题和一般规律。

　　第一部分论述汉语词的性质、结构、词义、造词法。

　　第二部分前半综论现代汉语词汇的性质以及它和古汉语词汇的关系和区别,同音词、多义词、同义词、近义词和反义词几种词在词汇里的相对关系,分别地说明了汉语方言词汇、专业词汇、同行语词汇和外来语词汇;后半阐述基本词汇的性质、现代汉语基本词汇以及汉语基本词汇的累积、传承和发展。

　　第三部分论述汉语词的造词音变和说话音变。

再 版 序 言

恩师的大著《汉语词汇》,自 1956 年问世至今,已整整五十年了。这半个世纪,语言学以及词汇学日新月异,而硕士生、博士生及其导师、其他学者引用或转引《汉语词汇》的,有增无减。这说明《汉语词汇》在变量中有恒量,有经久难变的学理。学术研究一般都是在变量中寻求恒量,穷源溯流,占领旧高峰,攀向新高峰。

《汉语词汇》恒量中的学理有:(1) 词的性质,(2) 词的结构,(3) 词义的性质,(4) 词义的发展转变,(5) 造词法,(6) 现代汉语词汇的性质、形成、判别,(7) 同音词,(8) 多义词,(9) 同义词,(10) 近义词,(11) 反义词,(12) 方言词汇,(13) 专业词汇和同行语词汇,(14) 外来语词汇,(15) 基本词汇,(16) 词汇音变。这些研究,在现代汉语词汇学历史上,都有开掘源头之功。因此,中国外语界泰斗王宗炎教授认为"孙是汉语词汇学的开路先锋之一"。(《汉语词汇学的新探索》,载《语文建设通讯》1998 年 10 月)

草创的首功,更在于构建体系。全书把上述 16 个研究点,编织在首创的多层次体系之中:三纲(词,词汇,音变),九目(词的性质和结构,词义,造词法,词汇,词在词汇里的几种相对关系,几种特殊性的词汇,基本词汇,基本词汇的累积、传承和发展,词汇音变),三十三章,九十四节。

开创体系的业绩,在于分清轻重主次,确定主攻方向,瞄准要占领的高峰。16 个研究点中有两个重点:"基本词汇",用了两篇,九章,106 页,详论了现代汉语基本词汇的性质、推寻、核心、累积、传承和发展等主要问题;"词汇音变"是三纲鼎立的一纲,篇幅虽然不多,可是地位独特。

一个主攻方向是造词法。在中国语言学史上,从科学意义上,先生第一次把造词法跟构词法并列,予以区分界定,并且构建了造词法体系。当年的《中国语文》编委郑林曦(1959,《试论成词的客观法则》)认为,造词法的研究,在认识词的方法上更加容易求得客观的效果。这一开创性成果,引领出几本"造词法"专著,多本词汇学的"造词法"专章。

大著不仅是汉语词汇学者的主要参考书,而且是英、法、日、俄等外语词汇学者的主要参考书。例如梁守锵的《法语词汇学》(商务印书馆,1964)把《汉语词汇》列为有限的几部参考书之一,谢米纳斯博士的俄文版的《现代汉语词汇学》(1992)引用了先生的同义词等观点,郭列洛夫功勋科学家的俄文版的《汉语词汇学》(1984)引用了先生的 36 个观点。

这样的开创性的成绩,似乎并没有引起先生的兴奋。大著,只是应付教学急需而撰写的讲稿,未做后续研究。直到大著出版第七年,带不才——人读研究生时,还没把大著列为必读书或参考书;列为必读书的,三学期依次为:郭沫若的《甲骨文研究》、《两周金文辞大系图录考释》,朱骏声的《说文通训定声》,王念孙的《广雅疏证》。可见,先生的兴奋点,还是在古文字上。因为,他童年从父学《说文解字》,少年学《说文古籀补》,习作有《金石小集》、《石鼓文简释》,青年师从高亨,问学罗振玉,皆攻甲金篆。25 岁在山东大学

《砺学》上发表论文《释监》,26 岁在专科学校教书时有自书的楷体石印《文字学》面世,34 岁有自书的楷体油印《周客鼎考释》行世,54 岁报告《天亡毁问字疑年》(我跟省吾先生不约而同去听讲),72 岁发表《则、瀍度量则、则誓三事解》(《古文字研究》第 7 辑),90 寿诞终于有集腋成裘的 55 万字的《孙常叙古文字学论集》尽付剞劂(东北师范大学出版社)。先生不仅毕生钻研古文字学,而且工于甲金篆隶楷行等书法。他的《龟甲兽骨文字集联》(东北师范大学出版社,1987 年)以反映甲文书法艺术为主,也可一睹隶楷行的神韵。《汉语词汇》封面隶书题签即是先生的神工天巧。《〈楚辞·九歌〉十一章的整体关系》(《社会科学战线》1978 年创刊号,后出专著《〈楚辞·九歌〉整体系解》)插图"国殇""湘夫人""河伯""山鬼"等工笔国画,也皆是先生的神来之笔,中国美术家协会当以有这位佼佼会员而自豪。

先生的古文字学、训诂学、书画天赋,在《汉语词汇》中时时显露峥嵘,常常画龙点睛,更是取精用宏。

管窥先生才学识,仅见上述一斑。先生的为人,"仰之弥高,钻之弥坚"。至人藏辉,与时盈缩卷舒,绝不"乱说乱动"。那漫长的十年岁月,他周围有成千人在"动乱",又经过层层发动,就是贴不出几张揭发他的大字报。到教授成批下乡插队落户的时候,东北师范大学中文系也只好把他和逯钦立教授留下,继续搞"斗批改"。也许跟为人的"高""坚"有关,先生当了几十年系主任和名誉系主任,十几年省社联副主席、省语言学会理事长。

先生用自己的德才学识,培育出张静、王凤阳、武占坤、王勤、马国凡、刘伶、孟维智、张成材、高葆泰、朱振家等一代代学有专长的学生。唯末学驽钝,不敢自矜。

再版前,责任编辑李智初确认了作者生前的一些订补,校改了书中的个别字词,统一了引文体例,把繁体字改为简体字。为尊重文献的历史性,余皆保持原貌。

受业　张志毅　拜记

2005 年 9 月 7 日

乙酉　鸡年　白露

叙　言

我国是世界上研究语言最早的国家之一。

我们先代研究自己语言是以词汇为主要对象，从词的研究开始的。

汉语词汇研究历史虽然很长，可是成为独立的专门科学却是比较晚的。

我国词汇研究最初是和哲学浑融在一起的。那时把现在所说的词叫做"名"。许多学派考虑到"名""实"问题。甚至有直以"名"为论学中心从而以"名"名家的。

把词汇研究从哲学里分化出来使它成为独立的学问，大约是在公元前三世纪左右。当时由于从前代传承下来而且还在发展着的口头语言和因袭着前代文学语言的书面语言之间，已经有了一定距离，而社会新的经济政治文化生活对于文学语言的学习和使用也比过去越来越多，古今方国词汇的综合比较研究已经是水到渠成了。

这时，在思想上也有人从存在、认识和词之间的一般"名""实"关系辩证，进入词的语言本质探求。赵人荀卿是当时的杰出人物。他在他的"正名"篇里，不仅揭出了"所为有名，与所缘以同异，与制名之枢要，"而且也认识到词的假定性和社会性，指出"名无固宜，约之以命，约定俗成谓之宜。"在一定意义上，可以说他是我国词汇理论研究的开山。

这时，在实际工作上不仅先后地写成了"史籀"三"苍"等词汇韵语读本,而且在这以后辑录了比较丰富的同义词汇、分类词汇和一部分成语词汇,汇总地编辑成了我国第一部词书——《尔雅》,使词汇研究脱离了附庸地位。

此后,公元一世纪初,成都扬雄继承前代的余绪,"怀铅提椠,从诸计吏,访殊方绝域之语,"写成我国第一部方言词汇手册——《輶轩使者绝代语释别国方言》。

公元二世纪,北海刘熙鉴于"名之于实各有义类,百姓日称而不知其所以之意,故撰天地阴阳四时邦国都鄙车服丧纪下及民庶应用之器,论叙指归,谓之《释名》。"写成了我国第一部词义研究和语源试探的专著。

我们先代在研究词汇的同时也进行了词的书写符号——文字的研究。起初还没有明确的文字概念。他们的文字研究是在词汇的基础上进行的。因此,有时从符号所标记的词来说,把文字叫"名";有时因为它是"名"的另一形式,有些像人的"名"和"字"的关系似的,比拟地把它叫"字";有时从写画出来的纹样来说,把它叫"文";*也有时从写词的行为来说,把它叫"书"。在写词的观点上,他们从当时应用的象形文字中,归纳出六种书写词的方法。这六种写词方法是象形、象事、象意、象声、转注、假借,综合起来叫做

---

* 许慎《说文解字序》:"仓颉之初作书,盖依类象形,故谓之'文'。其后,形声相益,即谓之'字'。——'字'者,言孳乳而浸多也。"郑樵《通志总序》,根据许慎的意思,用八个字来解说"文"和"字"。他说:"独体为'文',合体为'字'。"后来学者差不多都在许郑的界说下来理解"文""字"。常叙按:《左传》:"夫文、止戈为武,"(宣12)"于文皿虫为蛊,"(昭元)把一些合体字也叫做"文"。殷周文字,形声已繁,先秦无称"字"者。"形声相益"之说,并不合事实。实际上就连许慎本人也并没有这样做。他在《说文解字序》中说:"此十四篇,五百四十部,九千三百五十三文,重一千一百六十三,解说凡十三万三千四百四十一字。"正如顾炎武所说,他是以"篆书谓之'文',隶书谓之'字'"。因此,在我的"词汇—文字学"中不用许郑两家之说。

"六书"。——"六书"只是词的六种写法。

汉语的不断发展,从先秦传承下来的文学语言到两汉,特别是后汉,口头语言和书面语言的距离,比《尔雅》时代更远更大,而词的书写形式从秦以来逐渐质变,早已转成表意文字。过去的同义词汇和六种写词方法已经不能满足和解决生活上学习上的需要和困难。为了更好地"通古今之邮""达四方之情",就书面语言作说"文"、解"字"、通"训"、定"声"的工作遂成了当务之急了。注解旧文的训故之学大行,文字研究不期而然地渐渐抬起头来。词的语言性质在认识上逐渐模糊,前此方兴未艾的词汇研究慢慢地相对地微弱下来。

公元1世纪末,汝南许慎以小篆为主,集文字研究的大成,他"博问通人,考之于(贾)逵,"写成了一部不朽的著作,我国第一部字书——《说文解字》。

魏晋以后文字势力日益发展,终于取词的地位而代之。前此词和词的书写形式的关系已被淡忘,而文字的形、音、义三要素思想逐渐形成。过去的词汇——《尔雅》及其后继的一切"训故"工作,在认识上也因之改变,变为古今字义研究部分。积习所至,使人只有文字观念,没有词汇思想。发展到近代只能形成文字学、音韵学、训诂学,单单在语言科学中缺一个主要部门,没有词汇学。这并不是偶然的事情。

在文字研究占统治地位的时代里,词汇研究虽然逐渐相对地微弱下去,但这并不是完全断绝了的。除一部分人模仿《尔雅》写了一些"雅"之外,方言词汇和外来语词汇也都先后地有人写了不少东西。而且在文字研究中有时接触了词的语源问题,王圣美"右文"说,当时虽然没有意识到词,但是从词汇学看来,却是一个很好的发现。

其中值得特别注意的是在汉语新旧质变中一些反映词汇新质特点的口头语词研究。这项工作在汉魏六朝就已展开。例如:服虔《通俗文》、李虔《续通俗文》、沈约《俗说》、刘霁《释俗语》、王劭《俗语杂字》等等都是。这些书可惜早已佚失了!唐宋以后,有人写书。例如:李少通《俗语难字》;有人作笔记。例如:洪迈《容斋五笔》等书的某些部分。这项工作不但始终未曾消歇,而且越晚越多起来。

明清以来作者更多。散在专著和笔记里的,这里不能列举。成为专书的,就眼前常见的来说,例如:翟灏《通俗编》、梁同书《直语补证》、钱大昕《恒言录》、郝懿行《证俗文》、罗振玉《俗说》、李鉴堂《俗语考原》等等都给汉语词汇研究提供了很多有用的材料。

在以古汉语作文学语言的时代里,在文字形音义三要素的观念下,这一些词汇研究工作是不被一般人重视的。

汉语词汇研究在中国语言学中的地位是在中华人民共和国成立之后,在约·维·斯大林《马克思主义与语言学问题》的启示之下,才有意识地恢复起来的。

现在我们正有许多学者在研究词汇。在杂志上有时见到一些概论性的文章,也有时展开个别问题的争论。情况是很好的。不过这个科学研究现时只是刚刚开始,有许多问题一时还不能得到很好解决,也有些问题一直还没有接触。材料工作做得不多,理论研究做得更少,比起已有一定规模的汉语其他科学来,困难还是比较多的。

我们有自信。因为我们有好多学者在努力,有马克思主义语言学说在指导,有苏联先进的词汇科学作参考,汉语词汇科学的建立是一定可以成功的。

汉语词汇学的建立是我国既有语言研究的恢复和光大，也是我人民中国语言科学中的一个创举，社会主义文化建设中的一件大事！

汉语词汇研究在我国语言学科中是最老的一个，也是最年轻的一个。

我很喜爱这一年轻的科学。现在还正在学习。对它既没有什么研究也更没有什么心得。

这个稿本只是在暂时还没有汉语词汇专书之前，为了解决本校中国语文函授班和汉语、现代汉语研究生班同学们学习上的困难，就自己平时一点点的体会作为学习上的参考试写而成的。

初稿是在1954年7月着笔，1956年3月完成的。1956年4月到6月作了一次修订。同年7月到9月又在修订本的基础上作了第二次修改。

我是把它分作三个部分来写的。

第一部分是词。这里分作三篇来说明：第一篇是词的性质和结构。第二篇是词义。论到词义的性质、发展和转变。第三篇是造词法。从造词的几种基础说到各种造词方法以及汉语造词法中的新旧质。

第二部分是词汇和基本词汇。分作五篇来说明：第一篇是词汇。从词汇的一般性质说到现代汉语词汇的民族语言问题；也说到现代汉语词汇它是如何发展来的，以及它和古汉语词的区别。第二篇是词在词汇中的几种相对关系，论述同音词、多义词、同义词、近义词、反义词的性质和种类。第三篇是几种特殊性的词汇，论述方言词汇、专业词汇和同行语词汇以及外来语词汇的性质和种类。第四篇是基本词汇。这里从基本词的性质说到汉语基本词汇，并提出如何从现代汉语词汇中推寻基本词的几条线索。最后说到现代汉语基本词汇的核心——根词问题。第五篇是基本词汇的累积、传承和发展。这里也论到基本词汇历史稳定性的认识问题以及它的稳固性和对强迫同化的抵抗性。

第三部分是词汇音变。把音变提到词汇里来研究，这还是一个尝试。在这一部分里，先说词汇音变和它的种类，然后论到研究词汇音变的目的和方法；接着用普通话和东北方言词例分别说明汉语造词音变和说话音变。

这三部分虽然论列了一些问题，但是并没有涉及汉语词汇问题的全部。例如：复合词、词的节缩等等，这些问题须待以后再作补苴。

我自己的实力是很微弱的。语言学理论和汉语基础知识都是很不够的。在科学工作上也没有经过多少锻炼。这个稿本虽然很不成熟，有些地方还需要向大家学习和商量，但是单凭我个人还是写不出来的。

使我能以结合教学进行初步研究写出这一稿本来，是和以下几方面的力量分不开的：

首先，是马克思主义语言学说的指导，苏联先进的词汇学启示，和我国古今学者的研究成绩——特别是现代学者研究成绩分不开的。没有这些，我是没有力量使这本草稿"凿空"而出的。

其次，在我校和教研室的几次科学报告会上，在我系现代汉语和汉语研究生班汉语词汇课课堂讨论中，各位同志和同学的批评和建议；在我校函授教学，各位辅导老师、各地同学以及几处使用本书初稿的中学教师进修学院的老师和同学，从实际教学工作中提出来的问题和意见，都随时给我不少启发和帮助。初稿得以在短时间内一再修补，是和这些位同志们的热情关怀分不开的。没有他们的耐心指导，纰缪疏漏的地方恐怕比现在还要多得多的。

再次，几位来信索稿的师友也给我很大鼓励和督促，深情厚谊是令人难忘的。

最后，更主要的是我校领导上的信任和支持。这是使我能战胜许多困难，初步完成这一试探工作的主要关键。

在这个年轻的汉语科学面前，我还是一个小学生。有许多应该知道的东西我还不知道，而所知道的这一点点也可能还有些不够正确的地方。"无鉴于水，当鉴于人。"为了更好地正视自己，改正错误以提高工作，我毅然地同意系的出版计划，把它公开出来，想用它作为我向各位语言学家、语文工作者问学的"赘礼"和发言提纲。希望各位专家学者师友同学以及所有关心这门科学的先生们给我更多的批评和帮助！

如蒙指教，来信请寄长春市东北师范大学中国语言文学系古汉语教研室。

孙常叙

1956 年 9 月

目　　录

第二篇　词　　义

第三篇　造词法

第二篇　词在词汇里的几种相对关系

第三篇　几种特殊性的词汇

第三部分　词 汇 音 变

本书使用的标音符号

为了便于分析和说明词的语音形式,本书使用了国际音标。除一部分拟音和说明上的需要外,一般的都使用宽式来标音。

这里先把国际音标(以宽式为主)和汉语拼音方案、注音字母对照地表列出来;然后再用音标表说明在汉语研究上常使用的一些音素的发音部位和方法。有些在对照表里没有列出来的音素,可以从音标表里按照指示的部位和方法得到它的发音。

壹　标音符号对照表

一　辅音符号对照表

国际音标 （宽式）	汉语拼音方案	注音 字母	北京音例
［p］	b	ㄅ	布［pu］的辅音
［p‘］	p	ㄆ	普［p‘u］的辅音
［m］	m	ㄇ	母［mu］的辅音
［f］	f	ㄈ	夫［fu］的辅音
［v］		万	
［t］	d	ㄉ	搭［ta］的辅音
［t‘］	t	ㄊ	他［t‘a］的辅音
［n］	n	ㄋ	那［na］的辅音
［l］	l	ㄌ	拉［la］的辅音
［k］	g	ㄍ	该［kai］的辅音
［k‘］	k	ㄎ	开［k‘ai］的辅音
［ŋ］	ng	兀	

[x]	h	ㄏ	咳[xai]的辅音
[tɕ]	j	ㄐ	居[tɕy]的辅音
[tɕ']	q	ㄑ	区[tɕ'y]的辅音
[ȵ]		ㄫ	
[ɕ]	x	ㄒ	须[ɕy]的辅音
[tʂ]	zh	ㄓ	粘[tʂan]的辅音
[tʂ']	ch	ㄔ	搀[tʂ'an]的辅音
[ʂ]	sh	ㄕ	山[ʂan]的辅音
[ʐ]	r	ㄖ	然[ʐan]的辅音
[ts]	z	ㄗ	糟[tsau]的辅音
[ts']	c	ㄘ	操[ts'au]的辅音
[s]	s	ㄙ	骚[sau]的辅音

二 元音符号对照表

国际音标		汉语拼音方案	注音字母	北京音例
（宽）	（严）			
[i]	[i]	i	ㄧ	衣[i]
[e]	[e]	ê	ㄝ	威[uei]里的[e]
	[ɛ]			掀[iɛ]的后一元音
[a]	[æ]	a	ㄚ	哎[ai]的前一元音
	[a]			
	[A]		ㄚ	
	[ɑ]			昂[ɑŋ]的元音
[o]	[ɔ]	o	ㄛ	窝[uo]里的[ɔ]
	[o]			欧[ou]的前一元音
[u]	[u]	u	ㄨ	乌[u]
	[ɐ]			东北音"二"[ɐɻ]里的[ɐ]

[ə]	⎧ [ə] ⎫	e	ㄜ	恩[ən]的元音
	⎨ [ɤ] ⎬		ㄜ	哥[kɤ]的元音
	⎩ [ʌ] ⎭			翁[uʌŋ]的主要元音
[y]	[y]	ü	ㄩ	淤[y]
[ɿ]	[ɿ]	i[I]	帀	资[tsɿ]的元音
[ʅ]	[ʅ]			知[tʂʅ]的元音
[θr̩]	[ɚ]	er	ㄦ	儿[ɚ]

贰　音标表

一　辅音音标表

发音部位＼上部			上唇	上齿	齿	齿龈	后齿龈	前硬颚	硬颚	前软颚	喉
下部			下唇		舌　尖			舌　面			
＼简称 发音方法			双唇	齿唇	舌尖前	舌尖中	舌尖后	舌面前	舌面中	舌根	喉
塞音	不带音	不送气	p			t		ȶ		k	ʔ
		送气	p'			t'		ȶ'		k'	
	带音	不送气	b			d		ȡ		g	
		送气	b'			d'		ȡ'		g'	
塞擦音	不带音	不送气			ts		tʂ	tɕ			
		送气			ts'		tʂ'	tɕ'			
	带音	不送气			dz		dʐ	dʑ			
		送气			dz'		dʐ'	dʑ'			
鼻音	带音		m			n		ȵ		ŋ	
边音						l					
擦音	不带音			f	s		ʂ	ɕ		x	
	带音			v	z		ʐ	ʑ	j	ɣ	
半元音	带音		w						j		

4

二　元音音标表

类别前后唇圆度高低		舌尖元音			舌面元音													
		前	央或后			前					央					后			
		不圆	不圆	略圆	圆	特开	中性	略圆	圆	最圆	特开	中性	略圆	圆	最圆	特开	中性	略圆圆	最圆
高	最高	ɿ	ʅ			i			y									ɯ	u
	次高																		
中	高中					e												ʏ	o
	正中		ɚ									ə							
	低中					ɛ												ʌ	ɔ
低	次低					æ						ɐ							
	最低					a						A							ɑ

第一部分　词

第一篇　词的性质和结构

第一章　词的性质

第一节　词是语言的建筑材料

壹　语言是以组词成句的语法组织词来说成的

语言作为一个"对社会的所有组成员是共同的"[①]交际工具，是以组词成句的语法组织词来说成的。

没有词和语法固然说不出话来，就是只有词或语法，也是不能说话的。譬如："我们必须克服困难，我们必须学会自己不懂的东西"[②]。若是没有词和语法，就没有这个句子。只有语法（事实上不可能）而没有词也没有这个句子。因为语法不是可以独存的具体的物质而是体现在词和词的物质形式之间的关系。若是只有词而没有语法关系，也没有这个句子。试想：若是把"不懂的""必须""东西""克服""困难""学会""自己""我们"这些词散放着，彼此各不相涉，能表示出什么来呢？如果能，那么词典将是一部巨大的文

---

① 斯大林(1953)《马克思主义与语言学问题》，人民出版社，19～20页。

② 毛泽东(1953)《论人民民主专政》，人民出版社，16页。

学作品了！

没有词，语法是"无所用其巧"的。没有语法，词也是"语无伦次"使人"无从解索"的。这两者是不可分割的。斯大林说的好，"语言中所有的词构成为所谓语言的词汇。"①"但是词汇本身还不成为语言，它只是构成语言的建筑材料。正好像在建筑业中的建筑材料并不就是房屋，虽然没有建筑材料是不可能建造房屋的。同样，语言的词汇也不就是语言，虽然没有词汇任何语言都是不可想象的。但是当语言的词汇接受了语言文法的支配的时候，就会有极大的意义。"②

总之：学习一个民族的语言，语法是重要的，词汇也是同等重要的。这就因为"语言是直接与思维联系的，它把人的思维活动的结果，认识活动的成果，用词及由词组成的句子记载下来，巩固起来"③的。

贰 词是一个形式和内容统一起来的 语言最小单位

一 语言的最小单位不是音素

语言必须使用语音物质才能说出来，但是语言的最小单位并不就是音素。音素只是语音的最小单位，并不是语言的最小单位。

从没有一个人在说话时是一个音素一个音素地说着，也从没有人在听话时是一个一个音素地在听着。

就是研究语音的人也只有在语音分析中才能一个个地找到音

---

① 斯大林(1953)《马克思主义与语言学问题》，人民出版社，21页。
② 同上，21页。
③ 同上，20页。字下黑点是我加的。——常叙。

素。

假若有人把"人民代表"说成[z̩][ə][n][m][i][n][t][a][i]
[p][i][a][u]，不但有困难，即或勉强说出来又有谁能听懂呢？

二　语言的最小单位也不是音节

汉语，就发音行为来说，一般是以一个元音为中心，组织一些
音素，成为音节单位来进行的；就听话人来说，也是以音节为单位
来听取的。

但是，说出音节和听到音节并不一定就是在使用语言来交际
的。譬如：有人在唱着[do][ré][mi][fa][sol]，是音节，可是它们
能表达什么思想呢？可见光是音节是不能成为语言的。

[mi][so][si]三个音节，在我们听来不是语言单位。顶多，可
能觉得倒像是一节乐谱。因为它们并没有联系着什么意义，不能
由语音形式唤起什么思想。可是在宁波人听来就不这样。[mi－
so－si]三个音节联缀起来，使他们理解到一种物体——棉纱线。
可见音节必须和意义结合在一起才成语言单位。

在语音和意义的统一关系下，语言的最小单位是不能按音节
来计算的。因为音节单位和意义单位并不完全一致。"马"是单音
节的，"车间"是双音节的，"落花生""社会主义"是多音节的。假若
一个音节是一个最小的语言单位，那么，我们也将是只有[ma][tʂʻə]
[tɕian][luo][xua][ʂəŋ][ʂə][xuei][tʂu][i]一些音节而没有那些
双音的或多音节的词了。

三　语言的最小单位更不是意义

既然不能用音节来作语言的最小单位，那么，语言的最小单位
可能是意义了。

也不是。

5

用一些音节说成的语言意义单位,例如:"中华人民共和国""东北师范大学函授教育处",在汉语的结构中,它们都是可以分拆的。把它们拆成"中华""人民""共和国"和"东北""师范""大学""函授""教育处",还是可以依着语法关系表示同一意义的。

不但如此,这些可以拆开的部分还可以和别的单位复合或组句。例如:"东北风""东北日报","师范学院""中级师范","人民大学""大学生","函授班""函授讲义","小学教育处""教育处长"等等。

这样看来,"马""车间""落花生"等等是意义单位和语言单位一致的。而"中华人民共和国"和"东北师范大学函授教育处"之类的意义单位和语言单位并不一致。可见语言的最小单位,并不就是意义;不能用意义作标准来判定语言的最小单位。

四　语言的最小单位是语音形式和意义统一起来的一个不可分割的整体

语言的最小单位不是音素,也不是音节,更不是意义。这些都是构成语言最小单位所不可或缺的东西。可是它们任何一个都不能成为语言的最小单位。

语言的最小单位——词——是以音节为基础的语音形式和一个概念统一起来的不能按组句的语法关系来分割的整体。

它的音节数目是随着所使用的构词材料和造词方法而有所不同的。有的是单音节的,也有的是双音节或多音节的。词的形式是用成音节的语音物质造成的,可是它并不就是音节,因而和音节数目并不完全一致。

它的意义是浑然地统一在词的整个形式之中的。形式若有改变,词就要跟着受到影响。不是改变语法意义,就是变成另外一个词,甚或是失掉词的作用(在一定条件下按汉语规律予以简缩的不在此例)。

词的内容是一个意义。没有意义作内容的语音形式不能成为词,可是表现一个意义的语音形式也不一定就是一个词。它可能是许多词按语法结构的复合或造句。换句话说,按语法关系构成的表示意义的语言形式不能是词。因为它不是一个不可分割的完整的整体。

语言的建筑材料就是以这种不可分割的形式和内容统一起来的各个整体。

第二节　词是概念的名称

壹　语言的词和逻辑的名辞

一　概念

人认识周围现实的过程,是在人们的社会——历史的实践条件下进行的。人们为了改变周围现实而进行的实践活动是认识的基础。人在实践过程中,发现他所利用的物体的新方向,找出它们的本质的共同的特点,形成关于它们的概念。并用一定的"物质外壳",赋形成词,把它巩固下来。例如,某人能使用"牛""马"等词,就是他已经有了关于这些动物的概念了。

概念是关于对象的思想,它反映对象的共同的和本质的属性。毛泽东同志说得好:"概念这种东西已经不是事物的现象,不是事物的各个片面,不是它们的外部联系,而是抓着了事物的本质,事物的全体,事物的内部联系了。概念同感觉,不但是数量上的差别,而且有了性质上的差别。"①

二 概念在逻辑上的语言形式是名辞

概念的形成是和语言分不开的。反映客观存在的认识,在用概念明确起来的同时,也就把这个新形成的思想用语言的物质固定下来了。

概念的语言物质,在逻辑学上叫做"名辞"。一个名辞和一个概念统一着。概念是客观存在的反映,就存在和名辞之间的关系来说,我国古代哲学家把它们叫做"名"和"实"。例如:

"马" 它是一个名辞概括着一种家畜。

"车间" 它是一个名辞概括着一个生产组织单位。

"社会主义" 它是一个名辞,它概括着一种进步的思想。

"东北师范大学函授教育处" 也是一个名辞,它概括着一个教育行政单位。

这些个名辞都分别地标志着一个概念。它们的形式都能使人正确地理解它的内容,是"名副其实"的。

三 语言的词是概念的名辞

概念的名辞一般是用词说的。

因此,有许多名辞实际上就是一个语言的最小单位,是一个词。例如:"马""车间""社会主义"等等名辞都是。

这种名辞的形式和内容的关系是一个浑然的统一整体。若是把它们从结构上拆开,即时会失掉名辞所标志的概念。

在这种情形下,可以说语言上的词就是逻辑上的名辞。

但是,逻辑上的名辞却不一定都是詞。

---

① 《毛泽东选集》,第 1 卷,284 页。

贰　概念的名辞并不全都是词

概念的名辞是用词来说的。其中,有的名辞就是用一个词来说的,像前面举的"马""车间""社会主义";有的是用语法关系把几个词组合起来说成的。用复合词或词组的形式来说的,例如:"中华人民共和国"是由"中华""人民""共和国"三个词复合成的;而"东北师范大学函授教育处"则是由"东北""师范""大学""函授""教育处"五个词复合成的。

用复合词来标志一个完整的概念,在逻辑上说,是一个概念的名辞,就语言上说,却不是一个词——为了和复合词更好地区别,可以说它不是一个单词。

在这种情况下,逻辑上概念的"名辞"就不能跟语言上的"词"是完全同一的东西。词是词,名辞是名辞,两下里是各有疆界而又部分重叠着的。

我们不能否认有一部分名辞就是词,是语言的最小单位;我们也不能因此就说,所有的名辞都必然是词。

这种差别,在语言学上是必须注意的。语言学上的要求是从词汇的特点入手的,逻辑上的要求是从思想单位(概念)入手的,逻辑和语言固然有密切的关系,但是,语言毕竟不是逻辑,用逻辑单位来替代语言单位是不够合适的。

尽管有一些名辞就是词,可是我却不能因此就说所有的名辞都是词。

一定要用词来说,也只能说有些名辞是单词,是语言的最小单位;有些名辞是单词的复合体,复合词,不是语言的最小单位。

叁　语言和思维不是同一现象不能用词来顶替
概念——词是一种假定性的东西

　　语言不仅是一种用词和由词组成的句子来表达思想和巩固思想的工具，并且也是思想的产生和实现的工具。人的思想，没有语言材料就不能产生和存在；但是，不能由此得出结论，说语言和思维是同一的东西。词是思想的"物质外壳"，如果把语言和思维混为一谈，用词来顶替概念，企图证明标志某种外界事物的词是直接由这种事物的本性决定的，那就歪曲了马克思列宁主义的反映论。

　　"列宁主义的反映论断言，——福斯特利可夫在他的马克思、恩格斯、列宁、斯大林论语言与思维的关系一文中说，——人对于外界事物的概念都有自己的口头用语，没有这些口头用语这些概念就不能存在；但列宁主义的反映论并没有把概念和表达概念的词等量齐观。概念是人周围现实世界事物之本质的反映，所以概念必然与这些事物相联系，而事物的口头标记则不是由这些事物的本性和特性来决定的，所以它对事物来讲是假定的标记。因而马克思写道：'物的名称，是和物的性质全然没有关系的。我虽知此人名哲科布，但依然不知他是怎样的人。同样，在镑、台娄尔、佛郎、杜加这种货币名称上，其实没有价值关系的一点痕迹。'"[①]

　　词这种"物质外壳"是思想的语音物化，是音的结合物。它是有一定的意义的。音的结合物——词——是和它所标志的事物之间存在着意义的联系的，但是它们这种联系并不是直接的和必然

---

　　①　A.福斯特利可夫《马克思、恩格斯、列宁、斯大林论语言与思维的关系》，《学习译丛》，1952年，第8号，60页。

的。如果它们的这种联系是直接和必然的,那么就不可能用同一的音的结合物来称呼性质完全不同的事物了。例如:现代汉语,[tɕiaŋ]这一音的结合物可以标志"姜""江""浆"等不同的概念,[tɕ'iantsʅ]这一音的结合物可以标志"铅字""签(签)字""签(籤)子""扦子"等物体的概念。不仅如此,而且同一物体也可用不同的音的结合物来叫它,例如:[iaŋtsʅtɕiaŋ](扬子江)[tʂ'aŋtɕiaŋ](长江)原是一条江,[xuŋloumən](红楼梦)[ʂʅtoutɕi](石头记)[tɕinyyan](金玉缘)只是一部作品。可见词这种音的结合物是和它所标志的事物本质没有直接的和必然的联系的。

当你听到"今天报告 Lishfeng 生活史"时,你会想到什么呢?可能想到是要报告一个姓"李"的名叫"石峰"的人的生活史。事实上,并不是在说人,而是在说一种李树害虫——专吃李子的昆虫——"李实蜂"。①

因为有这种关系,在说话和听话时,对于词的使用和体会就不能不小心。例如,唐代大诗人杜甫,他曾做过右拾遗,官级虽然不大,后人却常用它来叫杜甫,把他叫做"杜拾遗"。[tuʂʅ]这一音的结合物,被不知道杜甫的人听来,有误会作"杜十姨"的。明代杨用修曾说,"杭州有杜拾遗庙,有村学究题为'杜十姨',遂作女象以配刘伶。"②一男,一女;一个是诗人的官衔,一个是配作酒徒的妻子。这种差误岂止十万八千里!可见词这一音的结合物和它所标志的事物的本质是没有直接的和必然的联系的。

若是不认识这一点,以为标志某种事物的词是由它所标志的

---

① 李实蜂是李树上的一种主要害虫,李花开时,它产卵在花萼的组织里。卵孵化后,幼虫穿进幼果里,在李子的里面吃果核,把李子的幼果吃成空壳而坠落。

② 张鼎思《琅琊代醉编》。

事物的本质决定的,那就必然会把词和概念混淆不清,用词来顶替概念;那就必然要把语言和思维混为一谈。试想:假如词真正是直接被它所标志的事物的本质决定而产生的,那么全世界的人所用的词将是同样的,使用同一语音形式的人,他们的概念也将是同样的了,也不会有许多不同语言的存在了。

由此可见,就它的形式和内容的相结合关系,词是一种假定性的东西。

这种假定性是就词的性质说的。并不意味着我们对所有的词是可以随自己主观任意假定的。

第三节　词是一种现实的条件刺激物

壹　条件反射和第一信号系统

一块肉是有形、色、气味的。

形、色、气味都不能刺激狗的唾腺使它分泌出唾液来。

能引起狗的唾液分泌的是接触它口腔舌头等器官从而给予刺激的肉的物质实体。由于肉的实体刺激了狗的口内器官因而引起它分泌唾液的反射作用是与生俱来的无条件反射。

狗吃肉时,同时也由其他器官接受到肉的形、色、气味等刺激。这些跟肉的实体同时出现而刺激不同器官的刺激物,在屡次反复中,和肉对唾腺的刺激建立了紧密的联系。见到这些形、色、气味同时也就衔到这个食物,从而由它刺激唾腺,引起分泌作用。以后,只要见到或闻到肉的形、色、气味,虽然口里并没有衔到肉,也可以引起唾液分泌。

形、色、气味还是和肉共存在一体之上的。

若是用一个和肉毫无关系的灯光,使它在给狗肉吃的同时,跟肉一同在狗的面前出现。见光吃肉,由肉的刺激分泌唾液。这样屡次反复之后,灯光和肉建立了联系。以后,只见灯光并不给肉,狗也会流出唾液来。

形、色、气味以及灯光本来都不是引起唾液分泌的刺激物。它们只以随同刺激口腔和舌头的刺激物同时出现而刺激有关感觉器官的关系,跟分泌唾液的反射作用建立了联系,因而也引起同样分泌唾液的反射。这种以伴随条件的身份而引起反射作用的物体,叫做条件刺激物。在这种情况下发生的反射作用叫条件反射。

条件反射的道理是苏联伟大的生理学家 И. П. 巴甫洛夫(1849～1936)发现的。

我们的先人,也曾接触到这一问题。由于时代的限制,那时虽然已经使用这办法,可是还没有把它提到理论上来认识。

例如:

唐代,东海郭纯平时对他母亲很好。母亲死了,他每天哭她。每逢他号哭的时候,总有一群乌鸦落到他家院里。事情被当时的统治者听到了,派人到当地查看了一次,看到确是郭纯一哭乌鸦就来。他们为了加强"忠孝思想"以便更好地巩固封建统治,旌表了郭纯的门闾。

后来,仔细打听,哪里是什么"孝感动天"!原来郭纯哭母时总是在地上撒一些食物。乌鸦听到郭纯哭声时,就看到和吃到食物。每天这样。有哭声就有食物,哭声和食物在乌鸦方面连结起来。于是郭纯的哭声遂成为乌鸦吃食的信号。它们一听到郭纯的号哭声音,就都飞到郭纯家来。哪里有什么灵异![1]

《荀子·劝学》篇,说:"昔者瓠巴鼓琴而沉鱼出听"。看来好像这位琴师技艺入神,而鱼也很能鉴赏音乐似的。

这个传说的神秘性质,被宋人揭穿了。

宋,陈文寿说:有人在自己房前庭院里掘了个池子养鱼。每逢到池边弹琴时,他就向池上抛一些食物。鱼看见食物都上来争吃。他经常这样做。以后即或他不投食物,鱼一听见丁丁的琴声也都从水里浮上来。外人不知道鱼上来是在找吃的,竟以为是音乐的感召,认为这位琴师真是瓠巴复生。[2]

这是琴声和食物相联出现给鱼造成条件反射的结果。

荀子所记的瓠巴鼓琴沉鱼出听的传说,也是这同一道理。

像这样,在生活过程中经过反复训练而养成的,同时是暂时性的,受到外界的影响可以发生变化,而且在一定条件下能够消失也可以重新出现的神经联系,是信号性反射。这种反射是后天获得的,可以是相当远距离的,多种多样的。作为后天获得的反射的刺激,都是信号性的刺激。

就这由信号刺激而引起的新反射说,"我们把这一类新的反射叫做条件反射,而对立地把生来的反射叫做无条件反射"。[3]

条件反射是人和动物共有的。

---

① 张鷟《朝野佥载》:"东海孝子郭纯丧母。每哭则群乌大集。使检有实,旌表门闾。后讯:乃是孝子每哭,即撒饼于地。群乌争来食之。其后,数如此。乌闻哭声以为度,莫不竞凑,非有灵也。"

② 陈善《扪虱新话》,牧鱼投饵:"有人于庭楹间凿池以牧鱼者。每鼓琴于池上,即投以饼饵。鱼争食之。如是者屡矣。其后,鱼但闻琴声丁丁然,虽不投饼饵,亦莫不跳跃而出。客不知其意饼饵也,以为瓠巴复生。"

③ 巴甫洛夫《大脑两半球机能讲义》。戈绍龙译本,24页。

巴甫洛夫把它们统称为第一信号系统。

贰 第二信号系统和词

人和动物不同,大脑已经发展到特别完善的程度。比动物的神经活动多了一种特殊的附加物,使用词或词的书写符号来代表具体的现实的刺激物,以形成条件反射。

第一信号系统的条件刺激物,譬如:灯光、哭声、琴声都是物体的现象。在脑子里只能反映所看到、触到、听到或看过、摸过、听过的东西的某一方面。

人可以在外界具体对象和现象之外,用它们的代理者——词——概括地来反映它们,对人发生影响从而起条件反射作用。

例如:酸梅的形、色都不是刺激唾腺使它分泌唾液的东西。可是吃过它的人,由于吃酸梅时,梅子的形、色和它对唾腺的刺激作用是相联出现的。因而建立了联系,形成了条件反射,不等酸梅入口,一见它的形、色就已满口生津了。这是第一信号系统的条件反射。是具体的对象和现象。

当人们用"酸梅""梅子"或"梅"这个词来概括地反映酸梅时,已经超出了作为酸梅实体条件刺激物的具体形、色等等,成为现实的抽象化,构成了人类特有的高级神经活动,形成了概念。

三国时代,曹操行军找不着汲水的地方。全军都渴得舌干口燥。曹操传令全军说:"前面有一大片梅树林,梅子很多,又甜又酸,可以解渴"。士兵们听了,嘴里都流出津液来。趁着这个情况又向前进军,找到了水源。①

---

① 《世说新语·假谲》:"魏武行役,失汲道。军皆渴,乃令曰:'前有大梅林,饶子,甘酸,可以解渴。'士卒闻之,口皆出水,乘此得及前源。"

　　曹操用"梅子"引起了士兵的唾液分泌,就是用词作了现实的条件刺激物,从而使士兵通过它发生了条件反射。

　　"梅子"一词既不是梅子的实体,更没有具体的形色,它以抽象的词的思维,间接地和概括地反映了对象。

　　第一信号系统的条件反射,是以具体的物象作为引起反射作用的信号。而词则是作为信号的信号,从听觉器官传达到大脑皮质的一种刺激。这一信号系统是在第一信号系统的基础上发生的。巴甫洛夫把它叫做第二信号系统。他说:"如果我们关于周围世界的感觉和表象,对于我们来说,是现实的第一信号,即具体的信号,那么,言语、特别首先是那种从言语器官传到大脑皮质的动觉的刺激,就是第二信号,即信号的信号。它们是现实的抽象化,并可借以进行概括,而这种概括,就构成了……人类特有的高级思维,这种思维首先创造了全人类的经验,最后创造了科学(即创造了人类在周围世界以及在其本身之间的高级定向工具)。①

　　第二信号系统能够在人的脑子里反映他可能从来没有感知过和永远不能以自己的感觉器官来直接感觉的东西。人借着词可以得到他所从未看见过的国家和自然条件的知识。他可以洞悉遥远的过去的东西等等。

　　第二信号系统和第一信号系统不同,它不只是现实的概括的反映的基础,而且也是以词的工具积极影响别人的基础;也就是它不仅是理解过程的基础,而且也是向别人传达所理解的东西的过程的基础。这就是为什么动物对人的语言能够养成十分复杂的条

---

　　① 巴甫洛夫(1953)《动物高级神经活动的客观研究二十年的实验》——从《巴甫洛夫学说与心理学的改造》,中国科学院出版,294 页转引。

件反射,可是动物本身,却不能够和人同样地有意识地对其他动物发出信号,相反地,人却能和别人交谈,把自己思想内容借着语言的力量告知别人。

叁 词是一种现实的条件刺激物

一 信号——条件刺激物

巴甫洛夫应用"信号"这一术语,不是在指示的意义上应用的,而是在生理机能的意义上,也就是在通知、说明、通告等意义上应用的。因此"信号"这一术语,并没有和符号的概念有任何共同之点。例如,以光的视觉形态反映在脑里的光,巴甫洛夫就认为是一种信号。这种信号通知或发出关于无条件刺激物,即关于和光的刺激物屡次随时结合在一起的食物的刺激物的信号来。

光的刺激物和食物的刺激物的客观联系,是以暂时联系的形态,按第一信号系统的原则反映到脑中的。因此,无论任何一次只要发生一种相当的光的刺激物的映象,通过暂时联系,就引起食物的反应来。

二 词执行着信号的机能

"词同样是一种特有的物质的刺激物。它在人的有机体的生命中,同样执行着信号的机能,使人确定对外界世界的方针,而通知、告知他关于某种现实的存在,并在他的脑中引起了那种反映外界世界客观联系的复杂的皮质联系。"[①]巴甫洛夫写道:"当然,对于人来说,词也像人与动物所共有的其余的刺激物一样,乃是一种

---

① 阿·格·斯彼尔金《从马列主义认识论的观点看巴甫洛夫关于两种信号系统的学说》,赵璧如译。《人民日报》1952年5月14日。引自《巴甫洛夫关于两种信号系统的学说》,1956年,科学出版社,56页。

现实的条件刺激物,但同时这种条件刺激物,却是那样的广阔丰富,这是任何其他刺激物所没有的。就这一点说,无论在量上或在质上,都是不能与动物的那种条件刺激物作比较的。词,由于成年人过去全部生活的关系,是与那些达到大脑半球一切外来的和内起的刺激相联系着,并随时代替这些刺激,因而词也能随时对有机体引起那些刺激所能决定的行为和反应。"①

三 词的刺激物和物体的刺激物是不相同的

词是概括它所联系着的许多其他刺激物的物质,他不仅和人的个别经验联系着,而且是和所有说这种话的人民的经验联系着。因此,词的刺激物是和对象、事物的刺激不同。

词的刺激物常常不是研究的客体,"而只是完成思维与该词所表示的对象之间的一种媒介物的作用。虽然用听觉或视网膜能够直接地感知词(响声或模写),虽然在他的脑子里也发生词的听觉或视觉的形象,可是词的物理意义本身,并不是认识的客体,而是这些词所表示着的那种对象,或对象的复杂的关系,才是认识的客体。"②因此,词的刺激物和物体的刺激物是有差异的。

四 信号的信号决定了词的假定性质

就前面所说的一些道理,我们知道:词的刺激物和物体的刺激物的差别在于词的刺激物常常不是认识的客体,只是信号的信号,和它所要通知的关于某种现实的存在是没有必然联系的,譬如"日",俄语说 солнце,英语说 sun,现代汉语说［taiian］"太阳"或

---

① 巴甫洛夫《大脑两半球机能讲义》戈绍龙译本,第 23 讲,392 页。这段文是从《巴甫洛夫学说与心理学的改造》133 页引来的。

② 阿·格·斯彼尔金《从马列主义认识论的观点看巴甫洛夫关于两种信号系统的学说》,引自《巴甫洛夫关于两种信号系统的学说》,1956 年,科学出版社,57 页。

[zʅt'ou]"日头"。无论哪一个，除了是关于"日"的实体的"信号的信号"之外，都和这个客观存在物毫无关系。

惟其是"信号的信号"所以它既不是认识的客体，也不是思维（概念）的本体；也惟其是信号的信号，所以一经建立之后，便和认识的客体以及关于这个客体的概念结成了不可移动的联系，和概念统一起来，成为它的"物质外壳"。——这个"外壳"便成为"约定俗成"的，不可以依个人主观愿望轻易移易的假定性的东西。

肆 词的可了解性和词的组织形式关系

词所指出来的，主要是说者和听者两方都能够同样了解的对象——物体或现象。

词之所以能被了解，就因为它是一种现实的条件刺激物，是信号的信号。

作为条件刺激物的词的物质形式虽然和它所标志的概念不是同一现象，不能用词来顶替概念，词的命名和它所概括的对象没有本质的和必然的关系；但是，在既有语言之后，语言的信号作用对于语言本身，又不是毫无关系的。"地主"之所以叫"地主"，"革命"之所以叫"革命"，也还是有它一定的语言原因的。我们从造词的原因和方法上是可以看出来的。词在既已定名之后，这种不是无因的假定形式遂和它的内容紧密地结在一起。

因此，在谈话中，词的结构形式和造词成分是使人在一定的语言历史环境和语句关系之中了解词义的主要线索。正确掌握词的说法和写法是十分必要的。

词的组织形式和造词成分虽是理解词义的线索，但是，像前面所说，它们的联系只是一定程度的，并不能保证它的精确性。譬如,"马车"一词从"马""车"的形式关系上,可以给我们了解它的线索,但是,它究竟是什么样的车,却不能明确地勾勒出来。我们可以从新词的组织形式初步地了解新词词义,知道"李实蜂"是和李子有关系的一种蜂子,我们却不能设想它的形状到底是什么样子。

第四节　词的两种意义跟实词和虚词

汉语和世界上所有的语言一样,总是按着自己的内部规律,用它组词成句的语法去组织词汇说成的。因此,在说话时,有些词常是同时具有两种意义:它一面概括着事物、性质或行为,表达这个对象的概念;一面又在一定的语序里显示着它在句子里发生的词跟词的关系和作用。前一种意义是词的词汇意义,后者是词的语法意义。

词又可按照它所概括的内容和它在句子中的作用分作实词和虚词两类。实词是包括着事物的命名和属于这些事物的品质、行为,以及它们的特征、状况等等的词。虚词则是或多或少地只以表示实词在语句中间的语法关系为特征的。实词可以用来回答问题,也可以独立使用。虚词除了很少的例外,一般只能跟实词在一起联系着使用,它并不能单独用来回答问题。

就语法的词类来说,名词、动词、形容词、副词都是实词。代词本身并不概括什么事物或思想,不能成为它们的名称,仅仅是它们的代表,因此没有独立的词汇意义,不能算作实词。感叹词只能表示某种感情、情绪,既不能算作它们的名称,又没有指明它到底是什么样,因此,也不能算作实词。至于连接词只表示词和词、词组和词组、句子和句子的连接关系;语气词只表示句子的语气更不是实词了。

　　一般说来,汉语实词在语句中常是兼有词汇意义和语法意义的,它不但在句子里使人知道它是在标志着什么,而且也告诉人它在句子中起着什么样的作用。至于虚词,其中连接词和语气词只能起语法作用,有语法意义而无词汇意义。代词则在它的前行词的条件下可以有词汇意义。感叹词自己独立,跟句子的其他部分没有语法上的关系,自成一类,既没有词汇意义,也没有语法意义。

　　我们这里,以具有词汇意义的实词为主,也间或涉及一些代词。至于一般虚词这里就不讲了。

第二章　词的结构

第一节　词　素

　　汉语词的结构单位是词素。

　　词是一个形式和内容统一起来的语言最小单位。这个单位结体的组织成分和结构关系,各个词是不完全一样或全不相同的。

　　就组织成分来说,例如:"师范"是由"师"和"范"组成的,"落花生"是由"落"和"花"、"生"组成的,"阿姨"是由"阿"和"姨"组成的,"襻子"是由"襻"和"子"组成的。这些组织成词的各个成分是构词的素材——词素。

　　这些词素,就例子看来,好像就是音节或文字。

　　实际上汉语词素,既不是空洞的音节,也不是文字。词素是有意义的音节。这个音节和意义的关系,有的就是现代汉语词,例如:"落""花""生""姨""襻";有的并不是,例如:"阿""子""师""范"。汉字一般是从古汉语传承下来的,和古汉语造词法相应的,词的书写符号。有的字是跟词的结构中成词的词素一致的,是词的书写符号;有的也并不是。

　　无论词素是不是可以独立成词,在一个具体的词的结构里,它们都一样是词素。

　　词素不就是音节和文字,还表现在古今汉语的问题上。

　　汉语悠久的历史,在语言的新旧质变中,有古今汉语的差别。而古今汉语词又不是截然两断各不相涉的。现代汉语新质是从古汉语中萌生、滋长、壮大起来的,而古汉语到现在还有它一定的残余势力。

　　因此,在现代汉语词的结构上,由于构词素材的语言性质,有使用古汉语词的,有使用现代汉语词的,有混用古今汉语词的,因而对一个词的词素划分,就不能完全依靠反映古汉语构词法基本特点的音节和汉字来作标准;相反的,应该用依以成词的构词素材的语言性质来定。例如:

　　　　解放　　是由"解"和"放"两个词素构成的,

　　　　警惕　　是由"警"和"惕"两个词素构成的。

前两个词素是现代汉语的,后两个是古汉语的。

至于——

　　　　解放军　　则是由"解放"和"军"两个词素构成的,而不

　　　　　　　　　是用"解""放""军"三个词素构成的。

　　　　警惕性　　则是由"警惕"和"性"两个词素构成的,并不

　　　　　　　　　是用"警""惕""性"三个词素构成的。

在这里，"警惕"和"解放"都同样是以现代汉语词作为"以词成词"的词素的。可见汉语词素和音节、文字并不是完全一致的。

上面举的例子不是双音节的就是多音节的。是不是词素只存在于这一类词的组织里呢？

不是的。

在单音节词的结构里也有词素，不过它只是单音节的罢了。例如："汤烫手"。这句话里的"汤""烫"两个词，"烫"是在"汤"的基础上用变更声调的方法造成的，"汤"是"烫"的词素。

第二节　词　根

壹　词根、派生词和同族词

在汉语词的结构里面，各个词素之间的关系和它们在组织中的地位是并不一致的。例如："师范"是以用"师"限制"范"的。从这两个词素的组织关系来看，是用教师的模范的意思组成的。"襻子"、"阿姨"是以"襻""姨"为主的。"范""襻""姨"是词的基本意义部分。用它们构成的词，在系统上是以它们作母体滋生出来的，是它们的分枝。至于"落花生"的词素"落""花""生"就不这样：这个词既不从属于"生"，也不从属于"落"或"花"。新词和它用以成词的词素之间是没有谱系上的亲子关系的。

在一些词的组织里，有一个词素是造成这些词的生长点，而这个生长点又可以和其它词素组织起来结构成以它为基本意义的另一些新词，这种词素是词结构上的根本部分，叫做词根。

一个词根可滋生出许多词来。例如：

　　　　良心　　　　诚心　　　　忠心

实心	小心	粗心
苦心	雄心	野心
外心	慈心	热心
善心	疑心	……
同情心	好奇心	爱国心
进取心	上进心	嫉妒心
爱慕心	仇恨心	……

所有这些词在它们的词素里,有一个共同点,都是以"心"这一个词素作基本部分的,在词汇意义上又都用这个"心"的思想意识的意义作为共同的基本意义。其他词素只是加在它上面的条件,依靠这些条件词素,把这个新结构组织成一个词,使它从一般的"心"(思想意识)中,分化出来。这个"心"便是滋生这些新词的共同词根。

从一个词根滋生出来的词叫做派生词。

各个派生词之间有同行辈的亲族关系,就这个关系来说,它们都是从一个词根派生出来的同族词。

我们说词根是派生新词的生长点,这并不意味着所有被它派生出来的词都是同时出现的。

词根和它的派生词跟同族词之间的谱系关系是这样:

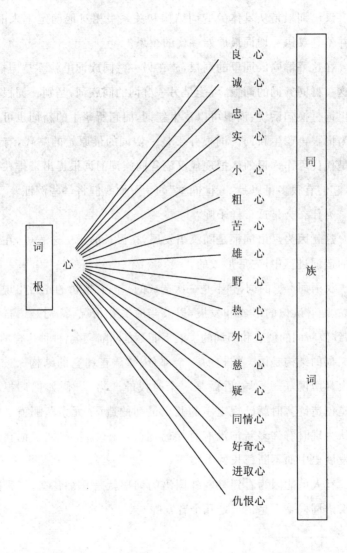

派 生 词

词根　心

良　心
诚　心
忠　心
实　心
小　心
粗　心
苦　心
雄　心
野　心
热　心
外　心
慈　心
疑　心
同情心
好奇心
进取心
仇恨心

同 族 词

贰 汉语词根的性质

汉语词根是从具体的造词结构和关系中相对地确定下来的。它并不是汉语一切词最原始一代的意思。

在这一群同族词里的词根,放在另一些同族词里就不是词根。而这一群同族词的词根,可能是另一群词的同族词,是别一词根的派生词。换句话说:词根可以孳生新词,而它所孳生的新词也可以成为词根再孳生新词。词根并不是一切词的最原始的一代,有许多是代代可作词根的。把现代汉语各同族词的词根提出来排在一起,它们有很多可以是"五世同堂"的。下面我们将举些例证。

为什么会是这个样子呢?

这就因为汉语词根是随汉语发展,在漫长的历史途程里,在不同的造词过程中,先后形成的。

汉语词汇里的词,并不是一次造成的。随着事物的先后出现或变易,随着认识的形成和发展,以及当时文化情况,特别是语言情况,致使新词的创造和旧词的发展不能不是陆陆续续、种种样样的。

词的结构是语言结构的一个部分。"语言和它的结构——如斯大林所说,——不能看做某一个时代的产物。"[①]假如把词根看做是创造语言时就已规定了的几个最初的造词"元素",那就必然会认为现时有许多新词没有直接的词根,——那就忽视了词在语言发展史中的不断孳长的事实。

有人可能因为看到有些外国语的词根就是几个音素,于是想到汉语词根是不是也只是几个音素呢?

---

① 斯大林(1953)《马克思主义与语言学问题》,人民出版社,24 页。

譬如说，凡是用[m-]发声的词一般看来都有遮蔽、模糊的意思，用[p-]发声的词，不是分裂就是合并，是不是可以根据这种现象就说：汉语词根只是[m-][p-]之类的东西呢？

不可以。

这种词根，就汉语来说，是一种造词的结果，而不是造词的原始细胞。如果把这些东西肯定为汉语词根，那么，与之俱来的是一种唯心主义的语言起源论。就等于说：人们在还没有从劳动中创造语言的时候，就已经先制造好了一套词根，事先就拟定好了遇到什么内容该用什么声音作基础，以便随时随事物套用。

汉语词根是在具体的造词结构里相对地确定下来的。并不是什么先于语言的原始存在。它就存在于具体的词里，而不是超然于词外的。

在汉语发展的历史途程中，甲词的派生词可以是乙词的词根，乙词的派生词可以是丙词的词根。在相对性里也还有它的连锁性的。

为了更好地体会这一事实，这里略举一些词例来说明。

例一　用"米"作词根的

例如：东北方言中——

　　　黏包米　　　瞎包米　　　洋包米　　　烤包米

这几个词都是从"包米"一词派生出来的。"包米"是它们这一族的共同词根。

而"苞米"一词则是跟——

　　　小米　　　大米　　　粳米　　　高粱米

这些词是一个词族。这个同族词的共同词根是"米"。它们都是由"米"派生出来的。再如：

　　　灯谜　　　哑谜

这一族词都是从"谜"派生出来的，"谜"是它们的词根。而

"谜"又是从"迷"派生出来的。

谜

这一个词是在"迷"的基础上用无条件的比拟方法造出来的。至于——

戏迷　　　球迷　　　棋迷

小说迷　　电影迷　　小人书迷

这些词则是在"迷"的词义转移的基础上用条件分化的方法造出来的同族词,它们的词根也是"迷"。

至于"迷"则是和"眯"(瞇)以及一些现时已经不用的古词"寐""颗""绬"等等都是从"米"派生的。

"米"是一些细碎的谷物颗粒,看起来是难以分出个数的。

以"米"作基础,把歧路难分,不知所出叫做"迷";尘芥进到眼里,使人看不清楚东西叫做"眯",后来写作"瞇";睡眠中,好像模糊地看到了什么,叫做"寐";看不清东西叫做"颗";刺绣的花纹,密密点点地像似一片米粒,叫做"绬"。

"米"又是这些词的词根。[①]

例二　用"莫"(暮)作词根的

再如:

内幕　　　银幕　　　黑幕　　　天幕

这个同族词里的词,都是从"幕"派生出来的,"幕"是它们的词根。

角膜　　　鼓膜　　　膈膜　　　笛膜

渗透膜　　胶质膜　　横膈膜

这一族词里的词,都是从"膜"派生出来的。"膜"是它们的词

---

① 《说文解字》:"迷、惑也。""眯、草入目中也。""寐、寐而厌(魇)也。""颗、难晓也。""绬、绣文如聚细米也。"

根。而——

幕　　膜

一个是从上向下蒙覆着的帐子,一个是在动物机体里边蒙覆着筋肉或腑脏组织的薄衣,它们又都是从"莫"(＝现在的"暮")派生出来的,它们又是同族词。"莫"是它们的词根。

例三　用"苜"作词根的

再如:

滅

"滅"是"威"的后起的书写形式,是个形声字,而"威"又是"莫"的或体字——同一词的另一写法。

莫

"莫"是"火不明也",[①]是"滅"的最早的书写形式,是一个形声字,是用"苜"来叫火不明的现象的,"苜"是它的词根。

蠛

"蠛"是污血。[②] 它的词根是"蔑"。是从看什么东西一片模糊的词义出发,造成概括着污血模糊的新词——"蠛"的。

蔑

"蔑"的词根和"莫"的词根相同,都是"苜"。

苜

"苜"是人眼发炎,眼毛粘着许多眼眵,看什么东西都模模糊糊的样子。最初,这个词的写法正是像在人眼毛上粘着眼眵的形状。[③]

例四　"米""莫""苜"的词根

---

① 《说文解字·第四·苜部》。拙著《周客鼎考释·释 苜苜 》。油印本第 5 页。

② 《说文解字·第五·血部》。

③ 拙著:《周客鼎考释·释 苜苜 》。

把这几组例子里的最后的词根——

米　　莫　　苜

合起来看：一个是包裹在谷物秀出来的箭挺上部,结得密密层层,一眼望不清楚的颗粒;一个是太阳刚刚落下,明亮的天空,渐渐被一层越来越模糊的暗影遮盖上了的情形;一个是眼毛上粘着眼眵,看什么东西模模糊糊,像被什么遮着似的。这三个词在内容方面都有模糊不清或被遮盖的意思,在形式方面都是用双唇鼻音[m-]开始的。

把这种关系再和下面这些比较早的词比较一下：

"米"的古同音词"眉"是遮蔽在眼眶上部的两条横着的丛生短毛,有遮避的意思。

"苜"的古同音词"末",是树的枝梢,有微小难辨的意思;和被遮蔽而模糊的意思相近。

此外,像"门""文""免"三个古同音词,一个是遮蔽出入口的双扉,一个是遮饰身体的文饰(文身的花纹),一个是遮在头上的大帽子(后来用"冕"来写),也都有遮蔽蒙覆的意思。"明""网"(網)"朢"(望)"莽"(莽)四个古同音词,从黑夜里朦胧地透出光来叫做"明",登高望远,所见茫茫叫做"朢"(望),遮取鱼类的工具叫做"网"(網),野草茫茫叫做"莽"(莽),也都有遮蔽不清的意思。再如：寐而有觉,朦胧中好像看见了什么似的叫做"梦",遮蔽头部的东西叫做"冒"(帽);"毛""埋"等等也都有遮蔽不清的意思。

所有这些词都有遮蔽或模糊不清的意思。

比较起来,可以看出,前面所举的"米""莫""苜",跟这些个比较早一点儿的词有一个共同点：在形式上都是用双唇鼻声[m-]发声的,在内容上都有蒙蔽覆盖模糊不清的意思。在更古的汉语里,它们应该是同属于一个词族的。至于这些词是从哪一个词派生出来的,因为史料的限制,我们一时很难指出。在这种情形下,我们虽然可以说它们的词根是[m-]。——不过,必须指出:我们说[m-]是词根这并不是意味着我们的先人远在开始创造汉语时,就早已预见地为后人创造了这个抽象的格架,使后人随时应用[m-]的公式去造词的。

只有唯心论者,才硬说在创造语言之先就早已具备了一套词根,一切新词都是在这套早已预定了的公式里选取词根的。

前面这些例词的词根和派生词的关系,表解出来,大体是这样:

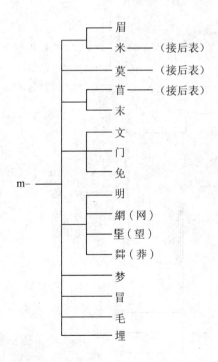

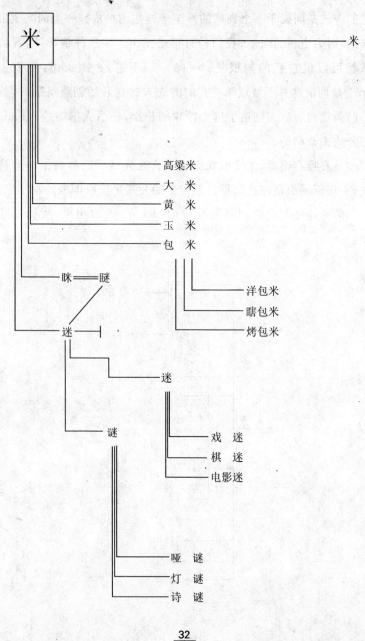

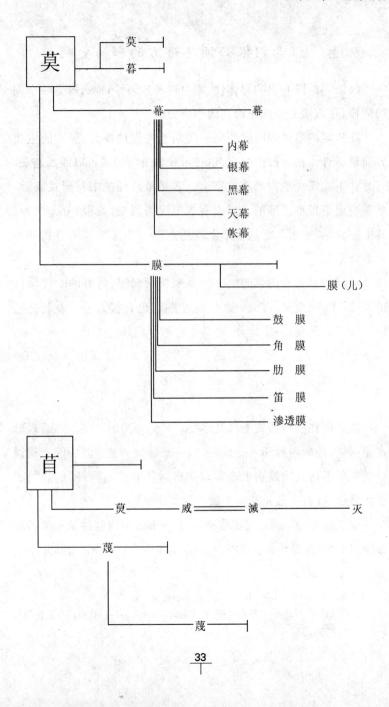

叁　探索词根必须是语言的和历史的

汉语词根既有它的具体性、相对性和连锁性,那么探索一个词的词根,在方法上必须是语言的和历史的。

在从词的形式和内容的统一关系上探索词根时,形式的主要方面是语音。在一般情况下,语音形式和书写形式可以联系起来,有时就不能完全被拘牵在文字上。若是单从词的书写形式着手,结果一定是很难正确的。过去有人把汉语词根(语根)分作两种,其中一种是"字根",想从字形上就用点"·"用叉"×"来寻找词根是不合适的。[①]

从词的形式和内容的统一关系来探索词根,内容的时代性也很重要,本义、变义,古义、今义,这些差别也有很大关系。若把它们不分先后正变,一字排开,也是不对的。例如:

胞	袍	抱	苞[②]
雹	泡	鲍	疱
刨	跑	炮	刨

这些词在书写形式上都是用"包"来记音的形声字。除语音形式相同外,按照内容还可分成三类,——每行一类。其中除个别词在送气跟不送气的差别上现时跟隋唐时代有些不同外,例如"雹"以前是送气的,一般是基本上没有什么出入的。

这三类里,第一类,"包"是词根,它的形式和内容的统一关系跟那些词很相近,都是有包裹的意思;第二类跟第一类不一样,并不是

---

①　魏建功(1935)《古音系研究》,北京大学出版组。
②　苞米的苞。《诗经》:"野有死麕,白茅包之。"《释文》:"苞,裹也。"也是包的意思。

包裹,而是像包裹形状的东西,在词和词根的内容和形式上是前一词的发展。前者若是以本义作词根,后者则是以变义作词根的。

至于第三类,"包"只是词根的语音形式的标记,并不是词根的本字,词根和新词之间的形式和内容的统一关系并不一致。"刨"和"跑"原是一系,它们是双唇塞声表示比并碰合意思的。词根所产生的,是用器具或脚来打地(或者别的平面)的意思。"刨"是表示分剖的意思,而"炮"在现时则是"礮"的简字。而"礮"也是和分剖的词根相近,是爆裂的意思。

假若不把它们区别开,糅在一起来求共同词根,一定会有些撕罗不开的。

肆　汉语词根研究和汉语语源学

一　词根研究只是语源研究的一个部分

汉语语源学是汉语一切词的来源研究。在这个学科里,要从汉语词汇中分析每个词的原始构造。就词的社会条件、语言基础研究它的起源、结构从而找出体现在词汇中的造词方法和规律。

汉语词根研究只是汉语词的语源研究的一个部分。

原来汉语词汇中用词根造词的只限在以单一词素构词和一部分主从关系的结构里。在这以外还有用并列的、因果的和支配关系的词组,以及用句子合成的。例如"领袖""促进""出版"和"二人转"。这一类词都不是从哪一个词根里派生出来的。

这种非词根造词的词,在汉语词的语源学中也是一个重要部分。

二　研究汉语词语源的必要

词,一个形式和内容统一起来的整体,是不应该拆开来理解的。拆开来理解必然要失掉这个词的作用的。

但是,这并不意味着词根不能作分析研究。

词的语源研究是有助于从词汇方面研究并认识语言发展的内部规律的。语言在造词方法上的新旧质,从词根的语源上着手探索,也是比较方便的。

从词的语源上分析词,在语言教学工作里,譬如区别词的本义和变义,区别同义和近义,是有一定用处的。

不仅在教学工作里有用处,就是在表达上,在一定条件下,了解词的语源也是有很大作用的。它不但能增加语言风趣,更可以加深语义。在这方面,毛泽东同志给我们许多范例。例如:

"革命是暴动,是一个阶级推翻一个阶级的暴烈的行动。①

再如:

"我们今天开的这个会,叫做宪政促进会。为什么要'促进'呢,如果大家在进,就用不着促了。我们辛辛苦苦地来开会,是为了什么呢?就是因为有些人,他们不进,躺着不动,不肯进步。他们不但不进,而且要向后倒退。你叫他进,他就死也不肯进,这些人叫做顽固分子。顽固到没有办法,所以我们就要开大会,'促'他一番。……

"因为不进,就要促。因为进得慢,就要促。于是乎我们就大开促进会。青年宪政促进会呀,妇女宪政促进会呀,工人宪政促进会呀,各学校各机关各部队的宪政促进会呀,蓬蓬勃勃,办得很好。今天我们再开一个总促进会,群起而促之,……"②

---

① 《毛泽东选集》,第1卷,18页。——字下黑点是我加的——常叙。
② 《毛泽东选集》,第2卷,705~706页。原文的字下没有黑圆点儿,点儿是我加的。——常叙。

汉语语源研究无论在语言科学工作、语言教学工作以及使用汉语进行交际从事写作上都是很有用处的。可是我们应该谨慎从事，不要随便乱用，特别是在语言教学工作里更要注意。

在中学的语言教学工作里，指导学生学习并研究词汇时，应该依照学生实际能力和当前需要，适当地合理地提出并处理词根问题。千万不要过分地强调词根作用，不要在学生实际能力之外，要他们搜罗尽可能多的词族并使每一个词族包括最大数量的词，搞什么"词族穷源"工作。

第三节　结构和成分

壹　汉语词的两种结构

词是语言的建筑材料，光是词是不能成为语言的。语言是用组词成句的语法组织词说成的。在语言中，每个词是一个独立的语言最小单位，同时也是体现着一定的语法成分。因此，词一方面有词汇意义，一方面又有语法意义。

词的语法意义一般地就存在于词的本身结构里，有些词还能在一定的语句组织中，依语法上的需要，在它本身结构之外又增添了表示语法意义和作用的结构部分。例如：

"这样好的研究成果，应该在会上向大家报告。"

"我已经报告过了。"

"报告"是"报告过了"的基本结构形式。这个基本结构形式是"报告了""报告过""报告过了""报告着""报告的""报告得"等等的原形。

"报告"是词的本身结构，不能变动，变动就不能再是这个词了。无论改换或去掉哪个词素，必然要破坏词的形式和内容的统一，失掉原词，那就将变成"报×"或"×告"甚或完全去掉变成"××"，都不能再是"报告"。

至于"报告了""报告过""报告着""报告的""报告得"等等的"了""过""着""的""得"在"报告"后面的结构部分是可以变动的。没有它们也不失"报告"的原词；有了它们只是明确"报告"的语法意义和作用。这一些可以变动的结构部分并不是"报告"一词的基本结构。

这在语言中就显示出来汉语词在结构上有两种不同的部分：一部分是构成词的基本结构，一部分是可以增减变动的非基本结构。前一种是纯属造词的造词结构，后一种是在言语中依语法组织而使用的用词结构。

造词结构是属于词汇范畴的。用词结构是属于语法范畴的。本书只讲造词结构，至于用词结构是应该由汉语语法学来阐述的。

贰　词身和词尾

词的两种结构，体现在具体的词上，可以分作两个部分：词身和词尾。

由造词结构构成的部分，也就是词的基本部分，是词身，也叫词干。

附着在造词结构之后的，词的用词结构部分，也就是可以随语法要求而变化的部分，是词尾。例如：

词	词身		词尾
看	看	‖	
看着	看	‖	着

看了	看	‖	了
看过	看	‖	过
看得	看	‖	得
学习	学习	‖	
学习着	学习	‖	着
学习了	学习	‖	了
学习过	学习	‖	过
学习得	学习	‖	得
顽强	顽强	‖	
顽强了	顽强	‖	了
顽强地	顽强	‖	地
顽强的	顽强	‖	的
颤巍巍地	颤巍巍	‖	地
颤巍巍的	颤巍巍	‖	的

叁　汉语词身的造词结构

汉语造词结构是汉语词身（词干）中各个词素的组织地位和关系的具体表现。

就汉语词素在词的组织中的地位和关系来看，它的结构可以分作两种：一种是有词根的，一种是没有词根的。

有词根的造词结构，词素是以主从关系相结合的。作词根的词素是据以滋生新词的母体，其他词素是使它派生新词的条件。例如：前面所举的，以"心"作词根的"良心""小心""野心""好奇心"等等，"良""小""野""好奇"都是条件词素。

有词根的造词结构也不一定都必须具有条件词素才能成词。

例如:"撒"[sa]、"散"、"繖"(伞)[san〢]都是用"散"[san〢]作词根造成的。

没有词根的造词结构,各个词素是以词组或句子的形式组成的。它们都是造词的主要素材,没有一个是派生新词的母体。造成的新词跟组成它的词素都没有词汇上的系属关系。其中:

有以修饰关系构成的,例如:落花生,

有以并列关系构成的,例如:领袖,

有以因果关系构成的,例如:提高,

有以支配关系构成的,例如:将军,

有以短句关系构成的,例如:二人转。

非词根造词的结构,各词素间没有组织上的差别。词根造词结构里,以词根作中心,有组织上的成分差别。

以下就词根造词结构略论它的几种组织成分。

肆　词根造词结构的几种成分

以词根为中心,组织词素,使它们构成一个词身。就词素在组织上的地位和关系来说,这类词身有三种结构五样成分。在三种结构里,主要成分是词根,辅助成分是前加成分、后附成分和前缀、后缀。[①]

第一种有词根的词身结构,是:

词根　　　伞(繖)[②]

[①]　前缀是 приставка 或 префикс 的译名。也有译作词头、词首、词冠、接头部或前加部的。但是本书所用的前加成分和前缀不同,并不是前缀的又一译名。

后缀是 суффикс 的译名。也有译作接尾部或后加部的。但是本书所用的后附成分和后缀不同,不要把它当做后缀的又一译名。

[②]　它的词根是分散的"散"。《广韵·去声·翰韵》:"繖、盖也。"《集韵·换韵》:"繖、盖也,或作伞。"《唐六典》注十一,《太平御览》卷七百二引《通俗文》:"张帛避雨谓之繖盖。"

第二种有词根的词身结构是：

前加成分——词根　　　　　　落叶松

　　　词根——后附成分　　松树

第三种有词根的词身结构，是：

前缀——词根　　　　老几
　　　　·
　　　词根——后缀　　几儿（问日子）
　　　　　　　·
前缀——词根——后缀　初几儿（旧历月初）
　　　　　　　　　·

第一种结构成词之后还可以作第二、三种结构的词根。第二种也可以作第三种的词根，加上前缀、后缀。

一　前加成分和后附成分

前加成分和后附成分是造词结构里的意义成分。它们以说明或限制的作用，修饰或区划词根的意义，从而形成一个新词的结构形式。

这两种成分在词素的关系上虽然是处在以词根为主的从属地位上，但是在性质上和词根一样是构成词汇意义的基本成分。

因此，词根和前加成分或后附成分相结合时，是词素之间的形式和意义的融合或提炼，是造词结构。

这种结构是属于词汇性质的。

1. 前加成分

汉语词的前加成分是在以词造词的结构中，作为从词根派生新词的分化条件的词素。用来作为前加成分的词素，它描画或者限制词根，从而就词根的意义范围刻画出所要的新的词义来。例如：

天河　　　结构关系是　　　天→河

桃红　　　结构关系是　　　桃→红

探问	结构关系是	探→问
消炎片	结构关系是	消炎→片
人造丝	结构关系是	人造→丝

2. 后附成分

后附成分是在词根之后的附注性质的词素,用来说明或补充以加强词汇意义的。例如:

鲤鱼	结构关系是	鲤←鱼
纸张	结构关系是	纸←张
明晃晃	结构关系是	明←晃晃

二 前缀和后缀

前缀和后缀是造词结构里的形态成分。它们不是以明确的意义单位作为新词结构中的基本组织,而是以形态上的结构特点来标志词根意义的变化。

前缀和后缀都不能说明或限制词根意义,不增减词根意义的内容,只能给与性质上的改变。严格说来,是一种语法意义的表现。

在结构上,词根和前后缀在词素的性质上是不相同的。词根概括着和新词相关的具体对象,而前后缀则是形态部分的添加。它们不是同类素材的组合。

1. 前缀

汉语前缀有两种:称名的和序数的。

称名的前缀:

"阿—"

这个前缀有一定方言性质。例如:

| 阿桂 | 阿姨 | 阿狗 |

"老—"

这个前缀通行范围比前一个广。例如：

老王　　　老五　　　老弟

序数的前缀：

"第一"。例如：

第几　　　第三　　　第十一

"初一"

这个前缀只限于旧历的序日。例如：

初几　　　初三　　　初九

这些前缀的特点是在现代都没有独立意义。它们都有语法作用。用它们的形态标志着称名或叙数,它不改变名数的实际内容。

汉语前缀应以汉语性质来定。不能按外语对应。外语词的前缀,在译成汉语时,若是用一定的词或词素来对应,那就要按汉语特点把它看做复合词或词根的前加成分。

特别是把一些显然有独立意义的词,硬派成前缀,是并不合适的。例如:"反",是一个现代汉语词,可以独立应用。在——

反比例　　　反作用　　　反围盘

反侵略　　　反革命　　　反法西斯蒂

这些词里,"反"的前加成分性质是比较明显的。它是用词作词素按语法关系作用于词根的,是词汇结构的一个组成部分。不能把这种有明确的词汇意义的词素当做形态结构的抽象的符号来看。

2. 后缀

汉语后缀一般是名词性的形态符号。大体可分两种:一般的名词性后缀和人格化的名词性后缀。

一般的名词性后缀。例如:

"一子"　　　挑子　　　架子　　　黑子

"—儿"	唱儿	眼儿	黄儿
"—头"	盼头	天头	妠头

由于这种名词性的后缀在汉语词汇中新质特点的地位和影响,有些从古汉语传承下来的单音节名词也附上这种后缀,变成双音节词。例如:"椅子""碟子""石头"。

人格化的名词性后缀。

这种后缀一附着在词根之后,就会给词根加上"从事人"的意义作用。例如:

"—者"	记者	读者	编辑者
"—家"	作家	画家	艺术家
"—手"	选手	旗手	神枪手

汉语后缀是有自己的民族语言特点的。不能把它和其它民族语言对应,特别是某些译词。例如:"社会主义",俄语是 Социализм,英语是 Socialism。我们不能简单照搬,说汉语的"主义"完全同于[-изм][-ism],把它当做词的后缀。

因为汉语"主义"是可以原样拆下来,不改变它的形式和内容的统一关系,而作为一个词来使用的。

例如毛泽东同志在《新民主主义论》里驳顽固派斥其所谓"一个主义"时说:

"'一个主义'也不通。在阶级存在的条件之下,有多少阶级就有多少主义,甚至一个阶级的各集团中还各有各的主义。现在封建阶级有封建主义,资产阶级有资本主义,佛教徒有佛教主义,基督徒有基督主义,农民有多神主义,近年还有人提倡什么基马尔主义,法西斯主义,唯生主义,'按劳分配主义',为什么无产阶级不可以有一个共产主义呢?既然是数不清的主义,为什么见了共产主义就高叫'收起'呢? 讲实在话,'收起'是不行的,还是比赛吧。谁把共产主义比输了,我们共产党人自认晦气。如若不然,那所谓'一个主义'的反民权主义的作风,还是早些'收起'吧!"①

"社会主义""共产主义"的"主义"和"记者""社会主义者"的"者"不同。"者"是后缀,是形态结构。"主义"是词,在"社会主义"中是词根。"主义"不是后缀,并不妨碍"社会主义"之成为一个词。

---

① 《毛泽东选集》,第2卷,658页。字下的黑点和圆圈是我加的——常叙。标黑点的是独立成词的"主义",标圆圈的是用"主义"造成的词。

第二篇 词 义

第三章 词义的性质

第一节 词义的语言性质

语言和思维是不可分割地联系着的。词义是不可能脱离词而存在的。

词义不是别的，它就是语音物化的思想，是语言的一个最小单位的实际内容。这个内容是被一定的语音物质形式固定下来的。没有词的形式也就没有词的意义。

跟词的形式一同出现并一同存在着的词义，并不是某些人的任意捏塑，而是有它的客观真实性的。这就因为词是在一定的社会条件和历史条件下形成的，属于第二信号系统的条件刺激物。这种条件刺激物以一定的语音形式和反映客观存在的高级神经活动——认识紧密相结合的。

词的假定性并不否定词义的真实。词的假定性是因为思想语音物化时，是在一定的历史时期，一定的历史条件，就着认识所反映的足以在当时社会作出区别的某些特点，和已有的某些语言因素，因物因事而赋形的。在命名当时就被肯定下来的内容却不是假定性的。"马",无论在哪一种语言里,譬如:俄语、英语、日语和汉语,不管各种语言是用什么形式把它概括下来,说 лошадь, horse,うま〔uma〕或"马"〔ma〕,都各自概括着这一个确实的内容。这个内容不是假定的,是不容任何人恣意歪曲的。词所概括的内容是反映着一定的客观现实的。

语言虽有它区别于其他社会现象的专门特点,但是语言的发展是和社会的发展分不开的。词义随着思维和语言的发展,有它自己的语言内部规律,和社会发展相应地发展。

词义的发展是语言更精密化的一种体现。它反映着认识的更深入、更致密、更确切地合于客观现实。只有某些语义学派才会把一切普遍的概念称为没有客观内容和意义的东西。

总之:

词义是思想的语音物化的内容,是被词固定下来的反映客观存在的认识。词义有它的真实性和社会性,是不容人任意捏塑和歪曲的。词义是不能脱下它的语言外衣——词的物质形式——而空荡荡地存在着的。

词义,就我们的语言生活来说,是用词的说话人和听到词的听话人两方基本上具有相同了解的,在语句中联系现实情况而发现的词的内容。

词义是在历史上形成并在集体中承受下来,用音组固定下来的关于对象的概括。换句话说,词用它的物质——音组——概括着整个一类对象的最一般的和特殊的,足以确定适合于该词的概念的外延的特征。因此,词义只是用词固定下来的概括,它使我们可以把一些对象和另一些对象区别开。

第二节　词义跟概念的关系和差别[①]

我们在前面说过,语言的词是概念的名辞,可是概念的名辞并不全都是词。

说词是概念的名辞,这是就一般情况说的。在语言学和哲学上,从专门学术的意义来看,语言的词义和概念虽是同一的东西,但是还是有精粗之别的。

韩愈(768～824)说,"角者吾知其为牛,鬣者吾知其为马,"[②]牛的特征虽不止于两角,马的特征虽不止于马鬣,可是牛马的词义在谈话中,从没有人当时就把什么:是脊椎动物,胎生,偶蹄,奇蹄,反刍等等动物学上的和生产上的一切特征都想起来。词义并不是把我们关于对象的全部认识都一览无遗地综括起来,词义只是使我们可以把一些对象和另一些对象区别开。

概念反映对象的一般的和一般中的特殊的本质的特征。

概念反映的一般的特征是它所概括的一类对象中每一个物体所共有的,而特殊的特征则是在这一般特征中仅仅为这一类对象所独有的。例如,我们从"人"这个概念中可以知道他"是脊椎动物"、"两足"、"胎生","能够制造劳动工具","是社会生物","能说话"等等为每个人都有的一般的特征。在这些一般的特征中,只有"能够制造劳动工具","会说话"等特征才是人所独有的特殊的特征。再如,我们从"鸟"这一概念中可以知道它"是脊椎动物","两

---

① 参考德·高尔斯基　论语言在认识中的作用,《学习译丛》,1954 年第 1 期。
② 韩愈《获麟解》。

足"，"卵生"，"有翅膀"，"有羽毛"，"有突出的角质的嘴"等等每一个鸟都有的一般特征。在这一般的特征中，"有翅膀"，"有羽毛"，"有突出的角质的嘴"等特征是只有鸟才有的特殊的特征。一般的特征，例如，"脊椎动物""两足"是人和鸟共有的，"胎生"是人和兽所共有的，"卵生"是鸟和虫鱼所共有的。一般的特征不足以使该概念所概括的对象和另一概念所概括的对象区别开。只有概念所反映的特殊的特征，才能使它们区别开。因为特殊的特征确定了这个概念所指的对象范围，确定它的外延。例如，"人"的外延范围包括男人、女人，老人，黄种人，中国人等等，不包括鸽子、海燕、山鹰，不包括牛、马、狮子，不包括蚕、蚯蚓、蜘蛛，也不包括鲤鱼、青蛙等等，因为它们既不会"制造劳动工具"，也不会"说话"。再如"鸟"的外延包括鸽子、海燕、山鹰等等，却不能包括男人、女人，牛、马、狮子，蚯蚓、蜘蛛，鲤鱼，青蛙等等。[1]

譬如，"白"这一词并不是某一具体物质的白色，甚或是某几种具体物质的白色，像什么"白羽之白""白雪之白""白玉之白"；[2]而是概括了这三者和这三者以外所有区别于其它颜色的一般的特殊的特征——"白"的本质的特征。

至于在心理学上的"白"，它虽然并没脱离"白羽之白"等具体事实，可是在认识上却不相同。心理学的"白"是无彩色，跟灰、黑等同属于光觉系统的；跟那些红、黄、绿、蓝等属于有彩色的色觉系统，在感官的组织上就已经是不相同的了。把"白"从一般颜色中

---

[1]　参考德·高尔斯基　论语言在认识中的作用，《学习译丛》，1954 年第 1 期。

[2]　《孟子·告子上》："告子曰，'生之谓性。'孟子曰，'生之谓性也，犹白之谓白欤?'曰，'然。''白羽之白也，犹白雪之白；白雪之白，犹白玉之白欤?'曰，'然。''然则犬之性，犹牛之性；牛之性，犹人之性欤?'"

提到光的意义上来理解,这就超出了词义之外,而进入科学定义的范围里了。

词义反映了对象的最一般的和特殊的特征,因此,当我们听到或读到某个有词汇意义的词以后,我们就知道这个词所指的是哪类对象。反之,当我们看到某个对象,就用一定的词来标志它,因为我们已经知道用那个词巩固起来的是一个有什么特殊特征的对象。

就此,我们可以看出来,词义和概念一方面是一体,一方面还有些程度差别。正如德·高尔斯基所说,"某一类的对象的概念反映这些对象的一般的和本质的特征的全部总和以及科学在其一定的发展阶段上认识的这些特征的一切复杂的联系和关系。至于适合于这些概念的词的意义并不包括一般的和本质的特征的全部总和,不包括这些特征的一切复杂的联系和相互关系,而只包括一般的特殊特征,即我们借以区别一类对象和别类对象的特征。

"可见,词义只包括一些足以确定适合于该词的概念的外延的特征,同时也说明这个词的应用范围:我们只把某一个音组归属于那些包含在相当的概念的外延内的对象。"

"概念说明对象的实质并把我们对对象的全部认识确定下来,词义使我们可以把一些对象和另一些对象区别开来。"①

---

① 德·高尔斯基　论语言在认识中的作用,《学习译丛》,1954年第1期,106页。

第四章　词义的发展

第一节　词义发展的原因和结果

　　词是思想和物质的统一。词是把一定的思想(概念)固定下来的物质。如果说词的意义是内容,那么词的物质(音组)就是词的形式。词的意义和词的物质统一起来才构成了词。

　　词的意义是从被客观事物所决定的认识来的。"语言是直接与思维联系的,——斯大林说,——它把人的思维活动的结果,认识活动的成果,用词及由词组成的句子记载下来,巩固起来"①。因此,人的认识程度和他所理解的词义程度是紧紧相关的。人的认识若有发展,他的词义也常和它有一定程度的相应发展。

　　由于客观事物的发展和人对事物认识的深入而引起的词义发展,是随着事物的性质、认识程度和实际要求而有所不同的:

　　有的事物,对它只是认识上的加深加密,着重在本质的探求。这样,和它相应的词义发展,也只是内容理解的深入,从本质上找出它区别于其他事物的属性和特征,并没有变更它所概括的对象,词的内容和形式是依旧统一着的。

　　有的事物,对于它的认识,由于实际的需要,着重在构成它的成分、关系或其他必要条件上;这样,便深入地分析了原来认识比

---

　　①　斯大林(1953)《马克思主义与语言学问题》,人民出版社,20页。

较浑沦的整体,从它分解出一些彼此不相包含可以互相区别的东西,致使当初和它相应的形式概括不了这些新的内容,因而突破了原词形式,就在它原词的基础上,用分化方法造成相应的新词,或抛开原词将分析出来的部分作为一个新的对象,用构造新词的方法另造新词。

第二节　词义发展的方向

词义发展的方向,总的说来是由浑沦到精细,由低级到高级。

根据这一规律,我们可推定将来某些词义一定比现代还要精密。今日认为已经比古时精密了许多的词义,在将来看,也一定会觉得现在的某些词义还是比较浑沦不够精确的。像:几年前在各方面还不大分别的词,例如"基本上"和"根本上"的区别,在而今已经分别得很清楚了,就是这种发展的证据。

为什么它会朝着这一方面发展?

这又不能不归到被客观事物决定的人的认识问题。

"人的认识,——毛泽东同志说,——主要的依赖于物质的生产活动,逐渐地了解自然的现象、自然的性质、自然的规律性、人和自然的关系;而且经过生产活动,也在各种不同程度上逐渐地认识了人和人的一定的相互关系。"[①]

每个被认识的对象都各有它很多的形式、性能、属性、作用或关系。这些东西,由于人的生产水平和文化水平的限制,不可能一下子完全认识。起初总是感性的,很粗疏的。可是人的生产活动,

---

① 毛泽东　实践论,《毛泽东选集》,第 1 卷,282 页。

正如毛泽东同志所说，"是一步又一步地由低级向高级发展，因此，人们的认识，不论对于自然界方面，对于社会方面，也都是一步又一步地由低级向高级发展，即由浅入深，由片面到更多的方面"。①

认识的发展是这样，标识着人们认识程度的词义，一般说来也是这样。它的意义也必然地随着人的认识，和生产活动相适应，一步又一步地由低级向高级，由浅入深，由粗到精，由简单到复杂，由片面到多方面，与事物俱新，随认识前进，在一定程度上向前发展着。

词义的发展是被那被客观事物所决定的认识注定了的。

词义发展的方向若分别来说有两个。这两个方向是结合着的。就是：由低级向高级的发展和由浑沦到精细的发展。

由低级向高级的发展，也就是由浅到深的发展。

由浑沦到精细的发展，也就是由粗到精的发展。这种发展由于词的内容和形式的统一关系，——词不等于概念，同一概念可从不同角度来命名，但所有命名不拘什么情况总是和概念有某一方面的联系的；词一经确定之后，这思想和物质统一起来的东西就有了内容和形式的关系。——当词义由浑沦中分析出新的、更精密一些的内容时，便突破了原词内容和形式的统一关系，因而以原词作基础形成了词的分化，并用分化造词的方法发展出新词。

由浑沦到精细的词义发展，本身就是由低级向高级的发展。这两个发展方向，一个是就深入的程度说的，有些事物在精深地认识之后会从它分析出过去未曾认识的东西，这就是由浑沦到精细；一个是就分析的结果说的，所有能从浑沦状态中分析出新成分的

---

① 毛泽东　实践论，《毛泽东选集》，第 1 卷，282 页。

从而形成词的分化的必然是认识深入的结果。

第三节　词义发展的道路

词义从低级向高级,从浑沦向精细的发展,一般是有三条道路可循的。这三条道路是深化、引申和分化。

深化是词义的深入发展,是人在实践中对客观存在的认识进一步加深的反映。循着这一道路发展的词义,都不改变它所概括的对象,只是更多地揭发它的本质,对已有的词义给与修正和补充。

引申是词义的滋生漫衍,是人们以已知的事物为基础推知另一新事物的结果。新义是从旧义生出来的,但是新义并不是旧义的一个部分。

词义的引申发展,反映着人在实践中,从旧事物到新事物的新认识的形式,往往与之相应地产生新词。

分化是词义的分裂。这种发展是旧事物新认识的结果。分化出来的新词义是原词义所概括的对象的一个部分或是一个成分、性质或关系。

词义分化是从浑沦到分析,从整体里割裂出各个独立部分。这种化整为零的发展,也往往与之相应地产生新词。

壹　深　化

由于历史条件的限制,有许多客观存在虽然很早就已被人认识,但是对它的理解还没有深入到本质。这种情况反映在语言上,就是词义的深度甚至是正确程度的问题。有许多词的古义没有现代意义精深;原义没有现代意义精确。

当然,这种发展将来还是有的。

关于自然方面的词,词义深化只是认识的发展,对象本身是没有改变的。例如:

磷　　鬼火

浮游在野地的,夜间发光的游离磷质,我国过去把它叫做"燐"。对它的理解是"鬼火"。[①]　一般人也常把它叫做"鬼火"。这个词在古代作品里,往往会给人一种阴森鬼气的感觉。

现在,已经把它看做一种自然现象,消除了阴森的鬼气。这是和近代科学知识的发展分不开的。

太阳

这个词的形成充分地体现了当时的词义——对日头的一般认识。如汉代所说,它是"太阳之精"(说文)。

可是现在已经没有人再体会它是什么阳气的精华所聚,而是认为它是一个发光发热的天体罢了。

关于社会方面的,词义的深化,是随着社会发展而发展了的认识的反映。例如:

农民[②]

过去"农民"一词是给人以这种意义的,就是小的个体经济,小资产者的个人主义的心理。农民在中国和苏联已经成为集体农民。在词义上,"农民"一词已经以"生产合作社""集体农庄"的社会主义的生产方式的新内容充实了。

---

① 《说文解字·炎部》:"粦,兵死及牛马之血为粦;粦、鬼火也。"

② 郭林钦哥:辩证唯物论的概念的基本要点。《辩证唯物论与历史唯物论基本问题》,第三册,东北书店版,235页。

人民

《孟子·尽心下》:"诸侯之宝三:土地、人民、政事。"过去是泛指国内的人说的。在现在是有它的阶级性质的。毛泽东同志说:"人民是什么?在中国,在现阶段,是工人阶级,农民阶级,小资产阶级和民族资产阶级,这些阶级在工人阶级及共产党的领导之下,团结起来,组成自己的国家,选举自己的政府,向着帝国主义的走狗即地主阶级和官僚资产阶级以及代表这些阶级的国民党反动派及其帮凶们实行专政,实行独裁,压迫这些人,只许他们规规矩矩,不许他们乱说乱动。"[1]

关于文物制度的词,词义深化是和文物制度的发展相应的。深化了的词义反映着随着事物进步而进步了的认识。例如:

灯

古时,"灯"是火焰如豆的油灯。现时,一说到"灯"已经没有用灯碗盛豆油,点棉花灯芯的表象。"小锅小锅,盛水不多,长虫(蛇)打腻,喜鹊登窝。"这个在过去以极容易了解的形象作成的谜语,现在已经不能使人理解了。

现时,"灯"已经被有玻璃罩或玻璃泡的煤油灯、煤气灯和电灯的新内容所充实了。

礮

"礮"现在简写成另一形声字——"炮"。《新唐书》:"以机发石为攻城械,号将军炮。"[2]原义是以机发石的攻战武器。随着火器的发展,现代"炮"的词义已不是以机发石,而是以机

---

[1] 毛泽东(1949)《论人民民主专政》,人民出版社,9~10页。

[2] 《新唐书·李密传》。

借火力发射炮弹了。

贰 引 申

词义引申是词的内容向某一方面的滋长,是在已有的认识上又滋生出一个新的认识。这个新的认识只是和已有认识在某一方面紧密相关,但是它们并不是同一对象。

词义引申是人在生产实践和一般社会生活中,由于事态的发展和生活需要,与之相应的思想的进一步发展的结果。一般的都是抽象的概念。例如:

生

"生"原是生长着的富有活力的意思。在和经过调治加工的"熟"相对地体会起来,"生"从它原义引申出来一个新意义,就是:保持着原有的自然状态,还没有经过加工调整或改造,还没有成熟的意思。

相

"相"原是对面平视观察对象的意思。现代汉语"相中""相不中""相妥了"都还使用这个原义。

对面平视进行观察,看和被看的是互相对待的。人和人更是你看我我也正在看你。在这种情况下,"相看"的词义被引申出一个"相互"的意思。"相爱""相好""相打""相骂"的"相"都是使用这个变义的。

月

原词是一个天体,地球的卫星。由于它每二十九天左右从无到有,从有到无地圆缺一次(这是从地球上看到的一种现象,月的本身并没有改变),从这里产生了一种时间单位的概念,遂把这一个周期叫做"月"。一个月、两个月的"月"遂不同于它的原义了。

时间概念是从天体概念生出来的。这是一种词义引申。

北

"北"的原义是脊背。我国习惯,平时居处常是面向南面的。因而从脊背的"北",就背后、背面引申出"北"的方位意义来。

"北"和"背"在引申的当时是一个词,在引申义巩固下来之后,成为两个词。并且从后来的韵书看,在语音形式上也有了分化。"北"用入声说,"背"用去声说。在书写形式上也与之相应地做出区别——"北"是方位,"背"是脊背。

从上面的例子看来,词义引申往往是造成新词的。是用词创造新词的一个基础。因为被固定下来的引申义,已经取得了词的基本意义地位,和原词的形式之间成为另一个统一关系,有显然独立的性质。既是不同内容和形式的统一,那就不再是同一个词了。

叁 分 化

词义分化是人在实践中对原有的比较浑沦的认识,得到进一步分别的结果。

词义分化常引起词的形式变化。这就在原词的基础上滋生出一些新词。例如:

贾

"贾"的本义原是估定货物价值以进行交易的事情。这个词义是和当时人的认识相应的。那时还没在交易上①把估价行为和货物价值明确分开。论语"求善贾而沽诸",②《汉石经》《论语》写作"求善贾而贾诸。""价""沽"(=估)都用"贾"来写,可以看出"价""沽"两词和"贾"音节相同而词义相关,都应当是从"贾"分化出来的。

《周礼》:"辨其苦良,比其小大而贾之。"③分辨货物的性质好坏,比较货物的数量大小来定价交易正是"贾"的原义。

随着商业发展,在交易上逐渐明确估价人、估价的行为和被估定出来的价值是有区别的。这新认识是在旧概念的基础上确立起来的,旧概念在这新的发展下分化成两个新概念。当初适合旧概念的词——"贾"在这种情况下也就发生了词义分化;由于词义的分化,引起了词的形式分化。

《广韵》,商贾的"贾"说[ˊkuo],价数的"价"说[kaˀ],④在隋唐音里,可以看出这一分化是用变更韵腹音素说成的。《广韵》"贾人知善恶"的"贾"和"价"同音。

折

"折"本义是用斧子斫断草木的意思。⑤ 并没有分别出弄断的行为和弄断的状态。

---

① 《说文解字·贝部》:"贾、贾市也。从贝襾声;一曰坐卖售也。"

② 《论语·子罕》。

③ 《周礼·天官·典妇功》。

④ 《广韵·上声·姥韵》:"贾、公户切、商贾。"《广韵·去声·祃韵》:"价,古讶切,价数。"又"贾、古讶切,贾人知善恶。"

⑤ 《说文解字·艸部》:"折、断也,从斤断草。——谭长说。"《籀文》作"𣂚"。《广韵·入声·薛韵》:"折、旨热切、拗折。"又"折、常列切,断而犹连也。"

后来这个浑沦的词义被分别开了,使弄折物体的行为和物体被弄折了的现象各成一词:弄断物体的行为,隋唐时说[tʂiɛt],现代汉语说[tʂə];物体被弄断了的"断而犹连"的现象,隋唐时说[ʑiɛt],现代汉语说[ʂə]。——是用变更辅音的方法分化出来的。

内

"入""内""纳"这三个词是从一个更早一些的词"内"分化出来的。当初把从外入内这一事象只浑沦地叫做"内"。以后,在实践中把进入的行动和容受进入的容体内部区别开,因而分化出"入"和"内"来,——依文字结构来看,"入"是从"内"分化出来的。周青铜器铭文,"×右×入门立中廷"这句话的"入门",无叀鼎写作"内门",可见"内""入"是音义很相近的。"内""入"是以变更韵尾为其特点而造成分化的;古音"内"在没部,"入"在合部。

"内"本义是进入内里的意思。它的文字也是表示从外进入屋内的样子,从"∩",从"人","∩"是房屋,"人"是进入的形势。这个词义在和"入"分化之后,又从收容进入的事象中分析出收纳或纳入的行动和可以收纳入内的内部,区别出两个词——"纳"和"内"。《礼记·月令》:"无不务内。""内"是指着"收敛入之"而说的;《史记·范睢蔡泽列传》:"恶内诸侯

无叀鼎

颂毁

60

客",是指"收纳"说的。这个意思,现在都借"纳"来写。把它的原形留作内里的意思的标志,成为"对'外'立名"①的"外"的反义词。

隋唐时"纳"说[nɑp],"内"说[nuɑ̆ĭ]②是以变更韵尾说成的。

缝

"缝"的本义是把两块布或皮用针联缀到一起的劳动,起初也并没有分什么是联缀的动作什么是被联缀出来的物象。以后由于工作的需要,才从这一浑沦的词义里,区别出动作和由动作得出的现象。联缀缝合的动作,隋唐时说[ˌbʻiwoŋ],现代汉语说[fəŋ ˥];联缀缝合出来的接痕,隋唐时说[bʻiwoŋ̆],现代汉语说[fəŋ ˥]。③ ——是用变更声调的方法分化出来的。

词义分化在现代汉语常是用描写或限制的方法进行的。这种办法一般是用词组的形式造词。出现早的词有些经过一定过渡时期保持词组关系,出现晚的现代新词有的没有过渡,直接就用词组成词。

这种词义分化实际是上一种造词活动。例如:

从"方"里分化出来:

      正方   长方   斗方

从"黄"里分化出来:

      鹅黄   金黄   橙黄

---

① 《庄子·内篇·逍遥游》,释文:"内者,对外立名。"

② 《广韵·去声·队韵》:"内、奴对切",《广韵·入声·合韵》:"纳、奴答切。"

③ 《广韵·平声·钟韵》:"缝、符容切,缝。"——"缝"是"缝缝"。《广韵·去声·用韵》:"缝、扶用切,衣缝。"

从"求"里分化出来：

　　追求　　　　　探求

第五章　词义的转变

第一节　词义转变的原因、
种类和一般的归趋

　　词义转变虽和认识有一定关系，但是它并不是基于认识发展而是由于语言在交际中的灵活运用。

　　词义转变是从词的活用或代替生出来的。

　　原有概括某一事物的词，由于语言的历史关系，或地方关系，不被使用，而用另一个在内容上并不相同，在性质或某些特点上有部分相似的词来代用。这就使替代词取得了它所替代的词义，从而发生了词义转变，例如：原来有"嗅"来概括嗅气味的行动。但是，放下不用，反倒用指听觉而说的"闻"或"听"来说它。这样，"闻味儿"的"闻"就从它的原义上发生了词义改变。

　　也有当初并没有概括某一事物整体的词，只有它的部分名称；或当初只有整体名称而没有它的部分名字。或者虽然整体和部分都各有它的词，可是有一个是不大使用。因此，在说话时常有用部分名称去概括整体，例如："脸"原是脸面上一个部分的名字，"目下颊上"，现在用来概括整个脸面。原有的词——"面"不被单用。也常有用整体的名字专指部分，例如："臭"原是指一切气味，包括香和不香在内;可是现在用来专指其中一种不好闻的气味。这种恶臭的气味原来是没有为它专造的词的。

在这几种情况下,出现了两类三种的变义:

一类是有类属关系的词义转变,

一类是没有类属关系的词义转变。

在有类属关系的词义转变里,又有两种:

一种是由小变大的词义扩大,

一种是由大变小的词义缩小。

没有类属关系的词义转变是词义转移。

词是形式和内容的统一体。如果词义转变已经脱离本义取全民地位,那也就是已经以它的新内容和原形式统一起来,形成一个不同于原词的另一个统一体,造成新词——变义造词。

因此,汉语词义转变,在一定情况下,实际上是一种造词过程。了解词义转变是以后研究造词方法中语义造词的基础。

当然,这也并不是说一切词义转变,它的归结都必须是造成新词。

以下就词义扩大、缩小和转移三项分别举例来说明。

第二节　词义扩大

凡是一个词从本义到变义的变化形势是扩张,变义大于本义,致使本义在事物种类统摄关系上从属于变义,成为它的外延的一个部分。这种词义变化现象就叫做词义扩大。

词义扩大,按性质来说,有的是从部分到全体,有的是从个别到一般。以下就这两种扩大情形各举例子来说明:

壹 从部分扩大到全体的

有些词原是某一事物中的某一部分的名称,词义扩大,变成了那一事物的整体名称,原义被包括在变义里。例如:

花

"花"本义是草木花朵的"花"。它只是开着花朵的一棵植物整体的一个部分。但是在"这棵花没栽活","我种的花都发芽了"这类话里,"花"已经以部分的名称扩大成全棵植物的名称了。

脑袋

"脑袋"本义是头。是整个躯体的一部分。在这样的句子里,例如"这个脑袋不好斗,"意思是说:这个人不好斗。在一定语句里"脑袋"等于"人",也是以部分的名称代替全体,是词义扩大。

电

"电"的本义只是雷电,相当于我们现代口语中的"闪"。

自从近世一般电学知识已成常识之后,"电"的词已被扩大成所谓的"电气"的汉语名称。并且用它造出许多新词来,例如:电力、电灯、电车、电报、直流电、高压电等等。从原来一部分闪电现象扩大到电的本体。

贰 从个别扩大到一般的

有些词原是某一个别事物的名称,词义扩大,变成了包括原义在内的一般事物的名称。它和前一种扩大的差别就在于它的本义和变义并不属于同一物体,没有部分和整体的关系。这种词义扩大和比拟造词有些相近,它们的区别是:比拟造词是一个抵一个地概括一个具体事物,没有一般性,不可通用的;而词义扩大很少特定性质,不

单指某一具体事物而是概括某一类对象,是具有一般性的。例如:

面

"面"的本义是麦子磨成的细粉。① 词义扩大成为一般谷物细粉的名称。例如:荞麦粉叫"荞面",小米的粉叫"小米面"。在扩大的词义前面都加了条件,形成分化造词。至于词义再扩大,由谷物粉变成一般固体物细粉的名称,语音随着儿化变成[miar],字写成"麪儿",或简写成"面儿""面"。例如:

"这米太潮,用手一捻就成面儿了!"

"孩子们用砖头磨出许多面儿。"

"石灰过性,早已变成面儿了。"

扩大的结果,"面儿"包括着麦粉——面,也就是变义包括着本义。

股

"股"的本义是人体从胯股到膝上的腿部,现代汉语把它叫做"大腿"。"股"是身体下部的分支,词义扩大,变成一般事物整体分支的名称。例如:

"把头发分成三股,好编辫子。"

"这股道儿是奔后山的。"

"民兵们击溃了前来窜扰的小股匪军。"

这些"股"也都儿化了,在习惯上不说[ku],而是说[kur],不过在写作上很少写成"股儿"的。

头

"头"本义是"首"。它是全身的先头部分。词义扩大成为一般事物的先头或尽头部分的名称。例如:

---

① 《说文解字·麦部》:"麪、麦末也,从麦、丏声。"

"我给你起个头,你就能接着织下去了。"

"头他来,咱们先把工具准备好。"

膨胀

"膨胀"一词本义是腹部胀大,词义扩大变成一般物体在原有的基础上扩大容积,使形体张大的名称。例如:

"这块海绵,泡了一宿,膨胀这么大。"

"通货膨胀。"

"一见热就膨胀起来了。"

规矩

"规矩"一词本义是可以画方画圆的制图仪器。词义扩大,变成一般的标准或常例的意思。例如:

"这个碗做得瘪瘪窳窳,一点也不规矩。"

"有这么个老规矩。"

"这是个死规矩儿,一学就会。"

琴

"琴"原是我国一种古乐器。琴体是一个前部稍宽,尾部稍窄的狭长形的共鸣器,琴面上有七条弦,是一个用手弹奏的弦乐器。以后扩大了词义,许多在形制上是以弦为主的乐器也都叫"琴"。并且可以在这个基础上加上条件分化成:胡琴、月琴、打琴、提琴等等。再扩大,许多用手弹奏的乐器也叫"琴",例如:风琴、钢琴;由打击的弦乐器打琴再扩大,没有弦,也不用手弹,和琴的本义全不相合的,打击乐器——木琴,也叫起琴来。甚至吹奏乐器也有叫"琴"的,例如:

"口琴"就是用"琴"作词根作成的。

叁　词义扩大和词义引申的区别

词义扩大是全面扩张。扩大了的词义和原词词义在概念上是类属关系的。例如："花"尽管扩大到那一开花植物的全体,但是原义的"花"还是那一植物的一个部分。

词义引申不是词义的全面扩张,而是其中某一点的一线滋长。以原词作母体孳生出来一个和原词词义没有类属关系的新词义。例如:"月"的引申义,时间单位,是和它的原词词义一个天体——地球的卫星没有类属关系的。

第三节　词义缩小

凡是一个词从本义到变义的变化形势是从大到小,本义大于变义,使变义在事物种类的统摄关系上从属于本义,成为本义的外延的一个部分。这种词义变化现象就叫做词义缩小。

可以缩小词义的词多半是比较浑沦的词。缩小的词义就是被包括在浑沦的整体里的一个部分。如果本义里根本不包含这一成分,那就无从缩小了。例如:

先生

"先生"一词的本义是尊敬老前辈的通称:乡里中的老辈可以称"先生"①,家里的父兄在古时也可以称"先生"。② 教书的,无论就品行修养和学业专攻,对学生来说,都是老前辈,也

---

① 《仪礼·士冠礼》:"遂以挚见于乡大夫、乡先生。"郑注,"乡先生,乡中老人为卿大夫致仕者。"

② 《论语·为政》:"有酒食先生馔。"马融注,"先生谓父兄。"

可以称"先生"。①

在现代汉语中,词义缩小,"先生"在一定场合下常是作为对教师的尊称。

老子

现在往往用"老子"一词作父亲的自称。

当初这个词只是长老的自称。《后汉书·马援传》:"诸曹时白外事。援辄曰:'此丞掾之任,何足相烦。颇哀老子,使得遨游。'"同书,韩康传:"使者欲奏杀亭长。康曰:'此自老子与之,亭长何罪?'"《三国志·吴志·甘宁传》注引江表传,说甘宁百骑劫魏营之后,夜见孙权,"权喜曰:'足以惊骇老子否!聊以观卿胆耳。'"孙权称曹操为"老子"。是"老子"一词在那时只有老夫的意思,还不是父亲的称呼。

《晋书·孝友传》说:潘综和他父亲共走避贼。他父亲(骠)年老行迟,被贼所逼,"骠亦请贼曰:'儿年少自能走,今为老子不去。老子不惜死,乞活此儿!'"用"老子"和"儿"相称,似乎已有现代的意义了。

宋代陆游的《老学庵笔记》说:"南郑俚俗谓父曰:'老子'。虽年十七八,有子亦称老子。乃悟西人所谓'大范老子'盖尊之以为父也。"这时"老子"一词已经从老人的称谓缩小为父亲的称谓了。

"老子"从一般的老人意义转变为家中老子的称呼,是词义的缩小。

汤

本义只是沸水或热水,缩小成羹汁——菜里的热水。变

---

① 《韩愈·进学解》:"诸生弟子事先生于兹有年矣。"

义还没有离开本义的范围。

《论语·季氏》："见不善如探汤,"《孟子·告子上》:"冬日则饮汤。""汤"是沸水。《楚辞·九歌》:"浴兰汤兮沐芳。""汤"是热水。唐人诗"洗手作羹汤"的"汤"则是现代汉语所说的菜汤了。

"汤"的本义泛指一切烧开了的水或热水。现代汉语把它缩小固定在菜汤上。

第四节　词义转移

凡是一个词从本义到变义的过程是从某一事类转移到另一事类,两个事类之间,虽然有某种联系,但是彼此没有类属关系。这种互不相属的词义变化现象就叫做词义转移。例如:

烟袋

"烟袋"原是盛烟叶的口袋。后来把吸烟的烟具:烟锅、烟杆和烟嘴儿这一个组合整体叫做"烟袋"。这是词义的转移。

在这个词义转移的情形下,又另给盛烟叶的口袋起了名字,叫"烟袋荷包"。

嘴

"嘴"的原义是鸟嘴。形势尖锐向前突出。词义转移,现在我们把不尖锐突出的"口"也叫做"嘴"了。

钱

"钱"原是农具的名字。① 由于我国在先秦时代就已用农器

---

① 《诗经·臣工》:"庤乃钱镈"。钱,是一种农具。

《说文解字·金部》:"钱、铫也,古田器。"古田器,就是古农具。

作货币来交易,"钱"这个农具的名字,转变成货币的名称。《汉书·食货志》说:"周景王铸大钱,文曰:'宝货'。"可见这个词义转移的时间已是相当长久了。

第五节　三种词义转变的比较

我们在前面已经就词的本义和变义有没有类属关系,用具体词例说明了词义扩大、缩小、转移两类三种的转变。这些转变的形式和区别是可以用图解解明的。

本义和变义之间有类属关系的词义转变,若用图解来表示,它们之间的形式和差异应当是这样:

扩大式:

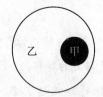

　●甲＝本义　例如:面＝麦粒的粉末

　○乙＝变义　例如:面＝一般固体的粉末

缩小式:

　●甲＝本义　例如:汤＝热水

　○乙＝变义　例如:汤＝菜里的热水

本义和变义之间没有类属关系的词义转化——词义转移的形式应当是这样:

转移式：

●甲＝本义　　例如:烟袋＝盛烟叶的口袋

○乙＝变义　　例如:烟袋＝吸烟叶的烟具

第三篇　造词法

第六章　造词基础

第一节　造词的社会基础

壹　在社会生活中新事物出现
往往跟它相应地产生新词

语言是和人的生产行为,和人在其工作各方面的一切其他行为直接联系的。例如:"纺车""旋床""锻炼"等词是随着工业产生的,"温室""肥沃""收获"等词是随着农业产生的,"发行""利润""买办"等词是随着商业产生的,"码头""脚行""输出"等词是随着运输业产生的,"火候""琢磨""装配"等词是随着技术产生的,"春分""养化""重点"等词是随着科学知识产生的,"宪法""将军""选举"等词是随着社会制度产生的。新事物的不断出现,就使人们不断地创造新词以丰富他们的词汇。因此,斯大林说,"这些新词是由于社会制度改变,由于生产、文化、科学等等发展的结果所产生的"。① "这就首先

---

① 斯大林(1953)《马克思主义与语言学问题》,人民出版社,23页。

说明,语言,主要是它的词汇,是处在差不多不断改变的状态中。工业和农业的不断发展,商业和运输业的不断发展,技术和科学的不断发展,就要求语言用工作需要的新的词和新的语来充实它的词汇。语言也就直接反映这种需要,用新的词充实自己的词汇"。①

贰　新词的创造是和它所标志的事物没有必然的和本质的关系的

词是思想和物质的统一。但是,词和它所标志的事物的本质是没有必然关系的。如果词和它所标志的事物的关系是必然的和本质的,那么,同一事物就不可能具有两个以上的名字。试问"自行车"和"脚踏车","取灯""洋火"和"火柴"哪个名字和它所标志的物体的本质属性相合呢?假如词和它所标志的事物的关系是必然的,那么,世界上各个民族语言的词早在创造语言时,就该一致了!

叁　但是新词的命名又不是和它所标志的事物毫无关系的

话虽如此说,但是新词的命名又不是和它所标志的事物毫无关系的。叫做"自行车""脚踏车",叫做"取灯""洋火""火柴"是有它的缘由的:"自行车""脚踏车"是从行车的动力着眼的,前者是就不假外力这一点上命名的,后者是就用脚踏动这一点命名的,虽然就是这一点,也可见新词的命名是和它所标志的事物不是全然无关的;但是"自行""脚踏"却不是它所标志的事物本质,火车、摩托

---

①　斯大林(1953)《马克思主义与语言学问题》,人民出版社,8页。

车、坦克车不也都是不假外力吗？拉坐儿或送货的"三轮儿"不也是只用脚踏吗？"取灯"是用旧东西比拟的,[①]"洋取灯""洋火"是从它的来路说的,"火柴"则是就它引火的作用说的。无论命名时是从哪里着想,新词之所以得名一定和它所标识的事物之间,不拘内外远近大小多少,总是有一点儿瓜葛的。

这一点瓜葛虽然不是本质的,可是它却很好地给人以可理解的线索。我们知道,新词的创造不是凭空结撰的,它必须是在当时的实际社会生活中,在自己的民族历史和文化的基础上,就现行的全民语言规律,从人们所得的关于事物的突出印象和从这印象所引起的联想着手构词命名的。因此,新词得名的缘由虽然很小,而且并不一定就是本质的,但是这突出的联想却有很大的社会性;惟其具备了这一性质,它才能被创通,才能成为"言下见义""人所共喻"的交际工具。

第二节　造词的认识基础

壹　认识的发展在语言上常是
与之相应地产生新词

人们反映客观事物的认识并不是一成之后永久不变的,"马克思主义者认为人类社会的生产活动,是一步又一步地由低级向高

---

①　田汝成《西湖游览志馀·委巷丛谈》:"杭人削松木为小片,其薄如纸,熔硫黄涂其锐,名曰'发烛',亦曰'焠儿',用以发火。史载周建德六年(公元577年)齐后妃贫者以'发烛'为业,岂即杭人所制欤?"陶毅《清异录》云:"夜有急,苦于作灯之缓,披杉染硫黄,遇火即焰,呼为'引光奴'。今遂有货者,易名'火寸'。《天禄识馀》:"案:'寸''焠'声相近,字之讹也。"郝懿行"案:今俗名'促灯'疑'促'为'焠'声之误也。北方人货者,苘蘿(苘麻秸)为之,尤易得。"——《证俗文卷》3,57页。

级发展,因此,人们的认识,不论对于自然界方面,对于社会方面,也都是一步又一步地由低级向高级发展,即由浅入深,由片面到更多的方面。"①

由于人在社会生活中的实践,认识的逐步加深加密,往往从已有的认识中分析出新的认识。在这种情形下,反映客观存在的概念,由浑沦到分析,分化出新的概念。随着新概念的分化,在词汇中常常添加了与之相应的新词。

这种分析有两种:一种是原概念的引申离析,一种是把种概念从类概念里分离出来。

前者,常是在标志被分析概念的原词上,给与部分的形式改变,或加以一定条件描写,以造成新词。例如,最初只有一个"閒",说[kan],和这个语音形式统一起来的内容是空隙的意思。物和物之间的空隙叫"閒",事和事之间的空隙也叫"閒"。后来随着人在实践中认识的发展和交际的需要,从这浑沦的词里,分化出两个概念:把物和物的空隙叫[kan],把两事之间的无事情况叫[ɤan],从一个词里分化出[kan]和[ɤan]两个词。在词已经分定之后,过了相当时期,在文字上又随着分出"間(间)"和"閑(闲)"。起初是借用防閑的"閑"来做这个分化出来的新词的书写符号,用它和"閒"相区别,以后把"月"改成"日",在被分化词的书写形式上作出区别。随着语音变化,[kan]变成[tɕian],[ɤan]变成[ɕian]。再如,起初只有一个"红",后来随认识的加深加密和交际上的需要,分化出"火红""粉红""猩红"等等许多"红"来。

用这种方法造出新词是分化的造词。

---

① 《毛泽东选集》,第1卷,282页。

后者,人们分析出来的种概念,往往离开它的类概念原词,从另一角度,就新的特点,作为一个新概念,另立名目。例如,从"木"里分出"杨""柳",从"鱼"里分出"鲫""鲤"。这就不是词的分化,而是属于新词的创造了。

贰 新旧认识联想旧词往往成为造成新词的基础

客观事物都是相当复杂的。在各个事物之间,可能从某一点上发现相似的地方。在这种情况下,人往往据已知说新知,从联想的线索上以已有的词汇为基础,用像什么叫什么的办法,给反映新事物的概念以跟它相似的旧词形式。例如,螺旋钉,看来好像水里的螺蛳似的,细长的,越来越尖的螺旋体,于是就把它叫做"螺蛳"(后来简写作"螺丝",以后又增加类名叫"螺丝钉")。再如,牵牛花和紫茉莉花形像喇叭,有人把它叫做"喇叭花"。腽肭兽形体像狗,有人把它叫做"海狗"。器物面上凸出的透孔部分往往叫"鼻儿",因为它有些像鼻子。器物下面的长支柱往往叫"腿儿",因为它很像动物的腿。

使用从联想的线索上引出来的旧事物的再生形象,来比拟新出现的事物,因而就用旧事物的名称叫这新事物,这种像什么就叫什么的造词方法就是比拟造词的方法。

有些事物关系,过去虽然没有和它相类似的词,但是在以前却有和它相类的事情或思想。在实践中也常常有根据过去的认识,就相似的事情或思想,组织足以标识这个新认识的某些特点的词以构成新词的。例如:过去韩非子曾有一段比喻,说有个楚国人卖盾和矛。这卖兵器的人,先向群众夸耀他的矛是锋利无比的。说:

无论什么东西没有刺不进去的;接着又夸耀他的盾,说它的防御能力是非常强大的,坚固程度是无论什么兵器也刺不进去的。群众说,那么用你那任什么东西都能刺进去的矛,来刺你那任什么东西都刺不进去的盾怎么样? 这个卖兵器的人就没有话讲了。[①] 这种势不两立的对立性的冲突,随人们在社会生活中的实践和体验,逐渐明确,形成一个概念。这个新认识——不能两立的对立性,和韩非子的比喻是极其相似的。遂就已有的认识中提炼出"矛""盾"两点用它们形成一个新的形式和内容的统一体,构成一个新的词——"矛盾"。

第三节　造词的语言基础

壹　已有的词汇和语法结构是依之成词的传统的语言基础

造词因素,除客观存在和主观认识之外,还有语言基础。这三者统一起来的构词活动是和人们的生产活动社会实践分不开的。没有社会生活就没有这种社会现象。

造词的语言基础是构词素材和造词方法。

构词素材,从现代汉语来说,有全用现代汉语词的,有全用古汉语词的,有兼用古今汉语词的。全用现代汉语构词的,例如:"挂面"。"挂"和"面"现在都能独立成词。全用古汉语词构词的,例如:"警惕"。"警"和"惕"现在都不能独立成词。兼用古今汉语词

---

① 《韩非子·难一》:"楚人有鬻楯与矛者。誉之曰:'吾楯之坚,物莫能陷也。'又誉其矛曰:'吾矛之利于物无不陷也。'或曰:'以子之矛陷子之楯何如?'其人弗能应也。"

构词的,例如:"手巾"和"政治"。"巾""政"现在都不能独立成词,而"手"和"治"现在都可独立应用。

象声词是摹拟物体的声响的。例如:"猫"和"布谷"。它们虽然不是以词成词的,可是词的音节却是完全符合汉语词汇的一般音节形式特点的。也是不可能脱离已有的语言基础的。

词的形态部分,前缀和后缀,本身不能成词。例如:"阿姨""夹子","阿—""—子"虽然也都不是独立的词,不是以词成词的词;可是它们也都服从汉语词语音形式的一般特点。

由此可见汉语词汇是汉语构词的基础。没有这个基础是不可能进行汉语造词的。

但是,仅有语言的词汇基础也还是不够的。和词汇同样重要的还有构词的语法基础。

"文法规定词的变化规则及用词造句的规则"[①]从以词成词的结构关系来看,例如:"出版""风化""蠢动""黑板""辅导""心肠""落花生""二人转"都是依照汉语语法关系组织起来,融合成为一个整体的。

至于在单一的构词素材之上,给以形态上的特征,以完成造词工作的,像:散[san]和撒[sa]是以改变收韵的方法造词的;生长的"长"[tʂaŋ]和长短的"长"[tʂ'aŋ]是以改变发声的方法造词的;汤[t'aŋ˥]和烫[t'aŋ˥]是以变换声调的方法造词的。再如:"阿姨"是在"姨"前附[a-],"面儿"是在"面"后附[-r],"拔子"是在"拔"后附[tsɹ]。它们都在用以造词的单一素材之上增加一定的形态部分的。所有这些形态上的特征都是和汉语语法特点相应的。

---

①　斯大林(1953)《马克思主义与语言学问题》,人民出版社,21页。

由此可见造词也是和语法结构分不开的。

这就是说,造词的语言因素是已有的词汇和语法结构。已有的词汇和语法结构是依之成词的传统的语言基础。即,表现新内容而不脱离语言的传统。不这样也是不可能的。如果新词是在"空地上"产生的,从"无"中产生的,那么新词就使人不懂了。但是,对于语言最重要的要求,是语言的普遍为人理解,正如斯大林所说:"没有全社会都懂得的语言,没有社会组成员共同的语言,社会便会停止生产,便会崩溃,便会无法继续生存。"①②

贰 语言的新旧质变和造词基础的新旧质

语言发展是长期的积渐的。在逐步发展的进程上,一时是觉不出有什么显著的变化的。但是,当我们从现在回溯过去,可以从汉语历史的古今两端,很清楚地看出差别来。现代汉语和古汉语便是这种相对而又蝉联的历史关系。如果以现代所谓的古汉语为基础,再向前回溯,那么现代所谓的古汉语便是先秦时代的"现代汉语";在这个"现代汉语"之前,也正有和它相对而又相连的"古汉语",——虽然我们现时还没有掌握这种更古的汉语史料,但是从理论上是可以肯定事实存在的。

古今汉语的相对差异是汉语在发展中新质要素和旧质要素长期的逐渐消长的结果。这种消长是交错相"絮",而不是前后相"续"的。从现代汉语来看,古汉语是以旧质要素为主的,可是现代汉语的新质要素的胚胎在里边萌芽并从它滋长、壮大起来,最后改

① 斯大林(1953)《马克思主义与语言学问题》,人民出版社,21页。
② 《文学语言中的几个问题》,刘辽逸译本,25页。

变了古汉语的性质,使它渐渐变成以新质要素为主的现代汉语;而在以新质要素为主的现代汉语里,也还残存着某些从古汉语遗留下来的旧质要素。

为什么会有这样的新旧错综的关系呢?这就因为语言这种社会现象不是基础的上层建筑,不是用消灭现存的和建设新的那种方法来发展的。斯大林说:"事实上语言的发展不是用消灭现存的语言和创造新的语言的方法,而是用扩大和改进现存语言基本要素的方法。并且语言从一种质过渡到另一种质不是经过爆发,不是经过一下子消灭旧的和建立新的那种方法,而是经过逐渐的长期的语言新质和新结构的要素的积累,经过旧质要素的逐渐衰亡来实现的。"[①]

随着语言新旧质变,用以造词的素材——词汇和凭借它的组词力量以进行造词的语法,也随着它有所改变。因为语言的质变并不是什么悬空的东西,而是就体现在词汇和语法之上的。

不仅造词的语言基础——词汇和语法有新旧质变,就是造词方法也有新旧质变。例如:像什么就叫什么,在造词上的无条件比拟,是属于旧质的。像"螺蛳"之类的新造词在现代汉语里是很少的了。一般是从古汉语传承下来的。至于像加"儿"、加"子"的词,在古汉语里分别萌生,在现代汉语还是能产的,无疑是属于新质的。

叁 语言的新旧质变也往往促成重造新词

语言新旧质变,由于造词法的新质特点和体现这种特点的新

---

① 斯大林(1953)《马克思主义与语言学问题》,人民出版社,25页。

形式,对于某些比较古老的,从现代看来是以适应旧质特点的构词方法造成的词,给以很大影响。

这些受新质影响的古词,在词义发展和语法要求等语言条件配合下,往往在已有的古词的基础上,按新的造词方法改造成新词;或在已有古词之外,从语言词汇中另配词素创造新词。因而出现了古今同义词。例如:"枕"和"枕头","日"和"太阳"。在现代汉语中,"枕"以动作为基本词义,"日"以时间单位为基本词义;而寝具的"枕"已被"枕头"所代替,天体的"日"已为"太阳"所代替。

在这种情况下,新词的出现并不基于新事物的新认识,客观存在和反映存在的认识基本没有变,主要的是由于语言新质的影响和发展上的要求。可见语言的因素在造词上也是有一定的重要地位的。

随着语言发展的新趋势,用属于新质特点的造词法,重新构造新词,这是完全必要的,是语言新生力量的体现。但这不等于基于个人好尚滥造新词。

第七章　造词的方法和种类

第一节　造词方法跟造词结构的关系和区别

造词方法和造词结构是不相同的。

结构是就造词的素材以及它们之间的关系来说的。按词素的性质分作有词根的造词结构和没有词根的造词结构两类。按词素的关系分作主从、并列、重叠等等结构形式。

所有这些分析都是已经成词的解剖，是对已成的对象作静态的分析研究的结果。并没有涉及词是如何在已有的语言基础上创造出来的。

造词方法的研究是从造词活动方面来分析词的构成的。

造词方法是使用具体词素组织成词的方式和方法。在造词方法的研究中，要考虑造词时使用词素的哪些特点，采取什么方式，使用什么办法，如何把词素配搭起来或给以部分改变。

造词的素材和方法可以决定词的结构。可是词的结构却不能完全反映造词方法。因为不同的造词方法是可以产生相同的结构关系和形式的。例如：

"白菜"和"木马"在结构上都是依主从关系构成的。但是单从这种关系不能理解为什么"白菜"是"菜"而"木马"并不是"马"。

"妈妈""爷爷"都是把词素重叠起来造成的。为什么不能单从这种相同的形式，由于"妈妈"还是"妈"而认为"爷爷"就是"爷（父亲）"呢？

再如："聪明"和"桥梁"在结构上都不是以词根造词的，词素之间"聪"和"明"，"桥"和"梁"都是并列的。可是在造词方法上它们相差很远。"聪明"是把两个词素概括起来，从耳目感官的锐敏提炼到思考能力的尖锐、明快、深入和正确，是把两个词素融合成一个前所未有的新词。而"桥梁"就不是这样的了。它是用一对古今同义词，以相互注解的关系配成的。"桥"是古语所说的"梁"，"梁"是现今所说的"桥"。这只是已有词汇中的词的形式改变。改造旧词使它成为新词，和从头创造新词在方法上是大不相同的。如果以结构关系,把"聪明"和"桥梁"归成一类,假定说是"并列造词法",是不够合适的。

　　说造词方法和造词结构并不相同,并不意味着它们各不相关。造词结构是造词活动的结果,造词素材和方法是形成造词结构的语言原因。在研究造词方法时不能用结构来代替,可也不能只看它们的差别而认为结构和造词方法完全无关。

第二节　汉语造词方法的分类标准

　　造词方法和造词结构既然并不相同,那么研究造词方法就不能完全使用结构形式作标准。

　　造词素材是有形式和意义的。造词方法是造词素材的具体运用。因而在研究造词方法时,词素的使用特点是必须予以注意的:在用它造词时,是形式和内容同时并重,还是只侧重在形式或内容?

　　其次,造词素材是在什么方式下被使用的。是直接地照样使用,还是用来打比方,或者只是用来作为标记?

　　最后才是依靠什么样的关系,把它们组织起来。

　　这三方面是紧密地联系在一起以形成一个词的。

　　根据这三个不可分割的方面,来看汉语造词法,可以分作三个大的系统:语音造词方法,语义造词方法和结构造词方法。

　　语音造词方法是以词素的音节作基础,只取声音的。

汉 语 造 词 方 法 系 统 表

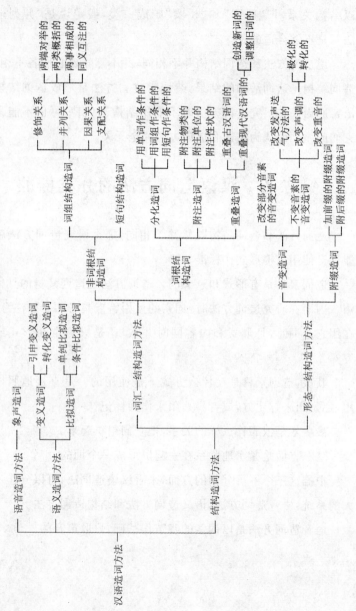

　　语义造词方法是以词素的意义作基础,从它的变通和运用以造成新词的。

　　以上两种造词法都是侧重在词素的形式或意义的一个方面的。

　　结构造词方法是以词素的整体——语音形式和内容的统一体作为基础,依照它们在造词中的必要关系组织、结构以进行造词的。

　　其中:完全使用具有词汇意义的词素结构成词的,是属于词汇—结构造词方法的;使用具有词汇意义的词素和没有词汇意义的词素相结,或者是把具有词汇意义的词素在语音形式上予以部分改变的,是属于形态—结构造词方法的。

　　这些造词方法还可以按照具体情况分成若干类。在用实例说明这些造词法之前,为了便于总览全貌,这里先把各种造词法用汉语造词方法系统表表列出来。

第八章　语音造词方法
——象声造词

　　狗叫"uang uang"地。猫叫"miau miau"地。小孩子模仿它们的叫声,把狗叫做"汪汪",把猫叫做"苗苗"。我们现在所用的"猫"就是使用这种方法创造成词的。有什么区别于其他物类的声响就把它叫做什么名字,这种造词方法就是象声造词,也可以叫摹声造词。

　　象声造词是比较原始的。但是它还没有原始到语言的起源。因为在谁也不会说话的时代,单是模仿声音是不能创造语言的。假如那是可能的话,那么鹦鹉早就应该会用语言交流思想了。"语言——实在如恩格斯所说——是从劳动过程中并且是和劳动一起产生出来的。"①只有在人类已经有了语言之后,才能用模仿声音的方法来造词。

汉语的象声造词,因为古今语音变化,有些词到现时已经不和它所摹拟的实际的物音相近了。例如:

模仿自然物声的,像——

鸦

乌鸦的叫声是[a—a—]地。现在广州、客家、汕头、福州等地方音还把"鸦"说成[a]。这个声音是接近古音的。

为什么把它叫做"鸦"? 就是因为它叫起来是[a—a—]地。②

雁

雁为什么叫"雁"呢? 就因为它叫起来是[ŋan—ŋan—]地。③ 现在广州、客家、汕头等地方还把"雁"说成[ŋan],这是比较接近古音的。

蛙

"蛙"字是用"圭"标音的,古音说[*kɐ]④,现在的"掛"字

---

① 恩格斯 劳动在从猿到人转变过程中的作用,《马克思恩格斯文选》,两卷集,第 2 卷,83 页。

② 章炳麟《语言缘起说》,"何以言'雀'? 谓其音'即足'也。何以言'鹊'? 谓其音'错错'也。何以言'雅'(=鸦)? 谓其音'亚亚'也。何以言'雁'? 谓其音'岸岸'也。何以言'鸳鸯'? 谓其音'加我'也。何以言'鹡鸰'? 谓其音'磔格钩辀'也。此皆以音为表者也"。——《国故论衡》,卷上。

③ 同上。

④ 《说文解字·黾部》:"鼁,虾蟆也,从黾圭声"。以后改"黾"旁为"虫",字写作"蛙"。"圭"古音在"齐"部。关于古汉语的拟音有好几家,各家的意见和拟定的方案并不一样。本书暂依钱玄同古音二十八部音读之假定,试作拟音。

原是和它同音的。为什么把它叫做"蛙"呢？就因为它叫起来[ka、ka、ka、ka]地。韩愈诗"蛙黾鸣无谓，阁阁只乱人"。"阁"隋唐时说[kak]，"阁阁"[kak、kak]是[ka、ka]的促声，可作参证。

蝈蝈

蝈蝈这种草虫，也是因为它的鸣声得名的。它的名字有写作"聒聒""咶咶"的①，无论写出什么形状，都是记它的鸣声的。

火

"火"这个词是用舌根擦声说出来的。声势和风火相荡相近，因此有人说"故'火'字之音即像火炽之声"②。现在描写火的声音还有人说"呼呼地"。

风

"风"古音说[*plum]③，是用双唇破裂的声势向外吹气来模仿风声的。

模仿人造物声的，像——

父

郭沫若先生说："'父'本'斧'之初字。"④汪荣宝推测"父"

---

① 参看李嘉瑞的《北平风俗类征》，上册，岁时，85页，"夏秋间养蝈蝈"条。

② 刘师培《中国文学教科书》，第1册，5页。

③ 罗常培："北京话的'风'字和四川一种保保方言的 brum（风），乍看起来，毫不相干。可是咱们得知道'风'从'凡'得声，古音应有闭口的-m尾，又古无轻唇音，它的声母应该是 p-，所以'风'字较古的读音应拟作 *pǐum。再说从'风'得声的'岚'，现在的广州话还读作 lam。这个例一方面可以证明'风'字是闭口韵，一方面又可以看出它的声母有从复辅音 *pl-变来的可能。这样一来，就可以把'风'字的上古音拟作 *plum，那么它和 brum 岂不发生密切联系了？如果再拿孙穆鸡林类事'风曰孛缆'的记载作旁证，这个比较大概不会太牵强"。——《语言与文化》，105～106页。

④ 郭沫若《殷周青铜器铭文研究》："父本斧之初字，古金（文）作 ，像手持一物之形，其所持之物，……实是石器时代之石斧也。"大东版，上册，99页。

的古音读[ba]①。根据汉语在先秦没轻唇音(齿唇擦声)②,以及"父"在各民族间多数说[pa],现代汉语说"爸"来看,这石斧的名字当时似乎应该说[*ba],是用模仿它的砍击声音说成的。因为它的音节是 ba—ba— 的,和亲属称呼的[papa]相同,就借来作为它的书写符号。

钟

"钟"也是一种打击乐器。古"钟"字是用"东"作音标的。根据说文解字"龙"字从"童"得声,把它和汉语古有复辅音的道理配合起来来推测,"钟"的古音当是说[*tloŋ]的,以后发展成双音节[toŋloŋ]。可见"钟"的命名是从模仿钟的响声入手,就以响声作为名称的③。

象声造词在古汉语中较多。在现代汉语中一些可以用象声造词的有声响特点的东西,往往用声响作条件以分化造词的方法来命名了。例如:

镗锣　　嘣鼓　　齉鼻

乒乓球　　克郎棋　　哗哩棒④

都是用声响来范围物类的。——如果早已造成了象声词,例如"布谷",则在象声词后附注物类改造成附注造词的"布谷鸟"了。

变义造词是和单纯的分化造词(音变造词)有区别的。区别在于有没有与之相应的形式变化。

---

① 汪荣宝　歌戈鱼虞模古读考,《北京大学国学季刊》,第 1 卷,第 2 号,260 页。
② 钱大昕　古无轻唇音,《十驾斋养新录》,卷五。
③ 拙作:耒耜的起源和发展,《东北师范大学科学集刊》,1956 年,第 2 期 126 页。上海人民出版社,1959 年。
④ 玩具。

第九章　语义造词方法
——变义造词和比拟造词

第一节　变义造词

变义造词一般说来是词义发展脱离本义而变成另一个内容和形式统一的结果。

按变义发展的情况来看,变义造词实有两种:一种是由于人在实践中的认识发展,从旧知到新知,触类旁通的抽象思维的结果;一种是由于语言上的词义转移,往而不返,以变义为基本意义的结果。

这两种变义造词都是用词根造词的。它们的造词方法是不需要在词根之外添加什么辅助成分,也不改变词根的语音形式,仅仅是改变它的意义的。换句话说,这两种变义造词是在一个旧词的基础上,以改变词义的方法造成新词的。

因此,这种造词是和词义发展转变分不开的。词义发展转变是这两种变义造词的基础,变义成词是这两种造词的结果。

变义造词和词的变义是有区别的。

词的变义是不能脱离本义独立成词的。词的基本意义和变义是没有挣脱直接隶属关系的。变义还不能拖走原词形式形成一个新词。

变义造词的词义必须是变义已经脱离本义,从而跟原有形式

结成牢固的统一关系,成为一个不同于本义的概括另一对象的新词。例如:

岁

"岁"当初原是岁星。因为它每年换一个位置,古人用它来纪年,说:"岁次××""岁在××"。后来由岁星纪年渐渐把它变作纪年单位。现在我们说"几岁"的"岁",是一个纪年单位词,一般地不再理解作岁星了。这种脱离本义以变义作为常用的基本意义,而不改变它的形式的词,是变义造词。

花

"这是一盆什么花?""谁把花掐掉了!"这两个"花"在意义上并不一样。一个是指那一植物的整体,连根茎枝叶带花朵都一包在内;一个只是指着花朵。这两个"花"意义虽然不同,但是它们反映的对象只是同一物体的部分和整体的关系,还不是两个全不相属的存在。"花"的原意是花朵。这种不脱离本义,不能独立成词的变义,只能是一种词义转变,还不是变义造词。

由于认识发展引起词义发展,从而形成的变义造词,是词义引申的变义造词;不基于认识发展(不是说和认识无关),不是从旧认识滋生新认识,而是在生活实践中由于语言使用而转变词义,以致使变义变成基本的词义从而形成新词的,是词义转化的变义造词。

以下就这两种变义造词分别举例。

壹　引申变义造词

引申的变义造词是和人的认识发展分不开的。

人对事物的认识是由浅入深,由浑沦到分析的。一般说来,具体事物认识常是先于抽象的；事物形象的认识常是先于事物关系的。

一些抽象思维并不是由于什么"超然物外"的灵感，而是在已有的反映客观存在的认识基础上发展出来的。

因此，在语言上，一些抽象思维的活动和它的成果，就汉语来说，都是从一些和它有关的具体事物来的。一部分汉语变义造词正反映着这种思维活动和借以进行思维的语言材料的变化。例如：

日

这一个词最初只概括着一个浑圆的发光发热的天体。并没有时间单位的意味。

后来在实践中，由于生产上的需要和认识上的发展，在已有的"日"的基础上，形成了一个新的认识——太阳出没一次的全程的时间单位。于是"日"这一词在原词的基础上产生了新词。

"日"在变义构词之后，随着汉语新旧质变，变义成词的"日"以时间单位成为现代汉语词；而原词，浑圆而又发光发热的天体的名字，却被适应新质特点的"太阳"所代替，成为古汉语词，不能独立应用。

年

年初是"谷熟"叫做"年"。一般的谷物是一年一熟的。从一个收成叫一个"年"的基础上，把和它相应的一个时间的周期单位也叫做"年"。"年"于是由农作物成熟变义成为时间单位。现在这个变义造词一直传承下来，而它的本义却被另一个古语词"稔"（年的音变）所代替了。

工夫　　　功夫

这两个词原是一个。本义是修建工人，变义是时间。工人和时间不是属于同一物类的。

《晋书·范宁传》："自置家庙，皆资人力，又夺人居宅，工夫万计。"这"工夫"一词是指修建工人说的。在解放之前，现代汉语还使用这一词义，像为了修建什么工程，可以"到工夫市（工人出卖劳动力的市场）去叫（招雇）工夫"，这个"工夫"就是工人。随着工人阶级领导全国人民革命取得了伟大胜利，工人阶级已成为建设自己国家的主人，这一个"工夫"词义已成陈迹一般不再使用了。但是它的变义却还在使用着。

《三国志·魏少帝纪》："昨出，已见治道，得雨当更复治，徒弃功夫。"这"功夫"一词已由劳动者转变到工程；《抱扑子·金丹》："或博奕以弃工夫，"《抱扑子·遐览》："艺文不贵，徒消工夫。"又引申成为时间的意义。现代汉语"有工夫""没工夫""不大工夫"等等词组都是在使用这个转移了的词义。

贰 转化变义造词

转化的变义造词不是词根意义的滋长引申，而是词根意义的转化改换。

从造词的基础和方法来说是词义转变。从它转化之后成为不同于词根的另一个内容和形式的统一体来说，是一个新词的创立。

转化造词既是从词义转变来的，那么它在转化的过程中，就会从属于词义转变规律的。就是说，不外乎词义的扩大、缩小和转移。

转化的变义造词既已成词之后，和词义转变有词汇上的根本区别。若是本义和变义同时并存，在现代汉语中本义仍然是词的基本意义,而变义在概念的类属上还没有完全脱离本义,这样的只能算作词义转变,而不是变义造词。若是在现代汉语中本义已经不用,变义独占了词的形式,一提这个词只能想到它的变义,这样取本义而代之的词是变义造词。若是在现代汉语中虽然本意和变义同时存在,而变义和本义之间除形式相同外,在概念上却反映两个不相依附各自独立的存在,也是转化的变义造词。

以下就着失掉本义以变义作基本意义的转化变义造词和本义跟变义并存的转化变义造词分别举例:

一　本义已失变义独存的转化变义造词

1. 由词义扩大而成的

在现代汉语中,我们一提到"脸",只能体会到面部;一提到"房",只能体会到房屋。这两个词原意并不如此,它们都是由变义发展成词的。

脸

"脸"的本义是"目下颊上",现在变成了面部的意思。这是由颜面上的一小部分扩大到整个面部的。[1]

房

"房"的本义是房屋的一个部分,是寝室两旁的房间。[2]现在变成了整个房屋的意思,例如"盖房子","此房招租",这也

---

[1]　《说文解字·目部》新附:"脸、目上下脸也。"字误作"脸"。《韵会》:"脸、目下颊上也。"——王力:《新训诂学》,开明书店二十周年纪念文集,182 页。

[2]　古时官寝的制度和现在五架五开间的厅堂相仿佛。中间三间前后分隔为二,前面是堂,后面是室。两边两间前后分隔为三,前面是东堂、西堂,后面是夹;再后面是房。——东房北向没有墙,也叫北堂。

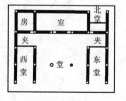

是由部分扩大到全体而独立成词的。

2. 由词义缩小而成的

在现代汉语中,"食"是指一些家畜家禽或者是鱼类的饲料,"信"是指信件,"臭"是指一种不好闻的气味,"乱"是指杂乱没有头绪的现象。这几个词原义并不如此,它们都是由变义发展成为现代汉语词的。

食

本义是谷制食品,缩小成动物吃的食品。物类没变,缩小了使用范围。

"食"殷代写作"亼"。"亼"是满盛着的饭,"A"是向下大张的口,是吃饭的样子。《礼记·曲礼》:"凡进食之礼……食居人之左,羹居人之右。"《汉书·食货志》:"食、谓嘉谷可食之物。"

现代汉语"食"的名词对人来说,已被"饭"代替,只能说"吃饭",不能说"吃食";"食"已被缩小到动物的食品,一般只能对猫、狗、鸡、鸭、鱼等等动物才能说"吃食"。

信

"信"本义是用人凭着信物传话的,它包括着可做凭证的信物,拿着信物传信的人,以及用人凭信物传话这一事情。后来在生活中词义缩小为传信人所执的信物。《史记·刺客列传》:"今行而毋信,则秦未可亲也。"这个"信"是符验凭证的意思。

词义有时缩小为传信人,《古乐府》:"有信数寄书,无信长相忆。"这个"信"是信使——传信人的意思。

词义有时缩小为书写的信物,梁武帝《赐到溉连珠》:"研磨墨以腾文,笔飞豪以书信。"这个"信"就是现在所用的书信的意思。① ——现时本义和其它变义已经不用了。

臭

本义包括一切气味，不分好坏。缩小则专指坏气味。变义只是本义的一个部分。

《论语·乡党》："色恶不食，臭恶不食。"气味不好不吃，是"臭"只是气味。如果指出好坏须要加以条件：《大学》："如恶恶臭"，《庄子·知北游》："是其所美者为神奇，其所恶者为臭腐"，这都是指"臭"的恶气味的；《易·系辞上》："其臭如兰"，《礼记·内则》："衿缨皆佩容臭"，注说"容臭"是香物。这都是指"臭"的好气味的。

在现代汉语里，"臭"是专指恶气味说的，好的气味用"香"来说。唐代孔颖达《左传·正义》说："'臭'乃气之总名。今既以善气为'香'，故专以恶气为'臭'。"

乱

本义是整治乱丝的动作，整治的动作是使它有头绪，被整治的物体是紊乱没头绪。缩小词义专指紊乱没头绪。变义只是本义的一个部分。

现代汉语"乱"是缩小的词义，是从它被整治的部分来的。

在古汉语里，《尚书·皋陶谟》："乱而敬"，《论语·泰伯》："予有乱臣十人"，《左传·襄公二十八年》："武王有乱臣十人"，都是整治紊乱的意义。

3. 由词义转移而成的

在现代汉语中，"走"是步行，"闻"是用鼻子嗅气味，"小说"是

---

① 参看:《日知录》卷32，"信"。《证俗文》卷6，"书信"。

一种文艺作品，"大夫"是医生。可是这几个词的本义并不是这样。它们也都是由词义转移变成现代汉语词的。

走

在现代汉语中有这样两个成语："走马观花"和"脚上的泡是自己走的"。在这两个成语中都用了"走"，可是它们的词义并不一样。前一成语中的"走"是跑的意思，后一成语的"走"是步行的意思。前者是古汉语词义，后者是现代汉语词义。古文字把当时表示跑的"走"画成一个人甩开两臂大踏步地向前奔跑的形状，并且因为跑的特点是脚的频数移动，又在这个人形下面特别标出一只脚——止（止＝趾）来。可见"走"这一词的古义是"跑"，是毫无疑问的。

跑和步行是两种不同的行动。"走"从它原义的跑转成了步行，这个现代汉语词就是由词义转移造成的。

闻

本义属听觉，变义属嗅觉。听、嗅不属同一事类。

现代汉语"闻"是以嗅觉作基本意义的，是变义造词。

"闻"的本义是和"听"相同的，都是说明听觉作用的。现代汉语已经把它们俩分用了："听声"，"闻味儿"，用法是不混的。

把说明听觉作用的词挪给嗅觉来用，这个词义转移在六朝以前就已完成了：吴均饼说"既闻香而口阔，亦见色而心迷"，瑞应图"天汉二年月支国贡香三枚，状如燕卵，能辟谷，香闻百里。""闻香"、"香闻"，这两个"闻"已是现代汉语的词义了。

现代个别方言有把"听"的词义转移到嗅觉上的,例如:"用鼻子听听"。被转移的词虽然不同,方法却是一样的。

小说

本义是一派哲学思想,变义是一种文艺创作。哲学思想和文艺创作是不属于同一事类的。

"小说"一词最初见于庄子。《庄子·外物篇》有"饰小说以干县令"的话。以后,《汉书·艺文志》在它的诸子略所录的十家思想里,又提出"小说家"来,说:"小说家者流,盖出于稗官。街谈巷语,道听涂说者之所造也。孔子曰:'虽小道,必有可观者焉。致远恐泥,是以君子弗为也。'然亦弗灭也,闾里小知者之所及,亦使缀而不忘。如或一言可采,此亦刍荛狂夫之议也。"这个意思和我们现在所说的"小说"绝不相同。

宋代,都城游乐之事甚多,杂伎艺者有"说话"一门。都城纪胜,瓦舍众伎篇,"……说话有四家。一者小说,谓之银字儿,如烟粉、灵怪、传奇。说公案皆是搏刀赶棒及发迹变泰之事。说铁骑儿谓士马金鼓之事。说经谓演说佛书。说参请谓宾主参禅悟道等事。讲史书讲说前代书史文传兴废争战之事,最畏小说人,盖小说者能以一朝一代故事顷刻间提破。……"可见那时的"小说"已经和叙述杂事,记录异词,缀辑琐语的"虽小道必有可观的",表现一家思想有哲学性质的东西有根本的区别了。

"小说"一词在现代汉语里是以变义作基本意义的。本义久已不用,是变义造词。

大夫

本义是封建社会的一种官职名称,变义是医生,由官职名转成职业名,是一种词义的转移。

在中国封建社会中,太医院的长官,官阶五品,为大夫。当时人就用这官阶尊称医生为"大夫"。习以为常,"大夫"一词由对医生的敬语转变成医生的同义词。因此,现在封建社会虽已被彻底推翻,大夫的官阶早已不存,而"大夫"一词却以它的转义成词被保留在现代汉语词汇里。

二 本义和变义并存的转化变义造词

这里说的转化的变义造词是在现代汉语中已失掉了本义和变义之间的联系,在词汇中是以两个同音词的形式同时存在着的。除非从语源上探索,平时是觉察不到它们的转化关系的。例如:

本

在现代汉语词汇中,植物根干的"本"和书册计数单位的"本"是两个词。植物的根干和书册的单位之间是毫无关系的。

但是就词的变义来看:

"本"的本义是植物根干不生枝叶的部分。它是和"末"相对的。现代汉语说"这花是草本木本?"是使用"本"的原意来说的;至于说"这书是三本五本?"时则是和原意无关专,而指册数来说了。

《北齐书·魏收传》:"及诏行魏史,收以为直置秘阁,外人无由得见,于是命送一本付并省,一本付邺下,任人写之。"已经把"本"从植物根干,经过植物单位,转变成写作的单位了。大著作一本可以卷十几卷,小的著作一本只是一篇或一卷。后来把篇卷订成册子时,"本"这一作品单位,又转成一册是一本。

心

"心"本义是心脏。这个身体的物质机构是和人的思想意识不同的。

由于古人认为它是人"神（精神）之主也"①，"智之舍也"②，觉得思想意识是由心生出来的，致使它的词义由五脏之一转成人的思想意识。这个转义在生活中取得了稳固的地位，成为"心"的另一个基本的词义。传承到现代成为两个同时存在的词，并以这两个词分别作词根派生了许多新词。像：

心脏

中心　　　球心　　　圆心

都是用它的心脏的词义和由它产生的变义作词根造成的，

良心　　　粗心　　　野心

进取心　　好奇心　　同情心

都是用以思想意识为词义的"心"作词根造成的。

第二节　比拟造词

这种造词法也是从词根的意义出发的。它是基于新旧事物反映在人的认识中所唤起的联想而成的。换句话说，比拟造词法也就是看着像什么就叫什么的造词方法。

比拟造词方法有两种：单纯比拟和条件比拟。前者直接用词根进行比拟，以外不附任何条件；后者虽然也是用词根进行比拟，

---

①　《鬼谷子·捭阖》："心者，神之主也。"

②　《管子·心术上》："心也者，智之舍也。"

但是在词根之前必须附以辅助条件。

以下就这两种比拟造词分别举例：

壹　单纯比拟造词

单纯的比拟造词是直接用词根来进行比拟的。用这种造词方法进行造词的新旧认识之间，必须两下里有某一种相似的共同点。在这个共同点的基础上，才能有像什么就叫什么的造词可能。例如：

食

日蚀、月蚀的"蚀"早先只叫"食"，——"蚀"是后造的书写符号。为什么把它叫做"食"呢？因为日月蚀在地面上看来，是一点一点地被消掉，好像被什么动物一口一口吃掉了似的。[①]

眠

蚕蜕皮时，不食不动，好像在睡眠似的，因此把这种蜕变时期的现象叫做"眠"。实际上它并不是在睡觉。

釉

在陶器的泥坯上所涂的玻璃质涂料叫"釉"。早先只写作"油"。为什么把它叫做"油"呢？因为出窑之后，涂料已熔化成玻璃质发出细腻的光泽，油汪汪的，看来像油似的。[②]

---

① 刘熙《释名·释天》："日月亏曰'食'。——稍稍侵亏如虫食草木叶也。"

② 朱琰《陶说》："按昔称陶器曰'油色滢澈'，'油水纯粹'。无油水曰'骨'，'油'即今之'釉'也。'油'读去声，通用。后之制字者，主于分别，《俗书刊误》曰：瓷漆光曰'䃋'，或作'釉'字。初起不脱'油'字。加光为异，嫌其笔墨之繁，省从由，偏旁从采，采即光义，六书之例合矣。"

盔

"盔"原是属于钵盂之类的容器①，现时北方农村还有"瓦盔子"的器名。我国古时战士所戴的金属帽子，当初是叫做"胄"的。后来因为它的形状很像一具倒放着的盔子，于是就叫起"盔"来。现代战士所用的钢盔就是从这"盔"来的。

甲

"甲"在古时有硬壳的意思。龟的硬壳叫龟甲，有硬壳的昆虫叫甲虫。古时战士披挂的铁衣，作用和形式好像动物身上的防身硬壳似的，因而把它叫做"甲"。

螺蛳

螺蛳是一种田螺，一寸来长，色黑细长。工业上用的螺旋钉，细长的螺旋形状很像螺蛳似的。因此就把它叫做"螺蛳"。"螺蛳"的名字叫通了之后，由于常见这个人造物而自然的螺蛳在许多地方并不常见，渐渐忘了它命名的来源，又为了书写上的简便，竟简写成"螺丝"。至于"螺丝钉"则是在"螺丝"的基础上，附注物类，是一个较后的更加明确的词了。

虎口

大拇指和食指之间的分歧处，叫"虎口"。因为大拇指向外分张时，它和食指等其余四指的距离从侧面看来好像张开的虎口似的。

雀斑

在脸面的皮肤上生着许多褐色的斑点，看来像麻雀身上的斑点似的，因而把它叫做"雀斑"。

---

① 《玉篇·皿部》："盔、苦回切、钵也。"《广韵·灰韵》："盔、盔器、盂盛者也。"

鸡冠花

这种花名是由于它的花朵像鸡的冠子似的而得名的。

乌眼

附着在较薄的器物之上,作为小穿孔的护皮的金属孔圈,例如鞋上穿带的眼孔,叫做"乌眼儿",因为它的大小形状像是乌鸦的眼睛似的。

金钟儿

"金钟"是一种近于促织的昆虫,身黑而长,前锐后丰,尾部分成两叉,振动翅膀磨擦出"磴棱磴棱"的声音,听来像小钟似的。就声起名,把它叫做"金钟儿"。

红娘子

"行困老樗阴下坐,儿童争喜拾红娘"。"红娘"是生在樗——臭椿树上的,属于樗鸡之类的昆虫,头和翅都是红的。看来好像一位穿着红衣的姑娘似的,因此把它叫做"红娘"或"红娘子"。

拴马桩

有人在耳前靠近耳孔外缘,耳和面颊平面相接的地方,生一个突出的圆柱形的肉柱。这个小东西看来好像一个拴马桩似的,因而把它叫做"拴马桩"。

猫耳朵

一种面食。捏出来形状有些像猫耳朵,于是就把它叫做"猫耳朵"。

狗腿子

特务是吃人的野狗,人民是非常愤恨他们的。为大特务而跑道儿的一些小特务,只是一些为狗跑道儿的狗腿。于是人民把他们叫做"狗腿子"。——清代,人民也把衙役叫"狗腿"。

贰 条件比拟造词

条件比拟是比拟造词的高一阶段。它的基本原则也和单纯比拟一样,是看它像什么就叫什么的。有些事物用单纯比拟的方法来给它命名,词就显得不够明确了;必须在用以比拟的词的基础上添加别的词素作条件,用它来帮衬、刻画或渲染,使它的比拟作用更为明确。例如:"水银"是一种金属物质,但它并不是"银"。为什么用"银"来比拟呢? 因为它的颜色和银一样。为什么不就把它叫做"银"呢? 因为它在常温度中呈现液体状态,是像水似的液体,只要有空隙,是"无孔不入"的。如果单用"银"来比拟是不能明确它的特点的。因此,在用"银"作比拟的基础上,又加上"水"作条件,描写这种像"银"似的物质形体。"水银"一词的构造不是"水"和"银"的并列,而是以"银"为主,以"水"为从的。不是表示"水"和"银"的并列关系而是在表示像"水"一样的像"银"似的东西。

再如"石绵"是一种白色、灰白色或绿色的纤维状的角闪石。有光泽,质软,像绵子似的。就它像绵子这一点来比拟,把它叫做"绵";但是,它是矿物毕竟不同于绵,如果不指出它这个特点来作区别,必然会引起概念混淆。因此,在比拟词——"绵"的上面加上"石"来指出它的物类。

这种造词和条件分化造词一样,在构词当时,所用的词不论修饰和被修饰,都是有作用,有意义的。在成词之后,就融成一体不可分割了。假如再把"水银"理解为像水一样的银子,把"石绵"理解为有石性的绵子,那就大错特错了!

下面这几个词都是用条件比拟构成的：

天河	墨海	房山
鱼雷	柿霜	刨花
轮胎	佛手	橡皮
海狗	壁虎	铁猫（扑鼠器）
木马	书鱼	天牛
铁丝	糖衣	心房
笑面虎	玻璃霜	自鸣钟
果子酱	花生米	芝麻酱
仙人掌	猫儿眼	荒山嘴
汗珠子	铁蒺藜	海百合
黄鼠狼	石钟乳	糖葫芦

条件比拟造词一般的不能离开条件。若是去掉了它作为条件的前加成分就失掉了比拟的明确性，不能概括那一对象。例如："墨海"这种较大的储墨砚池，若是去掉前加条件，就成为"海"。"壁虎"若是去掉"壁"即时变成"虎"，"汗珠子"去掉"汗"即时变成"珠子"。它们都不能达到比拟的作用。

但是也有些条件比拟造词，成词之后省掉条件，变成转义造词。例如：

钟

作为计时器来用，"钟"是"自鸣钟"省略了它的条件。

"钟"原是一种以十六枚为一堵，编悬起来的中国古代打击乐器。它和计时器原是毫不相关的。

后来，这种乐器失用了。随着中国佛寺晨昏打钟的寺规，"钟声"跟时间观念结合在一起，变成了报时的信号。在这一基础上,当西洋的按时自鸣打响报时的计时器传到中国时,便用条件的比拟造词法给它起了名字叫做"时辰钟"或"自鸣钟",把它规定在"钟"的类属里,又把它和"钟"区别开。后来又简称作"钟"。这时"钟"的新词义不但和原词义隔越很远,而且占了主要的地位成为基本意义。现时,一般人很少知道它的本义原是乐器了。

第十章　结构造词方法(上)
——词汇—结构造词方法

词汇—结构造词方法是把词素的语音形式和意义作为一个统一体来使用,在构词时形式和内容是无所偏重的。在这一点上,它和专取词汇的音节形式特点,模拟物音以象声造词的语音造词方法有本质上的区别。在这一点上,它又和虽然没有抛开语音形式,可是单从词根意义出发的语义造词方法,在本质上也有区别。

这种造词方法,既不是单纯的记音,也不是语义的改换,而是词素以它原有的"词"的身份互相配搭,按一定的组织关系结构而成的。

用这种方法造成的词,虽然在结构中间依赖一定的语法关系,而成词之后也有一定的语法意义;但是在结构形式上是一个浑然整体,不依语法关系存在。因此,它只是属于词汇性质的。

词汇—结构造词方法有的是以词根作基础,给它配合上一定的辅助性的词素进行的。有的没有词根,各词素依语法关系结成词组(短语)或短句,进一步提炼,使它们融合成词的。

根据这两种情况,按照结构中有没有词根,可以分作两种:非词根结构造词和词根结构造词。

在非词根结构造词里还可分作词组结构造词和短句结构造词。

在词根造词中还可以分作分化造词、附注造词和重叠造词。

以下就这几种造词方法分别举例说明。

第一节　非词根结构造词

壹　词组结构造词

在这种结构造词方法里,词素之间是没有作词根的。因此,所造出来的词都不是派生词。

在这种结构造词方法里,每个结构的各个词素是依语法关系以词组(短语)的形式开始出现的。

词组结构造词在汉语史上有两种情况:一种是直接成词的,例如:"钻探"一词是随地质工作出现的。一种是在一定历史过程中,随认识发展,起初是词组,以后才由词组提炼成词的,例如:"骄傲"。《离骚》:"保厥美以骄傲兮","骄傲"已经组织在一起使用。可是后汉崔骃的文章,还把它拆开来用。他写道:"传曰:生而富者骄,生而贵者傲。生富贵而能不骄傲者,未之有也。"①把它和"富贵"一样,既拆开来用,又合起来用。可见"骄傲"一词,并不是一开始就是固定成词的。

就现代汉语词汇看来,词组结构造词可分作四种:以修饰关系

---

① 《后汉书·崔骃传》。

结构成的,以并列关系结构成的,以因果关系结构成的,以支配关系结构成的。

在并列关系结构造词里,还可以分成四种:有两端对举的,有两类概括的,有两事相成的,也有同义互注的。

以下就这几种词组结构造词分别举例说明。

一　修饰关系词组结构造词

在修饰关系的词组造词结构里,各词素之间有说明和被说明的关系。但是被说明部分却不是据以生词的词根。造成的新词在词义的类属上不是词根的分支,不是派生的,没有同族词。在这一点上,它和我们将在后面提到的词根结构造词里的分化造词是不相同的。例如:

坚持	固执	迟到
小吃	新闻	现在
早熟	深入	长支
落花生	万年青	阴天乐

"坚""小""早""落花"等等是给它们最后一个词素作条件的,是作修饰的词素。这类词和"洪流""暖流""暗流","空谈""漫谈""闲谈"等等不同。它们不是在分解"持""吃""熟""生",而是在说明"持""吃""熟""生"的情况的。它们并不是滋生什么样的"吃",不是说明哪一类的"生"。它们是概括对象而不是说明对象的。因此又都不同于词组,不能和"大吃""快吃""穷吃"相比。它们的造词关系是说明事情,不是分化事物,不同于后面所说的分化造词。因此,也不能和"滋生""派生""寄生"等等各种"生"相比。

在这种造词结构里,有些词由于使用同一词素作修饰和被修饰的结构关系,往往被误认为重叠造词。这是必须注意分别的。

例如：

爷爷

现代汉语方言，有许多地区把父亲叫做"爷"。这个称谓比较古。《南史·侯景传》："惟阿爷名称。"《木兰辞》："军书十二卷，卷卷有爷名。阿爷无大儿，木兰无长兄。"

从这个称谓看来，现在把祖父叫做"爷爷"，它的重叠关系和"妈妈"不同。"妈妈"重叠还是"妈"，而"爷爷"重叠却不再是"爷"（父亲），乃是"爷的爷"（父亲的父亲）。由此可见，它的重叠造词可能是以同一词素按修饰和被修饰的关系进行的。

娘娘

六朝隋唐时代，把母亲叫"娘"。隋唐宫廷贵妇人也叫"娘子"。"娘"在当时有母辈的意思。按照苏辙的《龙川杂志》所记，宋代宫廷已经把"母后"叫"娘娘"。《避署漫钞》："神庙欲问西北房罪。一日披金甲见太皇太后曰：'娘娘，臣著此好否？'"依照行辈关系看来，"娘娘"一词，起初也可能是用"娘的娘"的意思构成的。

七七

佛教行事之一。人死亡后，每七日营斋，修佛事而追荐之，叫做"斋七"，简称作"七"。第七个追荐日叫"七七忌"，也简称作"七七"。是第七个"七"的意思。

《北史·胡国珍传》："诏自始薨至七七，皆为设千僧斋。"

二 并列关系词组结构造词

1. 两端对举

这种造词方法是就一个或一件有相对性特点的事物，从词汇中抉出足以概括这相对的两端特点的词作为词素，组织起来构成新词的。在还没有构成新词之前,标志两端的词是各自独立的。在构词当时,它们是以"×和×"的意味进行的。在既已成词之后,就失掉了这个语法性质,不再是"×和×"的词组,而是一个浑融的整体了。例如,"动静"成词之后,便不是"动和静"的意思,而是指着活动情况了。

用这种方法造成的词。像——

　　早晚　　始终　　首尾　　原委　　孕育

是就同一事物的起结两端,对举成词的。像——

　　收发　　出纳　　买卖　　问答　　雇佣

是就构成事情互为条件的两方,对举成词的。像——

　　动静　　来往　　褒贬　　是非　　深浅　　轻重

　　大小　　多少　　里外　　反正　　上下　　左右

是就相反事象对举成词的。这三者,头一项是同一事物的两端,次一项是构成一事的两面,后一项是不同事物或不同形势的相对情况的对举。

2. 两类概括

组合两个标志不同事物的词,以构成一个足以概括它们的,在概念上是高一级的词。这种造词方法是两类相成的。用这种方法构成的词不仅有较大的概括性,而且一部分也具有象征性。例如,"穿戴"两类相成概括了服装,而"口舌"两类相成却以物代事象征了争吵。

这种词在构词当时,也是以"×和×"的并列关系相结的。成词之后,就抛开各自的独立性质结成一体了。例如:

　　见闻　　吃喝　　穿戴　　阅读　　方圆　　广袤

　　聪明　　精华　　软弱　　衣裳　　图书　　江山

气魄　　嘴眼

是用两个标志不同事物的词,构成一个高一级的概括了它们的词的。

洗刷　　陶冶　　锻炼　　驾驭　　辛苦

领袖　　英雄　　日月　　针线　　规矩

眉目　　口齿　　心肠　　骨肉　　爪牙

这些词,构成之后,不仅标志了它们的共相,而且又有了象征的意义。

3. 两事相成

组成这种新词的词素原是两个标志事情或现象的词,它们是相辅而行,相得益彰的。开始组词时,有"既×且×""既×又×"或"×而且×"的意味。成词之后,就脱出这种语法关系,融成一个整体了。其中——

两种事情相结的,像——

学习　　辅导　　钻研　　追寻

收拾　　保管　　支持　　裁缝

两种性质或现象相结的,像——

和平　　光荣　　坚强　　细致

圆滑　　稳健　　宽大　　繁多

这种造词和前面所说"两类概括"的造词是有区别的。两类概括的造词是高一级的概括,是提炼词义的。譬如:"见闻"不再是看见和闻听,也不是边看边听,既看又听,而是指着由见闻得来的知识;"洗刷"也不再是洗和刷,而是指着像洗刷污秽一样的剖白辩解。而以两事为中心的造词就不能这样,它仅是平列或相续事象的综合,并没有更高一步的提炼和概括,因此,在成词之后虽然已经成为一个不可分割的新词,可是构词材料——用作词素的词它的词义还隐约存在,譬如,"学习"一词并没离开"学"和"习","和平"一词也并没有离开"和"跟"平"。

4. 同义互注

这种造词是以同义词或近义词互相注解的形式构成的。其中:有全用古汉语词构成的,例如:

    呼吁　　　奔走　　　遗失

有全用现代汉语词构成的,例如:

    生长　　　年岁　　　头脑

有兼用古今汉语词构成的,例如:

更改	寒冷	奠定	给与	思考
打击	睡眠	弯曲	追逐	逃亡
尖锐	宽阔	旗帜	攻击	干燥
桥梁	树木	组织	坚固	观看

互注造词是汉语新质特点给某些从古汉语传承下来的单音节词以影响而引起的词的形式改造。当然在这同时也反映着认识上的和生活上的某些改变和要求,可是在基本意义上并没有什么大的改变。

三　因果关系词组结构造词

这种造词是由因果关系构成的。前一成分是因,后一成分是果。有"×之使×""被×而×"或"因×而×"的意味。造词时是因果并举,成词后是融成一体不可分拆的。其中——

有的因果是两个活动的,前一活动是因,后一活动是果。像——

    推进　　　煽动　　　提醒　　　发现
    建立　　　熔化　　　养成　　　解放

有的因果是一个活动和一个现象或性质的,前一活动是因,后一现象或性质是果。像——

    缩短　　　提高　　　革新　　　说明

澄清　　　扩大　　　订正　　　改善

因果关系造词结构里的第二个词素是主要的。第一个词素只是它的原因或方法，并没有范围或区划第二词素的作用。"推进"还是"进"，不附任何条件，只是明确了怎样使它"进"，并不是画定它是哪一种"进"。同理"缩短"也并不是哪一种"短"。第二词素不被分割化小。因此，它们和后面要提到的，用前一词素来描写或限制后一词素的条件分化造词方法是不相同的。

四　支配关系词组结构造词

这种非词根的词组结构造词，前一词素是行动，后一词素受前一词素的支配或影响。它们之间是以动宾关系相结合的。例如：

笼头　　　伤心　　　进步

出版　　　将军　　　屏风

认真　　　要好　　　传奇

谈天①　　顶缸②　　掣肘③

---

① 《史记·孟子荀卿列传》："驺衍，后孟子。……其语闳大不经，必先验小物，推而大之，至于无垠。先序今以上至黄帝，学者所共术，〔大〕及并世盛衰，因载其机祥制度，推而远之，至天地未生，窈冥不可考而原也。先列中国名山、大川、通谷、禽、兽、水、土所殖，物类所珍，因而推之及海外人之所不能睹。……驺衍之术，迂大而闳辩。（驺）奭也文具难施。淳于髡久与处，时有得，善言。故齐人颂曰：'谈天衍，雕龙奭，炙毂过髡。'"——上下古今，漫谈宇宙的"谈天"是从这一记载提炼出来的。

② 《雅俗稽言》："金陵沿江岸善坏。或言猪婆龙为祟。因猪同国姓（朱），逐托言曰鼋。上命捕之。适钓得鼋，不能出。因取沙缸罩出之。谚云：'猪婆龙为殃，癞头鼋顶缸'。吴中谓代人受过曰"顶缸"，本此。"

③ 《新序·杂事》："鲁君使宓子贱为单父宰。子贱辞去，因请借善书者二人，使书宓若教品。鲁君予之。至单父，使书。子贱从旁引其肘，书丑则怒之；欲好书，则又引之。书者患之，请辞而去。归以告鲁君。鲁君曰：'子贱苦吾扰之，使不得施其善政也。'乃命有司无得擅征发单父。单父之化大治。"——使人作事而从旁牵制阻挠的"掣肘"，是从这个故事提炼出来的。

贰　短句结构造词

这种造词结构，词素是以主语述语关系组织在一起的。

用这种造词结构造成的词，有许多是随人的认识发展，从句子过渡来的。例如："地震"一词，在现代汉语是一个词，在古汉语却是一个短句子。《春秋左传·文公九年》："九月癸酉地震。"《春秋左传·襄公十六年》："五月甲子地震。"《国语·周语》："幽王二年，西周三川皆震。伯阳父曰：……阳伏而不能出，阴迫而不能烝，于是有地震。今三川实震，是阳失其所而镇阴也。"由于时代限制当时只能用阴阳来解说这一自然现象。但是从这一段记载可以看出"地震"的"震"当时是作为一个动词来使用的。

现在也有些短句结构造词是不经过这一过渡而直接构造成词的。例如：一种手杖式的带鞘长刀，叫做"二人夺"。

在现代汉语中，

地震	海啸	冬至
民主	鸟瞰	鬼祟
年轻	眼红	心焦
莲花落	二人转	老太太乐（一种甜瓜）
鬼见愁	春不老	驴打滚儿（豆面卷子）
脑充血	大姑娘挽袖（一种扁豆）	

这一类词都是用短句结构造成的。

这类结构不能单纯从语法来寻找。有些词在词素的排比关系上看，好像是用句子造词似的。例如："人造丝""木变石"之类。在这种结构里，并不是人制造丝，木头变成石头，而是人造的丝，木头变成的石头。它的结构关系是在确定词的内容——概念中某一足以区别于其他概念的特点上,给与辅助成分的。它是在说明事物的基础上进行构词的,而不是在说明事情的基础上用句子成词的。语言的造词法和语法有关系,但是不能用语法代替造词法。

第二节　词根结构造词

壹　分化造词

分化的词根结构造词,在词的结构里后一个词素是词根,其他词素是刻画这个词根的条件。由于条件词素的刻画,缩小了词根的内涵,把它在大范围里分化出来一个比较小的范围,从而造成在概念上从属于词根的新词。新词和它据以成词的词根之间存在着亲族的谱系关系。被分化出来的词对词根来说,是派生词。从同一词根中分化出来的词,彼此是同族词。

分化的词根结构造词,在词根之前使用条件词素。在这一点上,它和条件比拟造词有相同的形式。在本质上,两者并不相同。条件比拟的条件词素只是描画那个作为比拟的词根,并不缩小或分解用作比拟的词根。分化造词的条件词素却不仅是描画词根,而是由于描写刻画,在词根的概念中把它圈出来一个部分来。其所以如此的,是因词根的性质不同。作为条件比拟的词根,是离开原义,在拟定的意义上被描画的;而条件分化的词根则是以它的实际意义被描画的。

分化造词也跟因果关系造词有些相近。它们的区别在于词素在结构中的地位和作用。因果关系造词词素是同等的,前一词素没有画小后一词素的作用,新词和它依以成词的词素原词没有类属关系。分化造词词素是不同等的,后一词必受前一词素的分割,新词在概念上必从属于它依以成词的后一词素的原词词义,而成为它属下的一个种类。

从条件词素的关系来看:有用单词作条件的,有用词组作条件的,有用短句作条件的。

一　用单词作条件的分化造词

用单词作条件的分化造词,在构词之初,条件词素和被分化词素(词根)之间是依语法关系相结合的。有"像×似的×""×底×""×的×""×地×"或"用什么方法去做什么"之类的意思。可是一经结合成词之后,在使用中愈加巩固,便失去了这个关系,成了一个不可分割的整体,成了标志新概念的名词。

这种造词方法生产能力是很大的,一个被分化词素可以由条件的帮助分化出许多新词来。例如:

红

在这个被分化词素上添加必要条件,可以分化出各种各样的"红"来。像——

桃红　　　粉红　　　火红　　　猩红

金红　　　洋红　　　血红　　　石榴红……

问

由于不同条件的刻画,"问"这一被分化词可以分化出各种各样的"问"来。像——

盘问　　　探问　　　追问

质问　　　试问　　　审问　　　……

在现代汉语词汇中。像——

豆芽　　　牛角　　　鞋底儿　　　车轮子

这一种词的分化条件和所要分化的部分是一体的。是就整体和部分的关系上,把所要的部分用条件词素从被分化词素的全范围中剔取出来,以分化成新词的。像——

　　镜框　　　蜂房　　　飞机场　　　牙床子

　　这一种词分化条件和所要分化的部分不是一体,都是用依附关系作条件,从所属关系上,把被分化词素的范围划小,使它分化成新词的。像——

　　酸菜　　　女工　　　重工业　　　志愿军

　　这一种词都是用最突出的性质(不一定就是本质的)作为条件,限制被分化词素的范围,从它分化出新词来的。像——

　　月琴　　　雪花膏　　　丁字尺　　　马蹄表

　　这一种词都是用最容易引起同感的形象作为条件,用它缩小被分化词素的范围,描画出所要的部分,以造成分化新词的。像——

　　直接　　相对　　理解　　预见　　近视

　　浮雕　　粉饰　　自动　　滑翔　　素描

　　这一种都是用动作的方法或情况作条件,使被分化词素从原来的意义中缩小活动范围,依条件的限制分化出新词来的。它们和前面说过的修饰关系的词组结构造词不同,有同族词。

　　二　用词组作条件的分化造词

　　用词组(短语)作条件的分化造词,常见的有以下几种:一种是以动词作中心的,一种是以名词作中心的,一种是以区别词作中心的。前两种较多,后一种较少。这三种在造词结构上,都对词根起区别或修饰作用。

　　1. 以动词作条件中心的条件分化造词

　　用以动词作中心的词组作为分化条件的分化造词,有四例:

例一：手摇机　　脚踏车　　刀切面　　氧化铁

　　　胶合板　　火成岩　　油炸糕　　风媒花

例二：消炎片　　托儿所　　巡洋舰　　分水岭

　　　吸铁石　　鼓风炉　　起重机　　养鱼池

例三：高射炮　　潜望镜　　速记术　　万应锭(药)

　　　三合土　　四分仪　　内服药　　内燃机

例四：升降机　　出入证　　煮硾宣(纸)离合体(诗)

2. 以名词作条件中心的条件分化造词

使用以名词作中心的词组作为分化造词的条件的,有两种:

一种是用一个名词作中心的。例如:

独幕剧　　红绸舞　　小人书　　南纸店

三脚架　　外文部　　五言诗　　国务院

多神教　　偏心轮　　斜纹布

一种是用两个名词并列而成的。例如:

泥瓦匠　　水火壶　　父子兵　　金银花

钟鼓楼　　肠胃病　　图书馆　　钟表店

山海关　　车马费　　妇婴席

3. 以区别词作条件的条件分化造词

以区别词作中心构成词组用以进行条件分化造词的。例如:

藕褐灰　　冷热病　　松紧带　　咸辣肉

三　用短句作条件的分化造词

用短句作条件的分化造词,在形式上,是和用词组作条件的分化造词中以动词作中心的第一例——"脚踏车"之类的词极其相似的。

它们的区别在于动词前面的名词性质。若是被用作发动动作

117

的条件就是词组；若是用作发动动作的主动者，直接支配那一动作，就是短句。

用短句作条件的分化造词。例如：

人造丝	马拉犁	龙卷风
鸟瞰图	虹吸管	地动仪
木变石	自行车	自来水

这一类条件分化造词，可能有些人认为它们是用整个句子成词的。这些人认为"人造丝""马拉犁""木变石""自行车"都是句子。这种看法是不对的。

为什么把它们看做以句成词是不对的呢？

原来造词法是和语法有区别的。造词法虽然和语法有联系，但是它有它自己的结构特点，不能用语法来代替。假如用语法结构完全代替造词法，那就相对地取消了一部分造词结构。

把用短句作条件的分化造词看成以句成词的人，是只看到语法形式，没有看到词的结构。

假若按照语法形式来看，"人造丝""马拉犁""木变石""自行车"等词都可以是句子。那么从这个句子提炼出来的词，将不是物体而是事情或现象了。"人造丝"将是人制造丝，"马拉犁"将是马拉着犁，"木变石"将是木头变成石头，"自行车"将是自己走车了。

事实上不是这样。"人造丝"是丝，"马拉犁"是犁，"木变石"是石，"自行车"是车。都是反映着客观存着的物体，而不是在概括什么事情或现象。

"人造丝"和"丝"的概念是全体和部分的关系，人造丝是丝的一种。如果按照某些只看到语法结构而忽视造词结构的人的说法，那么，"人造丝"将不是一种丝，"马拉犁"将不是一种犁，"木变石"将不是一种石,"自行车"将不是一种车,它们只是一些生产活动或一些现象的名字罢了!

用短句作条件的分化造词和以句成词的造词,在词的结构上是有本质的区别的。用短句作条件的分化造词,被分化的词根——最末一个词素在形式和内容上的统一关系,必然和它们所构成的新词是属于同一事类或物类的。也就是"人造丝"的"丝"和它的词素里最末一个词素"丝"是属于同一物类的。新词在概念上和它的最末一个词素是具有上位和下位,种和类的关系的。反之,"以语成词"就没有这种性质。最末一个词素只是被处理的对象。

四 分化条件的语义作用

词汇—结构造词的分化造词,作为分化条件的词素是依语法关系在结构中对词根起修饰或限制作用的。在这个作用下,词素的词汇意义是在发生作用的。其中:

1.有以"类属"作条件进行分化的。例如:

| 日光 | 牛角 | 鱼鳞 | 树枝 |
| 葵花子 | 钢笔尖 | 火车头 | 蛋白质 |

2.有以"民族"或"国家"作条件进行分化的。例如:

| 汉语 | 倭瓜 | 英镑 | 旗袍 |
| 印度绸 | 法兰绒 | 罗马字 | 犹太教 |

3.有以"人物"作条件进行分化的。例如:

| 欧体 | 杜诗 | 邓派 | 顾绣 |
| 孔明灯 | 列宁服 | 靖宇县 | 维特热 |

4.有以"名位"作条件进行分化的。例如:

| 主席台 | 来宾席 | 学生会 | 代表团 |
| 校长室 | 干部服 | 娘子关 |

5.有以"事务"作条件进行分化的。例如：

| 瓦工 | 法官 | 食堂 | 教室 |
| 广播员 | 会计科 | 研究所 | 化验室 |

6.有以"性质"作条件进行分化的。例如：

| 善意 | 良心 | 优等 | 理想 |
| 正义 | 错觉 | 败类 | 罪行 |

7.有以"性能"作条件进行分化的。例如：

| 笑话 | 韧带 | 爆竹 | 弹簧 |
| 毒素 | 炸弹 | 传染病 | 松紧带 |

8.有以"作用"作条件进行分化的。例如：

| 燃料 | 耕牛 | 标本 | 熨斗 |
| 托儿所 | 消炎片 | 输油管 | 巡洋舰 |

9.有以"用法"作条件进行分化的。例如：

| 摇篮 | 抽屉 | 按铃 | 挂钟 |
| 读本 | 跳棋 | 磨石 | 刺刀 |

10.有以"材料"作条件进行分化的。例如：

（一）

| 铁路 | 瓷砖 | 钢笔 | 纱灯 |
| 鸡蛋糕 | 石棉瓦 | 彩粉画 | 玻璃镜 |

（二）

| 豆油 | 橡胶 | 煤气 | 麝香 |
| 鱼肝油 | 芝麻酱 | 葡萄糖 | 柠檬酸 |

11.有以"用具"作条件分化出来的。例如：

| 篮球 | 鼓词 | 帆船 | 垆锞 |
| 槽子糕 | 铅笔画 | 红绸舞 | 木偶戏 |

12.有以"动力"作条件分化出来的。例如：

| 风琴 | 马车 | 汽船 | 电铃 |

　　蒸汽机　　脚踏车　　手榴弹　　马拉犁

13.有以"作法"作条件分化出来的。例如：

　　蒸饺　　　淀粉　　　澄沙　　　公审

　　素描　　　浮雕　　　汇报　　　刀切面

　　蒸馏水　　胶合板

14.有以"形势"作条件进行分化的。例如：

　　暴动　　　勃发　　　突变　　　冒进

　　狂欢　　　沉思　　　孤立　　　曲解

15.有以"形状"作条件进行分化的,其中:有直述的,也有比拟的。

直述的。例如：

　　扁担　　　方胜　　　圆周　　　长城

　　三棱镜　　圆锥体　　马头琴　　鸭嘴兽

比拟的。例如：

　　月琴　　　梯田　　　齿轮　　　驼背

　　丁字尺　　马铃薯　　疙瘩话　　箩(罗)圈腿

16.有以"色彩"作条件进行分化的,其中:也有直述和比拟两类:

直述的。例如：

　　绿豆　　　白菜　　　红花　　　黄磷

　　红领巾　　黄鼠狼　　乌金纸　　赤红面

比拟的。例如：

　　雪白　　　漆黑　　　桃红　　　藕褐

　　雪花膏　　霓虹灯　　鸭绿江　　羊脂玉

17.有以"音响"作条件进行分化的。例如：

镋锣　　　嘣鼓

乒乓球　　　克郎棋

哈哈镜　　　呱哒板儿

18.有以"气味"作条件进行分化的。例如：

香蒲　　　臭虫　　　　霉气　　　酸菜　　　　甜瓜

甘蔗　　　辣椒

19.有以"温度""湿度"或"硬度"作条件进行分化的,其中:有直述的,也有比拟的。

直述的。例如：

温床　　　寒带　　　凉糕　　　温泉

湿疹　　　干粮　　　潮虫　　　焦点

硬席　　　脆骨　　　软木

比拟的。例如：

冷笑　　　热爱　　　温情　　　硬汉

20.有以"态度"作条件进行分化的。例如：

迁就　　　抗议　　　重视　　　忽视　　　顽抗

21.有以"情感"作条件进行分化的。例如：

爱人　　　友情　　　喜剧　　　仇视

22.有以"关系"作条件进行分化的。例如：

上级　　　同行　　　乡亲　　　战友

女婿　　　娘家　　　母校　　　祖国

互助组　　合作社　　中立国　　子母法

23.有以"方位"作条件进行分化的。例如：

中华　　　北京　　　外科　　　右倾

下水道　　内果皮　　后头叶　　中间人

24.有以"地域"作条件进行分化的。例如：

越剧	宣纸	英尺	胡椒
大理石	桐城派	马赛曲	绍兴酒

25.有以"时间"作条件进行分化的。例如：

早操	晚会	冬学	预见
汉碑	唐诗	现钱	古文
夏令营	中秋节	古汉语	景泰蓝

26.有以"程度"作条件进行分化的。例如：

近视	短见	弱点	长处
微生物	半导体	全民性	超音速

27.有以"数量"作条件进行分化的。例如：

单位	复利	四方	八成
独幕剧	两面性	七言诗	多数派

贰　附注造词

附注造词是随着汉语新质特点在造词法上的反映,以及认识上的发展和交际上的需要,以已有的词作基础,给它必要的补助成分,加以说解或补充而进行的造词。

这种造词法是以被说解或被补充的已有的成词作词根的。附加在词根上的词素,都是辅助成分。凭借着它们的作用,词根原词在意义上增强或进一步明确起来。

附注造词有三种:附注物类的,附注单位的和附注性状的。

一　附注物类的

附注物类的附注造词,所附物类都放在词根的后面。例如：

鲤鱼	鸱鹰	芹菜

淮河	心脏	父亲	
梧桐树	牡丹花	布谷鸟	
菠棱菜	水晶石	昆仑山	

其中,有些词的结构在现代还不牢固,附注不附注都可使用。例如:"梧桐"和"梧桐树"。

有些词结构得非常坚固,在现代汉语里已经是离开附注就不成词了。

例如:"芹菜",说"芹"就不能懂了。

这种造词和分化造词在形式上有些类似,但是本质不同。"鲤鱼"和"金鱼"看来好像是同一结构,实际上"鲤鱼"去掉"鱼"词义不变,而"金鱼"去掉"鱼"就概括着另外一种物类——"金"不再是"金鱼"。可见"金"是分化造词的条件,而"鲤"却不是。

二 附注单位的

附注单位的附注造词有两种:一种是前附的,一种是后附的。

后附的附注单位的附注造词比较多。例如:

人员	马匹	车辆	枪支
船只	粮食	房间	花朵
纸张	布匹	案件	人口

随着事物的发展和认识的加深,以及与之相应的统计学上的进步,最近几年来,在汉语词汇里又出现了一些新的附注单位的附注造词。

这种新的附注单位的附注造词,是用单位来注明单位的。所附单位是放在词根前面的,从而形成了前附的附注单位的附注造词。例如:

架次　　　　人次

人公里

这几个词是旅客周转量的单位，

吨公里

这个词是货物周转量的单位。

三　附注性状的

附注性状的附注造词，所附的性状词素也都是放在词根后面的。这种后附成分有的是词，有的不是。无论是不是用词作后附的性状词素，在结构上都是不可分开的。例如："实丕丕"的"丕丕"不能成词，"实丕丕"是不容分解的。"闹嚷嚷"的"嚷嚷"虽然可以独立成词，可是"闹嚷嚷"却不是"闹"而且也不是"嚷嚷"。它也是不可分开的。

附注性状的附注造词有以下两种：

1. 用词作性状附注的

用词作性状附注的附注造词，例如：

　　静悄悄　　　白茫茫　　　恶狠狠

"悄悄""茫茫""狠狠"都是可以独自成词，参加造句的。但是在这种结构里，它们只是一些附在词根之后的注解成分。

2. 不用词作性状附注的

不用词作性状附注的附注造词。例如：

雄赳赳	气昂昂	闹火火
乱哄哄	羞答答	娇滴滴
酸溜溜	香喷喷	黄澄澄
明晃晃	眼巴巴	泪汪汪

在这一些附注结构里，有些性状词素始终不曾独立成词，例如"滴滴""答答"；有些在古汉语中曾经是词，例如"赳赳""昂昂"。在

现代汉语说来,它们一律不能独立成词。

附注性状的附注造词和语法上一部分重叠用词在形式上相同,在性质上是有区别的。例如:

冷清清　　　　干巴巴　　　　絮叨叨

骨碌碌　　　　滴溜溜　　　　支楞楞

这些词不是在"冷""干""絮""骨""滴""支"的后面附注"清清""巴巴""叨叨""碌碌""溜溜""楞楞";而是"冷清""干巴""絮叨""骨碌""滴溜""支楞"等词末一音节的重叠。

再者,附注性状的附注造词也不能断开来说,譬如"静""悄悄","雄""赳赳"。虽然"眼巴巴""泪汪汪"中的"眼""泪"都是名词,而且"巴巴""汪汪"之后可以加上词尾"地"对动词发生作用,也不能断开。譬如:"他眼巴巴地望着你。"是"他"望着你,而不是"眼"望着你。和"他的眼,巴巴地望着你。"在句子的结构和意义上都是不相同的。

叁　重叠造词

一　重叠造词和重叠用词的区别

重叠造词是用重叠同一词素的方法作成一个新概念命名的造词活动。由这种造词方法造成的词,不是概括和词素完全同一的内容,便是概括完全不同于词素的另一对象。前者是旧词的改造,使它适应于汉语新质,后者是新概念的形成。

造词不同于用词。重叠造词是和重叠用词有区别的。重叠用词是一种语法结构,它是在不改变词的形式和内容的统一关系下,用叠用的方式表示一种语法作用和意义。

我们看:"事事""年年",只是每一事每一年的意思;"走走""猜猜",只是"走""猜"的试行,"用用""歇歇",只是"用""歇"的暂时意思,"闻闻""改改",有命令或祈求的意思,"油油桌子""宽宽衣服","油油""宽宽"只是词性的改变,"偏偏""常常",只是语气的加重。它们既不是同一内容的调整形式,也不是另一思想的语音物化。它们都是运用原词,以重叠的方式作为一种用词方法以显示语法作用和意义的。

可是"嚷嚷"绝不是"嚷","往往"也绝不是"往"(向着或去)。"嚷""往"也并不因重叠使用而发生像上面所提到的那些语法作用。因为它们都概括了不同于原词的另一对象。

至于"妈妈""姐姐"虽然没有改变概括内容,但是也绝没有语法关系和作用。它们既不是试作,也不是暂时,更不是词性改变或语气加重,它们唯一的作用,就是词形调整。

总之:重叠造词是词的形式,而重叠用词只是词在语法上的一种使用。

什么样的重叠才算造词呢?

从现代汉语来说:

1.用现时不能独立成词的古汉语词重叠起来的,是重叠造词。

2.用现代汉语词重叠起来概括另一对象的,是重叠造词。

3.用现代汉语词重叠起来概括同一对象而没有其他作用的,是重叠造词。

反之:重叠起来不失词的现代汉语原意,而又另有一种语法关系的,都不能算作重叠造词。

二　重叠造词的种类

在已有语言之后,一般的造词结构都是有它的语言依据,可以找到语源的。但是,汉语历史非常悠久,古今语言不仅有性质上的差别,在词汇上也有某些错落的新陈代谢;更加以古今方言错杂,书面语言与口头语言逐渐分离,遂使有些词的语源一时不好寻找。因而,汉语重叠造词,从现时的语言情况来看,有些是可以分析的,有些就不能分析。

现时不能分析的重叠词,究竟是不是重叠造词,这里就"存而不论"了。

以下只就可以据已知材料推寻语源的一些重叠造词分作两类来说:

第一类重叠造词,从现代汉语来说,是以古汉语词作词素给予重叠,从而造成新词的;

第二类重叠造词,是以现代汉语词(包括通行区域比较广的现代方言词)重叠而成的。

1. 用古汉语词重叠造词的

用古汉语词重叠成词的,从现时看来,有的比较明显,可以看得出来;有的不大显然,可是还能推求;有的已经很难判定了。

一时难定的,我们不作分析。

虽然不大显明,可是还可以分析研究的。例如:

[tɕiutɕiu]

"这块面筋性很大,刚抻开,它又 tɕiutɕiu 回去了。"

"小嘴儿,又 tɕiutɕiu 到一起了。"

[tɕʻiaŋtɕʻiaŋ]

"一点小事,tɕʻiaŋtɕʻiaŋ 起来没有头!"

"tɕʻiaŋtɕʻiaŋ 了好几天,也没 tɕʻiaŋtɕʻiaŋ 出来个谁是谁非!"

后一个词,还好写,一般写作"呛呛"。前一个词就不大好写,

从现时说来,可以说是有音无字。但是从汉语历史考查起来,我们可以说:

[tɕiutɕiu]是古汉语词"聚"或"鸠集(纠集)"的"鸠",也就是《说文解字》用"聚也"来说解的"勼"的重叠。

[tɕʻiaŋtɕʻiaŋ]是古汉语词"誩"的重叠。《说文解字》:"誩、竞言也,从二言。"《广韵》:"誩、竞言,其两切。"

有些重叠造词的词素,在性质上虽是古汉语词,可是重叠起来变成现代汉语词就成为可以为一般人所理解的。例如:

往往　　　　微微　　　　纷纷

这三个都是现代汉语词。它们的词素"往"(上声)"微""纷"都是古汉语词,在现代不能独立成词。不能把它们和"常常""吹吹"一样看待,说它们是一种用词的重叠。

用古汉语词重叠成的现代汉语词,它的不可分割性是被汉语发展的历史力量限定的。

2. 用现代汉语词重叠造词的

用现代汉语词重叠造词,有两种:创造新词和调整旧词。

(1) 创造新词的重叠造词

这种重叠造词是使用词素以叠用的方式构成一个和新内容统一起来的形式,造成不同于词素原词的新词。它们是以并列形式重叠起来的。

以并列形式重叠起来的创造新词的重叠造词,就词素意义来说,也可以叫做变义重叠造词。它是用它的变义在结构中发生作用的。

这种变义,有的是在造词之前就已存在,有的是在造词时才始出现。用前一种变义重叠,一般是不改变词素的语音;用后一种变义重叠,常是与之相应地在构词时改变语音。

① 不改变语音的重叠造词

这种重叠造词的词素意义,是在现代汉语中,平时就已经有了的变义。造词时,就以它平时的语音形式重叠起来构成新词。例如:

花花　　　道道

"花花"的结构不同于"人人"。不是每一朵花,而是形色错杂光彩靡丽的意思。

"道道"是以"道"的变义,主意谋略的意思,进行造词的。并不是每一道路。

"花花""道道"词素的变义是在造词之前就已确定了的。譬如"这个人很花","买一条花手巾"。"花"在这里并不是花朵。再如:"这个道是谁想出来的?""他的道可太多了!""道"在这里也不是道路。

② 改变语音的重叠造词

这种重叠造词,词素是在造词时才始变义的。离开词的结构这个变义即时消失。例如:

嚷嚷　　　吵吵

"嚷"是用力大声呼喊。这个词是用上声来说的。

"嚷嚷"和"看看"不同,不是试行的意思,也没有暂行的意味。不是"嚷一嚷",也不是"嚷而又嚷"。它是就许多人杂乱地大声讲话的情形和语声而说的。在造词中"嚷"的意义改变了,语音也改变了,第一个音节用阴平来说,第二音节变成轻声。

"吵"是争辩中的高声喧嚷。用上声来说的。

"吵吵"是只高声喧嚷。可以是群众的,也可以是个人的。不是"吵而又吵"也不是"暂时喧嚷"。重叠成词时,随着意义改变,语音也跟着改变,第一音节用阴平来说,第二音节用轻声来说。

(2) 调整旧词的重叠造词

这种重叠不改变词素原意。单用和重叠是完全一样的。其所以必须重叠,当是受现代汉语双音节特点影响而加以调整的。

其中,主要的是一部分亲属称呼。例如:

爸爸　　　妈妈　　　叔叔

舅舅　　　哥哥　　　姐姐

调整之后,重叠形式成为基本形式,原有单词变成爱称。

至于"弟弟""妹妹",现代口语不能简称"弟""妹",应该把它们看做古词重叠。

亲属称谓之外的调整旧词重叠造词比较少见。可能属于这一类的。例如:

星星　　　本本　　　馍馍

第十一章　结构造词方法(下)
——形态—结构造词方法

形态—结构造词方法是在构词的词根上给予形态特征的。有在词根前或后增加表示形态作用的成分的;有不添加任何成分,只在词根音节上给予一定形式变化。

这种造词结构一般是具有语法性质的。

形态—结构造词有两种：一种是音变造词，不增加任何形态成分，只在词根的原有音节上给予一定的形式改变；

一种是附缀造词，在词根之前或后，添加一定的表示形态的成分。

在音变造词里，又有两种：改变词根音素的和不改变词根音素的。

在附缀造词里，也有两种：加前缀的和附后缀的。

第一节　音变造词

音变造词是在人的认识发展和社会生活要求的基础上进行的。

人的认识是由浅到深，从浑沦到分析，越来越细密、精致地发展着的。词是思想的物质材料，它反映着人的认识。

有许多事物，由于历史条件限制，当初的认识是比较浑沦的。笼统地把它看做一个物体或一件事情。在实践中，逐渐从笼统的认识中又认识到一些新的东西或现象。伴随旧认识的新发展，相应地，在反映旧认识的词上，常作出必要的区分，从而产生了词的分化。

词的分化方法，有使用条件词素进行的，有不用条件词素的。音变造词就是不使用条件词素直接在被分化词的原有音节上给予语音区别的。音变造词是属于汉语旧质的分化造词。

一般说来，音变造词是具有词汇意义的。由于这种造词活动，在词汇里添加了许多新词。

但是,也有一部分音变造词词汇意义较弱,主要是用音变方法表现语法意义。严格说来,是应该属于语法范畴的。这种音变造词有的是语法上的一种形态的体现。

壹 改变部分音素的音变造词

这种造词是词的分化结果。在造词法的性质上,是属旧质的。现代汉语已经不使用这种方法造词了。我们只能从一些传承下的词,在词的语源研究中,看到这种造词方法。例如:

　史　吏　事

这三个词最初只有"史"。"吏"和"事"都是从"史"分化出来的。"史"原是掌管记录的官,古文字写作"史",像用手(彐)拿着盛简策的器具(中)的样子。王国维(1877—1927)说:"史之本义为持书之人。引申而为大官及庶官之称。又引申而为职事之称。其后,三者各需专字,于是'史''吏''事'三字于小篆中截然有别。持书者谓之'史',治人者谓之'吏',职事谓之'事'。此盖出于秦汉之际,而诗书之文尚不甚区别。"[①]

史、吏、事三个词,现在说[ʂɿˇ][liˇ][ʂɿˇ],隋唐说[ʿʂiː][liʔ][dzʿiʔ][②]。更早的说法虽然还不大清楚,但是从隋唐音来看,它们的辅音不同,韵腹音素相同,当是以"史"的音节为基础,用改变辅音的办法造成分化的。

　罙　探　深

---

① 王国维《观堂集林》,卷6,释史,4页。

② 《广韵》:史、疏士切(上声、止韵);吏、力置切(去声、志韵);事、钼吏切(去声、志韵)。

"探"和"深"都是从"罙"得声的。"罙入其阻"①，正用"罙"的原义——深深探入的意思。② 探手深入的动作叫做"探"③，深入的程度叫做"深"④，"探"和"深"都是从"罙"分化出来的。

现在"探"说[t'an√]，"深"说[ʂən˥]。隋唐时，"探"说[ˌt'ɑm]，"深"说[ˌɕiəm]⑤。不但辅音不同，韵腹也不相同。更早的说法可能只是辅音不同，韵腹还是相同的。"深"的元音在受辅音的影响以后才有了改变。

见　　现

这两个词最初只是一个"见"。以后才从"看见"和"露出来使人看见"这两个不同的认识上分化出"见"和"现"。

现在"见"说[tɕian√]，"现"说[ɕian√]。隋唐时，"见"有两个说法：看见的见说[kien²]，"现"露的见说[ɣian]——"现"已被分化出来。在当时，人们还轻视这个字，把它看做"俗写"⑥。这个分化也是用变更辅音的办法作成的。

州　　岛

----

① 《诗经·商颂·殷武·一章》："挞彼殷武，奋伐荆楚。罙入其阻，裒荆之旅。有截其所，汤孙之绪。"

② 《诗经·毛亨传》："罙，深。"《说文解字·穴部》："罙、深也。"《毛诗正义》："罙者，深入之意，故为罙也。"

③ 《说文解字·手部》："探、远取之也，从手罙声。"

④ 《说文解字·水部》："深，水出桂阳南平，西入营道。"不是本义。本义当是深浅的深。《诗经·匏有苦叶》："匏有苦叶，济有深涉。深则厉浅则揭。"《尔雅·释言》："潜、深也。潜、深、测也。"《说文解字·水部》："测、深所至也。"深、测都是探入的行动。

⑤ 《广韵》："探、他含切（平声、覃韵）、深、式禁切（去声、沁韵），不浅也。式针切（平声、侵韵）远也。"

⑥ 《广韵·去声·霰韵》："见、视也，古电切；"又："见、露也，胡甸切。现，俗。"

水中可居的土地叫"州"①,海中可居的土地叫"岛",②而"州""岛"两词古音又都相同③,可见它们俩应该是同一词的分化。

现在"州"说[tʂou˥],"岛"说[tau˩˧]。隋唐时,"州"说[ᵗɕiĕu],"岛"说[ᶜtau]。④ 这两个词的分化也是从辅音变化作成的。"岛"的音节比较近于古音,"州"的音节在分化之后,受辅音影响又有了一些改变。

蹀躞　　　抖擞　　　哆嗦(独速、㑛㑫)

《娇女诗》"蹀躞越桥上,河水东西流",白居易诗:"抖擞污秽衣",孙集贤诗:"也须抖擞老精神",孟郊送淡公诗:"脚踏水船头,独速舞短蓑"。"蹀躞"是脚步频数,"抖擞"是手颤动或精神振刷,"独速",《广韵》写作"㑛㑫",现代汉语写作"哆嗦"是浑身颤抖。——总起来看,颤动是这三个词的共通意思;而[t]和[s]是这三个词的共通辅音。把音和义联系起来看,可以看出这三个词应该是从一个来源分化出来的。

现在"蹀躞"说[tieɕie],"抖擞"说[tousou],"哆嗦"说[tuo-suo]。隋唐时,"蹀躞"说[dʻiĕp sĭep],"抖擞"说[təusəu],"独速"说[dʻuksuk]。⑤ 更早一些的语音我们虽然

---

① 《说文解字·川部》:"州、水中可居曰'州'。周绕其旁,从重川。昔尧遭洪水,民居水中高土,故曰'九州'。《诗经》:'在河之州。'"在"州"被转成地区名称之后,"水中可居"的"州"又加上水旁写成"洲"。《尔雅·释水》:"水中可居者曰'洲'。"

② 《释名·释水》:"海中可居者曰'岛'。"

③ 岛:《说文解字·山部》写作"嶹",说"海中往往有山可依止,曰'嶹'。从'山'、'鸟'声。""鸟"和"州"古音同在"萧"部,"端"纽。

④ 《广韵》:州、职流切(平声、尤韵),岛、都皓切(上声、皓韵)。

⑤ 《广韵》:蹀、徒协切,躞、苏协切,都在入声怗韵。抖、当口切,擞、苏后切,都在上声厚韵。独、㑛同音,徒谷切,速、㑫同音,桑谷切,都在入声屋韵。

还不很知道,可是从这些词的关系里,能看出它们的分化并不是改变辅音,而是用改变收韵的办法造成的。

赖　　　懒

《孟子·告子上》:"富岁子弟多赖,凶岁子弟多暴。"阮元(1746—1849)说这个"赖"就是"懒"。他的儿子——阮福说:"凡有所恃,有所取者,其人必不能自立而懈惰,故《说文》'懒'、字从'赖'。'懒'从'赖'得声而义亦寓于其中。"《说文》:"懒、懈也,从女赖声,一曰䜼也。孟子曰,'富岁子弟多赖,凶岁子弟多暴,''赖'者,亦有所恃取而懈惰之义"①。可见"懒"是从"赖"分化出来的。

隋唐时,"赖"已说[lɑiˀ],"懒"已说[ˤlan]。②

辅音韵腹完全相同,只是韵尾不一样,可见它们的分化是用改变韵尾辅音的方法说成的。——"赖"是从"剌"得声的,古音在"曷"部,说[*lat],[*lat]和[lan]也还是韵尾辅音的变化。

从上面几个例子来看,只改变词根音节的部分音素以进行分化旧词的造词,实有三种情况:改变辅音、改变韵腹和改变韵尾。

贰　不改变音素的音变造词

不需要任何辅助词素,不改变词根的任何音素,直接用词根整个音节进行音变造词的,有三种:

1. 改变辅音发声送气方法,用送气不送气作音变造词的,

---

① 阮福《释赖》。——《皇清经解》,严杰《经义丛钞》,卷14。

② 《广韵·去声·泰韵》:赖、落盖切,蒙也、利也、善也、幸也、恃也;《广韵·上声·旱韵》:懒、落旱切,惰也、懒、俗。

2. 改变声调的音变造词，

3. 改变重音的音变造词。

一　改变发声送气方法的音变造词

这种造词方法只适用于以塞声或塞擦声发声的单音节词根造词上。它不改变词根音节原有词素。辅音的作势成阻以及一般的发声方法都和词根一样，仅仅在除阻发声向外透出气流时有气势和强度上的差异，从而造成了词的语音形式上的区别。例如：

长[tʂaŋ]　　　长[tʂ'aŋ]

"长"不送气，是长辈、首长的"长"；送气，是长远、延长的"长"。隋唐时，长大的"长"说[ʈ'ǐaŋ]，长远的"长"说[ȡ'ǐaŋ]①。从殷墟出土的龟甲兽骨文字来看，"长"的原字是"𠱛"，像人发长的形状②，那么首长的"长"和"延长"的"长"都是从一个长短的"长"分化出来的。

朝[tʂau]　　　朝[tʂ'au]

朝夕的"朝"不送气，朝代的"朝"送气。隋唐时，也是这样：朝夕的"朝"说[ȶǐeu]，朝代的"朝"说[ȡ'ǐeu]③。早旦叫做"朝"④，"旦见君谓之'朝'"⑤，一个是时间，一个属制度，两个词是同一词的分化。

用送气与否分化成新词的事，隋唐以来有些加多。例如：

---

① 《广韵·上声·养韵》：长、知丈切，大也；《广韵·平声·阳韵》：长、直良切，久也，远也，常也，永也。

② 余永梁说。

③ 《广韵·平声·宵韵》：朝、陟遥切，早也，又旦至食时为终朝；朝、直遥切，朝廷也。

④ 《尔雅·释诂》："朝、早也。"《说文解字·𠦝部》："朝、旦也。"

⑤ 《左传·成公十二年》："朝而不夕"疏，孔颖达正义曰："旦见君谓之'朝'，暮见君谓之'夕'。"

弹[tan]——[t'an]

隋唐时,音素相同,是用声调作区别的[①]。现代汉语是用送气与否来作分别了。

调[tiau]——[t'iau]

现代汉语,韵调、调选的"调"不送气,调和的"调"送气。隋唐时,韵调的"调"和调选的"调"是以声调来分别,不但辅音音素相同,而且全是送气的。——用送气与否来和它们区别的却有一个不常用字,《诗·汝坟》"惄如调饥"的"调"[②],从中原音韵来看,到元代它们已经和现在一样,用送气不送气来分别了。

二 改变声调的音变造词

改变声调的音变造词有两种:极化的和非极化的。前者是一个词义向两端分化,是一个概念的分裂。后者是词义的引申或转化。如果没有声调上的改变,后者将是语义造词中的变义造词。

1. 极化的变调造词

极化的变调造词如:

受　　授

这两个词当初只是一个词,是指交接事物的整个行为说的。这种行为必须由构成事情的两方合作才能完成。最初只把这两方合作的行为看成一回事,并没分析谁是给予,谁是接受。后来,在实践中明确了两方行为的不同性质和区别的必

---

① 《广韵·平声·寒韵》:弹,徒干切,纠也、射也,亦弹棋;《广韵·去声·翰韵》:弹、行丸。徒案切。

② 《广韵·平声·萧韵》:调、和也,徒聊切;《广韵·去声·啸韵》:调、选也,韵调也,徒吊切;《广韵·平声·尤韵》:调,朝也,诗云"惄如调饥",张流切,本又音条。

要,从这浑沦的整体中分化出"受"和"授"来。

《国语·鲁语》:"为国予之邑,今日必授。"《孟子·离娄上》:"男女授受不亲,"是这一行为的"相付"①两方,在秦以前就已经分化明白了。

秦以前的这两个词的音节如何,现时还不详悉。现代汉语这两个词虽是同音,都说去声,但是在隋唐语音里,却是有分别的,分别就在声调上:"受"说上声,"授"说去声②。

买　　卖

这两个词的音素完全相同,区别只在声调上,现代汉语和隋唐语音"买"都说上声,"卖"都说去声③。两个时代的调值可能不全相同,但是这两个词用声调作区别则是相同的。把它们的声音和词义以及词义和事情关系合起来看,可以推知当初只是一个词,是笼统地指着买卖一事的整个行为而说的,并没有分出买方和卖方。后来,在实际的交易中,明确地分析出买入和卖出的不同,在原词的音节上,用改变声调的方法,作出区别来。

2. 转化的变调造词

转化的变调造词不是由于浑沦到分析的概念极化,而是由于已有认识的触类旁通,从词义引申或转移的基础上形成的。在词根音义俱变这一点上,它不同于词义造词。例如:

撩

用阴平说,是揭起下垂着的东西;

---

① 《说文解字·殳部》:"受、相付也。"
② 《广韵》:受、殖酉切,上声,有韵;授、承咒切,去声,宥韵。
③ 《广韵》:买、莫蟹切,上声,蟹韵;卖、莫懈切,去声,卦韵。

用阳平说,是引逗挑弄的意思。

搂

用阴平说,是向怀里搜刮聚敛;

用上声说,是向怀里搂抱。

汤

用阴平说,是热水,现在一般是指菜里的热水——菜汤。

用去声说,是被热水或火灼伤。字写作"烫"。

拧

用阳平说,是用手夹持而扭转的意思;

用上声说,是用力扯转的意思。

凉

用阳平说,是稍稍冷一点儿的意思;

用去声说,是把热东西放在外边,使它变凉的意思。例如:"把粥凉(去声)凉(阳平)了再喝。"在书写形式上以后又发展成"晾"。

瓦

用上声说,是建筑材料;

用去声说,是在屋顶铺瓦的行动。

三 改变重音的音变造词

改变重音的造词是就双音节词以移动重音和变后音节成轻声的造词现象来说的。

后音节轻声,前音节必然相对地成为重音。

前音节重音,后音节也自然相对地变轻。但是,后音相对变轻并不一定就是轻声;它也可以还保持着原来的调值。因此,前音节重音时后音节可以是轻音也可以是轻声。

这里只就一重一轻的关系来看造词,就不再分别它的"轻"究竟是哪一性质。

改变重音的造词是伴随着变义造词而发生的一种形式改变的结果。变义不变形的是变义造词,变义也相应地变形就不再是变义造词了。

随着引申变义而改变重音,以形成新的形式和内容统一的音变造词。例如:

图书

后一音节没有变成轻声时是牵挽或拽的意思,像"拉扯不断"。

后一音节变成轻声时,词义也随着改变,变成牵连或扶持的意思,成为另外一个词。像:"同志!他又把你拉扯上了。""拉扯"是牵连的意思;"把孩子也拉扯大了"。"拉扯"是扶持的意思。

神通

重音在后一音节时,是神为不测通为无碍的意思。原是"五种通"中的一个,是佛教术语。像:"神通广大。"

重音在前一音节时,后一音节变成轻音,则是另成一词,指着诡计多端、变化百出的行为而说的。像:"这孩子真神通!"

随着转化变义而改变重音,以形成新的形式和内容统一的音变造词。例如:

图书

重音在后是概括图画书籍而说的。

重音在前,后一音节轻声,是印章的同义词。这个词原是由于人们在图画或书籍之上加盖印章,而印文又多是"某氏图书""某人图书之记"等等,从"图书印",转使"图书"变成私人或私人团体(如商号)印章的名字。

本事

重音在后是基本情节的意思。

重音在前,后一音节轻音,是本领的意思。宋代许叔微有《普济本事方》一书,记载许多经验的药方病例和医案。因为记录病患情节,所以用"本事"作书名。后来在这一基础上,把有经验有办法的医生叫做有"本事"的医生。在转义之后又扩大为"本领"的意思。

这种音变和同音词的重音差别是不同的。例如:"大意",重音在前是粗心疏忽的意思,重音在后是大概的意思。这两个词在词素的性质和造词方法上都是不同的,是两个不同的造词。因此,它们虽然也有重音上的区别,可都不是用改变重音的方法造成的。

至于那些仅仅改变重音而不改变内容的音变,因为没有随着形式改变相应地改变内容,不能达到一个新的概括,不能算作造词。它们只是语法中一种用词的方法和形式而已!例如:"干饭"说话时着重在"干"和着重在"饭"虽然语意不同,但是并不改变词所概括的对象。

第二节　附缀造词

壹　性质和种类

附缀造词是一种从古汉语中滋长出来,现时还正在发展着的,属于汉语新质特点的造词方法。

这种造词方法的形成,一方面是汉语按它自己的内部规律向前发展,一方面也或多或少地受到了外语的影响。

这种造词方法的形成,除语言上的原因之外,也是和人在实践中认识的发展,越来越繁复的社会生活,越来越丰富精深的文化科学造诣分不开的。附缀造词是语言词汇和语法结构进一步加深加密的一种表现,也正是语言之外某些客观因素的反映。

附缀造词是在词根前或后添加形态成分造成的。这种造词结构虽然具有词汇意义,但是严格来说,是应该属语法范畴的。它是一种很灵活的,能产的造词方法。

这种造词方法,现时还正在发展。其中,有些形态符号是已经成熟了的,可也有些尚未成熟还正在形成。因此,大家在附缀的认识上,一时也还有些不能一致的地方。

附缀造词有两种:

一、加前缀的附缀造词。

二、附后缀的附缀造词。

在词根前后用附缀方法造词的一般情况,第一篇第二章第二节第四目第二项里已经说过,这里就不再重复了。

以下只就历史较长的前后缀中选出几个作例,说说这种成分是如何从古汉语中滋长起来的。

贰　前缀——阿、老、第、初的形成

"阿—"

"阿—",在现代说来,是有方言性质的。并不是各地都用它作为称名的前缀的。但是随着一些作品的流行,它已经具有全民都能理解的性质。

这一个前缀到底是怎么形成的,现时还不十分明了。

从前汉把乳母叫做"阿母"来看,"阿"当初可能是有意义的。或者就是近于"阿衡""阿保"的"阿"。

《史记·仓公传》:"故济北王'阿母'",服虔说"阿母"就是乳母。我们从后汉刘保(顺帝)封他的乳母宋娥为山阳君,左雄反对说,"案尚书故事,无乳母爵邑之制;唯先帝时,'阿母'王圣为野王君"[1]一节看来,"阿母"是乳母的说法是可信的。

后汉时代"阿母"一词已经转移成"母亲"的通称,《后汉书·蔡琰传》"'阿母'常仁恻,今何更不慈?"就是指母亲说的。那时不但"阿母"转成母亲的通称,当时"阿"已经转成称名的前缀了,像大家所熟知的"阿娇""阿瞒""阿斗"都是。到六朝时代已经用得更加广泛。例如:

> 阿翁　阿婆　阿姑　阿叔　阿兄　阿妹
>
> 阿香　阿紫　阿连　阿候　阿大　阿堵

"老一"

六朝时,"老"已经有前缀化的倾向。例如,当时南朝人把北人叫做"伧""柳元景、垣护之虽并北人,而(王)玄谟独受'老伧'之目。"当时把俭朴吝啬叫做"悭",刘秀之俭悭,常呼为"老悭"。唐朝,"来俊臣谓周兴曰有内状勘'老兄'",白居易诗"每被'老元'偷格律,"可见用"老"做称名的前缀,在唐朝就已通行了。到宋朝用得更为广泛,苏轼诗中像——

> 老瞒　　老庞　　老韶　　老可
>
> 老方朔　老牛戬　老月师　老萧郎

之类的带"老一"的词用得很多。洪迈在列举"东坡用老字"的情况

---

[1] 《后汉书·左雄传》,卷91。

之后,说"是皆以为助语,非真谓其老也。"①

"老—"作前缀除称名之外还有另一作用,用作排行的前缀。例如:

　　　　老大　　　老二　　　老几

"第一"

很早的时候是写作"弟"的。"弟"的本义也不是"弟弟",而是一种拴着绳子的木橛子——助忆标记。原字写作"弟",像在木橛(丨)上缚着绳标(二)的形状。加"竹"字头的"第"是后起的。当初用"弟"正像用"卷"一样,"卷一""卷二"是"卷儿"的次序,而"弟一""弟二""弟"是标志的次序。后来扩大了词义范围,渐渐失掉了"木橛标绳"的原意,变成只标数序的语言符号——现在所用的数序前缀。

"初一"

"初一"是我国旧历序日的前缀。原来是个意义成分,有"开头"或"起始"的意思。它是从我国古代历法中"初生霸""初吉"的"初"继承下来的。

叁　后缀——者、家的形成

"—者"

"者"在古汉语中,有时有代词性质。发展到现代汉语,"者"的古语性质已被淡忘,变成了标志从事人的符号。《礼记·杂记下》"执事者亦散等""执事者"当时并不是一个词,而是和"有为神农之言者"的"者"一样,是被限定的,被说明的;"使者""侍者""从者""屠狗者""卖浆者""捕蛇者"都是在古汉语中以"者"为中心,用词

---

① 《容斋三笔》,卷6。

和它组成词组说成的。可是在现代汉语中，

记者	作者	编者	读者
保护者	爱好者	侵略者	爱国者
社会主义者	自由职业者		

所有这些新词"者"字已经和它的条件部分合成一个整体，说话人很少去体会它在古语中的意义和作用，只把它看成一个后附的符号，可以用来标志从事的人。这时，以前在"者"前的条件成分变成了主要部分——词根，而"者"反到变成了新词根的一个后附部分。

"一家"

"家"在战国以后词义转移，有时把它用作学派的名字。像庄子"百家之学时或称而道之"，"百家往而不反，必不合矣"，把各学派总称作"百家"；《史记》"法家严而少恩，……名家使人俭而善失真，……道家使人精神专一。"单称一个学派也叫做"家"说"×家"。在古汉语中，"家"是被说明的实词。以后渐渐转化，变成专攻一艺的人，像"诗家清景在新春"，"董源善画，多山石水龙，然画家止以著色山水誉之"，"诗家""画家"这类词渐渐多起来，可是还没有脱离古语的关系。到现代汉语中，"家"的意义更加扩大，变成了一个标志专长于某一专业的人的符号。例如：

作家	艺术家	观察家	评论家
外交家	作曲家	探险家	摄影家

"一家"也和"一者"一样，在现代汉语里是一个能产的部分，用它可以作成许多新词，在这些新词里，"家"也失掉了词根的作用，变成了标识专业的人的符号，转为后附部分，变成"后缀"。

146

肆　后缀"儿"的略史跟它的作用

一　后缀"儿"的略史

1. 后缀"儿"在唐代就是早已形成了的

汉语附缀造词中,后缀"儿"的历史也是相当长久的。至少在一千几百年前就已经形成了。唐人金昌绪《伊州歌》:

> 打起黄莺儿,
>
> 莫教枝上啼;
>
> 啼时惊妾梦,
>
> 不得到辽西。

《开天传信记》说唐代有两个妇人为了争猫打官司。在状子上写道:"若是儿(＝我)猫儿,即是儿猫儿;若不是儿猫儿,即不是儿猫儿。"裴谞看了状子大笑。在上面批上了判词,说:"猫儿不识主,傍家搦老鼠……。"南唐李煜词"澹澹衫儿薄薄罗"(《长相思》),"沈檀轻注些儿个"(《一斛珠》)。其中"猫儿""黄莺儿""衫儿""些儿"所用的"儿"和唐人诗"早知潮有信,嫁与弄潮儿"(李益《江南曲》),"黄衣使者白衫儿"(白居易《卖炭翁》)的"弄潮儿""白衫儿"所用的"儿"是不同的。"黄莺儿"的"儿"是轻音的,它的重音在"莺"。"莺"是词的词干;去掉"儿",词义基本不变。"弄潮儿"的"儿"是重音,而且本身就是词干;去掉它,词义立时改变。可见"黄莺儿"是"黄莺"一词的"儿"化。在唐诗里能看到词的附缀"儿"化,这个事实就充分地证明了后缀"儿"在当时已经取得了全民性,成为通用语言的一部分了。后缀"儿"在唐代成为全民语言的一部分,也正说明了它在唐代之前就已经有了相当远的历史:因为按语言发展规律来说,它不可能是突然发生的。

2. 在唐宋时代的文学语言里后缀"儿"是不卷舌的

从作品来看,唐宋的"儿"还不是说[ər]的。

我们从唐诗里看到唐代已经用"儿"作后缀。但是当时的作品却告诉我们:那时的后缀"儿"并不是卷舌说[ər](可以合写作[ɚ])的。它和现代汉语是很不相同的。譬如:前面所引的《伊州歌》把"儿"和"啼""西"等音相叶。原来唐代的"儿"是说[ⁿʑie]的。

不但唐人不把"儿"说成[ər],就是宋代的文学作品也是这样。试看辛弃疾(1140—1207)的词:

> 长夜偏冷,添被儿;
>
> 枕头儿移了又移。
>
> 我自是笑别人底,
>
> 却元来当局者迷!
>
>
> 如今只恨因缘浅,
>
> 也不曾抵死恨伊。
>
> 合手下安排了,
>
> 那筵席须有散时!
>
> ——《恋绣衾》

在这一首词里,有两个附后缀"儿"的词——"被儿"和"枕头儿"。"枕头儿"用在句中,看不出语音关系,"被儿"用在押韵的地方,和"移""迷""伊""时"等音相叶。可见在南宋时代附后缀"儿"的词在作品里还是沿用唐人语音而不是说[ər]的。

3. "儿"音的演化和它的时代

现代汉语北方话里的[ər]是从[ⁿʑi]变来的。从[ⁿʑ]变成[ʐ],于是高元音[i][iː][iɛ]等受它的类化,音变成下降的[ɹ]——[ɹ̩],

也就是[ə]音同时加卷舌作用的[ɚ]①。

这个变化在什么时代形成的呢？

就现代汉语来看，"儿""尔""二""而""耳""饵"等音可以分成南北两上系统，譬如：广州、客家、汕头、福州、温州、上海等地说这些音时全是收[i]的；北京、开封、怀庆、大同、太原、凤台、兰州、平凉、西安等地说这些音时全是卷舌的。

这种方音分化至晚在宋代已经完成。

我国古典文学作品，在语音上，唐宋以来一般是沿袭韵书上所定的旧韵的。因此，作品叶韵往往和作者口音不相应。前面引的《稼轩词》，用"儿"和"移""迷"相叶，只能从因袭中看到"儿"的古韵，并不能证明辛稼轩当时北方汉语方言"儿"在口音还在收[i]。事实上，那时在辽统治下的北方中国人民，在口语上，"儿"一般是说[ər]的。例如：《辽史·本纪》："耶律大石西至起儿漫"的"起儿漫"，就是现在伊朗的"起儿米内"（Kermineh 或说 Kermaneh），是中古时期往来亚欧两洲的必经之路。《海敦纪程》把它译作 Kerman。用"儿"和卷舌的[ər]来对音相译，可见当时译音人的口头汉语已经是把"儿"说成卷舌[ər]了。换句话说，用[ər]说"儿"在当时北方汉语方言中已经成为很熟悉的语音了。"起儿漫"在《辽史》表中另写作"起而漫"，可见[ər]的语音当时是已经一系列地稳定下来了。②③

---

① 罗常培《中国音韵学导论》，36 页。

② 唐虞："儿"(ɚ)音的演变，《史语集刊》第二本，第四本分。

③ 《中原音韵》："儿"在"支思"。赵荫棠在他的《中原音韵研究》里拟音作[ʐ̩]。但是他在"附记"里却说："儿"在"支思"韵的"显系音 ər 音。"（该书 158 页）明清以迄现代"儿"在北方说[ər]，可是在十三辙里仍然把它和"支"放在一起，使它属"一七"辙。我们不能因后来"儿"在"支思"便认为它不可能是说[ɚ]的。

就现代汉语"儿"音南北两系,和宋辽时代中国南北两系的"儿"音,可以推定现代汉语因附后缀"儿"而发生"儿"化的历史是相当长而且有比较复杂的变化的。它绝不是在唐宋时代突然出现的。马克思主义语言学家是这样看的:语言的发展是渐进的而不是爆发的。中国语的史实也告诉了我们:汉语方言是自古就有的。我们现时虽然还没有更多的材料。但是可肯定地说:汉语"儿"音的分化是有它的地区性和历史程序的,唐宋时代是它在完成之后,见于作品的时期罢了!

二 后缀"儿"的造词作用

现代汉语后缀"儿"和其它后缀比起来,是有它的语音特点的。其他后缀不以它的语音作用影响词根音节,而后缀"儿"常是影响词根音节的。它的一般规律是:

一、不带韵尾的词根用"儿"附缀时,除舌尖或舌面前最高元音的韵腹可以用[ər]的全音节来缀合外,[ər]常是用它的舌尖作用使词根的韵腹变成"尖化"的元音,例如:[a]变成[ar]而不是说[aər]。

二、带韵尾的词根,用"儿"附缀时,都一律割掉韵尾。其中:[i][n]韵尾完全去掉,[u]韵尾仅存口形,[ŋ]韵尾被去掉后词根韵腹鼻化或与[ər]相结。

在这种附缀音变的情况下,出现了词根"儿"化的现象,所谓"小字眼儿"。

不关造词的"儿"化是不可滥用的。滥用"儿"化往往失掉语言的庄严性。

有关造词的"儿"化是不可省略的。省略这个附缀部分就等于没有使用应该使用的词,是要出现用词错误的。

因为"儿"化词是现代汉语词汇一个重要部分。是汉语词汇新质特点之一。它增加了汉语的绵密性,使汉语更生动、活泼,又多一种表现能力。譬如:我们把麦粉或其他谷物的米粉叫做"麫儿"(简写作"面儿")。说"白面"是指着麦粉,说"白麫儿"(简写作"白面儿")则是指"海洛因"——一种麻醉性的毒品。说"土麫"可以理解为当地农民用老法磨制成的麦粉,是可吃的。说"土麫儿"(简写作"土面儿")则是土壤的细末,是不可吃的。

由此可见用"儿"作后缀的词——"小字眼儿"是有大用处的。滥用"儿"化固然不好,但是反对一切"儿"化也是错误的。

有些词附"儿"之后并不写出。可是在说话或朗读的时候必须带出来。

例如:1950 年 4 月,作家老舍先生在中央人民广播电台朗诵他的旧作品——《骆驼祥子》。据楚仲先生所记,[①]老舍先生在作品上没有写出来的"儿",在朗读时就不能不带出来。试看:

"老车夫的头慢慢[儿][②]的往下低。"

"慢慢[儿]的把糖水喝完。"

"哎!慢慢[儿]的!"

"慢慢[儿]的往(口中)[嘴里]送。"

"慢慢"老舍先生并没念"大字眼",而是用"小字眼儿"说[manmar]的。再看:

"他脸上有了点[儿]笑意。"

"他开开(了)点[儿]门缝。"

---

① 《光明日报》,1950 年 6 月,12 日《新语文(九)》。

② 楚仲先生说他的符号是:"书上有而嘴里没有的用圆括;书上没有而嘴里有的用方括。"字下黑点是我加的——常叙。

作品上写着"点",口里却说[tiar]。至于——

"眨巴着眼,向门(儿这边)[这边儿]看。"

"糖水刚放到老车夫的嘴边[儿]上。"

"把老车夫的脖领[儿]解开。"

"拉包车就是凑合事[儿],一年一年的事[儿]腿知道。"

"我的小孙子,在外面[儿]看车呢!"

"边儿""脖领儿""事儿""外面儿"尽管写作时没有明记附"儿",可是在朗诵时不能不随口带出来。

哪些词的后缀"儿"必须写出,哪些可以不写,这是在使用现行汉字写作中的一个问题。到我们使用汉语拼音文字来写作时,这个问题就不存在了。那时应有的后缀"儿"一定会被写出来的。

我们研究后缀"儿"时,不要被现行的汉字迷惑住,要从词的语音方面着手。在词根后面写了"儿"的不一定完全说出[ər]来,没有写出"儿"的也不一定就是没有附"儿"。

在决定附"儿"与否的问题上,了解后缀"儿"的造词作用是有积极作用的。

从现代汉语来看,后缀"儿"在造词作用上,它能——

一、增加情感,二、提炼词义,三、改造词性,四、调整词形。

1. 增加情感

后缀"儿"可以显示三类情感:

一、微小暂短,二、轻蔑鄙视,三、娇爱亲昵。

(1) 附"儿"表示微小暂短

把"儿"附在词根之后,在词根原义基础之上添加微小暂短的意味的。例如:

旗儿   事儿   盖儿

　　　　书签儿　　　衬衫儿　　　席篾儿

　　　　窟窿儿　　　疙瘩儿　　　角落儿

（2）　附"儿"表示娇爱亲昵

把"儿"附在词根之后,在词根原义基础之上表现娇、爱、亲昵情味的。例如：

　　　　孩儿　　　　脖儿　　　　欢儿

　　　　宝贝儿　　　眼泪儿　　　脸蛋儿

　　　　葡萄水儿　　可怜见儿　　小亲亲儿

儿女乳名都属爱称,因而也用"儿"来附缀。例如：

　　　　三儿[sar]

　　　　巧儿　　　　平儿　　　　虎儿

　　　　石头儿　　　铁柱儿　　　金凤儿

女人名字也常有这种现象。例如：

　　　　[liʂufaŋ]　　是一般叫法,男女都可以使用。

　　　　[liʂufõr]　　听来必是女名。

女名、爱称不可随意滥用。把"芝"说成[tʂɿər],"芬"说成[fər],"兰"说成[lar]在一般场合下,很不庄重。

（3）　有些不应附"儿"的词附"儿"表示轻蔑

有些名词是不容附"儿"的。例如国家、民族、职位等等。这类词若是附上后缀"儿"就显得不庄重,甚至是轻侮。

我们不应该把"日本"说成"日本儿","主席"说成"主席儿"。

在旧社会"九儒十丐"的传统观念下,教师在一些人眼睛里是没有地位的。他们把"教员"叫做"教员儿"。这绝不是亲爱的口吻,而是一种轻蔑。

　2. 提炼词义

后缀"儿"也有提炼词义的作用,以词根附"儿"的形式,形成一个以词根原义为基础而变成的概括另一对象的新词。

这种作用表现在两种形式上:

一、以全词作词根附上后缀"儿"的,

二、以词的简缩形式作词根附上后缀"儿"的。

(1)以全词作词根附后缀"儿"的

用"儿"作后缀,常使一些概括着具体事物的词抽象化,扩大或引申词根原义,变成概括另一内容的词。例如:

口　口儿　（门口儿、胡同口儿）

鼻　鼻儿　（针鼻儿、门鼻儿）

面　面儿　（表面儿、被面儿）

门　门儿　（巧门儿、邪门儿）

路　路儿　（活路儿、没路儿）

道　道儿　（好道儿、坏道儿）

地　地儿　（红地儿、实地儿纱）

信　信儿　（喜信儿、荒信儿）

(2)以简缩词作词根附后缀"儿"的

用"儿"作后缀,附在以简缩词作成的词根后面,使它发生和被简缩词同样的作用。从简缩形式看,它是用"儿"改变词根原义,从而以新形式概括另一内容。例如:

黄儿＝蛋黄　（双黄儿蛋）

红儿＝红利　（分红儿）

短儿＝短处　（像有什么短儿似的）

倒儿＝路倒　（埋葬了一个倒儿）

字儿＝字据　（立了字儿）

154

东儿＝东道 （赌东儿）

3. 改造词性

在现代汉语里,有些词承袭古汉语特点,是兼有两种词性的。例如:"用套套车","拿锯锯板",前一个"套"和"锯"是物体,后一"套"和"锯"是动作。这类词在形式上没有分别。

物体和动作是两种不同的对象。若在词的形式上还没有作出分别,语音相同,可以看做语法上的词性改变。若在词的形式上已经作出分别,语音不同,就不能再把它作为同一个词的词性变化来看待,应该把它们看做两个不同内容和不同形式的统一体,看做两个词。"套"是一种动作,而"套儿"则是一种东西。两个词在内容和形式上都是不相同的。"套"在附"儿"之后,造成新词,作为一个名词而存在。

这一类词,从词根来说,附缀之后即时改变了内容,形成一个新词结构。例如:

画儿≠画　吃儿≠吃

包儿≠包　刺儿≠刺

毂辘儿(车轮)≠毂辘(滚动)

佩戴儿(没有什么作用的附加物)≠佩戴

干儿≠干　亮儿≠亮

硬儿≠硬　好儿≠好

零碎儿≠零碎

"画"和"画儿"是从动词变成名词的,"亮"和"亮儿"是从形容词变成名词的。这个变化虽有语法性质,但是并不是造句中的随时变化。"画儿"和"亮儿"这类词,不造句时也是独立存在的。因此,它们都是词汇里的词,而不是词的语法变化;如果认为是语法变化,那就是说词汇里并没有"唱儿""亮儿"这些词了!

4. 调整词形

随着汉语新质特点的发展,有些从古代传承下来的单音节词,在形式上用"儿"来调整,从而得到改造,变成新的单音节词。原词音节在口语中不能使用。例如:

"酸"在口语中一般说[pur],不说[pu]。

"醋都长酸儿了。"

"景"在口语中一般说[tɕiɣr],不说[tɕiŋ]。

"这个景儿真好看。"

"簪"在口语中一般说[tsar],不说[tsan]。

"头发上插了一枝骨头簪儿。"

"麻绳"在口语中一般说[matɕiʌr],不说[matɕiŋ]。

"她正打着麻绳儿。"

这种用后缀调整的词,有些是可以用"一子"的。因此,可以有两个形式。例如:

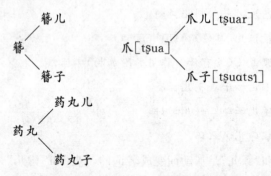

三 重叠用词的轻音"儿"化还没成为附缀造词

单音词叠用,第二音节变成轻声时,往往"儿"化。但是这种"儿"化和后缀"儿"在词汇性质上并不相同。后缀"儿"是造词结构

中的必要部分,有它和没有它是两个词。轻音"儿"化是不关造词的,有它和没有它是一样的。例如:

家家＝家家儿　　样样＝样样儿

躲躲＝躲躲儿　　歇歇＝歇歇儿

轻轻＝轻轻儿　　满满＝满满儿

活活＝活活儿　　整整＝整整儿

这一类词可以完全不使用"儿"化也能达到同一效果。

第十二章　汉语造词法的新旧质

第一节　汉语造词法的新旧质区别

汉语造词法是汉语最小语言单位的结构基础。语言的发展是"经过逐渐的长期的语言新质和新结构的要素的积累,经过旧质要素的逐渐衰亡来实现的。"[①]

语言的新旧质要素是体现在词汇和语法两方面的。在词汇中,除语音系统变化外,由造词法决定的词的结构方法和形式,是它的历史性质的主要标志。

因此,在研究造词法的同时,明确各种方法的历史性质是十分必要的。

要明确这一问题,必须先确定辨别造词法新旧质要素的标准。

---

① 斯大林(1953)《马克思主义与语言学问题》,人民出版社,25页。

这个标准要从造词方法的能产力来规定。看哪种结构已经僵死，不再继续地大量生产新词；哪种结构还富有生气，不断地大量地继续生产新词？凡是过去应用而现在早已不用或越来越少用的造词方法和结构都是属于汉语旧质要素的。凡是现在正在使用而不见衰退的造词方法和结构，都应该是属于汉语新质要素的。

这样看来，在汉语造词里，音变造词（不包括重音音变）、变义造词、象声造词和单纯的比拟造词都是属于旧质要素的。其余各种造词方法都是属于新质的。

造词法的新旧质划分，并不妨碍从古汉语传承下来的，从现时看来是用旧质造词方法造成的词成为现代汉语词。

音变造词为什么是属于旧质的？

很显然，音变造词——不论是改变部分音素，改变清浊，改变送气和不送气或改变声调，在现代汉语，早已不再是能产的了。

在我们的新造词中，没有再用像"史""吏""事"或"见""现"等词的分化方法，从一个词的音节里，改变一部分音素来制造新词了。而且过去用这种方法制造出来的词，除去少数研究古汉语的人以外，一般是很少知道它们的来源了。

至于不改变音素的音变造词，虽然因为音素相同，一般人还能够找到它的来源，像"长"[tȿaŋ]和"长"[tȿʻaŋ]，"买"[mai˅]和"卖"[mai˅]；可是在制造新词时，现在也没有用这种办法来做的了。

这两种造词方法被丢开的时代是不同的，前一种比较早些，后一种比较晚些；但是它们有一点相同：多是单音节词。

为什么模声造词和无条件的比拟造词都是属于旧质的呢？

象声造词的方法现在已经不再使用了。凡是在音响上有特色的新事物，一般地是用声音作条件，以分化造词的方法去构造新词了。例如"乒乓球""克郎棋"。

单纯的比拟造词,也就是直接比拟造词,在古汉语里占有很重要的位置,绝大多数形声字都是这种造词的产物。例如,"句"(勾)现在说[kou],古时说[ˈku]①,是说"勾勾着"的形象的。

> 手勾勾叫"拘"
>
> 足勾勾叫"跔"
>
> 脊背勾勾叫"痀"
>
> 树木勾勾叫"枸"
>
> 羽毛勾勾叫"翑"
>
> 刀子勾勾叫"刨"
>
> 勾勾着的竹制捕鱼器叫"笱"
>
> 勾勾着的金属器具叫"钩"
>
> 车轭下勾勾着的部分叫"軥"②

这种像什么叫什么的造词方法,在现代汉语中已很少使用,而被条件分化造词所代替了。例如"马铃薯""丁字尺"不是以形象直

---

① "句"古音属见纽侯部。

② 拘:《山海经·海外北经》,"拘缨之国,在其东,一手把缨。"《庄子·大宗师》:"伟哉!夫造物者将以予为此拘拘也","拘拘"释文引司马云"体拘挛也",又引王注,"不申也"。

跔:《说文解字》,"天寒足跔也,从足句声"。

痀:《说文解字》,"曲脊也,从疒句声"。

枸:《荀子·性恶》,"枸木必将待檃括烝矫然后直者,以其性不直也"。

翑:《说文解字》,"羽曲也,从羽句声"。

刨:《广韵》引《说文解字》,"关西呼铲为刨。——从刀句声"。

笱:《说文解字》,"曲竹捕鱼笱也,从竹从句,句亦声"。

钩:《说文解字》,"曲也,从金从句,句亦声"。

軥:《说文解字》,"轭下曲者,从车句声"。

程敦《汉魏音后叙》也曾举"句"声的部分例子。

接造词,而是用形象作条件向它的物类整体进行分化了。但是,这一点也须要注意,就是旧质造词方法并不是一下子消灭尽净的,因此,在现代汉语中,残存的旧质也有时偶然发生作用。例如螺蛳钉(螺丝钉)最初叫做"螺蛳",是用单纯比拟方法造词的。这种属于旧质的造词方法现在毕竟是少用的了;而且"螺蛳"一词已经被依新质要素构成的"螺蛳钉"(螺丝钉、罗丝钉)所代替!

在汉语旧质造词法中,象声造词和单纯的比拟造词,单音节词是占很大比重的。

总之,汉语造词的旧质要素是以单词生词,是直成的;音节的特色是多单音的,复音词数量较小。反之,汉语造词法的新质要素是以词组、短句或附缀造词的,是曲成的;音节的特色是多双音节的,单音词和多音词数量较少。从条件分化造词、条件比拟造词、词组造词、短句造词、注解造词、重叠造词和附缀造词等都可以看出这些特点来。

现代汉语是以新质要素为主要成分的。除语音、语法的新质外,造词法的新质也是很重要的。近人统计《水浒》等书,初步地看出多音节词和单音节词出现个数的百分比是这样的:《水浒传》70∶30,《红楼梦》64∶36,《儿女英雄传》67.5∶32.5,《骆驼祥子》70.5∶29.5,《反对党八股》84∶16,《毛泽东号》(新诗)76.5∶23.5,《龙须沟》(排演本)71∶29,从这个不完全统计中我们可以看出来,真是"离开了大量的多音节词,简直是说不成普通话,写不成白话文"![1] 从这可以看出汉语词汇构造的新质对于现代汉语是多么重要。

当然,我们说现代汉语词汇是以新质要素为主,并不意味着从

----

[1] 参看《中国文字改革问题》,49页。这里的多音节词包括着大量的双音节词。

古汉语传承下来的,从现代来看是用旧质造词法造成的一些词而成为现代汉语词。

第二节　汉语造词法的新质是从
旧质中滋生出来的

汉语造词结构新旧质改变是长期的、逐渐的。旧质结构不是一下子全部消失,新质结构也不是凭空地、一齐地突然生长。汉语新质和新结构是在旧质和旧结构中从词组胚胎,经过一定时期的孕育,逐渐萌生滋长的。起初是在以旧质为主的词汇中孕育着新的因素,后来发展到在以新质为主的词汇中掺杂着旧质残余。

为什么说汉语新质结构是在旧质结构中,从词组胚胎出来的呢？我们用以下几个例子来略作说明：

首先,条件分化的前身就是词组。例如：“黄金”一词,原是黄色的金子,在《山海经·南山经》：“杻阳之山,其阳多赤金,其阴多白金”,《管子·轻重乙》：“黄金刀布民之通货也”等句子里,还可以看做并没有成词。但是,《汉书·景帝纪》(中)：“六年十二月改诸官名,定铸钱伪黄金弃市律。”在“黄金”之上更加“伪”来区别,可见“黄金”已有成词的性质。

这种性质在前汉已经不是偶然的了,有些具体事物就用这种方法来给与区别。如《论衡·量知篇》：“能斲削柱梁谓之木匠,能穿凿穴坎,谓之土匠。”《史记·淮阴侯列传》：“淮阴屠中少年有侮信者”,《汉书·张耳陈余传》：“范阳少年皆争杀君”,《汉书·高帝纪》“始大人常以臣亡赖,不能治产业”,《汉书·东方朔传》：“卑宫馆、坏苑囿、填池堑以予贫民无产业者”,《汉书·疏广传》：“子孙几及君时,颇立产业基址"中,"木匠""土匠""少年""产业"等等已经具有单词的性质了。

其次,条件比拟造词,例如《史记·天官书》:"'天鼓'有音如雷非雷。……'天狗'状如大奔星,有声;其下至地类狗所堕。"一个因为它轰隆轰隆像雷还不是雷,一个因为它形大,奔跑,而且掉在地下的痕迹又有些像狗,因而把它们叫做"天鼓"和"天狗"。并不是说天上真有鼓和狗。这种造词,很显然是从条件比拟来的。

再次,从词组(短语)发展成词的,在这些事例中更容易看出来。

例如:两端对举的"是非"。这个词我们从《庄子·齐物论》:"故有儒墨之是非,以是其所非,而非其所是。……是亦彼也,彼亦是也;彼亦一是非,此亦一是非。"中可以看出"是非"一词从词组融合成词的痕迹。

例如:两类概括的"陶冶"。"陶"和"冶"原是两种不同性质的生产方法,一出瓦器,一出金属器具,虽然部门不同,可是有一个共通之点——用人工方法来改造自然性质。《淮南子·俶真训》:"陶冶万物,"道应训"天地之间,六合之内,可陶冶而变化也。"《汉书·董仲舒传》:"可陶冶而成之。"已经从词组融成一词了。

例如:"粮食"。在成词之前,"粮"是走远路用的馇干了的米;"食",原是平时的饭。《周礼·廪人》:"凡邦有会同师役之事,则治其'粮'与其'食'"《汉书·严助传》:"居者无'食',行者无'粮',"都分别地使用。实际上,远在先秦它们已经在一起合用了。像:《左传·襄公八年》:"楚师辽远,粮食将尽必将速归"《孟子·梁惠王下》:"师行而粮食",到汉代,《史记·司马穰苴列传》:"身与士卒平分粮食,最比其羸弱者"《淮南子·道应训》:"粮食未及乏绝"《汉书·主父偃传》:"轻兵深入粮食必绝"《朱买臣传》:"买臣到郡,治楼船,备粮食水战具"中,"粮食"已概括了食和粮,宛然成词了。

　　同义互注造词也是如此。例如:"长久"一词在《老子》书上就又分又合,他说"天长地久。天地所以能长且久者,以其不自生,故能长久。"①而《国语·越语下》"其君臣上下皆知其资财之不足以支长久也。"《吕氏春秋·恃君览》"安虽长久,而以私其子孙,弗行也。"②是当时"长久"已趋连用。由此可见"长久"一词在先秦时已有成词的倾向,只是可离可合还不稳固。这种可离合性在秦汉以后的所谓"文言文"里还保持着。只有在人民的口头语言中,随着汉语新质的逐渐成长,才被分别地、逐渐地固定下来。

　　例如,在动词之后标出它的效果的,因果并举的"分明"。《汉书·贾谊传》:"等级分明","分明"已有成词的迹象。可是《薛宣传》:"得为君分明之"《董仲舒传》:"辞不别白,指不分明",还都显见分别明白的意思。

　　再如,以支配关系说明事情的造词,更显然是从词组来的。例如:"将军"。"将军"称号是从春秋时魏献子、卫文子开始的。③ 在他们之前,如在《左传·闵公元年》所记"晋侯作二军,公将上军,大子申生将下军"正是以"将"作动词来支配"军"的。可以看出"将军"一词是怎样造成的。

　　再例如:"革命"在古汉语中原是一个词组。"革"是动作,"命"是被"革"的对象。在封建社会,统治者认为他是"受命于天"的。推翻一个王朝再换另一个王朝是被看做改换了"天命"的,因此叫做"革命"。可是在现代汉语词汇中,"革命"已经随着时代赋予了

---

①　《老子》第 6 章。

②　《吕氏春秋·恃君览·长利》。

③　《通志·职官略·武官上》。

新的意义,它已从词组变成一个新词,是指:从阻止社会发展的反动统治阶级手中,夺取政权,使它转入革命阶级手中,以便消灭过时的旧的社会制度,而把新的、成熟在旧社会内部的生产力,从旧生产关系的桎梏中解放出来的最尖锐的阶级斗争。这个"革命"不再是词组,而是一个不可分拆的词了。

从这些事实里可以看出:汉语造词结构的新质,并不是在什么时代,经什么人设计才创造出来的。而是由于使用汉语的广大人民,随着社会经济、政治、文化各方面的发展与要求,依照汉语内部规律,在词汇、语法的互相依赖下,从汉语造词方法的旧质基础上,按认识由浅入深,由简单到复杂的实际情况,由说明事物的词组形式发展而成的。最初是个别的,参差出现的,后来就越来越多,个别的变成普遍的,不必再由词组发展慢慢凝结成词,可以直接构词了。

第二部分　词汇和基本词汇

第一篇　词　　汇

第十三章　现代汉语词汇

第一节　词汇的一般性质

词是思想和物质的统一,每一个词概括着一类对象。我们在这以前已经泛论了词的结构形式和意义。但这只是说明词,还没有说到词的总汇。这里我们要就词的总汇说两个问题:词汇和基本词汇。

壹　词和词汇

世界上没有只有一个词的语言。无论语言发展程度如何,一般总是各有它足以适应人们当前生活表现当时思想的相当丰富的词。每种语言所蕴蓄的词的总汇叫做"词汇"。斯大林说:"语言中所有的词构成为所谓语言的词汇。"[①]很明显,词和词汇的分别就是个体和总体的差异。换句话说,词汇总汇着一个个的词,而一个个的词本身并不是词汇。如果把一个词叫做词汇,那是错误的。

---

① 斯大林(1953)《马克思主义与语言学问题》,人民出版社,21页。

贰　词汇和语法在语言中同等重要

　　语言是用组词成句子的语法,组织词汇中一部分足以表示所要表示的思想的词说成的。可见没有词汇是不能构成语言的。

　　词汇虽然在语言里有这样大的决定性作用,但也不要认为它是语言的唯一成分。词汇和语法是同等重要的,单单是一些词,没有语法来组织它,那只是词汇,还不能成为语言。可见语法也是有决定性作用的。

　　因此,斯大林说:"但是词汇本身还不成为语言,它只是构成语言的建筑材料。正好像在建筑业中的建筑材料并不就是房屋,虽然没有建筑材料是不可能建造房屋的。同样,语言的词汇也不就是语言,虽然没有词汇任何语言都是不可想象的。但是当语言的词汇接受了语言文法的支配的时候,就会有极大的意义。文法规定词的变化规则及用词造句的规则,这样就使语言具有一种有条理的可理解的性质。"[1]

叁　词汇发展反映着语言发展

　　词是概念的名称,它反映着人们的认识,因此,词汇的丰富与否也反映着人们认识的广度和深度。从语言的角度来看,也就直接反映语言发展状态。这一事实,从以下这些情形就可以看出来:

　　同一种语言,随着使用它的人们的历史发展是有古今的不同的。现代词汇比起过去是丰富得多的,将来的词汇也还要比现代

---

　　① 　斯大林(1953)《马克思主义与语言学问题》,人民出版社,21页。

更丰富。

就是在同一时代,随着个人的情况——年龄、生活经历和文化程度的不同,各个人所蕴蓄的词汇也各有不同。有些人比较丰富,有些人比较贫乏。但就他自己来说,他的词汇也是越来越丰富的。

就一种语言总的情况来说:词汇的发展是和客观存在给人的影响以及人们对这些存在的认识相关的。新事物要求有新词,新词充实了词汇。新事物是不断出现的,新词也自然随着不断地出现,词汇也就不断地更加丰富着。因此,"语言,主要是它的词汇,是处在差不多不断改变的状态中。——斯大林说,——工业和农业的不断发展,商业和运输业的不断发展,技术和科学的不断发展,就要求语言用工作需要的新的词和新的语来充实它的词汇。语言也就直接反映这种需要,用新的词充实自己的词汇,并改进自己的文法构造"。[①] 这样,就使"词汇反映着语言发展的状态,词汇越丰富、越纷繁,那么语言也就越丰富、越发展"。[②]

肆 词汇发展是不和基础变化相应的

在社会发展每一阶段上的社会经济制度是那个社会的经济基础。每一个基础都有适合于它的上层建筑:社会对于政治、法律、宗教、艺术、哲学的观点,以及适合于这些观点的政治法律制度。"当基础发生变化和被消灭时,那么它的上层建筑也就会随着变化,随着被消灭。当产生新的基础时,那么也就会随着产生适合于

---

① 斯大林(1953)《马克思主义与语言学问题》,人民出版社,8 页。

② 同上,21 页。

新基础的新的上层建筑。"①

词汇的变化是不和基础变化相应的。中国社会从殷代到现代已经经过奴隶社会、封建社会、半封建半殖民地社会、新民主主义社会，到现在正进入社会主义社会。可是中国语言的新旧质变化，并不跟基础的变化相适应。例如：早在殷代词汇中就已经有了的词，——人、马、车、火等等，——通过多少不同的基础，随着汉语发展规律传承下来，而今依然健在。例如：《红楼梦》是封建社会的作品，它的语言跟我们今天几乎完全相同。

词汇的变化不和基础变化相应，就因为语言不是基础的上层建筑。正如斯大林所说："语言的词汇的变化不是像上层建筑一样。它的变化不是用废除旧的、建设新的那种方法来实现的，而是用新词去充实现行的词汇的方法来实现的，这些新词是由于社会制度改变，由于生产、文化、科学等等发展的结果所产生的。同时，虽然通常从语言的词汇中消失了一些已经陈旧的词，可是添加的新词的数量却要多得多。"②

第二节　现代汉语词汇是一种民族语言词汇

现代汉语词汇是现代汉语的语言的词汇。因此，要认识现代汉语词汇必先认识现代汉语。由于课程性质的限制，我们还不可能全面地讲解现代汉语的一切问题，这里仅只概略地说明几点，以便理解和处理现代汉语词汇。

---

① 斯大林(1953)《马克思主义与语言学问题》，人民出版社，2页。
② 同上，23页。

壹　民族语言性质和它跟民族的关系

一　民族语言是语言发展的一个历史阶段

民族语言是语言发展的一个历史阶段。"语言是从劳动过程中并且是和劳动一起产生出来的。"[①]产生之后,语言继续向前发展,"从氏族语言到部落语言,从部落语言到部族语言,从部族语言到民族语言。"[②]

二　民族语言是形成民族的必要条件之一,不等于种族语言

"民族——斯大林说——是人们在历史上形成的一个有共同语言、共同地域、共同经济生活以及表现于共同文化上的共同心理素质的稳定的共同体。"[③]这四个特征,缺少其中任何一个都不能形成民族,单举其中任何一个也不足以标识民族。

一个民族可以是由不同的种族和部落的人们组成的。因此,民族这一共同体,既不是种族的,也不是部落的。如斯大林所揭示:"现今的意大利民族是由罗马人、日耳曼人、伊特剌斯坎人、希腊人、阿拉伯人等等组成的。法兰西民族是由高卢人、罗马人、不列颠人、日耳曼人等等组成的。英吉利民族、德意志民族等也是如此,都是由不同的种族和部落的人们组成的。"[④]

一个民族可由不同的种族组成,而一个种族的人也可以因为

---

① 恩格斯　劳动在从猿到人转变过程中的作用,《马克思恩格斯文选》,两卷集,第 2 卷,莫斯科版 83 页。

② 斯大林(1953)　《马克思主义与语言学问题》,人民出版社,9 页。

③ 斯大林(1953)　马克思主义和民族问题,《斯大林全集》,第 2 卷,人民出版社,294 页。

④ 同上,291 页。

历史条件分别地和其它种族组成不同的民族,可见民族的构成要素之一,民族的共同语言,是不等于种族语言的。

贰　汉民族和汉民族语言

一　民族的形成及其种类

民族是资本主义上升时代的产物。部族的基础是资本主义以前的生产关系。资本主义民族的基础是资本主义生产关系。[1] 因此,从部族语言转成民族语言是和基础的变化相关的。斯大林说:"随着资本主义的出现、封建分割的消灭、民族市场的形成,于是部族就变成为民族,而部族的语言就变成为民族的语言。"[2]

民族,在世界上是各种各样的。按其性质来分,实际有两种:资产阶级民族和社会主义民族。

资产阶级民族是在资本主义上升时代发展起来的。它的特征是:"资产阶级及其民族主义的政党在这个时期始终是这种民族的主要领导力量。为了'民族统一'而鼓吹民族内部的阶级和平;掠夺异民族的领土来扩大本民族的领土;不信任和仇视异民族;压迫少数民族;同帝国主义结成统一战线,——这就是这种民族的思想内容和社会政治内容。"[3]

社会主义民族是当资本主义被推翻以后,当资产阶级及其民族主政党被消灭以后,"在旧式民族即资产阶级民族的基础上发展

---

① 查米扬 《民族与部族》。严信民译。——中共中央蒙绥分局宣传部编《民族政策学习参考资料汇编》,155 页。

② 斯大林(1953) 《马克思主义与语言学问题》,人民出版社,10 页。

③ 斯大林(1953) 民族问题与列宁主义,《斯大林全集》,第 11 卷,290 页。

和形成起来的"①新式民族。

这个新式的民族特征是:"工人阶级及其国际主义的政党是团结和领导这些新式民族的力量。为了消灭资本主义残余,为了胜利地建设社会主义,工人阶级和劳动农民在民族内部结成联盟;为了各个民族及少数民族的平等权利和自由发展而消灭民族压迫的残余;为了建立各族人民间的友谊和确立国际主义而消灭民族主义的残余;在反对侵略和侵略战争的政策的斗争中,在反对帝国主义的斗争中同一切被压迫的和没有充分权利的民族结成统一战线。——这就是这种民族的精神面貌和社会政治面貌。"②

二　汉民族的形成

中国封建社会的商品经济发展,已经孕育着资本主义的萌芽。外国资本主义侵入中国,促使中国封建经济解体,刺激了中国资本主义的发展。在十九世纪六十年代,中国开始出现了近代工业。但是在帝国主义和封建主义的双重压迫下,中国民族工业几十年间的发展是极其微弱的。

在这种情况下,中国人民要求充分的民族独立,开辟全国人民经济、政治、文化活动自由发展的道路,就必须推翻压在中国人民身上的两座大山——帝国主义和封建主义。

中国资本主义在国内的长期微弱的发展,给汉部族转变为民族准备了条件,但是在为民族的解放和统一向帝国主义和封建主义斗争中,中国资产阶级还不能够完成这个历史任务。这就因为中国民族资产阶级非常软弱,他们既害怕帝国主义和封建主义,又

①　斯大林　民族问题与列宁主义,《斯大林全集》,第 11 卷,291 页。
②　同上,291~292 页。

害怕工人和农民,不但不敢解决反帝反封建问题,甚至不敢提出这样的问题。中国封建买办阶级是帝国主义侵略者和掠夺者的代理人,他们分别替不同的帝国主义服务,并且代表不同的地方封建势力,使它们的统治营垒内部分裂,不能得到统一,他们不但不能解决中国人民的民族解放问题,相反的,他们是中国人民的敌人。

资本主义在国内发展的长期过程,既然为部族转变成民族准备好了条件,而中国的资本主义的发展又还不足以完成这种转变,那么中国民族到现在是否形成?若是形成,又是如何形成的?

按共同语言,共同地域,共同经济生活以及表现在共同民族文化特征上的心理状态四个特征来看,中国民族而今是已经形成了的。

中国民族的形成是在以工人阶级为领导,以工农联盟为基础的伟大的民族解放斗争中完成的。

中国民族解放斗争历时很长,继续了整个世纪,从鸦片战争到“五四”运动的前夜,中国人民曾经进行了许多次反帝国主义反封建主义的斗争和革命,由于没有坚强的有远见的领导,都失败了。只有到1919年“五四”,中国工人阶级开始表现出自己的力量,并且开始接受马克思列宁主义,由中国工人阶级及其政党——中国共产党领导全国人民向帝国主义和封建主义进行坚决的斗争,中国民族解放运动才逐步地走向胜利,终于在1949年建立了中华人民共和国。

1919年开始在中国展开的那种民族解放斗争是百年来斗争中登峰造极的阶段,因为这次斗争已经由共产党来领导了。康拉德在论汉民族和汉民族语言的形成时写道:

“中国共产党成立以后,中国人民得到了真正的领导者。这个党随时检查自己,检查自己的队伍、思想武器,对那个终于变成反动势力的国民党和它所建立的政权,及外国侵略者进行斗争。可是为了争取斗争的胜利,必须彻底团结中国人民的基本群众。中国共产党就开始用一切决心,用真正的政治技巧和巨大的机智来进行工作。工作的结果得到了完全的胜利:中国人民统一了。这也给他们带来了解放。”

“因此,汉部族转变为民族的条件无疑的是由资本主义在国内发展的长期过程准备好了的。但是中国的资本主义的发展还不足以完成这种转变。……中国工农联盟在工人阶级先锋队共产党的领导下统一了全国。这个联盟也吸引了全体进步的资产阶级分子参加。这个联盟本身是在人民的民族解放斗争中锻炼出来的。在这个联盟里,各种利益的巩固得以孕育和成熟,因而促进统一。中国民族形成过程是在具有全民族意义的民族解放斗争中完成的。因此,我们可以看见在中国有一个民族,汉语是民族语,这是很自然的。”[①]

中国共产党领导的整个中国革命运动,包括新民主主义革命和社会主义革命两个阶段。第一阶段的任务是由工人阶级领导人民大众,推翻帝国主义、封建主义和官僚资本主义在中国的统治,变半殖民地半封建的社会为新民主主义的社会。中华人民共和国的成立,标志着中国革命第一阶段的基本结束和第二阶段的开始。

这两阶段的性质,毛泽东同志指示说:“这个革命的第一步、第一阶段,决不是也不能建立中国资产阶级专政的资本主义的社会,而是要建立以中国无产阶级为首领的中国各个革命阶级联合专政

---

① 康拉德　论汉语。中国语文丛书本,12～13 页。

的新民主主义的社会,以完结其第一阶段。然后,再使之发展到第二阶段,以建立中国社会主义的社会。"[1]

在中国革命第一阶段的任务胜利完成后建立起来的新民主主义社会,是一个过渡性质的。在这一阶段"决不是也不能建立中国资产阶级专政的资本主义社会。"在这一阶段中,社会主义因素不论在经济上和政治上都已经占据领导地位,非社会主义因素虽然还有很大比重,但是由于社会主义因素的优越性和领导地位,加上苏联的援助和整个有利的国际形势,决定了社会主义因素的不断增长并获得最后的胜利。这就决定在具有全民族意义的民族解放斗争中形成的中国诸民族的性质是属社会主义性质的。

三 民族语言和部族语言

民族的形成促成全民族共通的民族语言的最后的形成。须要注意,这可不是说民族语言的语言本质和民族一样是被基础决定的。事实上,有些民族的民族特征之一的共同语,早在民族形成之前就已经存在着,"例如,据第 10 世纪的一种文献记载,当时格鲁吉亚语被认为是格鲁吉亚人民的各部落的共同语言,虽然当时还没有格鲁吉亚民族。"[2]

因为语言的发展是逐渐的,不是爆发的。部族发展成为民族,部族语言也就变成民族语言,这并不意味着民族语言离开部族语言与之对立,一若一种全新的语言一样。换句话说,由部族语言转变到民族语言并不是借消灭旧的语言创造新的语言,而是经过长期的逐渐发展,通过旧质要素的逐渐消亡和新质诸要素的逐渐累

---

① 毛泽东 新民主主义论。见《毛泽东选集》,第 2 卷,643 页。

② 契科巴瓦《语言学概论》,周嘉桂、高名凯译本,高等教育出版社,1954 年,第一编,上册,95 页,注二。

积,丰富起来,完备起来的。

部族是在资本主义以前的时期中,历史上形成的人们共同体,它也有它的共同语言、共同地域、某些经济生活和在共同文化上表现出来的心理状态的共同性。语言的共同性远在形成民族之前,在部落和部族之中就已存在着。[①]

部族语言是为全部族所了解的全民语言。跟它同时还存在着许多分歧的地区方言。在民族形成的过程中,这些方言被吸收在一般的民族语言中融化,终至消灭。在资本主义民族里,方言差异的消失往往是慢慢地发生的,并且在同一社会的不同地区里是极不平衡的。只有正在消灭城乡对立,走上全民的强大的文化高潮的社会主义制度才能够保证民族语言的文学加工形式完全排挤方言口语。[②]

现代汉语,这一民族的共同语言,是在形成民族之前的部族和部落中就已从胚胎开始孕育,逐渐滋长壮大了的。现代汉语的语言词汇自然也不是离开部族语言的全新的东西,因此,理解现代汉语词汇不能脱离它的胚胎——部落语言和部族语言。

斯大林说:"历史告诉我们:这些部落和部族的语言不是阶级性的,而是全民性的,而是对于每个部落和部族是共同的,是大家都懂得的。当然,除了语言之外还有方言、土语,但是部落或部族统一的和共同的语言是占着统治地位的,并使这些方言、土语服从自己。"[③]

---

① 查米扬　民族与部族。见《民族政策学习参考资料汇编》,157 页。

② 阿瓦涅梭夫　方言。见《苏联大百科全书选译·方言、方言学》,人民出版社,9页。

③ 斯大林(1953)《马克思主义与语言学问题》,人民出版社,9~10 页。

因此,在研究现代汉语词汇时,不能不认识它辽远的来源,不能不认识它相续的逐渐发展,新旧质的消长累积及其区别,不能不认识它的地方变体和全民语言的关系。

四 汉部族语言和汉民族语言

汉民族语言是从部族语言来的,我们可以通过作品来看。用现代比过去,除一部分新词外,可以说现代汉语跟曹雪芹(1719? ~1763)时代基本相同。《红楼梦》是 1765 年左右(清、乾隆年间)在北京出现的,①可见现代的民族语言和一百九十多年以前的部落语言没有多大区别。

如果从《红楼梦》再往前看,1610 年(明、万历十年)在吴中始有刻本的《金瓶梅》,②语言和曹雪芹时代也没有多大区别。那么,现代汉语不止和一百九十多年前差不多,实际上三百五十来年基本上没有多大变化。

若再从明代往前看,可以从英雄谱里一百十五回的《忠义水浒传》③看出五百五十多年以前,罗贯中、施耐庵时代的语言和现在也相差不远。例如:

> "却说林冲安下行李,看那四下里都崩坏了,自思曰,'这屋如何过得冬,待雪晴了叫泥水匠来修理。'在土坑边向了一回火,觉得身上寒冷,寻思'却才老军说(五里路外有市井),何不去沽些酒来吃?'便把花枪挑了酒葫芦出来,信步投东,不上半里路,看见一所古庙。……却又行一里,见一簇店家,林冲径到店里。店家曰,'客人那里来?'林冲曰,'你不认得这个葫

① 鲁迅(1925)《中国小说史略》(订正本),北新书局,283 页。
② 同上,221 页。
③ 同上,176 页。

芦?'店家曰,'这是草场老军的。既是大哥来此,请坐,先待一席以作接风之礼。'林冲吃了一回,却买一腿牛肉,一葫芦酒,把花枪挑了便回,已晚,奔到草场看时,只得叫苦。……这场大雪,救了林冲性命:那两间草厅,已被雪压倒了。……"(第九回,豹子头刺陆谦富安)

除去作者的几句"书气"——"××曰""先待一席以作接风之礼"——显然不是当时人民大众的口头语言之外,基本上是和现代相同的。

再往前来看:看元曲的初期——蒙古时代的作品,它们的语言也基本上和现代相同。例如李文蔚的《同乐院燕青博鱼》杂剧第二折,燕青在打完了杨衙内之后,和燕大的对话:

燕大云:"我倒看不出你这个博鱼的有恁般好手脚,倒不如只打拳去。我问你委实是那里人氏,姓甚名谁?"

正末云:"我三更不改名,四更不改姓。哥,我实对你说,我须不是歹人。"

燕大云:"你不是歹人,可是甚人?"

正末云:"则我是宋江手下第十五个头领,浪子燕青的便是。"

燕大云:"壮士! 你姓燕,我也姓燕。你多大年纪了?"

正末云:"我今年二十五岁也。"

燕大云:"不是我要便宜,我可三十五岁。你肯与我做个兄弟么?"

正末云:"若不弃嫌呵,愿与哥哥做个兄弟。"

燕大云:"好好好! 大嫂与兄弟厮见咱!"

搭旦云:"这几年我不曾见你说有甚么兄弟,今日可可的

179

就认的是你兄弟。着我与他相见。我怕见生人，羞答答的。"
（做见科）

正末拜科云："嫂嫂，恕生面少拜识。"

搽旦云："呸！两个眼恰似贼一般的。"

燕大云："大嫂，你好歹嘴也！"

正末云："哥也！你兄弟有一句话敢说么？"

燕大云："兄弟，你有甚么话，你说！"

正末云："敢问哥哥，这嫂嫂敢不和哥哥是儿女夫妻么？"

燕大云："兄弟，你好眼毒也。你怎生便认的出来！"

李文蔚大约 1251 年左右在世。从他的作品来看，除去几个现时已经不用的词和词组——手脚、委实、恁般、怎生、厮见、博鱼，几个作者的"文言虚字"——须（我须不是歹人）、与（愿与哥哥做个兄弟），跟几个已死的古语词——恕、拜识以及和现代语音有些出入的语气词——呵、咱、也……的差别之外，其他一些常用词和组词成句的语法，念起来，都和现代语言相差不远。可见我们现代的汉语，远在七百年前就已经具备了它的主要形式。

我们若再从董氏诵芬室翻刻的景宋残本《五代平话》来看，

"却说那三娘子自知远出去经商半年后，生下一个孩儿。李洪信、洪义两个要教那妹"将水淖杀了，您一身自也依傍咱每衣饭，如何更养得那穷汉的孩儿！只管在家骂詈。三娘子不能禁受，与那叔父李敬业商量，雇觅一人，写自一封书，将这孩儿送去太原府还刘知远。"

则知宋代语言也基本上和现代相似。

从宋元时代的作品来看，远在十一世纪左右就已经为现代汉语准备了初步的规模。我们还可以从祖国文化宝库之一的敦煌石室所藏的写本看到比这更早的史料,例如被帝国主义文化窃盗史坦因掠去藏在伦敦博物院的《董仲寻母》(董永行孝)[1],写董仲依照孙宾的指示,藏在阿耨池边的树下,说:

> 阿耨池边澡浴来,　　　　先于树下隐潜藏。
>
> 三个女人同作伴,　　　　奔波直至水边傍。
>
> 脱却天衣便入水,　　　　中心抱取紫衣裳。
>
> 此者便是董仲母,　　　　此时纵见小儿郎。
>
> 我儿幽(幼)小争知处?　　孙宾必有好阴阳!
>
> 阿娘拟收孩儿养,　　　　我儿不仪(宜)住此方。

被帝国主义文化窃盗伯希和掠去,藏在巴黎法国国家图书馆的敦煌写本王梵志诗:

> 借物莫交索, 用了送还他。
>
> 损失酬高价, 求嗔得也麽。[2]

这些珍贵的语言史料告诉我们:远在隋唐时代,已经开始走向而今的现代汉语了。

我们祖国文化是很悠久的。就现在已经发掘出来的史料来看,汉语书面语言最少也有三千几百年的历史。统观所有这些语言史料,汉语早已形成部落的,以后过渡到部族的,统一的和共同的语言,以及从属于它的地方变体——方言。

汉字,中国古文字及其后来的变体,是和汉语的旧质要素相适应的(跟以新质要素为主的现代汉语不相适应)。它以书面语言对语言的作用,使这些相对独立的方言统一起来,形成那一时期的汉

---

① 郑振铎《中国俗文学史》,作家出版社,142~146 页。

② 刘复《敦煌掇琐》,168 页。

语,现在所说的古汉语的文学语言。但是,汉字一方面以它的形象性特点取得书面语言的全民性,另一方面又以它非拼音文字的特点容易适合不同方言音系,致使汉语口头语言随着新旧质要素的逐渐交替,更逐渐发展了书面语和口语的距离;使各地方言随着经济、政治的关系在统一或分化中又有了新的发展,形成了现代汉语诸方言。

现代汉语,这一民族语言是从以旧质要素为主的古汉语过渡到以新质要素为主的部族语言发展而来的。假如把汉语发展路程就口语来说,直到形成现代汉语的前夜,按其性质可以分作三个阶段;那么,先秦到前汉是以旧质要素为主的古汉语时期,这个时期已经萌生了新质的因素,从前汉到隋唐是从旧质过渡到新质的转变时期,旧质越来越多地消减,新质越来越多地增长;从唐宋元明以迄"五四"之前,是新质要素滋长壮大取得主要地位的时期,旧质要素变成越来越少的残余。

从宋元以来用口语写成的作品来看,像前面所举的例子,现代汉语这一民族语言,是在从古汉语发展来的部族语言中,北方诸方言的基础上,经过长期发展形成的。

第三节　现代汉语词汇是随着汉语发展长期累积而成的

汉语从氏族语言、部落语言、部族语言转变成民族语言这一悠长的历史过程,不是借着消灭旧的语言另创新的语言进行的,而是经过长期的逐渐发展,通过旧质要素的逐渐消亡,新质要素的逐渐累积,使语言逐渐丰富发展起来的。

现代汉语词汇是在汉语的复杂而悠久的历史途程中,随着新旧质要素的逐渐变化积累而成的。它绝不是在某一时代,由于某种原因,忽然地一齐出现的。

古汉语和现代汉语确实有很大的分别,可是我们不能从形式上把它从整个汉语史上割裂下来,因为汉语的历史证明,就是现代汉语词汇,也并不是现代才创造出来的。

毛泽东同志在第一届全国人民代表大会第一次会议的开幕词中,有这样的话,他说:

"我国人民应当努力工作,努力学习苏联和各兄弟国家的先进经验。"

这一段话所用的词,跟别的话一样,都是从不同的历史年代中继续积蓄下来的。其中,除"应当""苏联""先进""经验"等词成词比较晚,而"苏联"一词最晚之外,其余的词历史都比较长一些。从书面语言来看,写在作品上的词,一般说来,早在作品之前的一定时期就已取得全民性了。例如:

"我"

这个词在殷墟卜辞中就已使用,是从三千多年以前传承下来的。

"国"

这个词也见于殷墟卜辞,也有三千多年的历史,当时的书写形式是没有四围的边框的,只写作"或";用"囗"围起来改变书写形式是比较晚的,但是已经有两千多年了。

"人民"

这个词在诗经里就有,《大雅·抑》:"质尔人民"《孟子·尽心》:"诸侯之宝三:土地、人民、政事。"可见它也有两千多年的历史。

"努力"

扬雄《方言·七》:"北燕之外郊,凡劳而相勉,若言努力者,谓之侔莫。"王充《论衡·问孔》:"贵亦可不受命,而自以努力求之。"班固:《汉书·翟方进传》:"努力为诸生学问。"可见前汉时这个词已被使用。距现在也有两千年。

"工作"

这个词也是在汉代就已被使用的,它最初写作"功作",以后写作"工作"。《汉书·食货志》:"至于始皇,遂并天下,内兴功作,外攘夷狄。"《后汉书·和熹邓皇后纪》:"殇帝康陵,方中秘藏及诸工作,事减约,十分居一。"而今词义已经转移,可是从本义来看,也有两千来年了。

"学习"

《新编五代汉史平话卷·上》:"争奈知远顽劣,不遵教诲,终日出外闲走,学习武艺,使枪使棒,吃酒赌圽(钱)。无所不作,无所不为。"在宋时已经成词。

"和"

《新编五代梁史平话卷·上》:"黄巢和那朱温、朱全昱、朱存三个兄弟,一同入那酒店里坐地,唤酒保买杯酒和肉来。四个一就吃了。"京本通俗小说,西山一窟鬼"吴教授和王七三官人见了,背膝展展,两股不摇而自颤。"

"各"

《史记·大宛传》:"令外国客偏观各仓库府藏之积。"是两千年前"各"已作为修饰名词的指示词而被使用了。

"兄弟"

元、李文蔚:《同乐院燕青博鱼》杂剧:"搽旦云:'这几年我不曾见你说有甚么兄弟。今日可可的就认的是你兄弟,着我与他相见。我怕见生人,羞答答的。'"是元曲初期——蒙古时代,"兄弟"已成为一个词了。

"国家"

《孟子·离娄》:"人有恒言,皆曰天下国家。"是"国家"一词远在先秦时代就已有了。先秦常用的"邦家"到汉代因避刘邦的名讳多改作"国家",例如《论语·阳货》:"恶利口之复邦家者",《汉书·孙宝传》,引"传不云乎'恶利口之复国家'",把"邦家"改作"国家"。总之,"国家"一词至少也有两千年的历史。

"的"

"的"这个词在唐代有写作"底"的,例如:"不是省力底事。"《朱子语录》:"然圣人有个存继机绝底道理。"在宋代的话本里,"的"开始代替了"底",例如:《五代平话》:"将些银子交岳喜的伴当。"可见这个作词尾的"的"至少也有一千年的历史。

这些词,一般说来,并不是写在书面上才始出现的,而是在已经取得全民性之后,成为通用的词,才被使用在书面语之上的。换句话说,我们这里所用的例子,它的时代总是或多或少地晚于它们成词的时候的。为了更容易看出时代早晚,把它们约略的时代用个简表表示出来:

表例:

上面的粗线表示时间;

粗线下面的细线表示每个词的约略时代;

细线中的虚线表示来源虽早,但成词较晚;

各线末梢的箭头表示这些词正在继续前进,并不是到现在已经停止了的。

距现在 三千年	距现在 两千年	距现在 一千年	现在

我
国
人民
应当
努力
工作
学习
苏联
和
各
兄弟
国家
的
先进
经验

这些词都是现代汉语的形式。若从它们传承发展的道路回溯上去,它们的语音系统和书写形式也是有古今新旧的变化,举一个例来看:

我　现代汉语说[uo],写作"我"。

先秦时代说[*ŋa]

186

隋唐时代说 [ŋa]

殷代的龟甲兽骨文字写作

周代的青铜器铭文写作

汉代的石刻文写作

第四节　如何在现代汉语的基础上区别古今汉语词

壹　在汉语词汇中区别古今词的必要

我们现在所用的汉语词汇主要是现代汉语词汇,除在必要时偶尔引用古语外,一般是很少使用古汉语词的。

现代汉语词汇,除最近的一些由于新事物或新认识的需要随时以既有词为基础而造成的新词或从其他民族语借入的借词外,绝大多数是从悠长的历史途程上,以不同的时间距离,先后构造积累而成的。

因此,现代汉语词汇并不是和古汉语相对的在某一时代,由于某种遽变,翻然一新的东西。它是从古汉语中逐渐质变和随时积累而成的。这种逐渐地质变,致使到现在以新质要素为主的现代汉语词汇中残存着一些以旧质要素为主的古汉语词。这种词汇数量没有现代汉语大,本质和现代汉语不同;在和现代汉语混用时,是显得极其不相称合的,因而形成了在现代汉语中"搀用文言成分"的问题①。

事实上,我们不但在现代汉语中偶然使用残存的古汉语词,而

---

①　叶圣陶　谈搀用文言成分。——1950 年 7 月 6 日《人民日报》。

且有时因为客观事物的需要，也常有意识地从古汉语中选用一些有生命、有生气的东西用来造成新词以丰富我们的词汇。例如：某一个政府、政党或社会团体为了某一事件向社会宣示它的政见、政策的书面语言，像俄语的 манифест、英语的 manifesto，我们对这一新事物从古汉语中——《左传·桓公二年》："宋殇公立，十年十一战，民不堪命。孔父嘉为司马。(宋华父)督为大宰，故因民之不堪命，先宣言曰：'司马则然。'已杀孔父而弑殇公，召庄公于郑而立之。"——找出一个可以概括它来和其他概念相区别的词组"宣言"，用以构成具有现代意义的新词"宣言"。

再如：为人民，为祖国，为世界，在社会事业上作出来一定的成绩，使人民生活、祖国建设、世界和平都得到巩固和提高，这种呈献在人民面前的具体事业和功劳，从古汉语中选用了两个同词义的"贡"和"献"。以互注造词的方法，造成新词"贡献"。

这种新词，已不再是古汉语词，而是一个属于现代汉语的新词了。我们反对在现代汉语中搀用"文言"成分，我们决不能反对使用"贡献""宣言"之类的以古汉语为基础构成的新词。

可见古汉语词汇中不但确有许多直到现在还富有生气的词，而且还是丰富现代汉语词汇的源泉。

毛泽东同志教导我们说："我们还要学习古人语言中有生命的东西。由于我们没有努力学习语言，古人语言中的许多还有生气的东西我们就没有充分的合理的利用。当然我们坚决反对去用已经死了的语汇和典故，这是确定了的，但是好的仍然有用的东西还是应该继承。"[1]这个指示并不是专指词汇说的。但是，它是包括

① 毛泽东　反对党八股。见《毛泽东选集》，第 3 卷，859 页。

着词汇的。因此,我们学习词汇时,要认真地研究其中的新旧质,分别出哪些词是属于古汉语的,哪些是属于现代汉语的;在古汉语中哪些是富有生气的,哪些是已经死亡的。为了正确使用祖国语言,分别古今汉语词这种工作是十分必要的。

贰　辨别古今汉语词的标准

为了使我们祖国语言纯洁和健康,需要注意好多问题。如何才能避免在现代汉语中搀用不必要的"文言"成分就是问题之一。要解决这一问题,区别汉语古今词是必要的。

凭什么标准来辨别汉语的古今词呢?

简单说来,主要的标准是汉语词汇中词的新旧质区别。

可是问题并不简单。语言的新旧质表现在语言的各个方面上,不应该也不可能单从某一个方面来判定。

我们在第三篇讲造词时,曾经提到造词方法的新旧质,那仅仅是其中的一个方面。除这以外,词的物质——语音系统、书写形式以及和它们统一起来的词所概括的内容,词适应的语法系统和造句能力等等都是表现着词的新旧质特点的。因此,打算判定一个词是属于现代汉语词汇还是属于古汉语词汇,就不能不从各方面来想。

为了便于着手处理这一问题,我想从以下两点来寻找区别可能是比较合适的:

一、词的形式和内容的统一关系的现实性和全民性。

二、词的造句能力的现实性和全民性。

一般说来,在我们的民族语言中,可以把它作为一个最小的独立的意义单位,用来回答问题,用来按照现代汉语语法造句,使人一接触它的形式就能立时了解它的意义的,这种具有现实的,全民性质的词都应该是属于现代汉语词汇的。若是和它相反,词的形式和内容的统一关系没有现实的全民的性质,除少数熟悉古汉语的人们外,一般人不能一接触它的形式立时了解它所概括的内容,这种已经失掉现实条件刺激物作用的词,一般是属于古汉语词汇的。

词的形式和内容的统一跟它在语法上的作用是分不开的。因此,在研究当前某一词的时代性质时,必须在词的形式和内容的统一关系之外还要密切地注意到它的语法作用——造句能力。

现代汉语词汇中除一些陆续创造的新词外,一般都是在语言逐渐发展中从古汉语词汇传承下来的。例如:"马""将军"既是现代汉语词,原来也是古汉语词。

我们从词汇中区别古今词,并不指着这种现象,而是要区别出哪些词是没有传承下来的,它只有古汉语词性质,没有现代汉语词性质。

为了区别出这种没有传承下来的古汉语词,我们不妨从以下三个角度,就词的形式和内容的统一关系跟它在语法上的作用来看:

一 只能作词素不能独立成词的词是古汉语词

除现代汉语词的一部分形态成分,例如"阿菊"的"阿—"、"眨巴"的"—巴"等外,在现时一般情况下,已经失掉独立概括的能力,只能在双音词或多音词中以造词材料出现,不能单独用来回答问题,不能按照现代汉语语法跟其他现代汉语词来造句的"词"是古汉语词。反之,是现代汉语词。例如:

手巾　　　毛巾　　　围巾

领巾　　　汗巾　　　三角巾

"巾"在现代汉语中是失掉独立概括能力的。不能用它造句。谁能说:"我丢了一条巾"呢?

政府	政党	政权	政治
政体	政策	政纲	
财政	邮政	民政	行政
宪政	参政	市政	

"政"在现代汉语中失掉独立概括能力,是不能以词的身份按照现代汉语语法造句的。在现时谁能说:"他不过问政"呢?

施行	施展	施工	施肥
施设	施礼	施舍	
实施	设施		

"施"在现代汉语中是不能当做一个词来使用的。若说:"计划还没有施",是不容易使人听懂的。

复习	温习	预习	实习
练习	自习	演习	传习
讲习	见习	学习	
习惯	习气	习题	习字

"习"也不能以一个词的身份跟现代汉语词一同造句,谁能:"抓紧习"呢? 至于"习字"虽是属于古汉语系统的词组,可是在现时课程表里是作为一个新词来使用的。

畅快	畅销	畅通
舒畅		

"畅"同样也不能当做一个词在现代汉语中跟一些现代汉语词造句。谁能懂得什么是"我心里很畅"呢?

同理,像:

呼吁	羡慕	储蓄	艰巨

这一类现代汉语词,它们的造词材料"呼""吁""美""慕""储""蓄""艰""巨"等等,一般都不能在现代汉语中用来跟其他现代汉语词共同造句,也都是在现代失去了概括能力应该属于古汉语词汇的。

二 变义造词词义返古时是古汉语词

在形式上,无论音节、写法或音节和写法都跟现代通行的某一词相同,而它所概括的内容不同——是返古的,那么,这个词必是属于古汉语词汇的。反之,则是现代汉语词汇。

其中:

1. 语音形式和书写形式完全相同而词义返古的。例如:

走

我们现在听到[tsou],或看到"走",很自然地会了解是说一个用脚步向前迈进的行动,不会想到它是在说别的。

但是,在"走马观花""走马分油"一些成语里,这同样音节和同样写法所概括的内容却不是迈步行走而是"跑"。这种超乎现时的统一关系,原是古词,是用"走"的本义的。像这样词义返古的,都应属于古汉语词汇,是古词。

兵

"我是一个兵,来自老百姓。"现在我们接触到写作"兵",念作[piŋ]的词只能理解是在说战士。

可是在"短兵相接"这个成语里,这个形式所概括的却不是现代所理解的战士,而是战斗的武器——刀剑一类的东西。武器是"兵"的本义,原字像两手举着斧子(斤)。①

---

① 《说文解字》:"兵,械也,从𠬞(两手)持斤。""斤,砍木斧也,象形。"

这种跟它在现时已经失用了的古义统一起来的词,是古汉语词。

2. 书写形式相同而语音返古的。例如:

县

"他是我们县的人民代表。"写作"县",念作[ɕian]标志着一种次于省级的地方行政区域。这个形式和内容的统一,是现代汉语词。

"县而未决",在这样的书面语言里,把"县"念作"悬",[ɕyan],并且就当"悬"来使用,是复活"县"的古义,[①]是返古的,是属于古汉语词汇的。

女

写作"女",念作[ny],表示女性,这种形式和内容的统一是现时熟悉的,是现代汉语词。

若是写作"女",念作"汝"[ʐu],当第二人称代词"你"来用。像:(陆贾)谓其子曰:"与女约,过女,女给人马酒食。"[②]这样地把形式和内容统一起来的,是现时一般人不熟悉的,是古汉语词。

3. 书写形式返古的。

语音形式相同的同音词中,书写形式和概括内容都不同的是一些各自独立的词。书写形式不同而概括的内容相同的词,常是同一词的古今别写的。就现代来说,已经失掉或基本上失掉概括能力的古写词,是属于古汉语的,反之,是现代汉语的。例如:

草　　　艸

---

① 《说文解字》:"县,系也。从系持鼎"。"鼎,到首也。"

② 《汉书·陆贾传》。——《史记》,陆贾传写作"陆生……谓其子曰:'与汝约,过汝,汝给吾人马酒食。'"

这两个字现时都念[ts'au]，概括同一内容。"草"是借用的，[①]可是现在早已"久假不归"，取得了概括"百卉"的基本书写形式，是现代汉语词；"艸"是本字，[②]可是除了一些"好古之士"外，现在很少使用，一般说来已经失掉了它的概括能力，是古汉语词。

射　　躲

这两字也是同一个词的不同写法。"射"取得了概括能力，是现代汉语词；"躲"，对一般人已经失掉了交际作用，是属于古汉语的。

葡萄　　蒲桃

这两个写法都念，[p'ut'au]，概括同一内容，是外来的词。"葡萄"取得了概括能力，"蒲桃"已经基本上失掉了这个能力。前者是属于现代汉语的，后者是属于古汉语的。

把以上几点综合起来看，我们可以找出一些在现代汉语的立场上区别古今词的初步办法。

首先要从全民的观点看这个词有没有现时的概括能力。

检查词的现时概括能力可以从要不要翻译或注解，能不能独立指示事物或回答问题来看。

换句话说，必须检查形式和内容的统一关系是不是返古的。

然后再看它受不受现代汉语语法支配，可不可以和其他现代汉语词一同来造句。

---

① 《说文解字·艸部》："草，草斗，栎实也，一曰象斗子。从艸，早声。"
② 《说文解字·艸部》："艸，百卉也。从二屮。"

叁　同义词中的古今汉语词

同义词里，有些是古今词同义的。这类同义词是和某些在命名初期被淘汰了的历史性质的先后同义词中的"古词"是不相同的。

以下就这两类同义词略举几个例子，用来区别古汉语词和某些历史性的"古词"的差别：

一　同义词中的古汉语词

内容相同而形式不同的同义词，其中失掉现实性和全民性，必须经过翻译或注解才能了解，必须在古语法支配下才能造句，在现代一般情况下不能单独用来回答问题的多是古汉语词。反之，是现代汉语词。例如：

> 釜　　　锅

"釜"是不能跟现代汉语词结合按照现代汉语语法造句的古汉语词，"锅"是可以跟现代汉语词结合按照现代汉语语法造句的现代汉语词。我们说："这口锅可不小。"这是可以的；可是若把"锅"换成"釜"说："这口釜可不小。"那就不可以了。

> 思　　　想

"思"是不能跟现代汉语词结合按照现代汉语语法造句的古汉语词，"想"是可以跟现代汉语词结合按照现代汉语语法造句的现代汉语词。我们可以说："他正想到工厂去。"可是不能把"想"换成"思"说："他正思到工厂去。"

> 速　　　快

"速"是不能按现代汉语语法去跟现代汉语词一同造句的古汉语词，"快"是现代汉语词，是可以用现代汉语语法跟其他现代汉语词造句的。"这个工程快结束了。"这句现代汉语,不能用同义词把"快"换成"速",说:"这个工程速结束了。"

日　　　太阳

"日"不能跟现代汉语词结合按照现代汉语语法造句,是古汉语词;"太阳"可以跟现代汉语词结合按照现代汉语语法造句,是现代汉语词,我们说:"太阳出来了。"这是可以的;若把"太阳"换成"日",说:"日出来了。"那就不可以了。

狐　　　狐狸

"狐"是不能跟现代汉语词按照现代汉语语法造句的古汉语词,"狐狸"是可以跟现代汉语词结合按照现代汉语语法造句的现代汉语词。我们说:"打了两个狐狸。"这是可以的;若把"狐狸"换成"狐",说:"打了两个狐。"就一定不可以。

鲤　　　鲤鱼

"鲤"是古汉语词,是不能跟现代汉语词按照现代汉语语法造句的;"鲤鱼"是现代汉语词,是可以跟现代汉语词按照现代汉语语法造句的。我们说:"同志,有鲤鱼没有?"这是可以的;可是若说:"同志,有鲤没有?"把"鲤鱼"换作"鲤",那就不可以了。

箸　　　筷子

"箸"是不能把它按照现代汉语语法跟现代汉语词去造句的古汉语词,"筷子"是可以按照现代汉语语法跟现代汉语词一同造句的现代汉语词。我们说:"这孩子会拿筷子了!"这是可以的;若说:"这孩子会拿箸了!"把"筷子"换成"箸",那就不可以了。

行滕　　　裹腿　　　腿襻

"行縢"是不能跟现代汉语词结合按照现代汉语语法造句的古汉语词，"裹腿""腿襻"是可跟现代汉语词结合按照现代汉语语法造句的现代汉语词。我们说："他正在打裹腿。""他正在打腿襻。"这是可以的；若是把"裹腿""腿襻"换作"行縢"，说："他正在打行縢。"那就不可以了。

二　同义词中的历史性的"古词"

有比较新一些的词，由于先后不同造词发生了新词的同义词选择，致使某些前期的作品中出现的名词，到后来因为失用被淘汰而"作古"，相对地成为古词。例如：

格致　　　科学

《礼记·大学》："致知在格物。"说求得知识的方法在于穷究事物。把"格"作为动词来使用。在穷究事物以求得知识这一语意上，清代后期，我国曾用它把物理、化学等等自然科学叫做"格致"。

这一个词后来被"科学"所代替，而今已经失用。因为它已成为一个历史名词，也应看做古词。

归纳　　　演绎　　　内籀　　　外籀

逻辑上从特殊事实以推见普遍原理的方法，Induction，起初译成"内籀"，后来改用"归纳"；从普遍原理以推断特殊事实的方法，Deduction，当初译作"外籀"，后来改用"演绎"。现时"归纳""演绎"已经取得稳固的全民地位，"内籀""外籀"已经很少人能懂得。"内籀""外籀"相对地变成古词。

这一类古词和前者大不相同。前者是古汉语的全民语词，在用"文言文"来写作时，它还能作为一个词来使用；而这一类词只存在文献上，成为历史名词，——即或有人再用"文言文"来写，也是不再使用它的。因为它们在确立新词的过程中是被淘汰了的。

肆 现代汉语双音节词汇中的古汉语词问题

现代汉语词汇中双音词是相当多的。就造词材料来看，有三种情形：全用现代汉语词造成的，搀用现代汉语词和古汉语词造成的，全用古汉语词造成的。

一 全用现代汉语词造成的双音节词一般是现代汉语词

这样的双音节词，每一个造词材料都是具有现实性和全民性的，可以用来指示事物，回答问题，按照现代汉语语法造句的现代汉语词。

因为造词材料的现实性强，这种双音节词很少被人看做古汉语词。例如：

软弱

构成这个词的材料，"软"和"弱"，都是现代汉语词，"少添水，不要把面和软了。""别看他年岁小，身体可不弱。""软""弱"决不是古词。

《史记·货殖列传》："妻子软弱。"《论衡·气寿》："人之禀气，或充实而坚强，或虚劣而软弱。""软弱"一词虽然出现得比较早，可是因为构成它的材料都是具有现代意义的，具有可理解性，尽管出现的时代比较早，也很少有人认为它是古汉语词的。它的现代汉语性质是很好判定的。

在像下面这类句子里：

"不要动，这东西眼看就要掉了。"

"他手很巧，给我作不少玩艺儿。"

"看的远，走的正，一定没错儿。"

"这个人心眼儿很直。"

"按照成绩，可以把他们分作三等。"

"他俩相差好几级。"

"动""作""正""直""等""级"等词都是现代汉语的单音节词。

　　动作　　　正直　　　　等级

这些双音节词出现的时间虽然也比较早一些。像：

　　《墨子·尚同·中》："使人之股肱，助己动作。"《韩诗外传·四》："所谓庸人者，……动作而不知所务。"

　　《楚辞·卜居》："宁廉洁正直以自清乎。"《汉书·张冯汲郑传》赞："汲黯之正直。"

　　《国语·楚语》："明等级以导之礼。"《吕氏春秋·季夏纪》："以别贵贱等级之度。"

由于它们用以造词的材料都是现代汉语的单音词，很好理解，出现的时代虽然比较早，都不容易被人看做古汉语词。

总之：全用现代汉语词造成的双音节词一般是现代汉语词。

二　用现代汉语词和古汉语词构成的双音节词一般是现代汉语词

这样的词，由于所用的造词材料中，有一个是没有现实意义的古汉语词，往往被人误认为古汉语词。例如：

　　把握

　　《淮南子·原道训》："微而不可得把握也。"《国语·楚语》："丞尝不过把握。王曰：'何其小也。'"

　　搜索

　　《春秋繁露·五行顺逆》："闭门闾，大搜索。"《汉书·张敞传》："围守王宫，搜索（刘）调等，果得之殿屋重轑中。"

生殖

《左传·昭公二十五年》：“为温慈惠和，以效天之生殖长育。”《释名·释饮食》：“食、殖也，所以自生殖也。”

算术

《汉书·艺文志》：“许商算术二十六卷。杜忠算术十六卷。”《三国志·魏志·王粲传》：“性善算，作算术，略尽其理。”

暴露

《韩非子·初见秦》：“是故兵终身暴露于外，士民疲病于内。”

拯救

《宋书·严世期传》：“驰往拯救。”

咀嚼

《史记·司马相如传》：“咀嚼菱藕。”

斥候

《左传·襄公十一年》：“纳斥候，禁侵掠。”《贾谊·新书·解悬》：“斥候者望烽燧而不敢卧。”

懦弱

《左传·襄公三十一年》：“韩子懦弱”，《管子·重令》：“懦弱之人将以此阿贵争富。”

致密（缜密）

《素问·调经论》：“上焦不通利则皮肤缜密。”《诗·大雅·假乐》，郑氏笺：“成王立朝之威仪致密无所失。”

这些词出现的都比较早，其中——

把　搜　生　算　露　救　嚼　候　弱　密

等词都是现代汉语词。

"你先把着，我去看看。"

"来，给我搜！"

"生一盆豆芽儿。"

"算一笔账。"

"他总想露两手儿。"

"救了他的性命。"

"贪多嚼不烂。"

"再候一会儿他就回来了。"

"身板儿挺弱。"

"雨点儿很密。"

而"握""索""殖""术""暴"(不是"暴躁"的"暴")"拯""咀""斥""懦""致"等等都是没有现实的全民的意义的古汉语词。

但这并不妨碍"把握""搜索""生殖""算术""暴露""拯救""咀嚼""斥候""懦弱""致密"等词的内容和形式统一成为现代汉语词。这就因为它们并不是一些零散的古今词的复合体，而是以古今词为构造材料，造成了不同于各个词素，概括着具有现实意义的内容的现代汉语词。

假若因为这种双音节词中，有某一材料是古词，便从而判定它是现代汉语所"接受"的古词，这种看法是错误的。首先，把现代汉语和古汉语对立起来，看成不相关联的两个不同的独立个体，忽略了汉语的新旧质的逐渐发展和累积；其次，把一个具有现实意义的词给肢解开，不问它的概括作用和使用能力，只看它的组成材料，这样便破坏了形式和内容的统一。那么，所说的词只是在造成这个词以前零散的单词，已经不是当前那个双音词了！

三　全用古汉语词造成的双音节词一般是现代汉语词

这种双音节词因为它的构成材料全是没有现时意义的古汉语词,在形式上最容易给人造成错觉,往往被误认为古汉语词。

在这种双音节词里,其中——

有些词使用机会比较多,已经成为全民习见熟知的常用词。例如:

　　休息　　　充实　　　辅导

"休""息""充""实""辅""导"这些词现时已经不能使用它们用以构词的意义作内容来单独使用。在以上三个例词的结构里,"休"不是"把她休了"的"休","充"也不是"硬充明公"的"充",它们都应该是古汉语词。可是用它们构成的词,像"休息""充实""辅导"等等,虽然出现的时间比较早,——

　　休息

《史记·李将军传》:"军不得休息。"《汉书·贾山传》:"劳罢者不得休息。"——《诗·汉广》:"南有乔木,不可休息。"

　　充实

《孟子·尽心下》:"充实之谓美,充实而有光辉之谓大。"

　　辅导

《汉书·文三王传》:"傅相以下,不能辅导有正法。"

它们的形式和内容的统一关系现实性非常大,又都很好地受现代汉语语法支配,已经是一个完全现代汉语词了。

有些双音节词,它们概括的内容具有不可缺少或不可代替的现时意义,就形式和内容的统一关系以及单独应用和造句能力来说,都应该是属于现代汉语词汇的。可是由于它们概括的内容性质,限制了使用的范围和频率,由于不是常用词,往往使人不从词

的整体来考虑它的性质,只从词素的性质分割地来看,从而判定它是被"吸收"的古词。例如:

　　呼吁　　　恫喝　　　谴责

它们的构词材料"呼""吁""恫""喝""谴""责"在现代都是失掉了独立应用能力,不能用来造句的古汉语词。可是用它们造成的这些双音节词并不怎么古,——

　　呼吁(额)

在六朝时还没有构成"呼吁"一词。徐陵的《檄周文》里,"吁地呼天,望伫哀救,"还是把它当做两个同义词来替换着使用的。

"呼吁"这一词是用互注造词方法造成的。它概括着向人们征求同情赞助的意愿。既不是"呼"所能替代的,也不是"吁"所能替代的。它是一个具有现时意义的现代汉语词。

《黑奴吁天录》[①]这个书名是用古汉语译成的。

"呼吁和平"却不能说是使用古汉语词。

　　恫喝

这一个词也并不很古。《史记·苏秦传》:"秦恐韩魏之议其后也,是故恫疑虚喝,骄矜而不敢进。""恫喝"是后来在"恫疑虚喝"的基础上把它用词组缩写,以两事相成的方法造成的。它概括着一种虚张声势,用所谓"实力"来威胁,企图使人由于害怕而被屈服的行为。

这个形式和内容的统一是有现时意义的,是没有可以代

---

　　① 史托活夫人 Mdm. Stowe(1812~1896)所作 *Uncle Tom's Cabin* 的译本,是写美国南部虐待黑奴的故事的。

替的更好更熟悉的新词的。无疑,这是现代汉语词。

谴责

"谴责"一词在后汉已经形成。《后汉书·仲长统传》:"三公之职,备员而已,然政有不理,犹加谴责。"

"谴""责"都是没有现时意义的古汉语词。"谴责"是用它俩互注成的。① 可是这个词不但不能用"谴"或"责"来代替,也不能用"责备""责成""斥责"等词来代替。它概括着正义的人们以愤怒的情绪向一小撮或某一个破坏和平事业危害人民幸福生活的人们给予严正的责问的行为。

这是一个具有现代意义的现代汉语词。它不但可以单独使用,也可依照现代汉语语法来造句。

四 把第三种双音节词看做古汉语词是不对的

这些双音节词之所以成为现代汉语词,就因为它们的形式概括着现代正在活着或更加发展了的概念,是我们现在借以思维的不可或缺的物质材料。不单单在形式和内容的统一关系上是现时的,而且它适合的语法系统也是现代的。

假如,不这样看,把它们从现代汉语词汇中驱逐出去,认为它们都是古汉语词,那就要解散某些新词组织,使它们返古,成为古语词组,从而消掉某些新的概念,否定新认识的存在或语言新质的发展。这不但不符合认识的实际和语言发展而且必然招来古语"吸收"论,说这是现代汉语为了丰富自己,从古语宝库里翻检出一点有用的古老的东西。

这样看,就等于说现代汉语和古汉语是两种没有历史联系,不

---

① 谴:有"责"义。见《汉书·贾谊传》,《汉书·董仲舒传》,《汉书·外戚传》上集注。

相传承的各自独立的语言。这种分割对立的看法是错误的。语言，斯大林明确地指示"它是许多时代的产物，在这许多时代中，它形成起来、丰富起来、发展起来、精炼起来"的。[①]

这样看，就等于说：现代汉语是很贫乏的，不精确的，为了表示一些更精密的更复杂更深刻的思想，不能不往回走，回到过去时代，从古汉语里临时"吸收"一些。当然，我们祖国有非常丰富的文化遗产，值得我们仔细研究，选择、吸收以丰富我们现代文化；可是这不等于说，古人所借以思想的词汇比现时更精密更丰富。

古时精密的、丰富的、借以进行深刻的思维的基本的词，是并没有被古人垄断留在过去，相反地都已传承发展积累蕴蓄到现代汉语词汇里。我们现时所说的这种双音节词就是。至于那些不精确，已经随着社会发展，语言发展，失掉了时代意义没有传承下来的词，既没有"吸收"的必要，实际也是"吸收"不了的。

把现代汉语中这种双音节词归到古汉语里，这种看法一方面违反了语言发展的规律，另一方面复活了今不如古的思想。这种看法是非马克思主义的，是有很大的危害的。

当然，我们所说的这种双音节词是具有现代汉语性质的。至于像——

简札　　契阔　　郁结　　呜咽

殚竭　　窈窕　　寥落　　葳蕤

——等等，用前面区别古今词的方法，可以肯定它们的时代性质。这些古汉语词并不是没有被"吸收"，而是在汉语发展的历史路程上先后掉队没有传承下来的。

---

① 斯大林（1953）《马克思主义与语言学问题》，人民出版社，5页。

第二篇 词在词汇里的几种
相对关系

第十四章 同音词

第一节 同音词出现的原因和种类

语音形式相同而词义不同的词是同音词。

同音词的出现是不同造词在形式上不期而然地相合。

汉语同音词从构成同音关系的来路来说——

一、有的是由于词素形式相同（意义不同）因而形成同音词的。例如：

仪表

这个词，现时一般的理解是由"仪容""外表"的"仪""表"作词素构成的。《宋史》："杨诚信身长八尺，美仪表，"以及"仪表非凡"等成语中的"仪表"是属于这一类的。

仪表

这个词是专就器械上指示数字的计器来说的，和人的仪容风度无关。它是以准器和标尺的"仪"和"表"以交搭同义互注而成的。——"仪"是合宜，准则的意思。测天的准器叫"浑天仪"，"仪"成为"仪器"的"仪"是由这些意义来的。"表"是所谓"竖木为之若柱形也"之类的测影尺竿。

仪表

在古汉语中，"仪表"常以"礼仪之表率"的意义被使用。如《淮南子·主术训》："先自为检式仪表，"《汉书·哀帝纪》："为宗室仪表。"这类"仪表"既不是人的仪容外表，也不是机器上的计器。它另是一个现已失用的词。

这三个"仪表"，它们在构词材料的形式上——从语音到书写符号——都是完全相同的。但是它们在造词时，各自使用的内容不同，是以不同的内容和形式的统一关系参加造词的。这种不同词素由于形式上的相同，造成了同音词。这是同音词的一个来源。

二、有的是由于词义引申转变，因变义造词而形成的。例如：

月

作为一个天体的名字，它原是指地球的卫星说的。

月

作为一个时间单位，它是就着从地球上看到的月亮，晦明圆缺的周期现象，由"月"的原词，引申变义而成词的。

这个时间单位从天体单位中生长出来之后，便和它的母体分离，各自为一个独立的单词。在这样情形下，由于语义造词的结果，出现了同音词。

三、有的是由词的音变形成的。例如：

险　　悬

"险"[ɕian]和"悬"[ɕyan]这两个词是不同音的。

可是"险"在圆唇时，把齐齿变成撮口，音变成[ɕyan]，那就和"悬"形成同音关系了。① "好险"说成"好悬"。

四、有的是由于借词的音节和汉语词的音节巧合而成的。例如：

顿　　　吨

"顿"这个数量单位词,在六朝时已经很通行了。《世说新语》:记罗友少时,"尝伺人祠,欲乞食。往太蚤(早),门未开。主人迎神出;见。问以非时何得在此? 答曰:'闻卿祠,欲乞一顿食耳!'"

现代汉语除照旧使用"一顿""两顿"表示次数外,又从外语借来一个词"吨"[ton]。

"吨"是[ton]的对音。借词,必然要它服从我们自己的民族语言特点。现代汉语没有收[-on]的音节。使用跟它相近的[tun]来说它。于是在数量单位中出现表示次数的"顿"和表示重量的"吨"两个词的同音。

总之,同音词有两种:一种是被造词的词素音节和它们的顺序决定的结构同音词,像:例一、例二、例四;一种是被音变派生的派生同音词。像:例三。

第二节　结构同音词

结构同音词的同音关系是被它们的词素和结构决定了的。

---

① 这种由于音变而成的同音词,早已存在。孙光宪,《北梦琐言》已有记载。他说:"道士陈子宵登华山上方。偶有颠仆。宇文翰郎中致书戏之曰:'不知"上得不得",且怪"悬之又悬"。'"用老子"上德不德"和"玄之又玄"的同音词来开玩笑。——在当时方言"险"已和"悬"同音了。

尽管造词素材、方法和结构有许多不同,只要是它们所用的词素语音形式(甚至连书写形式)和结构上的音节顺序相同,就可以成为同音词。

以下只就语义造词和结构造词举例,来分说结构同音词的一般情况:

壹　由语义造词形成的结构同音词

这种同音词因为它们的造词方法是变义或单纯比拟,只用一个词素,在方法上又不改变词根形式。因此,新词和用作词素的词在结构上是完全同音的。

除前面举过的"月"外,像:

变义造词的"工夫":

指劳动者——工人来说的是一个词;

指时间来说,又是一个词。

这两个同音词是由于词义引申而成的。致使它的原词和从原词脱离而独立的新词,形成了在结构上完全相同的同音词。

比拟造词的"螺蛳":

指动物来说,是一个词;

指带着旋纹的钉子来说,又是一个词。

这两个同音词是由单纯比拟造词形成的。看它像什么就叫它什么,把用作比拟的词根原样拿过去,从而形成了在结构上完全相同的同音词。

它们都是这种同音关系。

贰　由结构造词形成的结构同音词

这种同音词是一些在词素方面或者连造词方法方面,都不相同的词,仅仅由于它们的音节和音节排列顺序(有的连它的书写符号)相同而形成的。

其中,有的是可以靠重音得到一定区别的。但是,它的作用现时还没有引起多少注意,至少说,在汉语规范化了之前,它的作用并不很大。而且用现行汉字书写出来,通过视觉来默读,基本上是没有区别的。

这种同音词的性质比较好认识,只要从词素和造词方法方面加以分析,就可以区别出来。

以下配合现行的书写符号——汉字——来观察结构同音词,把它们分作两类:

一类是语音形式和书写形式完全相同的;

一类是语音形式相同而书写形式不同的。

一　语音形式和书写形式完全相同的同音词

语音形式和书写形式完全相同的同音词,因为只有词义的差别,有许多人把它看成多义词;认为是一词多义的。这种看法是不够合适的。

多义词的存在是事实。但是它和音形全同的同音词是有区别的。多义词在造词上原是一个词。它的词义之所以多,是由于社会生活以及词适应各种需要而发生的词义变化积累而成的。语音形式和书写形式完全相同的同音词并不是由于一个词变义而生的。它们在造词素材和方法上根本就是两回事。是两个不同的造词活动所造成的两个各自独立的词,是形成两种概括的两种不同的造词。

不同的造词，为什么会使两个不同概括的词在形式上完全一样呢？

这是由于造词素材的多义性造成的。不同意义的造词有时选了在形式上同一的材料，因而两个不同的词，不但音节相同，而且写法也都相同了。例如：

大意

在"你讲讲他这篇作品的大意"和"这事你可不要大意了"这两句话里，两个"大意"原是两个不同的词。前一个词是用"意思"的"意"构成的，重音在后一音节；后一个词是用"心意"的"意"构成的，重音在前一音节。前一个词义是和"梗概"相似的，后一词义是对事的态度——粗疏不小心。前一词义不是从后一词义演变来的，后一词义也不是从前一词义演变来的。

风化

《后汉书·陈忠传》"宜征聘贤才，以宣助风化"，《后汉书·第五伦传》"后代因之，遂成风化"，"风化"一词是"风"和"化"以同等的身份融合成的，是"风教"的同义词。可是在现代汉语中，除继续使用旧词"风化"之外，还制造了一个新词"风化"，像"这山头的岩石已经风化了，"是以"化"为主，以"风"为从，用"风"来限制"化"而构成的，表示物体在空气中受作用而起的变化。岩石受风霜雨雪的剥蚀而腐烂成土，或含水结晶物，常放置在空气中，渐次飞散而失掉它的结晶形的都可以叫做"风化"。很显然，物体的"风化"和社会的"风化"，两个词不但词义不相承袭，而且构词材料和方法也是不相同的。

黑人

"黑人"是黑种人的简称。在现代汉语的词汇里还另有一个"黑人"的词。它是指着没有户口,不敢出头露面,鬼鬼祟祟在暗中活动的人。这两个词的构词方法虽然相同,都是用"黑"来限制"人";但是用作组词的素材却不相同,前者是从颜色的角度选用了"黑",后者是从阴暗的角度来选用了"黑"。这两个"黑人"的词义是不相承袭的。

管子

"自来水管子""气管子""玻璃管子",所有这些"管子"都是中空的圆柱体。"管子校正""郭老对管子很有研究",这些"管子"都是管仲所作的书。这两个词义也是不相承袭的:前者,"管"是以物形构词,而后者则是以姓氏构词的。

二　语音形式相同而书写形式不同的同音词

当我们对某些词的音、形、义了解得不够清楚时,在词的书写形式上,形义全异的同音词往往是别字的源泉。例如:

"厉害"被写成"利害",

"一般"被写成"一班",

"光阴如箭"被写成"光阴如剑",

"翻来复(覆)去"被写成"反来复(覆)去"。[①]

区别这种同音词,要把词的语音、字形、意义三方面综合起来入手。单从声音上去写了解得似是而非的词,是很不好的。别字的出现,除语言文字上的原因之外,主要的是由于词汇教学的不够深入。假如把出现别字的责任完全推到汉字身上,说因为它难记

---

① 东北师大附中,语文组编《错别字问题》。1954 年 4 月,油印稿本。

难写,从而推掉了教和学上的责任,这是不够合适的。要知道,将来改行新文字之后,这类同音词(当然写法和现在不一样)也还是有的,它们之间的区别也还是须要经过学习才能掌握的。如果,我们也还是"含糊其辞"地不注意词汇的教和学,那么,错别字也还是要出现的。世界上从来没有一种可以不用学习,不用区别形体,不用了解词义,不用花费任何力气,就可以怎么写怎么对——使人"从心所欲不逾矩"的文字。

形义全异的同音词,因为在书写上有区别,一般说来是好识辨的。区别这类词,要把词的形、音、义以及造词法各方面综合起来研究。这样做,就是同音、异形而义近的某些词,譬如:

北京音　试用[ʂ\ yŋ\]　适用[ʂ\ yŋ\]

东北音　实用[ʂ/ yŋ\]　适用[ʂ/ yŋ\]

也都不难分别。

形义全异的同音词,也是各种各样的,现在依照它的形式略举数例:

单音节形义全异的同音词

字形部分相似的。例如:

燥 躁　近 进　狠 很

字形完全不同的。例如:

废 费　各 个　厂 场

对音节形义全异的同音词

词的标音符号——形声字的"声符"相同的。例如:

琵琶 枇杷　流离 琉璃

同音词间一个音节的写法相同的

前一音节字形相同的。例如:

会议　会意　　战士　战事

事物　事务　　报酬　报仇

发言　发炎　　体力　体例

后一音节字音相同的。例如：

条理　调理　　经心　精心

侣伴　旅伴　　市场　试场

茶点　查点　　食用　实用

同音词中字形没有一个相同的。例如：

战友　占有　　著名　注明

久经　酒精　　干饭　干犯

就是　旧式　　攻势　公式

同音词不全是两个两个的。同音词数量和形式并不齐一。例如：

无味　无谓　无畏

公议　公意　工艺

保健　保荐　宝剑　（宝鉴）

就是　旧式　救世　旧事　（旧识）

公事　公式　工事　攻势　（宫室　宫市）

第三节　派生同音词

派生同音词的原来形式是彼此不同音的。

由于词汇音变规律的支配,有些当初不同音的词,通过音变,变成了同音词。

因此,这种把不同变成相同的同音词,和前面提到的被造词决定的结构同音词,是有根本差别的。

　　关于促成派生同音词的音变规律,在本书第四部分将有比较详细的说明,这里暂不阐述。只就一般音变派生的同音词和"儿"化同音词举几个例子。

壹　一般音变派生同音词

一般音变派生出来的同音词。例如:

和[xə]＞[xən]＞[kən]

恨[xən]

跟[kən]

　　这三个词是不同音的。但是,在东北方言里,"谁和谁",有说"谁恨谁"的。"和""恨"这两个不同音词,由于音变,变成了同音。

　　在这个基础上,[xən]又音变成[kən]。于是也有把"谁和谁"说成"谁跟谁"的。这样,"和"又由于音变变成"跟"的同音词了。再如:

喜欢[ɕixuan]＞[ɕixan]

稀罕[ɕixan]

　　这两个词也是不同音的。当"喜欢"的"欢"由合口变成开口,省掉[u]的时候,"喜欢"就和"稀罕"同音了。

　　东北方言把"你喜欢什么"说成"你稀罕什么"。有人把它写成"稀罕",比较费解。这就是因为不了解它们是派生同音词的缘故。

当变音词随汉语发展取得现代汉语词汇地位之后,残存在方言中的古音也能以方音词和别的词形成同音词。不过这种同音被现代汉语显示成"变音"了。而且也常因为这个关系出现"别字"。例如：

> 菊[tɕy]＜[tɕiu]
>
> 九[tɕiu]
>
> "菊"在隋唐时代说[*kǐuk]。现代汉语说[tɕy]是从——
>
> kǐuk＞kiu＞tɕiu＞tɕy
>
> 变来的。在东北方言里，还残存着它的古音痕迹，说[tɕiu]把"菊花"叫做"九花"，"菊"和"九"在这种情形下，就成为现代汉语的变音派生同音词。

贰 "儿"化音变派生同音词

"儿"化音变时，有些词的音素要去掉韵尾才能"儿"化。这就使某些不同收韵的词变成了同音，从而把不同音词变成了同音词。例如：

> "盘""牌"不同音，"坛""台"不同音，在结构上都没有同音关系。可是"儿"化之后，"盘儿""牌儿"，"坛儿""台儿"，它们成了两组同音词。
>
> 盘＞盘儿　　　　p'an＞p'ar
>
> 牌＞牌儿　　　　p'ai＞p'ar
>
> 坛＞坛儿　　　　t'an＞t'ar
>
> 台＞台儿　　　　t'ai＞t'ar

例如：

> "柜""棍"不同音，"对""顿"不同音，都不是同音词。可是在"儿"化之后，"柜儿"和"棍儿"同音，"对儿"和"顿儿"同音。
>
> 柜＞柜儿　　　　kuei＞kuər

棍＞棍儿	kuən＞kuər
对＞对儿	tuei＞tuər
顿＞顿儿	tuən＞tuər

派生的同音词因为是以变音同音的。如果不仔细考虑，在使用现行汉字来书写时，往往写成"别字"。例如：

"谜"和"闷"不同音。可是"儿"化之后变成同音。

因而北京话和东北话"猜 mər""纳 mər"，都说成〔mər〕，是同音词。可是"猜 mər"到底是应该写"猜闷儿"好呢？还是写"猜谜儿"？这就需要斟酌了。

第四节　同音词在语言上的作用

壹　同音词在修辞上的作用

同音词，——变节相同意义不同的词，——在我国文学作品上，早就被采用作为一种表现方法。例如：

> 执手与欢别，
>
> 合会在何时？
>
> 明灯照空局，
>
> 悠悠未有棋。
>
> ——《读曲歌》

"棋"和"期"同音，"未有棋"就是"未有期"；

> 杨柳青青江水平，
>
> 闻郎江上唱歌声。
>
> 东边日出西边雨，

道是无晴却有晴。

——刘禹锡《竹枝词》

"晴"和"情"同音,"道是无晴却有晴"就是"道是无情却有情"。

这种利用同音词来进行"指物借意"①的表现方法叫做"双关"。唐人小说,霍小玉梦到李十郎使她脱鞋,醒来,自己解释为"鞋者,谐也。夫妇再合。"②五代艺人李可及,表演三教论衡。他利用同音词说释迦、老子、孔子儒释道三教的三个重要人物都是"妇人"。在当时"敷"和"夫","而"和"儿","身"和"娠"(怀胎),"价"和"嫁"都是同音词。而"儿"又是女人的自称。有人问他:为什么说释迦是女人? 他说:"《金刚经》云:'敷座而座。'或非妇人何烦'夫'坐然后'儿'坐也!"为什么太上老君也是女人? 他说:"《道德经》云:'吾有大患,为吾有身,及吾无身,吾有何患?'傥非为妇人何患于有'娠'乎?"为什么说孔子也是女人? 他说:"《论语》云:'沽之哉! 沽之哉! 我待价者也。'向非妇人,待'嫁'奚为?"③宋人笔记,记教坊三四个伎女用"三十六髻"双关"三十六计"嘲笑童贯的战败逃窜。④

歇后语中,"外甥打灯笼——照舅(=照旧),也是利用同音词的。

---

① 谢榛《四溟诗话》。

② 蒋防《霍小玉传》:"先此一夕,玉梦黄衫丈夫抱生来,至席,使玉脱鞋。惊寤而告母。因自悟曰:'鞋者,谐也。夫妇再合。'"

③ 高彦休《唐阙史》。俳优人。

④ 周密《齐东野语》:"宣和中,童贯用兵燕蓟,败而窜。一日内宴。教坊进伎为三四婢,首饰皆不同。其一,当额为髻,曰,'蔡太师家人也。'其二,髻偏坠,曰,'郑太宰家人也。'又一人满头为髻如小儿,曰,'童大王家人也。'问其故。蔡氏者曰,'太师觐清光,此名朝天髻。'郑氏者曰,'吾太宰奉祠就第,此懒梳髻。'至童氏者曰,'大王方用兵,此三十六髻也。'"

由于同音词造成的双关语,在一定场合,一定条件下,是有用处的。但是千万不能任意乱用。因为它也正由于语义双关,往往造成语言的误解和混乱。

贰　误用同音词在语言上造成的混乱

同音词由于它们在语音形式上的完全相同,如果不细心分析,用粗枝大叶的态度,就着个人当时的直感来对待,那就不但要发生笑话,产生误解,更严重的是要给国家造成不应有的损失。

我们从报纸上批评过的事例就可以看出忽视同音词的严重性了。例如:

> 1952 年 9 月,某省卫生厅曾把卫生科会计"'勿需'来省开会"的电报,误拍为"'务需'来省开会。"将全省各市县卫生科的会计召集到省卫生厅。结果造成工作上、经济上的损失和浪费。①

再如:

> 1955 年,许多地区贯彻了"三定"政策,激发了农民的增产积极性,推动了春耕生产。可是也有一些地区,在贯彻"三定"政策中,不仅没有激发起农民的增产积极性,倒引起了农民许多思想顾虑,影响了农民的增产积极性。这就是许多同志把"三定"政策中的"定销"误解为"定消"。在工作中不是从发动春耕生产入手贯彻"三定"政策,并使"三定"政策的贯彻成为从思想上发动农民积极进行春耕生产的动力,而是逐门逐户地为农民算消费账,订消费标准。账之细,甚至算出人、

---

① 1953 年,《东北日报》——两封电报。

畜、鸡、鸭、猪的消费量，订出人、畜、鸡、鸭、猪的消费标准，结果引起农民的误解。[①]

第十五章　多义词

第一节　多义词的性质

多义词是一个词有好几个意义。换句话说，就是一词多义。

一词多义不是造词的结果，而是成词之后，由于人在生产实践和社会生活中所引起的认识发展和与之相应的语义发展或转变逐次积累而成的。

因此，多义词的存在并不动摇词是一个内容和形式的统一这一基本原则。

正因为词是一个内容和形式的统一，才使逐次积累而成的多义性是一个系统的历史存在。

但是，在认识发展或词义变化中，词义的某一属性或某些属性得到适当地滋长壮大以致脱化独立，竟在原词之外，以原词形式形成一个新的内容和形式的统一，变义造词以反映另外一个客观存在。这样，本义和变义失掉现实的直接联系。它们虽有历史渊源，也不能算作一词多义了。

因此，多义词各个意义之间的关系既是历史的也是现实的。

---

① 1955 年 4 月 24 日，《吉林日报》第 2 版，海日《不要把"定销"当成"定消"》。

各个意义之间的历史的现实的联系性是多义词区别于和它近似的同音词的本质特点。

从词的历史来考查，多义词的各个意义之间是有本义和变义的区别的。例如："一身肥膘"、"肥头大耳"、"一盘肥肉"、"两把肥明子①"、"这块地真肥"、"有一道肥边儿"、"这件衣服袖太肥了"等等语句，其中"肥"这一词句有多肉、体胖、脂肪多、油多、膏腴、宽大等不同的意义。这些不同词义，都是有联系的。按《说文解字·肉部》，"肥、多肉也。"多肉是本义，其他都是以多肉为基础的变义。

从词的新旧质变来考查，有些多义词的各个意义之间是有古义和今义的差别的。例如："走"在古汉语中是"急趋"的意思，相当于现代汉语的"跑"；在现代汉语中，完全不使用这个意义，而是把它变作步行的意义来用的。现在说"走"，无论谁也不会再想到"跑"的。"急趋"和"步行"，是"走"的两个意义。在这两个意义之中，前者是古义，后者是今义。

在"走"的古今义中，"急趋"是它的本义，"步行"是由于词义转移而成的变义造词的变义。若把古今汉语分开来说，没有传承下来的古义不能作现代汉语词的多义部分。因为多义词除历史关系之外，还有它的现实意义的。

从现代汉语词的使用情况来考查，多义词的各个意义之间是有基本的意义和非基本的意义的区别的。——基本意义可能就是本意，也可能是变义。多义词的各个意义实际上不是以均势的关系"并驾齐趋"在交际中不是同时出现的。

作为现实的条件刺激物，多义词常是以一个常用的意义作为

---

① "明子"是用来引火的多脂的松木细条。

基本内容的。这个内容便是跟形式统一起来的基本意义,是一词多义中的基本意义。在一般情况下,特别是在单独使用时,它只能使人想到这一意义。

至于那些必须在一定的语言环境或语句组织中才能使人想到那些意义,都是不常用的非基本的词义。例如:"火"这个词,在一般情况下,或单独使用时,总是使人想到物体在空气中燃烧发生光热的现象。这是它的基本的意义。但是,在"他一听这事可就火了"这句话里,"火"是情绪激动勃然大怒的意思;在"吃服药降降火吧"这句话里,"火"是心有所激而体内发炎发热的意思。"动怒"和"发炎"对"火"这一词来说,都不是常用的基本的意义。

多义词的基本意义和词的本义是没有必然的关系的。例如:"风"就是空气受冷热影响发生涨缩而流动的现象来说,是基本意义也是本义。可是"走"的现时基本意义是步行,而步行却不是它的本义。

第二节　多义词的种类

汉语是从古代传承下来的而又通过新旧质变的语言。因此,它一方面具有历史连续性,一方面又有古今语言的性质差别。

历史关系和现实性使汉语多义词有广义的和狭义的两种:

广义的汉语多义词是就古今汉语作通体考查的。在多义关系中,包括着古义和今义。例如:"兵",从广义来看,是多义词。它有两个意义:古义是军械武器,今义是使用军械武器的战士。

广义的多义词,在一定的时代语言里,在一般交际中,实际上是没有多大意义的。

所谓古义，必然是现在不通行。没有传承下来，没有取得现代汉语意义的词义。如果古今一样，词义一直传承下来，例如："马"，那就是现代汉语词的词义，不可能分出古义今义。

词的古义被保存在历史语言里，成为古汉语词义，它的变义却传承下来，取得了现代汉语词的基本意义地位。在这种情况下，变义在没有本义影响之下，以一个新的独立的内容和原词形式构成一个新的统一，成为一个变义造词的新词。在一般情况下，很少有人再想到它的古义。现时，有多少人知道"兵"是武器又是战士，"走"是急行奔跑又是迈步前进，"岁"是木星又是年龄单位，从而认定它们都是多义词呢？

广义的多义词是在超越现代汉语之外，脱离实际语言生活，圈定多义范围的。在应用上，广义的多义词，对一般人来说，几乎是没法掌握的。很显然，在社会上有多少人能知道多少古义？

把界限定在一般人不易捉摸的边界上，会有什么作用呢？

或者有人觉得把多义的范围画得这么广，在处理词义的发展变化上，是有许多方便的。

对词的发展变化的正确理解，并不在这个多义关系上，而且就连这所谓多义关系的成立，也还是建立在语言发展的内部规律上。如果能历史地考查语言，就是古义今义，依汉语新旧质特地把它分开，也并不妨碍对词义发展变化的正确理解。

总之，广义的多义词是不合实际的。它不但脱离实际语言生活，而且还要把已经独立成词的一些变义造词拉回去，消掉它的成词资格，使它变成人们已经淡忘了的本义的变义。

汉语多义词就现时的交际意义来说应该是狭义的。

以汉语新旧质特点为标准，把多义词分作两类：古汉语多义词和现代汉语多义词。这两类多义词在性质上有区别,在发展上相衔接,并不是截然两断、毫无关系的。

在古汉语多义词中,有些意义随着汉语逐渐积变,传承到现代汉语中,成为现代汉语多义词的一个意义部分。至于没有传承下来的多义部分,仍然保存原来的性质,不失其为古汉语词的一个意义。例如:"发"这个词在古今汉语里都是多义词,它的两种多义情况并不相同,而古汉语中的多义有许多又传承到现代汉语里。

一、在古汉语中,"发"的多义中,大体说来,有下面这些情况:

本义:

"发"的本义是向外放箭射击。像:

"发彼有的。"《诗》

"循声而发。"《礼记》

"君王亲发兮惮青兕。"《楚辞》

变义:

"发"的变义是从内向外发出的意义上滋生出来的。它的变义表现在古文学语言里,一般说来,有以下几种:

1. 向外发放散出

"发巨桥之粟。"《书》

2. 向外透露呈出

"是吉凶忧愉之情发于颜色者也。"《荀子》

3. 向外疏散表出

"火郁、发之。"《素问》

4. 向外滋生长出

"是故草木之发若蒸气。"《淮南子》

5. 向外扬举上升

"其声发以散。"《礼记》

6. 向外派遣指使

"王何不发将而击之。"《国策》

7. 向外颁布推行

"谋未发而闻于国。"《吕氏春秋》

这种种意义都是"发"的变义。

在古汉语中,"发"还以变义造词方法成为一个独立的单位词。例如:《汉书·匈奴传》:"弓一张,矢四发。"这个"发"是计算矢的单位。一发是十二枝箭。①

在从古汉语中萌生、滋长、壮大、形成起来的现代汉语中,"发"既有它从古汉语中传承下来的意义,又有它新发展的意义。

在现代汉语"发"的多义里,有——

和古汉语一样的,例如:

"发芽""发霉"

也是滋生长出的意义。

"发兵"

也是派遣指使的意义。

"发红""发酸"

也是透露呈出的意义。

和古汉语基本相同而又有发展的意义,例如:

"发奖"、"发货"、"发卷子","发"的意义在这里是分发付给的意思。和古汉语"发巨桥之粟"发放散出的意义是一系相

_____

① 服虔说:"发,十二矢也。"韦昭说:"射礼,三而止。每射,四矢。故以十二为一发也。"

225

承的。

古汉语所没有,而为现代汉语"发"所独有的意义,例如:

"发家"、"发福"、"发面","发"在这里是升发舒展扩大的意思。

在现代汉语中,"发"也以变义造词的方法造成一个单位词,把它作炮弹的计算单位,例如:"三万发炮弹"或"炮弹三万发"。一颗是一发。这跟古汉语"矢四发"的"发"不同。

就前面的例子来看,古今汉语多义词是既有联系而又有差别的。

第三节　多义词和同音词的区别

多义词是一词多义。

同音词是多词同音。

这两者是有本质上的区别的。前者是一个内容和形式统一的内容发展变化,是一个造词的不同运用的结果。后者是不同内容和相同形式的分别统一,不是一个词词义的引申演变,也不是一个变义造词新旧词的历史关系,而是许多不同的词在形式上的偶然相合;是不同造词的结果。

多义词的各个意义之间,是有它的历史的和现实的联系的。无论它一变再变,个别意义可能相去较远,可是总能找到它们之间的相连关系。多义无论多到多少,总是使人能觉出它们是"不离其母",可以归入一个实现的词的。

同音词各个词义之间,是没有实现的关系的。它们是各自独立,互不相属,无论如何在同一时代的语言里,是不能归为一词的。

把同音词和多义词严格区别开是非常重要的。

假如单单注意到词的相同形式,把不同造词的同音词都一概看做多义词。那就不但使词的多义性成为不可理解,而且也必将否定词是内容和形式统一的原则,抹杀已有语言之后的词的语言基础和社会基础,抹杀词的历史和现实,从而否定它是思想的语音物化。

假如把一切同音词都归结为多义词,也就等于说,词的形式和内容没有统一关系,一个形式可以被人赋予任何意义。

若真是在一个形式下可以任意赋予意义,那就将是主张词义是可以随人主观意愿任意捏塑,认为它没有客观的必然质性,这就为反动的语义学派敷设了一架桥梁。他们不是正在"妄图'证明'社会生活、国际关系方面的术语如'资本主义''社会主义''侵略''阶级斗争'等等的意义是由人们任意确定的"[①]吗?

第十六章 同义词

第一节 同义词的性质和种类

一些形式相同而内容不同的词是同音词。和它相反,一些内容相同而形式各异的词是同义词。

判别同义词,唯一的依据就是它们是不是概括同一对象?

---

① 德·高尔斯基(1954) 论语言在认识中的作用,《学习译丛》,第 1 期,113 页。

在这个标准下,有以下两种情况之一的词必然是同义词。

一种情况是同一内容的重复造词。

另一种情况是不同内容的不同造词,在一定的语言环境和语句关系中,可以表达同一内容的也是同义词。一旦离开这种环境或关系,它们就恢复各自的内容和形式的统一关系,成为词汇中的不同义词。

这种词所以能在一定条件下发生同义关系,就因为在它们的内容之间都有一点或一些相同或相通之点(不一定是本质的)。这些相同或相通之点,在合适的条件下彼此以部分重叠关系发生了同义作用。

综合这两种同义情况,可以说:同义词是一些能够在同一个原句或意义相近的上下文里,可以彼此代替,表达同一对象,而感觉不到有什么意义上的差别的。

如果在语句中,一经对换,即使在意义上发生明显差别,使人不再体会出跟被对换词所表达的是同一对象,无论它们之间有多么大程度的"相近",也不能算作同义词。——"相近"并不是"相同"啊!那只能是近义词。

同一内容的不同造词和同一内容在不同词上的部分重叠,随着它们在造词上的词素、方法和结构的差别,反映着同一客观存在在造词上突出的某些特点,表现着认识上和语言上的某些特色,从而透露出一定的色彩和情调。这就使词汇更加丰富多彩,更加精致细密。给我们在选词造句上开拓了更加广阔的基地。

在一组同义词里,虽然每一个词都能表达同一内容,可是它们在词汇里的地位和使用频率是并不相等的。除常用词和不常用词的差别外,古今同义词和方言同义词中,古词和方言词除非必要时,是应该谨慎使用的。

为了便于认识同义词的同义关系,在下面按同义词的两种情况,分作两类三种来说明:

一类是反映同一对象的无条件同义词。它们是一些同一内容的重复造词,不需任何条件,自然同义。

一类是词义部分相同或相通的条件同义词。它们是不同内容和不同形式的不同造词,只能在一定条件下才能同义;在一般情况下原是一些不同义词。

在条件同义词中,按照它们相同的部分的重合关系,又有两种:

一种是交搭同义词,一种是类属同义词。

前者是在一定条件下,不同义词以部分相同或相通关系,交叉重叠形成的;后者是类词词义缩小代替种词的。

第二节　无条件同义词

壹　无条件同义词的性质

无条件同义词是同一内容重复造词的结果。它们是同一概念的不同命名。因此不需任何条件就成为同义词。这些个同一内容和不同形式的统一体是造词上的重复,是词汇里面的重复词。它们是以同义关系在词汇里面并存着的。

在说话时,我们无论选用其中哪一个,也用不到说在什么一定的情形下,一般说来,词义总是相同的。

例如:"太阳出来了"这句话,我们换个词说"日头出来了"也是可以的。"太阳"和"日头"就是这种的同义词。

再如："把洋火递给我"这句话，我们可以换个词说成"把洋取灯儿递给我"或"把火柴递给我。""洋火""洋取灯儿"和"火柴"无论换哪一个，语意是不变的。它们也都是同义词。

这种同义词在现代汉语词汇里是不少见的。我们再举几组看，下边这些词每一横排是一组同义词：

妈	妈妈	母亲
莲花	荷花	
便所	厕所	
脚踏车	自行车	
八月节	中秋节	
凤仙花	指甲草	
红楼梦	石头记	金玉缘
播音机	麦克风	

无条件同义词在实际使用中并不是完全平等的。在同义词中，随着说话人的社会生活、思想、感情、文化程度等不同的具体情况，有些词是经常使用，有些词是不常使用的。譬如，在东北农民口中，"妈""莲花""八月节""指甲草"等词就比"母亲""荷花""中秋节""凤仙花"用得多；在文化程度较高的知识分子中间，"母亲""荷花""中秋节""凤仙花"就比"妈""莲花""八月节""指甲草"等词用得多。在和母亲对话中，叫"妈"就比叫"母亲"亲昵自然。

贰 无条件同义词的来路

为什么会出现这类并立的同义词呢？是语言发展和累积的结果。

同一事物的不同命名,由于词素、方法、结构以及其他一些来路上的不同,给同义词造成色彩和情调上的差异。

(一)

有些同义词是同一概念的不同造词。它们从概念中剔取特点并以之为基础选择词素进行造词的命名角度有的相同,有的全不相同。它们用以造词的词素、方法和结构有的部分相同,也有全不相同的。

从造词的角度来看,

1. 命名角度相同的同义词

这种同义词造词方法和结构一般相同,各词在结构上的相应词素多是同义的。例如:

竞走	赛跑	浴池	澡塘
食堂	饭厅	齿龈	牙床

2. 命名角度不同的同义词

这种同义词造词的方法、结构多不相同,同一结构的相应词素也不一定是同义的或同一的。例如:

文凭	证书			
浮水	游泳			
厨子	大师傅	炊事员		
脚踏车	自行车			
取灯	洋取灯	自来火	洋火	火柴

再如:

《红楼梦》一书的命名,据第一回的叙述,是"因有个空空道人,……忽从这大荒山无稽崖青埂峰下经过,忽见一大石上字迹分明,编述历历。空空道人乃从头一看,原来就是无材补

231

天,幻形入世,……历尽离合悲欢、炎凉世态的一段故事。……空空道人……思忖半晌,将这'石头记'再细阅一遍,……方从头至尾抄录回来,问世传奇。因空见色,由色生情,传情入色,自色悟空,遂易名为情僧,改'石头记'为'情僧录'。东鲁孔梅溪则题曰'风月宝鉴'。后因曹雪芹于悼红轩中披阅十载,增删五次,纂成目录,分出章回,则题曰'金陵十二钗'。"

第五回:"又有十二个舞女上来,请问'演何词曲?'警幻道,'就将新制"红楼梦"十二支演上来'。……命小环取了'红楼梦'原稿来,递过。宝玉接起,一面看一面听,其歌曰:

第一支

'红楼梦引'开辟鸿蒙,谁为情种? 都只为风月情浓。(趁着这)奈何天,伤怀日,寂寥时,试遣愚衷。因此上演出这怀金悼玉的'红楼梦'!

而它第二支

〔终身误〕都道是金玉良姻,俺只念木石前盟。……"

第三十六回:"忽见宝玉在梦中喊骂说:'和尚道士的话如何信得! 什么金玉姻缘? 我偏说是木石姻缘!'"

后来又有人根据这种意思把它叫"金玉缘"。

(二)

有些同义词是由于从古今汉语词形成的。例如:

首	头	
箸	筷子	
芹	芹菜	
汤饼	水引饼	汤面

232

（三）

有些同义词是由方言形成的。例如：

<blockquote>
搞　　　弄　　　　整

刷帚　　炊帚

唠喀　　啦呱　　唠扯

玉米　　包米　　包谷　　棒子
</blockquote>

在方言中没有向外推广，没有在文学语言中固定下来的词，虽然可以彼此对照成为同义词，但是因为它没有取得全民性，不能和我们这里所提的同义词相提并论。例如：

"锅巴"在吴语系统里，各地方言就不一样：

<blockquote>
江阴叫"锅箸"，

常州叫"锅贮"，

无锡叫"焦饭贮"，

宝山、浦东叫"饭贮"，

上海叫"饭是（音）"，

杭县叫"不（音）焦"，

绍兴、诸暨、余姚叫"镬焦"，

黄岩叫"镬团"。[①]
</blockquote>

在现代汉语中，这些标志同一对象的词，限于地区，不能相互代替；代替，很少有人能懂得。

总之，我们不能因为有许多同义词是由方言来的，因而滥用方言。

（四）

有些同义词是由借词或译词形成的。例如：

---

① 赵元任（1928）《现代吴语的研究》，清华大学研究院，114～117页。

槟榔(宾根　宾郎)　　仁频

这个同义词,"槟榔"是马来语 pinang 的对音,"仁频"当是爪哇语 jambi 的对音,爪哇语管 pinang 叫做 jambi。[1]

辨学　　名学　　伦理学　　逻辑

这一组同义词都是 Logic 上的译名。严复的译本用"名学",像:穆勒名学、耶方斯名学浅说;王国维的译本用"辨学",像:他译的英国随文的辨学;"伦理学"是日本人翻译的,"逻辑"是我国后定的对音借词。

译名的同义词,有的全是对音的。从两个外国语词译来的,是音形全异,像"槟榔"和"仁频"。也有的既有对音,又有译意的。这样同义的外来语词是音形全异的,像"逻辑"和"伦理学"就是其例。

译名的同义词,我们要选择比较通行的来使用。那些已经不用或比较偏僻一些的,像"宾根""仁频""名学""辨学"等等,除非有必要,在一般情况下最好是以不用为妙的。

(五)

有些同义词是由本国原有的名词和外语译名形成的。例如:

生石灰　　　氧化钙

熟石灰　　　氢氧化钙

"石灰"是由灰石煅烧而成的,从它烧制的原料和结果来命名,叫做"石灰"。烧成的白色石灰块,叫"生石灰"。生石灰加水化合而成的白色粉末,叫做"熟石灰"。"生""熟"是就炼制结果说的。就化学成分讲,生石灰也叫做"氧化钙",熟石灰也叫做"氢氧化钙"。这样:"生石灰"和"氧化钙"是同义词;

---

[1]　罗常培(1989)《语言与文化》,语文出版社,26 页。

"熟石灰"和"氢氧化钙"是同义词。

第三节　条件同义词

壹　交搭同义词

交搭同义词是在一定条件下的一种用词现象。

这类同义词在词汇里原来是不同义的。它们各自有它自己的基本意义。彼此原是以不同的内容和不同的形式分别统一着的不同义词。

只由于这些词在它们的词义之间，有某一点是彼此相同或相通的，因而在一定的语言环境或语言条件下，发生了同义代替作用，表达同一内容。

这种同义词的成立，就建筑在彼此交叉重叠的那一点上。在词义上没有一点交搭关系的是不可能成为这种同义词的。没有必具的社会条件和语言条件，这一点相同或相通的部分便无所凭借，无从交搭，是不能成为同义词的。在具体的语句里，它们虽然已经交搭而且同义代替。但是一旦错过这个具体情况，它们又各自恢复自己的基本的词义，成为非同义词。

交搭同义词的交搭关系是错综复杂的。

为了便于说明，我们先按照它们交搭成同义词的来路分作两种来叙述。这两种是：本义交搭和变义交搭。

前一种交搭关系是不变更原词基本意义，只就其中某一相同点（不一定是本质的），在一定的情形下，来替换使用的。后一种交搭是在一定的情形下，由于某些词的本义和另一些词的变义，在某一点上交搭相重，而形成的替换的。

这两种交搭关系是不互相排斥的。许多同义词实际上是由这两种关系错综而成的。

一 本义交搭的同义词

这种同义词原是一些在本义上各不相通,在事物的种类上各不相属的非同义词。但是在词义的某一点上——一般的或特殊的——它们相互一致。因此在一定的条件下,它们可以在这一点上交搭,成为可以相互代替的同义词。例如:

> 儿子　　　学生

这两个词概括着不同的内容是非同义词。可是在"学生"的词义中,就一般特征说,都是他双亲的子女,因而它在这一点上和"子女"的类属中"儿子"的词义相一致。在"儿子"的词义中,就一般的情形来说,其中有的入学读书成为"学生"。但这相重的一点并非两词的本质的可以作为特殊的特征部分。两词决定性的特殊特征的意义部分使它们在一般情况下绝不相通,成为非同义的。而这一点非决定性的一般特征,在一定的条件下,却可以使它们相通。譬如:

> "你有几个儿子?"

> "你教几个学生?"

在这种语句中,"学生"和"儿子"两词是不可互换的非同义词,可是在——

> "你的儿子在哪校读书?"

> "你的学生在哪校读书?"

"儿子"和"学生"两个词就可以互换,变成同义词。再如:

> 丈夫　　　男人　　　爱人
>
> 掌柜的　　当家的

在现代汉语里：

"丈夫"是就成年男子身形气魄说的，

"男人"是就人的性别说的，

"爱人"是就有情爱关系说的，

"掌柜的"和"当家的"都是方言词，是就他在经济上的地位和职权说的。——所有这些词都和"夫妻"的"夫"是非同义的。

但是在说到一个女人时，——

　　　　"她的丈夫"

　　　　"她的男人"

　　　　"她的爱人"

　　　　"她的掌柜的"

　　　　"她的当家的"

这些词却变成了可以相互替换的同义词。这是因为在成年男子这一点上，"丈夫""男人"各词词义的一部分特征是和"夫妇"的"夫"的词义特征的一部分相一致的；在情爱这一点上，"爱人"的一部分特征是和"夫"的一部分特征相一致的；在旧社会小商人和农民的家里，"掌柜的"和"当家的"在家庭成员的关系上，是和"夫"一致的。再如：

　　　　强[tɕiaŋ ˩] 　固执

　　　　"强"[tɕiaŋ ˩] 　是"又倔又强"的"强"。

"固执"是坚持自己的见解而不少变通的意思。两个词义是不相同的。但是在刚愎自用一点上，它们是相同的。

在这一意义上，两个词变成了同义。像——

　　　　"这个人真强！[tɕiaŋ ˩]！"

这句话是可以把"强"换成"固执"，说——

　　"这个人真固执!"

　　除这一点相通之外,是不可替换的,譬如——

　　"强嘴"或"强眼子"

　　不能说成——

　　"固执嘴"或"固执眼子"

二　本义和变义交搭的同义词

　　这种同义词不但原来是一些在内容上各不相同,在事物的种类上各不相属,而且在它们的词义中也并没有某一相同或相通的地方。但是,当其中某个词或某些词发生变义时,在变义的基础上却和某个词或某些词的基本意义发生了词义的部分相同或相通,在一定条件下,两相交搭成为同义词。这种由于变义作用而变成同义的同义词,例如:

长　　　　　生

　　"长"的本义是长短的长。这词的最早的书写形式作𨒥,正像人头发很长的样子。"生"的基本意义是生出"自无出有曰生"[1],有滋生的意思。这两个词义是不同的。但是"长"的引申义之一是有附着在某一物体上滋生的意思。在这一点上,"长"和"生"就变成了同义词。因此,

　　"今年防备的好,这片地没长虫劳。"

这句话可以把"长"换作"生",说——

　　"今年防备的好,这片地没生虫劳。"

　　但是,婴儿出生之后并不附着在母体上滋长,因此"他爱人生孩子"却不可换作"他爱人长孩子。"可见"长"和"生"过了那一定范

---

[1]　《文选·魏都赋》:"生生之所厚",李善注引《刘瓛周易义》曰:"自无出有曰生。"

围就失掉了同义关系。例如：

工夫　　　空儿　　　时间

"工夫"原义是从事于工程的工人，"空儿"原义是空隙，"时间"的原义是物质运动不断流转的继续关系，是物质存在的一种客观形态。这三个词是非同义的。但是在它们的变义上，"工夫"由工作人转移成工作日的意思，由工作日转移成时间的意思；"空儿"由空隙转成了空闲——两个工作之间的空隙，又由空闲转移成空闲的时间；因此，

"没有空余时间"

可以简说成

"没时间"

也可以说成

"没工夫"

"没空儿"

在这种情形下，"工夫""空儿""时间"三个词是可以相互替换的同义词。例如：

妻子　　　媳妇

"妻子"是自己的爱人而"媳妇"则是儿子的爱人。

"媳妇"是"息妇"的书写形式类化。"息"在古汉语中是"子"的同义词。"息妇"一词的本义自是子妇。

至晚在宋代，"息妇"一词已由"尊斥卑"或"卑对尊称其妻及妇人自称"的使用关系，把词义逐渐转移为"妻"的同义词。

现代汉语，"媳妇"一词有时使用本义，例如："你老多咱娶媳妇？我好去帮忙。"有时使用变义，例如："娶了媳妇忘了娘！""媳妇"的词义有时依当时的语言情况来定。例如："你什

么时候娶媳妇?"对老人说是儿子媳妇,对青年人说则是妻子。

总之:"妻子"和"媳妇"原是非同义词。它们只有在"媳妇"的变义的情况下,才能发生同义关系,成为同义词。

汉语的历史非常悠久,在丰富的词汇中,同义词是很多的,它们的同义关系也是极其错综复杂的。它们能使我们的语言精致明确更富于表现力量。如何掌握同义词,这就有待于平日的修养,要善于分辨它们之间的相同相异之点。

贰 类属变义同义词

类属变义同义词,在一般情况下,原是一些有从属关系的不同义词。

譬如:"合作社副食部新到不少菜"和"合作社副食部新到不少酸菜"。在这两句话里"菜"和"酸菜"是不同义的。"菜"是有很多种类的,"到了不少菜"不一定就是到了"酸菜"。"菜多"不一定必有"酸菜",而"酸菜"多绝不包括其他的"菜"。

"菜"和"酸菜"相对,是属于上位的,是类概念词。反之,"酸菜"是从属于"菜"的,是处在下位的种概念词。把类概念词和种概念词混同起来,看做同义词,"强不同以为同"是不对的。我们不能说有着种类两方关系的词是同义词!

但是,在一定的语言环境中,只说一种事物的情形下,由于类概念包括种概念,种概念的外延完全进入类概念外延的一部分中,常使跟这个具体事物名称有从属关系的类概念词相对地缩小词义,跟种概念词发生相互代替的同义词作用。

譬如:东北地方在秋天用白菜渍酸菜时,问:"你渍菜没有?""你渍酸菜没有?"随便说哪一个都可以起同等作用。"菜"在这种情况下,显然是词义缩小了的。

由于类概念词词义缩小而和它的种概念词发生同义关系,这种同义词是在类词缩小词义的基础上发生的,不是以它的本义和它的下位概念词同义的。

因此,这种在类词变义之后的同义关系并不意味着类词和种词以它们的本义同义。这个区别是必须分开的。

总之:属于同一从属关系的类词和种词并不是同义词,说"菜"和"酸菜"是同义词,必然是错误的。但是,因此就抹杀了类词在缩小词义之后以变义和它的种词同义的事实,也是不合实际的。

再举几个例子:

牲口　　　马

这两个词在一般情况下,是不同义词。"牲口"是类,"马"是种,"牲口"包括"马","马"是"牲口"的一种。"马"的全部和"牲口"的一部分相重。它们的词义只在这相重的部分上相同,超过这一部分就不相同了。在一般情况下说"牲口"和说"马",是各用它们的本义的。这两个词不是同义词。但是在一定的生活环境里,譬如养马场或马车夫的家,问:"你喂牲口没有?"跟问:"你喂马没有?"意思是完全一样的。在这种情形下"牲口"和"马"是可以成为相互代替的同义词的。

考试　　　口试

"口试"是"考试"的一种方法。在一般情形下这两个词义是不同义的,例如"口试完了"不一定是"考试完了",因为在"口试"之外还有别的考试方法。但是在学校规定某科只用"口试"来考查学生成绩时,说"我们已经口试完了"或"我们已经考试完了"意思是相同的。

笔　　　毛笔

"笔"在现代汉语里是一个类名,它的种类是很多的。在百货公司或合作社若单说"买笔",一定会引起卖货同志问"买什么笔?"在一般情形下"笔"和"毛笔"是有区别的。但是到老胡开文之类的毛笔铺里说"买笔",没有问题,一定会给你拿出毛笔来。在这时"笔"和"毛笔"是同义的。

第四节　同义词在修辞上的作用

我国有句老话"修辞立诚"。使用语言总是要求它最能恰如其分地表达思想。说得不够或过分都会减弱甚或破坏了它的表达能力。

选择同义词是斟酌语言分寸使它正确地表达思想增强语言明确性的方法。例如:

读书　　　看书　　　念书

这三个词在一定条件下是可以互相代替的同义词。譬如:

"这两天你读了些什么书?"

"看了两本小说。"

"你妹妹读书没有?"

"她在第七中学念了几天。"

"读"是通过书面语言绅绎作品中事理"看"或"念"而且"想"的行为;而"看"和"念"只是用眼看或眼看口念的行为。因此,在用眼睛这一点上"读书""看书""念书"是可以成为同义词的。但是,在这最基本的行为之外,"读""看""念"三个词在词义上是有着很大区别的。朗诵可以说"念书"不能说"看书","能看书"的人不一定是"能读书"的人。

可见同义词除可以互用的一点外,是有着不同分量的。

相传王荆公平素有些轻视沈文通,认为他没有什么学问。曾作诗嘲笑他"翛然一榻枕书卧,直到日斜骑马归",说他整天不读书。沈文通死后,王给他作墓志,简直写他"公虽不常读书"。有人从旁劝说,"他是个状元,这句话是不是说得过火了些?"因此才把"读书"改成"视书"。①

"不常看书"和"不常读书"语言的分量是不同的。一件事情怎样才能说得恰如其分,仔细选用同义词是它的条件之一。

仔细地选用同义词可以减少语言上的暧昧现象,免得发生误解。譬如:

　　"先生"和"老师"是同义词

　　"先生"和"丈夫"也是同义词

因而"先生"一词在一定条件下要发生暧昧。假如向一位男同学问:"他是你的先生吗?"他很自然地回答"是"或者"不是"。可是,假若你向一位女同学问:"他是你的先生吗?"这句话却使她有些为难。因为在男同学方面"先生"只有一个意义,在女同学方面它却是"语带双关"的——有两个意义。

同义词的丰富在韵文上是有很大作用的。在一定的语义和韵脚上,同义词最能解决选词和叶韵的矛盾。例如:

　　燕大娘见景生情叫同志:

---

① 陆游《老学庵笔记》:"荆公素轻沈文通,以为寡学。故赠之诗曰,'翛然一榻枕书卧,直到日斜骑马归。'及作文通墓志,遂云,'公虽不常读书,'故规之曰,'渠乃状元,此语无得过乎!'乃改'读书'作'视书'。"

"你把我扔下吧，我命不值钱。

只要你把我孙子救上岸，

我燕门永远不忘你好心田。

我托你给我儿子捎封信，

在前线要立功报国别念家园。

同志你正在年轻前途远大，

我老命不可惜别把你牵连。"

——姚文《骨肉相关》

在平时谈话中"好心肠""好心思"都比"好心田"更习惯一些，"家""家庭"都比"家园"习惯些。但是在这一段鼓词里，"好心肠""好心思"，"家""家庭"都被韵脚限制住——不合辙，而这两个词义又不能不说出来。在这种情形下，"好心田"和"家园"以和它们是同义词的资格解决了问题。

第十七章　近义词

第一节　近义词的性质、种类以及它跟同义词的区别

壹　性　质

词的近义关系的形成，从认识的客观原因来说，是由于事物在现象上有表面的近似或共同的地方；从认识的本身来说，是由于概念的属性中有某些相近相似或者相同的非本质的共同特点。

所有这些近似的或者共同的特点，因为没可凭借的社会条件

和语言条件,不能发生交搭关系以表达同一对象。

因此,近义词无论它们的内容如何相近,始终是有本质上的差别不能互相代替的。

因此,近义词的斟酌使用不是为了表达同一事物而进行词的色彩和情调的选择,而是对不同事物的仔细分辨。

贰　种　类

近义词的主要关系是内容近似。由于内容的相近,在已有的语言基础之上,进行以词造词时,往往在词素上反映着它们相似之点,同时也反映着互相区别的某些特点。致使有些近义词在结构形式上有部分词素相同。

在这种情况下出现了两类近义词:一类是内容相近部分词素相同,一类是仅仅内容相近而词素并不相同。

第一类近义词。例如:

无味	无谓	经心	精心
物质	物资	滥用	乱用
成绩	成就	猛烈	剧烈
心思	思想	展开	开展

第二类近义词。例如:

| 收获 | 成就 | 兴奋 | 愉快 |

近义词数目并不一定就是两个。例如:

| 猛烈 | 剧烈 | 激烈 | 强烈 |

而且两类近义关系可以交错起来。例如:

| 成绩 | 成就 | 收获 |

但是,由于词的多义性,同一个词可以多方面发生近义关系。

从各个不同点形成的各组近义关系,彼此可能并不相近。因而近义词不可依例类推把不近义的拉成近义。例如:

收获　　　成绩　　　是近义词

收获　　　心得　　　是近义词

可是不能因此就以"收获"作中心说"成绩"和"心得"是近义词。

叁　近义词和同义词的区别

同义词有两种:无条件同义词和条件同义词。无条件同义词和近义词的区别非常明显,是容易分开的。条件同义词中的交搭同义词和近义词很相近,不大好分别。

不容易分别不等于不能分别。而且分别还是非常必要的。

近义词的区别标志着认识上的精确程度。例如:"发现"和"发觉","发现"和"发明"它们是绝不容混误的。如果把"发觉有敌人偷越国境"报告成"发现有敌人偷越国境"是非常错误的。我们只能说"波波夫发明无线电",绝不能说"波波夫发现无线电"。觉察到的和看到的不同,创造出来的和寻找出来的是有很大区别的。

近义词和同义词的区别,就在于它们是不是能够在同一原句里替换之后还可以表达同一事物。如果替换之后不改变所指的事物,是同义词;若是替换之后即时别指另一事物,不论它们之间如何相近,也只能是近义词。

近义词和同义词的推敲选择,在应用上虽然都是修辞工作,但是严格说来,它们的意义并不全相同,近义词的研究实际上是一种思想上的锻炼。

把近义词当做同义词来处理就是"强不同以为同",它的结果只能造成思想上的混乱。已经有许多人在问:既然它们不能指着同一事物,为什么不说它们不是同义词呢? 既然明明知道它们是不同义词的误用,为什么不索性指出它们非同义词的性质,"顾名思义",减少误用机会,反而将错就错地硬把它们类聚到一起看做同义词呢?

第二节 近义词的区别

壹 区别近义词的造词结构分析方法

词义可以使我们把一些对象和另一些对象区别开。能使它发生这种区别作用的,就概念的属性来说,主要的是这一些对象所独有的特殊的特征。

词虽不等于概念,同一概念可以有不同的造词。但是无论哪一种造词,一般总是概念中的某一或某些不同于另一些概念的特征的体现。至于在许多足以区别于其他对象的特点中,从哪一点或哪些点,选哪一词或哪些词作词素,用什么方法来造词,那又要从当时的语言基础、社会生活以及其他的一些具体情况来定了。

尽管词有假定性以及造词的各种各样的具体条件,不能简单划一。但是词的内容决定词的形式。在已有的语言基础上,进行以词造词时,无论选用哪些词作词素,用什么方法来造词,以及用它们来表现哪些特点,有一件是可以肯定的:它总是反映着区别于其他对象的特殊特征的。"脚踏车"是这样造词的,"自行车"也是这样造词的。

近义词不管它们的词义如何相近,彼此互相区别的特殊的特征总是不相同的。被词的内容决定的形式反映着一定的特征。因此,在区别近义词时,词的内容和形式应该是主要的依据。换句话说,从造词的词素和方法来着手区别近义词是一种直接的根本的方法。例如:"发现""发觉"这两个词在从不知到已知这一点上是有它们的共同性的,可是在显露、觉察这两点上又是各不相通使它们互相区别的。在它们这不同之中又没有可以互相代替的交搭之点,这就使这两个词只能相近而不能相同,只能是近义词而不能是同义词。

但是语言是在发展着的,不同的造词,不同的词义,随着词义发展有时也能变成近义词。"发明"是互注造词,原义是在已有的基础上对于旧事物旧思想的进一步的阐发,是独到的见解或创见的建立。它的词义引申变成另一意义:由一定的精神劳动和体力劳动创出前所未有的事物。在这个发展了的意义上,从无到有,从已知到新知,"发明"又和"发现""发觉"发生了近义关系。

一提到从造词法的分析入手,或者有人发生疑虑,说:这不是陷入现代汉语是单音节的错误主张里吗? 不会的。我们只是说分析的"入手",并没有说"就是在说多字词的时候,其中单字的意思也还在说话人脑子里活着呐。"在说话或听话时,咬文嚼字地把复音词或多音词拆开来体会是错误的,也是不可能的;但这并不妨碍或排斥词的"语源分析",——必要时,这种分析对整个词义的理解是有帮助的,譬如,"暴动"一词,在使用时毫无疑问是作为一个概念提出的,无论说的或听的,谁也不能把它拆开。可是为了加强语意,在提出这个词后,紧接着从词的结构方面,就语源上给以补注,就更强化了这个词的力量。毛泽东同志在《湖南农民考察报告》中论所谓"过分"问题时说:"革命是暴动,是一个阶级推翻一个阶级的暴烈的行动。"①在指明革命是"暴动"之后,接着从语源上用"暴

---

① 《毛泽东选集》湖南农民运动考察报告,第 1 卷,18 页。

烈的行动"给以补注,说明革命的性质,就更为生动有力。

在使用上,必要时还可以作词的语源分析,何况专作词的分析研究?

我们反对任意把一个词割裂开,反对"说文""解字",也反对在句子中"望文生意"的任意猜测。也更反对以词的不可分析为借口抹杀词源研究在实际生活中的作用。

假若忽视了词的结构作用,闭着眼睛不看这一事实,硬说双音词或多音词中所有组织成分都没有造词的意义作用,认为全靠人们主观的理解,那就要为了躲避一个错误而陷入另一个错误里了。

贰 近义词区别举例

一 第一类近义词的区别

这一类近义词是内容相近在结构上部分词素相同的。造词的词素和方法一般地反映相近的特点和本质的差异。

在进行区别时要从词的结构,通过造词词素、方法的比较分析,就形式和内容的关系,找出它们的相同和不同之点。例如:

1. 部分词素和造词方法都相同的近义词

部分词素和造词方法都相同的近义词,在区别的时候,要认定各个词素在结构上的地位和作用。

一般说来,前一词素相同的近义词多是条件或因素相似而主要的特点并不相同的。例如:

<blockquote>
消化　　消失　　消除　　消灭
</blockquote>

这几个词,第一个词素在形式上完全相同,第二个词素在意思上也很相似,因而往往被认作同义词。它们的区别第一个词素和第二个词素都有作用,但是最主要的是第二个。

"消化""消失",第一个词素是消释的意思。这一点是它俩相同的地方。而第二个词素,一个是溶化,一个是失去。这一点是形成两个词互相区别的主要地方。前者是由消释而逐渐溶化;后者是由逐渐消释而失去。

"消除""消灭",第一个词素是消掉的意思。第二个词素,前者是除去,后者是绝灭。从第二个词素看它们的区别:"消除"是只去掉但并不意味着它不复存在,不会再生;而"消灭"则有去根的意思,使被消掉的东西永不再生。

这样,前两词和后两词在第一个词素之间也还有区别。

推进　　　推广　　　推行

这几个词,构词的方法也是以单词指出原因的。特殊的特征一个是使之前进,一个是使之扩张,一个是使之通行。

"推进"是推动使它向前进的,

"推广"是推动使它向四外扩张的,

"推行"是推广使它通行的。

发挥　　　发扬　　　发展

这几个词是以两种活动为中心构成的。共通的特征是"发"——把事物能力开放出来。特殊的特征是向外放散,向上提高,向前伸开。

"发挥"是把蕴蓄的东西开放出来,使它把所有的性能尽量地向外扩充和播散;

"发扬"是把蕴蓄的东西开放出来,使它在原有的基础上得到显扬;

"发展"是把蕴蓄的东西开放出来,使它在原有的基础上向前推进。

　　这类近义词都是以因果关系成词的。作为原因的词素是使它们发生近义关系的引线。至于使它们互相区别的特点却都在最后一个词素上。

　　后一个词素相同的近义词，多是条件或因素不同，而主要的特点一般是相同的。例如：

　　　　溶化　　　熔化

　　这两个词，从构造上看，都是用单词指出原因的因果并举的结构造词。它们之间的一般特征是"化"，特殊的特征是"溶""熔"。它们都是在说明一种现象——"化"，怎么"化"了的？"溶""熔"都是"化"的原因。

　　"溶化"是固体被投入液体中因为溶解而消化的现象。

　　"熔化"是固体受到一定的热度因为融解而消化的现象。

　　　　提醒　　　唤醒

　　这两个词的共通之点是醒悟。不同的是使他醒悟的原因。

　　"提醒"是已经忘了的事情由于提示而醒悟过来的。

　　"唤醒"是在沉迷昏睡的状态中由于被呼唤而觉醒过来的。

　　这类近义词都是以因果关系造成的。它们的原因词素不同，标志主要行动（由原因派生的结果）词素相同。区别不在于醒悟状态，而在于如何醒来。表示造成主要行动的条件词素在这里就显得格外重要。再如：

　　　　滥用　　　乱用

　　这两个词，在构词形式上一般的特征是"用"，作为分化条件的特殊特征是"滥"和"乱"。"滥"是水泛滥出槽的意思，"乱"是没有条理和头绪的意思。"滥用"和"乱用"在"用"这一点上是一致的,不同的是它们使用的方法和限度——

"滥用"是超出范围,轶出常轨,无限制的使用;"乱用"是没有头绪,没有条理,不合规律的使用。

质问　　　责问

这两个词也是由用单词作条件的分化造词方法构成的。共通的特征是"问",特殊的特征一个是质正,一个是责难。

"质问"是问人而正其是非的,是根据真理,掌握原则,为了究明是非而向人追问的;

"责问"是根据承担的职务和应尽的本分而有问罪性质的诘问。

强烈　　剧烈　　猛烈　　激烈　　热烈

这五个词也是由用单词作条件的分化造词方法构成的。共通的特征是"烈"——猛火一样的威猛炽盛情势。特殊的特征是炽烈的程度、方法、形式、气氛等。

"剧烈"是程度很高动荡很急的,

"强烈"是强度很高的,

"猛烈"是急骤突进的,

"激烈"是不可遏止汹涌奋跃的,

"热烈"是伴随着火热的情绪的。

这类近义词都是用条件分化方法造成的。它们的词根相同,条件不同。这就使它们在大体上相像而又有了区别。从不同的条件中找到它们在一个类概念下的种概念的区别,也就找到了同类事物相互区别的特点。这类近义关系也就很好区别了。

2. 部分词素相同造词方法不同的近义词

部分词素相同而造词方法不同的近义词在形式上有三种:相

同部分在前一词素的,在后一词素的,前后词素颠倒的。

最后一种因为形式上显然不同,比较容易分别,前两种容易发生混淆。

区别前两种近义词要注意相同词素的意义和它在结构中和其他词素之间的关系。一般说来,部分相同词素的词素意义和以它成词的词义基本一致的常是互注造词,不一致的常是条件分化造词。例如:

歌颂　　歌唱

这两个词的造词方法是不相同的。相同词素在第一音节。

"歌颂"是用讴歌的方式来进行颂扬或赞颂的。

"歌唱"是以古今同义词彼此互注造成的双音节词。

巨大　　庞大

"巨大"也是以古今同义词进行互注的互注造词,是"大"的双音节化。

"庞大"是分化造词,用"庞"——体势厚大内容复杂的意义来说明"大"的。

认识到"歌唱"和"歌颂"、"巨大"和"庞大"在造词方法的区别,找到它们相近的是什么,不同的是什么,也就掌握了它们的区别。

最后一种形式的近义词,在进行区别时首先要注意它们是不是互注造词的形式颠倒。如果是互注造词,例如:

喜欢——欢喜　　整齐——齐整

替代——代替　　互相——相互

那只是同义词而不是近义词。

在同义词中再研究它们有没有语法上的区别。例如:

生产　　　产生

担负　　　负担

它们词义相同又都是动词,是同义的而不是近义的。但是"生产"和"担负"也常当做名词使用,使它们在事情上和动作上又有区别。这种同义词和近义词的差别也不应混同起来。

在互注造词之外词素全同结构不同的词,一般也不发生近义关系。例如:

"女儿"和"儿女"前者是条件分化造词说明什么样性别的"儿";后者是两类概括,用"儿"和"女"概括了自己所有的孩子。区别很明显,不是近义词。

"科学""学科"都是分化造词。前者是从科目系统方面就学问的范围内加以区划,后者是用学术来指明这一科目品类的性质。词根和条件都不相同,区别也比较明显,也不是近义词。

"虚心""心虚"前者是以支配关系造词的。"虚"是动词,"心"是受"虚"支配的宾语。后者是短句结构造词。说明"心"怎么的了。一个是如何处理"心",一个是"心"怎么样。区别也很显然,也不是近义词。

至于像"故事"和"事故",由于"事故"的"故"是一个古词,一时不易了解,但是,"事"在这两个词结构上的地位说明它们并不相同:前者是以"事"作词根,用"故"作条件,说明是什么性质的"事";后者显然不是事情的缘故,汉语被分化词根没有放在第一音节的,可以断定"事故"和"故事"在概念上绝不同类,根本谈不到近义关系。实际上,"事故"是互注造词。——在古汉语中,大事叫"大故",多事叫"多故","故"是有"事"的意思的。

词素完全相同而结构中地位不同的双音节近义词,有些近义关系似乎不大好分辨。这类词多半是一些近似两类概括造词和互注造词。例如：

平和　　和平

这两个词原是两类概括造词的。是由"和而且平"的意思构成的。在这种情况下，它是可以颠倒使用也不失原义的。

但是随着在实践中认识的发展和社会生活的需要，又出现一个新词。它概括着人类彼此相安没有战乱的共处状态。这个词是以"平稳""平安""平静"的"平"为主，用和睦、和好的"和"来说明，跟"太平""清平"等等同行辈，是一个分化造词，不再是两类概括，也不再是"平和"的颠倒，因而也不再是它的同义词了。

把这个新的词和旧词平列起来看，看做近义词，是受词的历史影响。因为在以前"和平"也确实是曾经反用也不失原意的。

力气　　气力

"气力"是两类概括成词的。是综合气魄体力来说的。至于"力气"在形式上来看是"气力"颠倒，在意义上也都和体力有关，因而觉得它们很是相近。

实际上，"力气"是分化造词，跟"皮气"（癖气）"胆气""勇气"等词是同类的。跟"气力"的造词不同。

展开　　开展

"展"是舒展伸开的意思，跟"开"有交搭的同义关系。看来"展开""开展"意义又有些相近，好像都是互注造词。

实际上，它们并不是同一造词的颠倒，而是不同的造词。"展开"是以"开"为主的，"展"是它的条件、方法，是说用全面铺开的方法来开始工作的。"开展"是以"展"为主的,"开"是它的条件、方法,是说向外开拓伸张的进展情况的。

计算　　　算计

这两个词从形式看也是一个互注造词的颠倒。

实际上,是两个不同的互注造词。前一个是用它们的基本意义构成的。"算"和"计"都是会计事物核算数目的意思。后一词是用它们的变义——谋划的意思构成的。它们的区别也是很明显的。

二　第二类近义词的区别

这一类近义词在形式上没有共同的地方,在内容上也不相同,原来是既不同义也不近义的。

但是它们所概括的对象在现象上有一个表面的相近或相同的地方。这个表面现象,在不深入本质作精密的考察时,往往使人发生混误。这就使一些不同义也不近义的词发生了一种假象的近义关系。

区别这种近义词,也要从词的内容和形式的关系来着手。就词素和造词方法来研究这种近义词彼此互相区别的特点,从而进一步地找到它们之间的本质差别;然后再转过来研究它们之间究竟有什么共同地方。

在分析这类近义词时,要注意它们和条件同义词中交搭同义词的区别。

交搭同义词虽然在一般情况下也是既不同义又不近义的,但是由于属性中某一或某些点的交搭重叠,在一定条件下,可以相互替代表达同一对象。例如:

高兴　　　痛快

这两个词概括着两个不同对象："高兴"是兴致,是思想情绪的一种兴奋状态;而"痛快"只是一种感情,一种快感。在一般情形下,它们是不能相互替换的。

但是"高兴"时必然伴随着愉快,而"痛快"本身就是愉快的一种。在这个重叠的特点上,"高兴"和"痛快"有时可以交搭成相互替换的同义词。

而近义词就不能这样。例如:

收获　　成就

"收获"①和"成就"都是互注造词。

"收获"是付出相当劳动而取得的成果。

"成就"是已经完成了的较原有基础更高更大的绩业。

这两个词概括的内容虽然不同,但是在取得成果这一点上是共同的。因此它们发生近义关系。

不过这一共同点不能重叠交搭发生替换作用,不能成为同义词。有"收获"不一定就是有"成就"。若是把"收获"换作"成就"是"言过其实"。有"成就"必然有"收获"。可是把"成就"说成"收获"是抹杀事实。因此它们不能成为同义词,只能是近义词。

这类近义词在词素上是彼此全不相同的。使它们发生近义关系的,常是某种共同的表面现象。例如:

强调　　夸大

"强调"是着重的意思,是就加强语调着力申说的意思用

---

① 获原是收割庄稼。《说文解字·禾部》:"获、刈谷也。"它的词根是用手获得。引申有收取的意思。《国语·吴语》:"以岁之不获也"。注:"收也"。古汉语单用"获",收获是现代汉语词,不是收割,而是取得成果。因此,它当是互注造词。

"强""调"的词素结构而成的。它的词义只是着重加强，并不扩大事实，也不夸耀事实，是实事求是的。

"夸大"就不是实事求是地着重和加强，而是用夸张的方法超乎实际地扩大其词的。

"强调"某事并不"夸大"它，是"一是一，二是二"的。"夸大"某事并不一定是"强调"它，是"有一尺说一丈"的。一个不改事实，一个改变事实，是不可互换的。

使这两个词发生近义关系的是：在原有基础上给予一定的程度增长。再如：

撤退　　　逃跑

"撤退"是主动地按照自己的意愿撤离现场向自己预定的方面退却的，"逃跑"则是被动地不由自己的意愿仓惶逃避无计划地跑出现场的。两个词义是根本不同的。

只由于它们在脱离现场这一表面现象上有相同之点，因而在没有认清本质时，常被误用，发生近义关系。

事实上，"撤退""逃跑"自是两个截然不同的事情。"逃跑"绝不是"撤退"，①它们是有本质上的区别的。

第三节　近义词在修辞上的作用

选择同义词，是就能以概括同一内容的一些词里，按所要求的

---

①　"苏联最好的影片之一《难忘的一九一九》里有这么一段：来犯的英国军舰受到强烈的抵抗，狼狈逃去。有人报告斯大林说：'英国船撤退了。'斯大林胸有成竹地微笑说：'唔，应该说是赶快逃跑了。'斯大林的话里只换了一个词，这个词正确的充分的表现了思想感情和逻辑力量。"——霭人，《语文学习》，第22期，30页。

色调,选择使用进行表达的。选择近义词,则是就一些概括着相近而实不相同的词义中,选用更精确的一词。它是词的内容选择,不是词的色彩选择。同义词无论多少,它们都概括着同一对象;近义词它们各自分别地概括着不同的对象。换句话说,同义词无论如何选择总不离同一对象;至于近义词的选择则是对于不同义词所概括的不同对象的铨衡。

注意区别近义词是我国语言艺术的一种优良传统。

《论语·子路》篇:冉子从鲁大夫季氏家朝上退下来。孔子问他"怎么这样晚?"他回答说:"有政(事),"孔子说:"那是(私)事。(不是'政[事]')!假如有'政'(事),虽然不用我,我也是能参与过问的。"①

"政事"是统治阶级统治国家的事务,"私事"是大夫一家在国家制度下一般应行的事务。它们在同是事务这一点上是近义的。但是在实际事务的性质上,国和家是有区别,不能含糊的。

为了使他的学生说得更合乎实际,孔子纠正了他这一语言含糊的毛病。

区别近义词是"正名"工作之一。孔子说"名不正则言不顺",在这一意义上是正确的。提到一定高度来说,区别近义词可以是有助于澄清混乱思想的一种方法。因为,在说话或写作时,近义词的区别和取舍,实际是说话人或作家思想明确程度的标尺。譬如:

> 推门　　　敲门　　　叫门

"推""敲""叫"三个词,每一词所概括的对象都是和其他两词不相

---

① 《论语·子路》:"冉子退朝,子曰,'何晏也?'对曰,'有政。'子曰,'其事也! 如有政,虽不吾以,吾其与闻之。'"

同的:"推"不是"敲",不能把推动和敲打两个不同的行为混淆起来;"推""敲"两个不同的用手的动作又和用口喊叫的"叫"不相同,也不能混淆在一起。因此,在

推　　敲　　叫

之间,"推""敲"词义相近,是近义词。"叫"和它们相远,很容易区别,是非近义词。在"推""敲"两个近义词中,想选用哪一个才更合适,这就不是对同一对象选用哪一同义词,而是在概括不同对象的词中选用哪一个最适合于这一事物的词。这就不是同一词义的色彩问题,而是在不同词义中哪个更适当更确切的问题了。

古今许多语言巨匠,没有一个不注意这一工作的。就以"敲门"一事作例,有名的"推敲"的故事就是一个很好的代表。

《唐才子传》:

"(贾岛)复乘闲策蹇访李余幽居。得句云,'鸟宿池边树,僧推月下门。'又欲作'僧敲'。炼之未定,吟哦引手作'推''敲'之势。旁观亦讶。时韩退之尹京兆。车骑方出,不觉冲至第三节。左右拥到马前。岛具实对:未定'推''敲',神游象外,不知回避。韩驻久之,曰:'敲'字佳。遂并辔归。共论诗道,结为布衣交。"①

用手推门和用手敲门是两个不同的动作,这两个动作的情境是不同的。推门适于虚掩,一般说来不是夜间的事。若明知紧闭而又用力推动,多是匆忙粗暴的举动,一般说来不是这个夜月访幽居的和尚行动。至于敲门一事,门必不虚掩,人必不匆忙,——忙,对这关闭了的门来说,是适合于"打"的——是合于这两句诗当时

---

① 辛文房《唐才子传》,卷5。——天瀑本。

的境界的。

"推敲"工作在选用近义词上是十分重要的。

但是,我们不能因此把所有在同一选用过程中接触过的非同义词都当做近义词来看待。因为同一事物的本质属性和社会关系是比较复杂的。在不同的立场和观点上,是可以有不同的理解,可以激发不同的思想情感,可以用不同的词来表达的。例如:

宋人所记[①]

王安石诗:

京口瓜洲一水间,

钟山只隔数重山。

春风又绿江南岸,

明月何时照我还?

吴中士人家藏他这一篇诗稿。最初写的是"又到江南岸"。圈去"到"字;注说"不好"改成"过"。又圈去,改成"入",接着又改成"满"。这样改了十来个字才定为"绿"。

黄庭坚诗:

归燕略无三月事,

高蝉正用一枝鸣。

据钱伸说,"用"在原稿上最初写的是"抱",又改成"占",改成"在",改成"带",改成"要",直到改成"用"字才算定稿。

很显然,"到""过""入""满""绿"既不是同义词,也绝不是近义词。"抱""占""在""带""要""用"这几个非同义词也不能因为它们在同一句子里被选择使用过便成为近义词。

---

① 洪迈《容斋续笔》,卷8,诗词改字。

推敲非近义词的工作和推敲近义词一样，也是非常细致的。但这并不是仅有少数文人才能做到的。广大的劳动人民，在他们的切身生活中，常是最好的推敲能手。这种语言艺术，表现着人民的感情和智慧。丁玲在她的大著《太阳照在桑干河上》中，写农民斗争地主钱文贵在审查他的保状时，从一些非近义词的"推敲"上表现了强烈的阶级仇恨和无上的智慧。她写道

钱文贵跪在台的中央，挂着撕破了的绸夹衫，鞋也没有，不敢向任何人看一眼。他念道：

"咱过去在村上为非作歹，欺压良民……"

"不行，光写上'咱'不行，要写恶霸钱文贵。"

"对，要写恶霸钱文贵！"

"从头再念！"

钱文贵便从新念道："恶霸钱文贵在村上为非作歹，欺压良民，本该万死，蒙诸亲好友宽大……"

"放你娘的屁，谁是你诸亲好友？"有一个老头冲上去唾了他一口。

"念下去呀！就是全村老百姓！"

"不对，咱是他的啥个老百姓！"

"说大爷也成。"

"说穷大爷，咱们不敢做财主大爷啊！大爷是有钱的人才做的。"

钱文贵只好又念道："蒙全村穷大爷恩典，……"

"不行，不能叫穷大爷，今天是咱们穷人翻身的时候，叫翻身大爷没错。"

"对，叫翻身大爷。""哈……咱们今天是翻身大爷，

哈……"

"蒙翻身大爷恩典，留咱残生。……"

"什么，咱不懂。咱翻身大爷不准你来这一套文章，干脆些留你狗命！"人丛里又阻住钱文贵。

"对，留你狗命！"大家都附和着。

钱文贵只得念下去道"留咱狗命，以后当痛改前非，如再有丝毫不法，反对大家，甘当处死。恶霸钱文贵立此保状，当众画押。八月初三日。"

不许钱文贵用代词"咱"轻轻遮过他地主阶级的恶霸本质，一定要他点明是"恶霸钱文贵"。

不许钱文贵把翻身农民叫"诸亲好友"，叫"老百姓"。他是骑在人民头上的吸血虫，是吃人的猛兽，是凶狠残暴的阶级敌人，不是人民的"亲友"；翻身的农民是自己政权的主人，不再是在地主阶级封建统治下的"老百姓"！

虽然说"大爷"也成，多少可以表示恶霸地主在人民面前已经低头，可以表示过去多少年受剥削受压迫为地主阶级作牛作马的劳苦人民今天已经翻过身来，但是词义总有些模糊，——因为过去"大爷是有钱的人才做的"。

也不能让他称呼"穷大爷"，"穷"是地主剥削的结果，"今天是咱穷人翻身的时候，"推翻了压在身上的大山，翻身站起来之后，穷困的日子就要一去不复返了。对，不能叫"穷大爷"，应该叫"翻身大爷"。

我们不是怜恤地留下他的"残生"，我们不消灭他的肉体是对阶级敌人的宽大！我们不是同情他的可怜相，不是泛爱万物无原则的慈悲，而是暂时寄下了这必须继续看管的吃人豺狼的"狗命"！

从作家的笔下,我们看到劳动人民在推敲非近义词的工作上是如何认真和严肃的。

第十八章　反　义　词

第一节　反义词的性质和它跟同义词、近义词的关系

壹　反义词的性质

在词汇中,有些词在词义上是彼此相反或相对的。例如:

长——短	新——旧
开——关	进——退
头——尾	善——恶
宽阔——窄狭	急速——缓慢
分解——融合	攻击——防御
朋友——仇敌	和平——战争

彼此涵义相反或相对的词是反义词。反义词的词义在概念关系上是处于反对关系的。依照两者的内涵来说,是彼此相反的。但是它们两方都是属于同一类概念的外延的。例如:"长""短"都是属于长度的,"宽阔""窄狭"都是属于广度的。

因为彼此内涵相反,反义词的性质是互相否定的,每一词义用它自己的内涵否定了和它对立的词义。在一定的语句中,使用反义词是便于揭发所要说明的事物的对立关系,便于把它们这种关系作对照地描写或论述的。

264

贰　反义词和同义词的关系

由于词汇中同义词的关系,某一词的反义词并不固定在哪一个词上。因此,一个词的反义词可能有的是两个或两个以上的。这样,反义词在用词上,一般也是有选择的可能的。例如:

开——关　　　开——合

开——闭　　　开——阖

“关”“闭”是无条件同义词,“合”“阖”和“关”“闭”是交搭的同义词,因而“开”的反义词可以是“关”,可以是“闭”,也可以是“合”或“阖”。

紧张——弛缓

紧张——松懈

“弛缓”“松懈”是同义词,因而“紧张”的反义词可以是“弛缓”,也可以是“松懈”。

巧——拙

巧——笨

“拙”“笨”是交搭的同义词,因而“巧”的反义词可以是“拙”,也可以是“笨”。

学生——教师　　　学生——教员

学生——先生　　　学生——老师

“教师”“先生”是交搭的同义词,“教师”“教员”“老师”是无条件同义词,因而“学生”的反义词在师生关系上可以是“教师”,可以是“先生”,也可以是“教员”或“老师”。

无条件的和交搭的两种同义词错综在同一反义词的各组反义关系中,使各组表现同一反义关系的反义词依其同义性质可以区分成两种：

（一）

无条件同义词的各组反义词，在同一反义关系中，反义是比较固定的。例如：

"闭"和"关"它俩的反义词都一定是"开"；

"弛缓"和"松懈"它俩的反义词都一定是"紧张"，而不能是别的。

（二）

在同一反义关系中，某一词的某些反义词间是交搭同义，那么它们离开这交搭的一点外，就失掉了同一反义关系。例如：

"拙"是"巧"的反义词，《说文》："拙、不巧也。""笨"借作"体"，是粗劣的意思①，引申和"拙"交搭同义。因此，"拙"的反义一定是"巧"，而"笨"除和"拙"交搭同义外，它的反义就不再是"巧"。——"身子很笨"的反义不能说"身子很巧"，只能说"身子很灵便"或"灵巧"。

"学生"和"教师"是反义词。"先生"的本义并不就是教育工作者，不是教师的同义词。但"先生"的变义中有一个是和"教师"交搭同义的。因此，它成为"学生"的反义词。

和"教师"相对的反义词一定是"学生"；而"先生"的反义词却不一定是"学生"，它可以是"后生"，也可以是"老婆"。

在同一反义关系中，若是各组反义词间都是无条件的同义词，那么在选词时就要注意它们的词义色彩；若是各组反义词间是有

---

① "体"现在是"體"字的简字。它原来是现在所用的"笨"字的本字。《广韵·上声·混韵》："笨，竹里。又《晋书》有兖州四伯，豫章太守史畴以大肥为笨伯。""体，粗儿，又劣也。"

交搭同义的,那就要注意它们在交搭同义之外的词义作用,不然,是容易造成错误的。

叁 反义词和近义词的关系

近义词一般说来在词义的一般的特殊的特征上虽然不同,但在最一般的特征上常是有一定程度的共同性的。由于这相同的一点,虽然不是本质的,使它们也常共同地跟某一词形成反义关系,成为反义词。例如:

进步——退步

进步——落后

"退步"和"落后"是非同义词的。但在不前进这一点上是共通的,因此有近义关系。"进步"和"退步"是反义词。现在常听到人们把"进步"和"落后"对比着来说,"落后"也成了"进步"的反义词。

这一近义词的区别,并不因为它们都可以作"进步"的反义词而混淆。"落后"并不一定是在原有基础上向后倒退,一般还可以保持原有水平;可是"退步"必然是"落后"而且是失去了原有水平。

胜利——失败

成功——失败

"胜利"和"成功"是非同义的。克服了重重阻碍或制服敌对势力是"胜利"。事业的成就是"成功"。但在克服困难完成艰巨任务一点上它们是共通的,因此是近义的。"胜利"必是"成功",可是"成功"不一定叫"胜利"。例如:"用原子能发电,在苏联已经研究成功","研究成功"不能换作"研究胜利"。同理,"抗战胜利"也不能说"抗战成功"。

在同一反义关系上的各组反义词中,遇有近义词可选择时,要注意它们每个词的区别。

第二节 反义词的种类

反义词依照两个对立词义之间有没有第三个词义存在,在使用上有些区别:有正反两面无论怎么用都是反义的;有只能从正面入手,先肯定一方才行的。这两种反义关系:

一种是中间没有第三个词义的反义词。肯定哪一方或否定哪一方都不失其对立关系。是可以正用也可以掉转过来反用的可以逆用的反义词。

一种是中间有第三个词义的反义词。只能正用,不能反用,是不能掉转来从否定入手的不可逆用的反义词。

这两种区别在论证对立的事物上是有很大意义的。

当然,这种区别并不妨碍反义词的联立并用。

壹　可以逆用的反义词

这类反义词若肯定这一词必否定那一词,若肯定那一词必否定这一词。反过来若否定这一词必肯定那一词,若否定那一词必肯定这一词。在两个对立词之间是没有介于二者之间的词的。例如:

善　恶

若肯定是"善"必否定是"恶",

若肯定是"恶"必否定是"善"。

若否定是"善"必肯定是"恶",

若否定是"恶"必肯定是"善"。

在"善""恶"之间是没有不善不恶的。

——若说这一方是善意的,一定不是恶意的;

若说这一方不是善意的,一定是恶意的;

若说这一方是恶意的,一定不是善意的;

若说这一方不是恶意的,一定是善意的。

直 曲

若肯定是"直"必否定是"曲",

若肯定是"曲"必否定是"直"。

若否定是"直"必肯定是"曲",

若否定是"曲"必肯定是"直"。

在"曲""直"之间是没有不直不曲的。

——若说这一物是直的,一定不是曲的;

若说这一物是不直的,一定是曲的;

若说这一物是曲的,一定不是直的。

若说这一物不是曲的,一定是直的。

完整 残缺

若肯定是"完整"必否定是"残缺",

若肯定是"残缺"必否定是"完整"。

若否定是"完整"必肯定是"残缺",

若否定是"残缺"必肯定是"完整"。

在"完整"和"残缺"之间是没有既不完整也不残缺的。

——若说这一事物是完整的,一定不是残缺的;

若说这一事物不是完整的,一定是残缺的;

若说这一事物是残缺的,一定不是完整的;

若说这一事物不是残缺的,一定是完整的。

大方　　小器(气)

若肯定是"大方"必否定是"小器"，

若肯定是"小器"必否定是"大方"。

若否定是"大方"必肯定是"小器"，

若否定是"小器"必肯定是"大方"。

在"大方"和"小器"之间是没有既不大方又不小器的。

——若说这一人大方，一定不小器，

若说这一人不大方，一定是小器；

若说这一人小器，一定不大方。

若说这一人不小器，一定是大方。

这类反义词，在两个相反的意义之间是没有中间性的意义的。"善""恶"之间是没有既不善也不恶的。"直""曲"之间是没有既不直也不曲的。"完整""残缺"之间是没有既不完整也不残缺的。"大方""小器"之间是没有既不大方又不小器的。

因此，这类反义词在使用时无论肯定哪一方或否定哪一方都可以相应地肯否它的对方而不失其反义关系，是可以逆用的。

贰　不可逆用的反义词

这类反义词只有肯定这一方以否定和它对立的那一方的作用，没有否定这一方以肯定和它对立的那一方的作用。因为在对立的两方之间有第三个词，所以不是这个也许是别的，不一定就准是那个。只能在肯定一方的基础上才能否定那相对的一方，不能反转过来用否定一方的办法来肯定它的对立一方，是不可逆用的。例如：

燥　　湿

若肯定是"燥"必否定是"湿"，

若肯定是"湿"必否定是"燥"。

但是，若否定是"燥"并不能因此肯定是"湿"，

若否定是"湿"不能因此肯定是"燥"。因为在"燥""湿"之间是有"不燥不湿"的。

——说这一物是"燥"的，必不是"湿"的，

说这一物是"湿"的，必不是"燥"的。

可是，说这一物不是"燥"的，并不能就此判定它必是"湿"的；说这一物不是"湿"的，也并不能就说它必是"燥"的。

肥　瘦

若肯定是"肥"必否定是"瘦"，

若肯定是"瘦"必否定是"肥"。

但是，若否定是"肥"并不能因此就肯定是"瘦"，

若否定是"瘦"也不能因此就肯定是"肥"。因为在"肥""瘦"之间是有"不肥不瘦"存在着的。

——说这肉是"肥"的，必不是"瘦"的；

说这肉是"瘦"的，必不是"肥"的。

可是，说这肉不肥，并不一定就是瘦，说这肉不瘦，也不一定就是肥。

延长　缩短

若肯定是"延长"必否定是"缩短"，

若肯定是"缩短"必否定是"延长"。

但是，若否定是"延长"并不能就肯定是"缩短"，

若否定是"缩短"也不能就肯定必是"延长"。因为在"延长"和"缩短"之间，是可以有既不延长也不缩短而保持原状的情形存在的。

——说延长期限必不缩短期限，

说缩短期限必不延长期限。

可是，说不延长期限并不意味着就是缩短期限，说不缩短期限也不意味着就是延长期限。

开头　　结尾

若肯定是"开头"必否定是"结尾"，

若肯定是"结尾"必否定是"开头"。

但是，若否定是"开头"并不能就肯定必是"结尾"，

若否定是"结尾"也不能就肯定必是"开头"。因为在"开头"和"结尾"之间还有中间的过渡。

——说这是一个开头，可以肯定必不是结尾；

说这是一个结尾，可以肯定必不是开头。

可是，说这不是开头，并不能因此就认定它必是结尾，说这不是结尾，也不能因此认定它就是开头。

不可逆用的反义词在进行反证或驳斥时要谨慎从事，因为否定这一方很难以肯定那一方。

叁　可逆和不可逆两种反义关系图解

为什么有的反义词是可以逆用的，有的反义词是不可逆用的呢？

因为反义词的反义关系并不一样：

可以逆用的反义词，它们的关系是属同一类概念下的正反两面，不是"甲"必是"乙"，中间是没有"丙""丁"等等存在的。

例如："死""活"中间不能有"既不死也不活"的事实存在。因此，无论从肯定说起或从否定说起，两面的反对关系都是可以相应

不变的。这关系像图一。

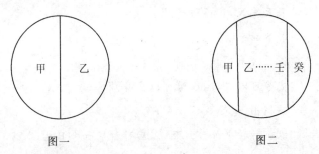

图一　　　　　　　　　　　　图二

不可逆用的反义词，它们的词义关系是同属于一个类概念下的许多同位概念依次排列的两个极端，是"甲"和"癸"的两端对立，在它们之间是有"乙"或"丙"或"乙""丙""丁"等等事实存在的。例如："黑""白"是反义词，若肯定是"黑"一定否定是"白"。可是由于它们之间存在着"深灰""灰""浅灰"种种介于黑白之间的灰色，因此否定"黑"就并不等于确立了"白"，因为除了"黑"以外，还有各种非白的灰色存在，所以不能掉转来从否定一方入手。它们的关系像图二。

第三节　反义词在修辞上的作用

在修辞上，说明事物的对立现象或揭发事物的对立关系，总是离不开反义词的。因为对立性的联想是建立在区别反义词的基础之上的。

语句的内容和它依以思维的词汇中的反义词决定了句形上的对偶关系，这种关系更以汉语词汇的音节特点形成了一种对称的均齐美。

在"成语"中，反义词是比较常见的，例如：

"长木匠,短铁匠。"

"天天吃饭,夜夜防贼。"

"苦尽甜来。"

"深入浅出。"

"忧劳可以兴国,逸豫可以忘身。"

"满招损,谦受益。"

"以前种种譬如昨日死,以后种种譬如今日生。"

在作品的语言中,反义词是一种表达对照的工具。例如:

"可是做工是昼夜无休息的:清早担水晚烧饭,上午跑街夜磨面,晴洗衣裳雨张伞,冬烧汽炉夏打扇。"——鲁迅《聪明人和傻子和奴才》

"帝国主义和我们,除了它的奴才之外,那一样利害不和我们正相反? 我们的瘫痪,是它们的宝贝,那么,它们的敌人,当然是我们的朋友了。"——鲁迅《我们不再受骗了》

"出不入兮往不返,平原忽兮路迢远。"——《楚辞·国殇》

"彼知安而忘危兮故出生而入死。"——潘岳《秋兴赋》

"人有悲、欢、离、合,月有阴、晴、圆、缺,此事古难全。"——苏轼《水调歌头》

这种基于对立事实的对立联想,由于反义词的表达而形成语言形式的均齐美是被语句的内容和语言的特点决定的。若抛开语句内容的实质专求形式的对偶,为了句形相互映衬故意寻找或制造对立,那就要流于"对仗"的追逐而深陷于形式主义的泥潭里了。

第三篇　几种特殊性的词汇

第十九章　方言词汇

第一节　现代汉语方言概况

壹　现代汉语方言的一般区划

我国历史悠久,人口众多,土地辽阔广大,方言分布的情况很复杂。过去虽然有人曾经着手作过某些地域的方言调查,而且也先后地发表了一些报告;但是数量是太少了,方法上也有一定毛病,还不够说明汉语方言在全国各地的分布情况。

随着推广普通话运动的展开,高等教育部、教育部和中国科学院语言研究所为了实现 1955 年 10 月全国文字改革会议和现代汉语规范问题学术会议的决议,和 1956 年 2 月国务院《关于推广普通话的指示》,协议合作,决定各地综合大学和高等师范学校以及其他有关部门组织人力,预定在 1956、1957 两年以内,把全国汉语方言调查完毕。在全面普查完毕之前,我们还不能精确地掌握汉语方言情况。

目前我们只能根据过去一些人的估计,约略地看一看轮廓。

大体说来:

全国语言可以分成三个大区域：

第一个区域包括广东、福建、台湾、江西、浙江五省的全部，湖南省的大部分，广西、安徽、江苏三省的一部分。

第二个区域是"官话"区，包括长城以南不属于第一区的各省，跟东北的大部分。换句话说，长江以北及四川、云南、贵州等省的汉民族，说的全是"官话"。

第三个区域包括内蒙、新疆、青海、西康、西藏以及西南各省的边地，说的是不同的民族语言跟"官话"。这一区的地域差不多占全国的一半，人口却不到全国的十分之一。

汉语方言可以分作九组：

第一区有六组：粤语、赣客家、闽南、闽北、吴语、湘语。其中：粤语、赣客家（江西大部分属于这一组）、闽南（台湾跟海南岛说的汉语属于这一组）这三组在语音系统上的特点是保留着-m,-p,-t,-k古辅音韵尾。闽北自成一组，但是有许多跟闽南相近的地方，因此有人把闽南话和闽北话合在一起叫闽语。吴语跟湘语在语音系统上的特点是保留着"並"b' "定"d' "群"g' "从"dz'等从古语留下来的浊辅音。这六组的声调特点除了有两个平声，一个或两个以上的上声外，多数还有两个去声和两个入声。

第二区有三组：北方"官话"、西南"官话"、下江"官话"。

汉语方言的主要区别在于语音系统的差异，至于词汇的差别还在其次，而语法的差异最少。

在这些方言之中，"官话"的共同特点是语音系统比较简单。声调有四个或五个。最常用的词汇，例如人称代词、指示词、疑问词跟语助词是共同的。因此，说各组"官话"的人，他们之间用不着太迁就对方，直接用各自的方言就可以随便交谈。就人数比起来，

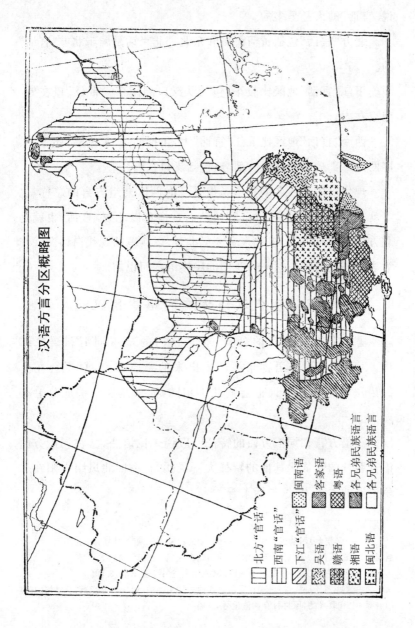

汉语方言分区概略图

北方"官话" 闽南语
西南"官话" 客家语
下江"官话" 粤语
吴语 各兄弟民族语言
赣语 各兄弟民族语言
湘语
闽北语 各兄弟民族语言

说"官话"的人是最多的。

北方"官话"包括黄河流域和东北。北京话是属于北方"官话"的。

下江"官话"地区比较小,包括从汉口到南京一带(汉口在外,南京在内)。

西南"官话"地区比下江"官话"大,包括四川、云南、贵州三省、广西的一部分和湖北的一部分(包括汉口在内)。[①]

现代汉语这一名词并不是概括现时两区九组方言的总称,也不就是三种"官话"或一种"官话",而是指着以北方"官话"也就是北方话为基础方言、以北京音为标准音、以典范的现代白话文著作为语法规范的普通话——我们的民族语言而说的。

贰 现代汉语方言的语言情况

方言是全民语言的分支,有它自己的基本词汇和语法结构。可是"从一个语言来源产生出来的亲属方言,总不会在全部语法构造和基本词汇上彼此不相同,而只是在某些成分上有差别。"[②]

汉语方言在词汇方面的特征一般说来比语法大,在词汇方面语音系统的特征比其他的特征大。试就"有一回北风跟太阳在那争论谁的本事大"这句话来看:[③]

[①] 罗常培《中国的语言学》。——《科学通报》,1953 年 4 月号,18 页。赵元任《国语入门》。——李荣译本《北京口语语法》,5～6 页。

[②] 阿瓦涅梭夫 方言。——《苏联大百科全书》选译本,3 页。

[③] 这些例子是从赵元任的《反切语八种》、刘文锦的《记咸阳方音》和罗常培的《厦门音系》中节取来的,原材料有调值记号,从略。

北京	咸阳	常州	苏州	广州	厦门
有 iou	有 iou	有 jɤɯ	有 jy	有 jɑu	有 u
一 i	一 ii	一 ie	一 iə	一 jɐt	一 tɕit
回 xuei	回 xuei	回 wæe	转 tʂθ	勾 wan	帮 paŋ
北 pei	北 pei	北 pə	北 pə	北 pak	北 pak
风 fʌŋ	风 fʌ̃	风 foŋ	风 foŋ	风 fuŋ	风 hɔːŋ
跟 kən	跟 kæ	瞎 xa	搭 ta	同 t'uŋ	及 kap
太 t'ai	太 t'æɛ	太 t'ɑ	太 t'ɒ	热 jit	日 lit
阳 iɑŋ	阳 iɑ̃	阳 jaŋ	阳 jã	头 t'au	头 t'au
在 tsai	在 tsæɛ	勒 lə	拉 la	喺 hɐi	两 n'ŋ
那儿 naɹ	一 i	头 d'ei	浪 lɒŋ	处 ɕy	个 e
争 tʂɤŋ	打 ta	争 tsaŋ	争 tʂã	争 tɕɐŋ	人 laŋ
论 luən	呢 ɲiŋ	爹 tia	论 lən	论 lœn	在 ti
谁 ʂei	争 tsʌ̃	人 ɲiŋ	啥 ʂɒ	边 pin	te
的 tə	谁 sei	格 kə	人 ɲɐŋ	个 kɔ	相 sio
本 pən	的 ti	本 pəŋ	葛 kə	慨 kɛ	争 tɕĩ
事 ʂʅ	本 pə	事 zʅ	本 pen	本 pun	看 k'ũã
大 ta	事 sʅ	大 d'ɤɯ	事 zʅ	事 ɕi	是 tɕi
	大 tɑ		大 d'ɤɯ	大 taːi	谁 tsʊi
					的 e
					本 pʊn
					事 su
					较 k'aʔ
					大 tʊɑ

不难看出，汉语方言不仅是"官话"、吴语、粤语、闽语几大系统

彼此各不相同,就是在同一大系统里,同是北方"官话",北京方言就和咸阳方言不同,同是吴语,常州方言就和苏州方言不同。

把它们彼此比较起来,可以看出:它们不光是在语法和词汇上有某些不同,就是那相同的部分在语音系统上也有很显著的差异。这一切差别综合起来,构成系统的方言特色。换句话说,方言词汇中固然有不同于其他方言的某些特殊的词,可是单是某些词的出入并不足以形成方言。——方言是有它整个的语言系统的。

因此,我们研究方言词汇时,不要认为方言只是些个别的单词的问题,要知道还有它的词汇系统和语法系统问题。

在词汇系统中最突出的差异,首先是词的语音形式所体现的音系差别。音系差别如果以北京音为标准音找到恰当的对应规律,使各个方言得到系统地调整,那么,现时所说的方言,在词汇中将有绝大多数的词即时成为民族语言词。因此,在推广普通话工作中,在词汇工作上,语音问题实在是一个最尖锐的问题。系统地学习北京语音,找出地方语音和它的对应规律,在加速和扩大推广普通话工作上是有它的重要意义的。

第二节 现代汉语方言词汇

壹 汉语方言词汇里的两类词群

汉语方言词汇有广狭两义:广义的方言词汇是指着一个方言区域所使用的词汇的全部来说的,狭义的则专指着词汇中地方性造词的部分而说的。

这两种方言词汇的界限是和方言词汇中同时存在着两类词群的现象分不开的。在汉语任一方言里,除去词所体现的方音色彩外,还可以看到一些方言同义词在结构上的本质异同。其中:有一大部分词在构词材料、方法和结构各方面是完全一样的。实际上,它们是全民语词的地方音变。有一小部分词在词素、方法和结构上截然不同,是同一概念在各方言地区的不同造词,没有全民性。

前一类方言词。例如:

风

北京说[fʌŋ]

咸阳说[fɑ̃]

常州说[foŋ]

广州说[fuŋ]

厦门说[hɔ:ŋ]

太阳

北京说[t'aiiɑŋ]

咸阳说[t'æɛiɑ̃]

苏州说[t'ɒjɑ̃]

争论

北京说[tʂʌŋluen]

苏州说[tsã̄lən]

广州说[tɕɑŋlœn]

这一类词实质上是全民语词的地方音变。从地方来说,也是全民语词的地方基础。若是通过北京语音的学习,各个方言区都已掌握了各个方音和北京音的对应规律,用标准音来改说这类词,它们就是民族语词。

这一类方言词比重一般是比较大的,是推广普通话的一个重要的不容忽视的基础。

后一类方言词就不这样。它们不是同一造词随着方音产生的地方音变,乃是同一概念使用不同词素不同方法和结构的地方造词。这类词,即或改用北京音说,也依然不改变它的方言性质,外方人一般是很少懂得的。例如:

回(有一回的"回")

苏州说"转"

广州说"匀"

厦门说"帮"

冰棍儿

四川说"冰棒"

上海说"棒冰"

广东说"雪条"

闽南说"霜条"

玉米

东北说"包米"

四川说"包谷"

上海说"珍珠米""六谷"

广东说"蜀米""包粟"

福州说"玉蜀黍"

闽南说"金豆"

闽北说"苞萝"

黄岩说"珍珠米"

山东说"棒子"

前一类词可以叫做全民语词的地方变体,后一类词可以说是纯粹的方言词汇。

广义的方言词汇是综合这两类词群而说的,狭义的方言词汇只是指后一种纯粹地区性的造词。

贰 汉语方言词汇的错杂情况

方言词汇的地方性并不是依照地方区域整齐划分的。在同一方言区内,同一概念可以有不同的方言词,同一方言也可以散见于几个不同的方言区域内。

认清这种情况,对汉语词汇规范工作是十分重要的。从方言词汇的比较和统计中,可以给甄选词汇的工作提出有力的参考。

这种错综复杂情况,可从两点来考查:

一 同一方言区方言词的错杂性

这类方言词的分布状况是参差错落的。一个方言词可以毗连地分布在许多相邻的地方,也可以隔越地分布在不相毗连的地区;而且同一地也可以同时并存几个方言同义词。

以湖北方言词作例:

湖北方言一般地分作四个地区:

据 1948 年出版的《湖北方言调查报告》,"小孩子"一词,除崇阳一处不明外,全省其他各地方言合起来可分成五类:使用区域最大的是"伢"系统,较大的是"娃"系统,比较小的是"孩"系统,区域最小的两个是"小儿"和ₑku⁶tsai-dʻe。

"伢"系统:

这一系统的词,不但说法有各种各样,就是语音也并不全同。

伢[ŋər]竹山² (一般只标"伢"音,声调从略。
地名上数字表示所属分区。),

伢儿[ŋər]蕲春²,

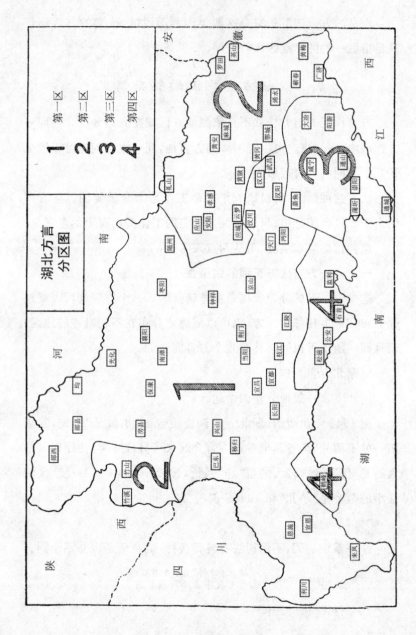

湖北方言分区图

小伢[a]天门[1]、长阳[1]、应城[2]、公安[4]，

　　[ŋa]汉川[1]、应山[2]、应城[2]、孝感[2]、黄陂[2]、黄梅[2]、监利[4]，

　　[ŋar]竹溪[2]，

　　[ŋě]麻城[2]，

　　[ia]武昌[1]、汉阳[1]，

伢子[ŋa•tsa]通山[3]，

伢儿子[ŋetsa]咸宁[3]，

小伢子[a]京山[1]、荆门[1]、当阳[1]、钟祥[1]，

　　　[ia]江陵[1]，

小 am•sɯ 沔阳[1]，

小伢儿[ŋar]安陆[2]、云梦[2]，

　　　[ŋər]来凤[1]，

　　　[ŋɚ]鹤峰[4]，

　　　[ŋə]礼山[2]，

　　　[aɯ]枝江[1]，

　　　[a•ɯ]松滋[4]，

　　　[ar]石首[4]，

小伢们[ia]汉口[1]，

小伢儿们[ar]宜昌[1]，

细伢[ŋa]黄冈[2]、鄂城[2]、嘉鱼[3]，

　　[ŋɔ]大冶[3]，

　　[ŋe]黄安[2]，

　　[ŋar]（男）广济[2]，

细伢子[ŋa]蒲圻[3]，

细 na 子　阳新[3]，

细伢儿[ŋar]英山[2]、浠水[2]，

   [ŋɔr]蕲春[2]，

   [ŋə]罗田[2]，

奶伢[a]天门[1]。

"娃"系统：

 娃子   竹山[2]、光化[1]，

 娃儿   均[1]，

 小娃   巴东[1]，

 小娃儿   恩施[1]、宣恩[1]、鹤峰[4]，

 小娃子   兴山[1]、秭归[1]、郧西[1]、郧[1]、均[1]、光化[1]、房[1]、

      保康[1]、襄阳[1]、(男)随[1](大)，

 儿娃子[nia·ts]南漳[1]，

 女娃子   南漳[1]，

 小 ɲia 子(女)襄阳[1]，

 奶娃子   兴山[1]。

"孩"系统：

 小孩子   枣阳[1]，

 小孩儿   浠水[2]，

 [xər]   利川[1]，

"小儿"：

 小儿   宜都[1]、秭归[1]，

[kutsai·d'e]：

 用它的只有通城一处。

此外，有几处方言还区别小孩子的年龄或性别，——

婴孩：黄冈说"毛毛"，随县说"毛台"；汉阳的"小毛头"报告上

虽然没有注出"婴"字也应该是属于这一系的。

女孩:广济说"细 tiar"。

从这一系词例可以看出:方言词汇也不是依着区域截然划分的。有些词是某一地区特有的,有些词是几个地区共有的。例如:湖北方言"伢"系、"娃"系、"孩"系是有一定地区的。可是浠水地方既说"伢"又说"孩",襄阳、竹山、鹤峰等地既说"娃"又说"伢",秭归地方既说"小儿"又说"娃"。

二　不同方言区方言词的共通性

在不同的方言词汇里,除一大部分属于全民语词地方变体外,其余一部分纯粹地方造词,也并不全是局限在哪一地区的。有些方言词,它虽然没有取得全民地位,但是错落地散见于几个方言区里,有一定范围的共同性质。譬如:

若把湖北方言和"官话"系统中其他方言比起来,可看出:

除"小孩儿"和"小儿"是全民语词的地方变体外,

　　"伢子"和湖南方言相同,

　　"娃子"和西北方言相近,

若是把它和另一方言系统比起来,例如吴语系统,把"小孩子"叫做:

五	苏州,
小五	丹阳、靖江,
小牙儿	杭州,
小瓦(音)儿	江阴,
小干	苏州、常熟、昆山、周浦,
小弯	宁波,
小团	宝山、周浦、上海、松江,

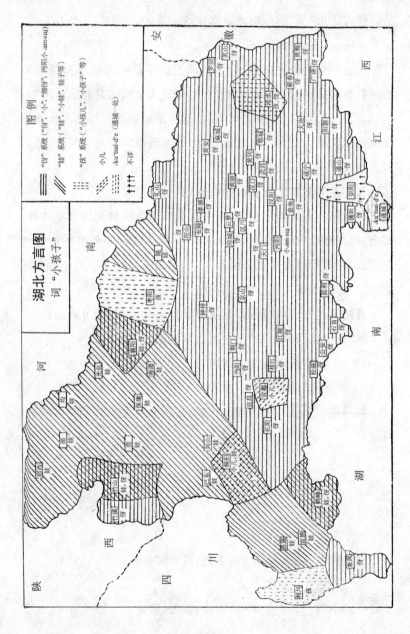

小囡	宁波，
小人	常熟、吴江、嘉兴、绍兴、诸暨、余姚、黄岩，
小佬	常州，
老小	无锡，
细碎儿	温州，
小把戏	金坛、吴江。

除"五""瓦""牙"可以和"伢"归到一个音变系统外，其余两系全不相通。好像各个不同方言在词汇上很少相通似的。

但也并不全然如此，在吴语词汇里也有某些全民性比较大的词，和湖北方言以及"官话"系统中其他方言相同。换句话说，全民族共通的民族语言词汇中的词，在各方言中常是比较广泛地存在着的。例如："妻"，关中方言，同官地方把年轻的叫"媳妇"，中年的叫"婆娘"，年老的叫"老婆"；陕北方言，洛川地方把年轻的叫"媳子"，中年的叫"老婆"，年老的叫"老太婆"，或通称作"婆娘"。两地丈夫对别人称自己的妻子说"我屋里的"。[1]　其中：

媳妇　　　老婆　　　屋里的

这些词不止在那些地方通行，就是东北地方也常使用。同样，在湖北方言和吴语里也都有。而湖北方言和吴语"女人"一词的用法，在东北方言也还存在。

下面是"媳妇儿"一词，在湖北方言里的情况以及它和吴语的比较。从这里可以看出各个方言词汇里异中有同的现象。

湖北方言地名上标志的数字是分区的记号：

---

[1]　黎锦熙(1950)《中国语法与词类》，北京师范大学出版社，28～29页。

方言词	湖 北 地 方	吴 语 地 方
女　　人	兴山[1]、利川[1]、南漳[1]、襄阳[1]、	松江，
妇　　人	宣恩[1]，	
姑　　娘	沔阳[1]、天门[1]、鄂城[2]、石首[4]、公安[4]、	
姑 娘 家	松滋[4]，	
媳　　妇	汉阳[1]、荆门[1]、当阳[1]、竹溪[2]、均[1]、襄阳[1]、黄安[2]、英山[2]、嘉鱼[3]，	
媳 妇 子	宜都[1]、蒲圻[3]，	
媳 妇 儿	郧[1]，	
娘　　子		昆山、宝山、周浦、上海，
娘　　则		常熟，
婆　　则		常州，
家　　婆		吴江、嘉兴，
家 主 婆		苏州、常熟、昆山、宝山、周浦，
家 子 婆		上海，
太　　娘		绍兴，
女　　佬		常州，
烧 火 佬	京山[1]，	
老　　婆	竹山[2]、大冶[3]、通山[3]，	宝山、周浦、杭州[2]、绍兴、宁波，
老 婆 儿	光化[2]，	
老　　妈		丹阳、诸暨、余姚，
老　　人		余姚、宁波、
老　　嫣（音烟）		黄岩，
老 银（音）		温州，
老　　安（冤同音）		温州，
阿　　妈		靖江、江阴，
妈　　妈	黄梅[2]，	
奶　　奶	钟祥[1]，	

（续表）

方言词	湖 北 地 方	吴 语 地 方
屋　　里	秭归[1]、竹山[2]、南漳[1]、嘉鱼[3]、阳新、鹤峰[4]，	
屋 里 人	汉川[1]、京山[1]、恩施[1]、郧西[1]、均[1]、光化[1]、房[1]、枣阳[1]、应山[2]、应城[1]、云梦[2]、礼山[2]、黄陂[2]、黄冈[2]，	无锡、常熟、宁波，
屋 里 的	江陵[1]、来凤[1]，	
屋 里 头	蕲春[2]，	
屋里头的	浠水[2]，	
屋　的	保康[1]，	
屋 的 人	竹溪[2]、安陆[2]、孝感[2]、黄安[2]、麻城[2]、广济[2]，	
内　　的	石首[4]，	
堂　　客	武昌[1]、汉口[1]、汉阳[1]、汉川[1]、沔阳[1]、京山[1]、荆门[1]、江陵[1]、枝江[1]、宜昌[1]、秭归[1]、巴东[1]、利川[1]、隋[1]、应山[2]、礼山[2]、黄陂[2]、黄安[2]、黄冈[2]、鄂城[2]、麻城[2]、罗田[2]、英山[2]、浠水[2]、黄梅[2]、广济[2]、大冶[3]、咸宁[3]、阳新[3]、通山[3]、通城[3]、监利[4]、鹤峰[4]，	
家　　小		苏州、宝山、周浦、上海、宁波，
某某的妈	长阳[1]、监利[4]。	

第三节　汉语方言词汇的历史地位和性质

语言的继续发展,如斯大林所说,是从氏族语言到部落语言,从部落语言到部族语言,从部族语言到民族语言的。[1]

---

① 斯大林(1953)《马克思主义与语言学问题》,人民出版社,9 页。

汉语发展现在已经进到民族语言阶段。

汉语方言的地位在这些阶段里都是一样的,从属于当时占着统治地位的语言——部落的、部族的或民族的语言。但是汉语方言的发展前途却是不一样的。在民族语言之前,方言是继续它的特点向前发展的,越来越巩固它的独立界限。在民族语言时代,它的特独性停止发展,逐渐减弱,最后要被民族语言消磨掉。

在民族语言之前,汉语发展是在整化之中进行分化的。

我国古代是有许多从氏族发展成的部落的。

到西周时代,这些部落已经先后合成一个部族,形成了共同的部族语言。试看周代的青铜器铭文,无论是姬姓的吴、卫、郑、晋,姜姬姓的齐、许、纪、吕,嬴姓的秦、徐、江、黄,任姓的薛,曹姓的邾,芈姓的楚,曼姓的邓,乃至于虞、夏、商三代的后裔——陈、杞、宋,所有这些统一于周室周围的诸国,都使用共同的,从我们现代说来是"古汉语"的文学语言。这是汉语整化的结果。

和这同时,先秦的记载告诉我们,还有不同的方言存在。

《孟子·滕文公篇》,记了这样一段对话——

孟轲向戴不胜说:"有楚大夫于此,欲其子之齐语也,则使齐人傅(＝教导)诸? 使楚人傅诸?"

戴不胜回答说:"使齐人傅之。"

孟轲说:"一齐人傅之,众楚人咻之,虽日挞而求其齐也不可得矣。引而置之庄岳(齐国的街市)之间数年,虽日挞而求其楚,亦不可得矣!"

《尹文子·大道》下篇,记了这样一个故事:

郑人谓玉未理者为"璞",周人谓鼠未腊者为"璞"。周人怀"璞"谓郑贾曰:"欲买璞乎?"郑贾曰:"欲之。"出其璞,视之,乃鼠也，因谢不取。

若不是在整化的同时又有长期的，反映旧部落关系的方言分裂，和由于社会政治、经济、文化各种关系所形成的各个部分的特殊的历史发展特点，产生了另一种分布地区的新方言，先秦时代是不会有这种现象的。

汉语方言的发展，从先秦直到现在一直是延续着的。

到民族语言已经形成的时代，汉语方言从古代继续下来而且向前发展着的特点将逐渐消减和停止，各个方言之间的明显的界线随之逐渐消失，方言本身成为一种残余的范畴和过去时代的遗物。

此后，汉语各方言地区的居民越来越多地转用民族语言。这并不意味各个方言可以一旦消失，而是各地方言从此不再是该地区的标准语言，它将逐渐地变成民族语言的地方表现形式——支派，进而消减自己的独特性，使它在民族语言中被磨掉，从而使方言退出历史舞台，完全让路给胜利前进的、作为高级的、经过文学加工的民族语言。

部族语过渡到民族语的基本条件，如格·谢尔久琴柯所说，苏联语言学家确定了以下四点：

1. 全民语对待方言的关系毅然改变；随着民族语的发展，方言失去了它们的稳固性，方言的分裂停止；

2. 标准语只有在人民口语的基础上发展；

3. 标准语在民族交际中、在民族生活中的作用大大地加强起来；

4. 语音、词汇和语法方面建立起来共同的和必须遵用的规范。①

---

① 格·谢尔久琴柯　汉语标准语规范化的重要性和一些原则。《现代汉语规范问题学术会议文件汇编》，29 页。

而今汉民族已经形成。汉民族语统一的语言基础——以北京音为标准音、以北方话为基础方言、以典范的现代白话文著作为语法规范的普通话①正在全国推广。汉语方言词汇中因音系差别而有歧异的词，应该即时地研究它和北京音的对应规律，及早地改正方音；因造词差别而形成的方言词应该及早换用全民皆知的词。

第四节　在作品中不要自然主义地 滥用方言土话

"人民的语汇是很丰富的，生动活泼的，表现实际生活的。"②我们必须遵照毛泽东同志的指示，"要向人民群众学习语言。"③

我们应该向人民群众学习哪些东西呢？

人民生活在祖国大家庭中，分别地生活在各个地区，常住在各地区的人民各有它自己的地方话，因而有人误解学习人民大众语言的意义，以为学习人民语言就是学习各个地区的方言，从而主张发展方言文学。过去有一个时期，曾经有人主张："我们既承认了文学应以人民大众为对象，那就必需制作为人民大众所了解的东西。中国的地方大，方言的种类多，例以广东而言，把客话潮州话除外，使用广州话的就有二千多万人，假使我们用广州话来写，能赢得二千多万的读者，这文学的影响还不够广大吗？用广州话写的作品，只要你是杰作，我们尽可以把它翻译成别种方言或国语，

---

① 1956 年 2 月 6 日，《国务院关于推广普通话的指示》。
② 毛泽东　反对党八股。——《毛泽东选集》，第 3 卷，858 页。
③ 同上。

你是无须乎忧愁不懂广州话的人读不到你的杰作的。"[1]这种主张现在早已改变。

很显然，假若实行这种主张，它的后果无疑是妨碍甚至是破坏了现代汉语的形成的。

作家语言的人民性，诚如苏联《文学报》所指示，"决不是摹仿什么农民语言可以达到的，也不是过度地堆砌方言、土语可以达到的；作家的语言达到人民性的条件是：明确、普遍为人理解、善于使用那无限丰富的并且不断在丰富着的全民语言所给予作家的一切资料。"[2]

文学语言，高尔基说："这种语言是从劳动大众口头上采取来的，但和它最初的来源，已经显然不同。因为它在作叙述的描写时，从口头话的元素中，舍弃了一切偶然的、一时的、不确实的、紊乱的、发音学上歪曲了的，因种种原因，和根本的"精神"——即和一般民族语言构造不一致的部分。"[3]

高尔基反对自然主义地滥用方言土语，但是他并不反对在必要的时候适当地使用方言。他认为："不消说，口头语在文学者描写人物的对话中，还依然保留着，但保留的量是很少的，只是为了使被描写的人物的特征更造型化浮雕化和使人物显得更生动灵活时才用着。"[4]

在写作时如何从方言词汇中选词来用？

① 《方言文学》，新民主出版社，1949 年第 1 辑，18 页。
② 《文学语言中的几个问题》。——《苏联"文学报"专论》。刘辽逸译。《文艺理论学习小译丛》，第二辑之八，27～28 页。
③ 高尔基　和青年们谈话，《文学论集》。——本文从周扬《马克思主义与文艺》，北京：解放社，第 63 页引来的。
④ 同上。

它的准则,应该像苏联作家和批评家根据斯大林同志的天才著作《马克思主义与语言学问题》来讨论文学语言问题时所作的初步总结中所指出来的:

"如果某一地方性的概念,在全民语言中没有确切的名称,或者这个概念用方言来表示,能够传达特殊的地方性的事物特征,而这些特征在作品中又是重要的时候,使用方言是合理的。但这样做的时候,务必使方言的意思显明出来。"①

第二十章　专业词汇和同行语词汇

第一节　专业词汇和同行语词汇的性质

专业词汇和同行语词汇是寄生在全民语言当中,只为社会上某一狭小的集团分子服务的。

壹　为什么会出现这两类词汇?

语言,正像斯大林所揭示,"是与人的生产行为直接联系,并不仅与生产行为,而且与人在其工作各方面的一切其他行为(从生产到基础、从基础到上层建筑)都有直接联系的。"②

因此,各行各业随着他们自己专业的特点,往往有它自己习用

---

① 《文学语言中的几个问题》,刘辽逸译,18 页。

② 斯大林(1953)《马克思主义与语言学问题》,人民出版社,7~8 页。

而行外人很少理解的专业词汇。封建社会的行帮制度以及某些秘密组织为了他们自己的集团利益,往往编造些影射的暗语,使局外人听不懂的同行语,以便得手,好进行他们瞒着人的活动。贵族、官绅、资产阶级上层分子为了维护他们的阶级利益,加强等级观念,明确上下身份,歪曲全民语言,编造一套专为应酬使用的虚伪卑污词句,形成一种臭气熏天的"阶级"习惯语。

这三种"语言"中,前一种是由专业性质决定的,"隔行如隔山",是由专业分工不期而然地形成的。后两种是由社会集团利益决定的,和全民语言对立的,一般说来是敌视人民,脱离人民,故意造作的。

"'阶级'习惯语,正确些说,应当叫做同行语。"①

因此,这三种"语言"按其性质来说,实际是两类:专业词汇和同行语词汇。

这两类三种"语言"的共同点是:既没有它自己的基本词汇,又没有它自己的语法构造。它们只是以"词"来区别于全民语言的。它们都不能成其为独立的语言。

贰　专业词汇和同行语词汇在性质上是跟方言不同的

这三种"语言"虽然也都是在全民语言的基础上生出来的,但是它们和全民的语言的支派——方言——是大不相同的。

就出现的时代来说,方言是自古就有的,而这三种语言则由于社会阶层分化而逐渐出现的;

---

① 斯大林(1953)《马克思主义与语言学问题》,人民出版社,43 页。

就使用的地域来说,语言是有地域性的,一个城镇或乡村只能通行一种方言,不可能在同一地域同时使用两种方言,而同一城镇或乡村却可能同时存在几种专业语和同行语;

就语言本质的特点来说,方言是有它自己的基本词汇和语法构造的,而专业语和同行语都没有自己的基本词汇和语法构造,它们这些必要的东西全是从全民语言中借来或加以改造的;

就语言发展的前途来看,方言在一定条件下是可以发展为独立语言的,而专业语和同行语一般是不可能发展为全民语言的。专业词汇只是民族语言中的专门术语部分,它可以和人民的专门事业一同存在下去;而同行语词汇,因为它只是全民语言的部分伪装或改造,是阶级社会的产物,终究要随着阶级的消亡退化下去,以至最终消掉。

叁 同行语只是全民语言的支派, 不成其为独立语言

为什么同行语不能成为独立语言终究要消掉呢?

"可否把这些习惯语和同行语认作语言呢?"斯大林明确地说:"绝对不能。其所以不能,第一是因为这些习惯语和同行语没有自己的文法构造和基本词汇,而要从民族语言中去借用。其所以不能,第二是因为习惯语和同行语只是在某一阶级上层分子的窄狭范围中通用,完全不适用于作为整个社会中人们交际的工具。在这些习惯语和同行语中有些什么呢?它们有的只是一些反映贵族或资产阶级上层分子特殊趣味的特别的词,一些抛去了民族语言中'粗野'用语和辞句的特别风雅客气用语和辞句以及一些外国词。但是一切基本的,即绝大多数的词和文法构造是从全民的民

族语言中拿来的。因此习惯语和同行语只是全民的民族语言的支派,不成其为独立的语言,并且是注定不能发展的。"[1]

第二节　专业词汇

专业词汇,也有叫职业词汇的,是指着从事某种专门职业或某种专门技术的人们在他们生产劳动中所用的具有专门性的词汇而说的。其中:有某一专门技术工人所用的词汇,有各种专门学术的脑力劳动者所用的词汇,有各种专门事务的词汇。

由于专业性质派生的专业词汇往往是超乎常用词汇范围的。除非对那一种专业有相当修养或在生活中有一定接触外,一般是不易了解的。——虽然一般专业人并没有故意隐晦其词成心使人不懂。

我们可以从几个具体事例来看这种词汇。

例一:

大赉的淡水渔业。[2]

我(吉林)省西北部沿嫩江流域的大赉、镇赉县境内,经营着著名的规模较大的淡水渔业。……由大赉渔场统一经营的月亮泡、哈尔戈、少力根等七处亮子,平均每年就捕获二百六十五万多斤鱼;供给长春、哈尔滨、沈阳、四平等各大城市和广大农村人民食用。

亮子渔业的特点是:成本低、省人力、好保管。它的生产

---

[1]　斯大林(1953)《马克思主义与语言学问题》,人民出版社,11 页。

[2]　《吉林日报》,1954 年 10 月 1 日。

过程也比较简单,就是:春修(修补堑堤、箔桩和箔帘等),夏闸(夏季鱼进泡子以后即用箔闸上水口),秋守(闸上箔以后,留心看守以防被水冲开),冬获(封冻以后即开始捕鱼)。每年这七处亮子才用一百三十七个人照管(包括管理干部在内)。

这七处亮子是土改时从地主手里没收过来的。当时破烂不堪,差不多每年闸上箔以后,都要被激流冲坏,圈在亮子里的鱼大部跑掉。自从国家接管以后,修补了拦水堵鱼的大堑,箔帘的杆子也换上了竹子,箔桩也换了高大而坚硬的松木。这样每年不仅保证能及时闸上箔口,而且也增强了箔口的坚固性。一九四八年,也是接管过来的头一年,这七处亮子就捕获了五百二十多万斤鱼。后来由于渔场丰收的影响,沿江捕鱼的民船逐渐增多,而且他们大小鱼一齐捕。因而这几处亮子的年产量,在一九五一年骤然降低到四十万斤的程度。国家针对这种情况,立即采取了有效措施,提出了繁殖保护政策,以防止捕净鱼源。亮子上的箔杆距离放大到七公分,网眼也放到七公分,许多渔民经过教育也适当地放大了网眼,这样就不致把小鱼全打上来。从此产量又逐渐上升起来。到一九五三年产量已提高到三百四十多万斤。

经过关于党在过渡时期总路线的教育,全体管理干部和渔工提高了社会主义觉悟,认识到了自己承担的事业和国家工业化的关系,因此今年突破了历年来只等冬季捕鱼的规律,渔场组织了拥有百余只船的船队进行了明水捕鱼。过去明水捕鱼主要问题是不好保管,不等运到销售的地方就坏了。为了解决这个问题,今年在渔场附近修了一所能容下十火车鱼的冰仓库(是东北七大冰仓库之一),同时运鱼的器具也改变了。过去是用柳条编的鱼囤子,很容易透风溃烂,现在是用木箱子里面装上冰块盛鱼,经过两天到三天的途程也坏不了。这样今年夏季就打出了五十四万多斤明水鱼。因而虽然在炎热的夏季里,沈阳、长春、哈尔滨等几个大城市的人们也能吃到这里的肥美鲜鱼。……

其中:

亮子

大堑　　　堑堤

箔　　　箔口　　　箔椿　　　箔帘　　　箔杆

明水　　　明水鱼

鱼囤子

这些词,若不是在那儿从事淡水渔业的人,除非和他们生活在一起,或经过学习,一般是不容易很好地了解的。

例二:

《红楼梦》第四十二回写惜春画图子时,

"宝钗道:……'如今且说拏什么画?'宝玉道:'家里有薛涛纸,又大,又托墨。'宝钗冷笑道:'我就说你不中用,那薛涛纸写字,画写意儿或是会山水的画南宗山水,最托墨,禁的皴搜。若拏来画这图,又不托色,又难烘染,画也不好,纸也可惜。……'"

"惜春道:'我何从有这些画器,不过写字的笔画画罢了。就是颜色,只有赭石、广花、藤黄、胭脂,再有不过是两枝着色的笔就完了。'"

…………

"宝玉早已预备下笔砚,原怕记不清白,要写了记着。听宝钗如此说,喜的提起笔来,静听宝钗说道:

'头号挑笔①	四枝	二号挑笔	四枝
三号挑笔	四枝	大染	四枝
中染	四枝	小染	四枝
大南蟹爪	十枝	须眉	十枝
大着色	二十枝	小着色	二十枝
开面	十枝	柳条	二十枝
箭头	四两	南赭	四两
石黄	四两	石青	四两
石绿	四两	管黄	四两
广花	八两	蛤粉	四匣
胭脂	十张	赤大飞金	二百张
鱼子金	二百张	青金	二百张
广匀胶	四两	净矾	二两
矾绢的胶	在外'"②		

其中:

薛涛纸

山水　　南宗　　写意

皴搜　　烘染　　托色　　托墨　　着色

赭石　　广花　　藤黄　　胭脂

净矾　　广匀胶　　大赤飞金

大染　　须眉　　开面　　大南蟹爪等等。

这些词,若不是从事中国画的艺术家或了解中国画画具和画

---

① 脂本、程本作"排笔"。

② 戚蓼生本。——有正书局大字本,卷5,42回,15~16页。

法的人,是一时不容易了解的。

例三:

祁英涛等在他们所写的两年来山西省新发现的古建筑[①]中,说到五台县广济寺的梁架构造横断面时,写道:

> 当心间　前槽左右两缝,各用一根巨大的四椽栿。前头搭在柱头铺作上,伸至檐外,斫做耍头,以承撩檐槫。后尾则搁在两金柱间的大内额上,榫头插入童柱内。后槽则与四椽栿相对,各用乳栿一根,一头搭在后檐的柱头铺作上,一头插入童柱。乳栿上用搭牵一根,一端插入童柱。一端与栌斗、襻间相交,以承下平槫。四椽栿之上,前置栌斗一个,与襻间相交,承托下平槫,后立蜀柱,柱头置栌斗令栱,以承平梁。栌斗与蜀柱之间搭牵前后拉扯,以资固济。平梁以上,当中用侏儒柱一根,立在驼峰上,柱头施栌斗、令栱,以承脊槫,柱的两侧各用叉手一根,构成一组近似现代的人字桁架。

在这一段报告里:

当心间	前槽	铺作	耍头
四椽栿	金柱	榫头	童柱
撩檐槫	后槽	乳栿	搭牵
大内额	栌斗	襻间	蜀柱
下平槫	令栱	平梁	驼峰
侏儒柱	脊槫	叉手	桁架

这些词比起前两种就更不易懂了。除专门研究中国古建筑的人外很少有人知道它们究竟概括着什么具体对象。

---

① 《文物参考资料》,1954年,第11期,45页。

　　这种词汇的脱离群众,主要是工作性质比较专门或非常专门,和人们日常生活距离较远或完全隔绝的缘故。它们在构词时是依一般构词规律和方法造成的。

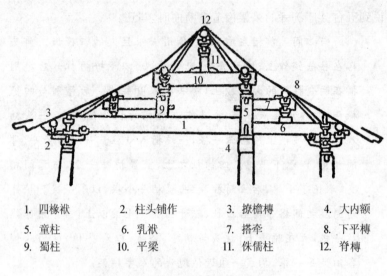

1. 四椽栿　　　2. 柱头铺作　　　3. 撩檐槫　　　4. 大内额
5. 童柱　　　　6. 乳栿　　　　　7. 搭牵　　　　8. 下平槫
9. 蜀柱　　　　10. 平梁　　　　　11. 侏儒柱　　　12. 脊槫

第三节　同行语词汇

　　斯大林指出:语言虽是在其一切发展阶段上都具有全民性,对社会各个阶级一视同仁。"但是人们、个别的社会集团、个别的阶级对于语言远不是漠不关心的。他们极力设法利用语言为自己的利益服务,把自己的特别的词汇、特别的术语、特别的用语,强加到语言中去。在这方面,那些脱离人民并且仇视人民的有产阶级上层,如贵族、资产阶级上层分子表现得特别厉害。他们创造'阶级的'习惯语、同行语、客厅'语言'。"①

---

　　① 斯大林(1953)《马克思主义与语言学问题》,人民出版社,10 页。

"'阶级'习惯语,正确些说,应当叫做同行语。"[①]

汉语和其他民族语言一样,是有同行语的。

壹　汉语的两种同行语

汉语的同行语词汇有两种:一种是阶级的,一种是行帮的。

前者是封建社会等级制度的产物,是帝王、官吏、地主、豪绅们为了巩固他们的政权,加强阶级统治,歪曲和编造出来的一些充满等级观念的词。不但他们自己在应酬周旋时依着等级身份酌量运用这些词,而且当他们和人民对话时,也常强迫着人民使用这些词。用这种词说成的话是"阶级"习惯话——同行话。

后者是封建社会行帮制度的产物。是某些狭小的闭关自守的职业集团,或某些秘密组织,为了他们集团利益,企图在交际中保持秘密而编造出来的一些词。使用这种词说成的话是秘密语——黑话。

这两种同行语词汇都是以全民的汉语词汇为基础依照汉语造词方法或修辞方法造成的。它们都是依全民的汉语语法来造句的。

这两种同行语词汇,在造词的方法上是不同的。"阶级"习惯语一般是直接构词的,词根是和词义直接相关的。"黑话"一般是间接构词的,词根是和词义没有直接关系的。

虽然如此,但是在为了脱离人民而故意造作这一点上,两者是相同的。

以下先说"阶级"习惯语,然后再说秘密语。

---

① 斯大林(1953)《马克思主义与语言学问题》,人民出版社,43 页。

一 "阶级"习惯语词汇

在清代有一种因袭下来而又有些发展了的封建社会的官绅应酬语言。这种语言并没有自己的语法构造,只有些特殊的词。像——

台甫	草字	高寿	虚度
令尊	家严	宝眷	寒舍
令正	贱内	年伯	世兄
令郎	小犬	大人	小的
栽培	恩典	大人	卑职

这些词和汉语的全民语言词汇比起来是极其渺小的。它们只能掺用在全民的词汇里才能使用;不过由于这种词汇的掺用,使那些语句变成卑污虚伪腐臭熏天了!

试看李宝嘉(1867～1906)《官场现形记》所写:

"庄大老爷道:'蒙大人体恤,卑职感激得很。抚恤乡下人,不过三两吊银子,卑职情愿报效。至于大人这里,卑职已经受恩深重,额外的赏赐断不敢领。既蒙大人栽培,卑职自己年纪已不小了,也不能做甚么事情。卑职有两个儿子,一个兄弟,一个女婿,将来大案里头,倘蒙大人赏个保举,叫他小孩子们日后有个进身,总是大人所赐。'说毕,请了一个安。"①

"那姓包的见面之后,立刻爬下行礼。贾大少爷虽然一旁还礼,却先爬起来。等到坐定,动问'台甫''履历'。姓包的自称:'贱号松明,敝省山东,济宁州人。卑职的胞兄,号松忠,是前科的举人,上年就在老中堂家坐馆。卑职原先也在京城坐馆。去年由五城获盗案内,保举了候选知县,往常听见家兄说

---

① 李宝嘉《官场现形记》,第15回。

起,大人不日就要高升,马上得实缺的。所以卑职就托了卑职的胞兄求了中堂,想来伺候大人,求大人的栽培。'"①

这种语言在措词上充满阶级观念,逢迎奉承,加上胁肩谄笑,使人觉得呕心肉麻。

实际上就是这些官绅们平时也并不这样说话。他们自己也感到这样说是可笑的。《红楼梦》写在贾元春被封为贤德妃之后,贾琏同林黛玉从扬州回来,到家和凤姐见面时:

"且说:贾琏自回家参见过众人回至房中,正值凤姐近日多事之时,无片刻闲暇之工。见贾琏远路归来,少不得拨冗接待。房内并无外人。便笑道:'国舅老爷大喜,国舅老爷一路风尘辛苦。小的听见昨日的头报马来,说今日大驾归府,略预备了一杯水酒掸尘,不知赐光谬领否?'

贾琏笑道:'岂敢,岂敢,多承,多承!'"②

从他们夫妇见面的调笑里,可以看出这种"阶级"习惯语,即便在统治阶级官绅家里,不但平时并不习惯,而且也觉得是很可笑的。

在汉语的"阶级"习惯语里还有一种"雅语"。

在我国封建社会有一些官僚地主跟御用文人,他们仇视人民,厌恶习见熟知的人民语言词汇,为了"免俗",故意矫揉造作地弄了一些就连他们统治阶级自己都有时觉到无聊的名字用来代替常用语词。例如:

《四库全书提要·集部》说:宋代沈义父作《乐府指迷》一书,其中主张:"说'桃'须用'红雨''刘郎'等字,说'柳'须用'章

---

① 李宝嘉《官场现形记》,第26回。
② 戚蓼生本,第16回,5页。

台''灞岸'等字,说'书'须用'银钩'等字,说'泪'须用'玉筋'等字。说'发'须用'绿云'等字,说'箪'须用'湘竹'等字。不可直说破。"《四库全书提要》的作者——清朝统治阶级的代言人批评他说:"其意欲避鄙俗,而不知其转成涂饰,亦非确论。"

更可笑的是,甚至有些封建统治阶级的士大夫,为了离开人民的"粗野""鄙俗",表示自己的"风雅""高贵",把当时人民习用药名都改得连一般医生和药铺都辨认不出来的名字。在唐朝,有一个侯宁极,他"出新意,立别名",写了一篇药谱。他把——

"胡椒"改作"木叔"

"巴豆"改作"草兵"

"雄黄"改作"夜金"

"鹿茸"改作"九女春"

"百合"改作"蒜脑薯"

"生姜"改作"百辣云"

"甘草"改作"偷蜜珊瑚"

"麻黄"改作"中黄节士"

"白芷"改作"三闾小王"

这事是无独有偶的。清朝田雯归家养病时,医生用习用的药名为他开药方。他嫌"俗",直到把常见药名改成"雅"名之后才服用。像:他把"枸杞"改作"天精","人参"改作"地精","木香"改作"东华童子"①等等。——这可以说已经"雅"到不要命的程度!

像这种脱离人民并且仇视人民的有产阶级上层分子所创造的

———————————

① 王士禛《香祖笔记》,卷九:"田纶霞(雯)少司徒为诗文好新异。康熙壬午,谢病归。浃岁卧疴。医立方以进,辄嫌其俗。易他名始服之。如以枸杞为天精、人参为地精、木香为东华童子之类。其癖好新奇如此。余闻诸其弟需——子益云。"

"雅语"并不是什么独立的语言,只是从全民语言的词汇里,拿出一部分材料重造"新"词自欺欺人地玩弄他的"玄虚"而已!

二　秘密语词汇

汉语的秘密语是形形色色种类很多的。大体可以归成两类。这两类都是以全民的词汇作基础说成的。前一类用掩饰方法使用词汇,在词的形式上涂抹一层迷色,用它来"打马虎眼",使不知道它们的规律的人一时摸不着头尾;后一类用替换方法,造成只有他们那一集团知道的同义词,来代替全民语言的词汇,把所用的词裹在一种新的外衣里,使不知道他们暗语的人无从猜想。

后一类,就词的内容和形式的关系来看,有造词性质,不过他们的暗语的制造一般是不出全民语言词汇的造词素材和方法的。

1. 用掩饰法造成的秘密语

用掩饰方法使用全民语词说成的秘密语,它的掩饰方法和形式是很多的。这里略举几个例子,看他如何打着"马虎眼",在偷偷摸摸地使用全民语言词汇,例如:[①]

有用歇后语说的,像苏州(跟别处)的"缩脚语"把"落雨"说成"吉力格满城风"。——"吉力格"="落""满城风"="雨"。

有用拆字说法的,像苏州有一种说数字法,把"一"说成"旦底","二"说成"挖工","三"说成"横川","四"说成"侧目","五"说成"缺丑"。

有用夹字法说的,像北京有一种把"红""黄""蓝""白""黑"五个音节依次循环地加在句子每一音节之后的秘密语,把"咱们不要跟他顽儿,"说成"咱红们黄不蓝要白跟黑他红顽儿黄。"

---

① 赵元任《反切语八种》——《史语集刊》,第 2 本,第 3 分本。

有用变音的方法说的。像广州跟东莞的"麻雀语",把句子所有音节的韵都改成一样。"我反去归咯"原来说 ŋɔ faːn hœy kwai lɔk,改说成 ŋa fa ha kwa la,韵一色换作[a]。

有用反切的方法说成的,像北京 man-tʻɑ 式反切语,把"他们俩争论一回",原来应该说 tʻɑ mən lia tʂʌŋ luən i xuei,改说成 tʻantʻɑ mən-tʻən liɛn tʻia tʂən-tʻʌŋ luən-tʻuən in-tʻi xuen-tʻuei。

很显然,这类秘密语是没有它自己的词汇的。

2. 用替换法造成的秘密语

用替换法造成的秘密语就是"黑话"。

"黑话"也叫"春点"。它是封建社会行会制度或秘密组织的产物。这种话并不是一种独立语言,它不但没有自己的语法结构,就是词汇也是在全民语言基础上建立起来的,是寄生在全民语言之中的。

"黑话",一般是极其隐秘的,使用它的人一般是"宁舍一锭金,不舍一句'春'"的。

例如:在全国解放之前。从封建社会因袭下来的民间艺人,像男女坤书、大鼓杂耍,凡是曾经投靠过"老合"师傅的都会说"老合"的"春点"——"合点"。他们——

把"姑娘"说成"玲珰",

把"妇人"说成"果什",

把"父亲"说成"戗儿",

把"眼睛"说成"招路儿",

把"袜子"说成"熏桶",

把"鞋"说成"踢土",

把"扇子"说成"叶子",

把"手表"说成"转枝子",

把"钱"说成"杵头"。[①]

就这些例词来看,除个别比较委曲,局外人一时想不到它的命名来路和造词方法外,绝大多数的词是可以想到它是怎么造的。

他们把"钱"叫"杵头",把"烟"叫"草",并依它所寄生的全民语言语法结构——

把"钱多"说成"杵头霍",

"钱少"说成"杵头念",

把"洋钱"说成"色糖杵",

"洋烟"说成"色糖草"。

由此可见,"黑话"并不是什么独立的语言,只是全民的语言词汇的隐喻或暗射。

贰　同行语因为它离开全民立场终久是要消失的

个别的同行语词有可以被吸收在民族语言词汇里的,例如:

挂花(或挂彩)　　洗手　　顽儿票

可是不能因此就认为同行语词是有发展的独立的语言。

同行语是专为维护或支持某一社会集团利益而损害另一些社会集团利益,离开全民立场,从全民语言中,以用词的特点支生出来的没有独立性的语言。

语言,"对社会是统一的东西。它要对社会所有组成员同样服务而不管这些组成员的阶级地位怎样。——斯大林说,——只要语言离开这个全民立场,只要语言站到偏爱和支持某一社会集团

---

① 李嘉瑞《北平风俗类征》,下册,437 页。引《民社北平指南》。

而损害另一些社会集团的立场上时,它就会丧失自己的本质,它就会终止其为人们在社会中交际的工具,它就会变成某一社会集团的同行语而退化下去,以至最终消失掉。"①

第二十一章　外来语词汇

第一节　外来语词汇是长期积累的

现代汉语词汇里的外来语词部分——外来语词汇并不是现代才有的,是长期积累而成的。这种积累是在漫长的历史途程上,在部落、部族、民族各阶段中,跟其他不使用汉语的部落、部族或民族文化相接触时,随着新事物的传入而造成的。

汉语词汇中外来语词,从先秦到现代,是不断增加的。

我们看:

先秦时代的外来语词。例如:

　　　剑　　轻剑　　　轻吕　　　径路

剑这种武器并不是我国原有的。《逸周书·克殷解》说周武王用"轻吕"砍殷纣王的尸体。这事在《史记·周本纪》上写着是用"轻剑"砍的。张守节说"轻吕、剑名。"郭沫若先生说实则"轻吕"就是匈奴的"径路"。《汉书·匈奴传》:"单于以'径路'刀、金留犁挠酒",应劭说"径路"是匈奴宝刀。外国学者说

---

①　斯大林(1953)《马克思主义与语言学问题》,人民出版社,5页。

它是起源于突厥语的 kilidji。根据这事足以证明剑这种武器是从西北来的。在中国周初时就早已传入了，只是使用得不盛。后来太伯、仲雍窜吴或者就把这种外来武器带到吴地。所以后代在考工记上提到"吴越之剑"得"吴越之金锡"。①

汉代的外来语，我们在前面讲同义词时所提到的"葡萄""槟榔"就是其中的一部分。这里再举两例：

　　狮子　　　　师子

《后汉书·班超传》："初月氏尝助汉击车师有功。是岁（公元88）贡奉珍宝，符拔师子，因求汉公主。超拒还其使，由是怨恨。"又《顺帝纪》："阳嘉二年（公元133）疏勒国献师子封牛。"李贤说：《东观记》曰："疏勒王盘遣使文时诣阙。献师子，似虎，正黄有髯耏，尾端茸毛大如斗。"《洛阳伽蓝记》说："狮子者，波斯国胡王所献也。"

从它的音节来说，可能是那时伊兰语 sarɣ 的对音。②

　　瑠璃　　　　璧流离

"瑠璃"最初写作"璧流离"。《汉书·地理志》："（黄支国）……入海市明珠璧流离，"《汉书·西域传》："罽宾国出璧流离。"扬雄《羽猎赋》："椎夜光之流离。"省称"流离"。字也写作"瑠璃"。《盐铁论·力耕》："璧玉珊瑚瑠璃。"《西京杂记》："昭阳殿其窗扉多是绿琉璃。"③

　　这个外来语是印度梵文俗语 veḷuriya 的对音。有写作

---

① 郭沫若《两周金文辞大系考释》，下编，又 155 页。
② 罗常培《语言与文化》，19～20 页。
③ 同上，23～24 页。

"吠瑠璃""吠琉璃耶"的。原义是青色宝,后来变成有色玻璃的通称。

魏晋以后的外来语,例如:

刹那

"刹那"是梵文 ksana 的对音。原义是一动念头的工夫,是很短的时间。《胜鬘宝窟》中末说:"外国称刹那,此云念也。"《探玄记》说:"刹那者,此云念顷。于一弹指顷有六十刹那。"

夜叉

现代汉语对一个行动勇猛而又卤莽的人有时说他"夜叉""夜拉夜叉地""夜夜叉叉"。

"夜叉"是梵语 Yaksa 的汉语对音。也有写作"药叉""夜乞叉"。原来有能啖鬼、捷疾鬼、勇健、轻捷、秘密等意义。

金刚

"金刚"是从梵语 vajra 翻译成的汉语词。晋、葛洪的《抱朴子》说:"扶南出'金刚',生水底石上,如钟乳状,体似紫石英,可以刻玉。虽铁椎击之,亦不能伤。"《三藏法数·五》:"金刚者,金中最刚,故云金刚。"

"金刚"的借词对音是"缚日罗"或"跋折罗",现在已经不用了。

究竟

"究竟"是从梵语 uttara 翻译成的汉语词。是事理的至极的意思,《三藏法数·六》:"究竟犹至极之义。"

烦恼

"烦恼"是从梵语 kleśa 翻译成的汉语词。《智度论·七》："烦恼者，能令心烦作恼故，名为烦恼。"《止观·八》："烦恼是昏烦之法，恼乱心神，又与心作烦，令心得恼。"

《梵语杂名》："烦恼，吉隶舍。""吉隶舍"是梵语 kleśa 的对音。

汉语词汇里的外来语词虽是长期积累，可并不是各时期平均增加的。

从历史上看，增加得最多的时期是从汉魏以迄隋唐的佛经翻译时代。在这个期间里，由于西域僧人相继东来，中国僧人西行求法，和当时封建统治阶级的有意识提倡，佛经的华梵对译工作不但盛极一时，而且影响了我国的语言文化，使汉语词汇增加了很多从梵语汲取来的新词。其中有些词，到现在除非特别着意研究几乎觉察不到它是外来语了。

其次是现代。在"五四"以前，在中国资产阶级的新文化跟封建社会的旧文化斗争中曾经吸收了不少外来语词。"五四"以后，在中国共产党领导下，中国产生了完全崭新的文化生力军，以新的装束和新的武器，联合一切可能的同盟军，向帝国主义文化与封建文化展开了英勇的斗争。"这个文化新军的锋芒所向，从思想到形式（文字等），无不起了极大的革命。其声势之浩大，威力之猛烈，简直是所向无敌的。其动员之广大，超过中国任何历史时代。"[①]在这个伟大的时代里，向东西方几个国家学习，从不同的民族语言里汲取大量新词丰富了汉语词汇。

---

① 毛泽东《新民主主义论》。——《毛泽东选集》，第2卷，669页。

第二节　外来语词的种类和性质

外来语词是语言中的一种借用。

在现代汉语词汇里,有不少词是从别的民族语言借来的。这些借来的词,积成了民族语言词汇中的外来语词汇。

外来语词有两种:

在外来语词汇里,有些词是直接从别的民族语言借来的,基本上照样使用,这是借词;有些词是经过汉语的翻译,用汉语的造词材料和方法,把它改造成我们民族语言——汉语的新词,这样的是译词。

汉语外来词汇是服从汉语内部规律的。

一个民族语言词汇里的外来语词,绝少完全保存它的原形的。换句话说,汉语词汇里的外来语词,一般说来,都必须是穿了汉语服装,"汉语化"之后,才被接进来的。这表现在词的形式上:语音系统是汉语的,书写形式也是汉语的,例如:

　　　хлеб　　　　汉语借来说"黑列巴"

在语音系统和音节数目上,都是不同于俄语语音的;在书写形式上也更不同于俄文。这完全是汉语形式的。

个别外来语词,不但在形式上完全汉语化,而且还涂抹了汉民族的文化色彩,例如:

　　　трактор　　　汉语借来说"拖拉机"

　　　Нцхley　　　汉语借来说"赫胥黎"

这就不仅是语音形式和书写形式是汉语的,而且在形式上还渗透了汉民族语言和文化:"拖拉""机"原来都是汉语词,在造词上和一般汉语词一样,是用汉语造词材料和造词方法造成的。汉语的情调很浓厚。至于"赫胥黎",不止在造词上反映着浓厚的汉语色彩,而且在词的构造上还反映着汉民族传说,是用"赫胥氏的黎民"①的意思构成的。

外来语词在以适合汉语特点的形式被收入汉语词汇之后,可以和其他汉语词一样,有的可以成为基本词,成为造词基础;可以按着汉语内部规律向前发展。关于这一点,我们在讲基本词汇时再说。

第三节　借　词

壹　借词和它的种类

凡是不把外来语词按照我们民族语言的造词素材和方法,就原词的词义造成汉语新词,而按汉语习惯直接采用外来语原词语音或书写形式,基本上照样搬用的词都属借词。

汉语词汇中有两种借词:一种是从语音形式借取的,一种是从书写形式借取的。后者一般是从日本语借来的,前者是从日本语以外的其他民族语言借来的。这两种借词有一个共通点,就是:在音节上都是汉语化了的。日语借词是用现代汉语语音直读汉字,其他外语借词是用现代汉语语音来对音的。

一　借取全词的

---

①　赫胥氏是庄子所提到的原始社会十二氏之一。他在《胠箧篇》里说:"昔者容成氏、大庭氏、伯皇氏、中央氏、栗陆氏、骊畜氏、轩辕氏、赫胥氏、尊卢氏、祝融氏、伏羲氏、神农氏、当是时也,民结绳而用之,"他又在《马蹄篇》里说:"夫赫胥氏之时,民居不知所为,行不知所之,含哺而熙,鼓腹而游,民能以此矣。"

从语音形式借取——借取原词的借词，一般是原词照说的，基本上保存原词语音形式和内容的统一。因为这种借词是用汉语音节来学说原词，有把它叫做"音译"的。"音译"的名字并不十分妥当，因为这种借词是用汉字的音节来对照记音的，基本上是原词的音节(有省略或增加个别音节的)；换句话说，是汉语语音化了的外国语词。并没有把它翻转成和它相当的汉语词，本身并没有翻译的性质，不能叫做"译"。汉字在这种借词里是当做记音符号来用的。例如：

吨	ton
磅	pound
卢布	рубль
扑克	poker
苏维埃	совет
托拉斯	trust
法西斯蒂	fascisti
孟什维克	меньшевик
布尔什维克	большевик
烟士披利纯	inspiration
斯维尔德洛夫	Свердлов
普罗列达里亚	пролетариат

在这种借词里，有些词为了便于理解，在对音的音节外，附注物类或性质。例如：

卡车	car	"车"是添注的
沙皇	царь	"皇"是添注的
芭蕾舞	ballet	"舞"是添注的

坦克车・	tank	"车"是添注的
康拜因机・	комбайн	"机"是添注的
金鸡纳霜・	quinine	"霜"是添注的
克里姆林宫・	Кремль	"宫"是添注的
哀的美敦书・	ultimatum	"书"是添注的

其中有些词是可以省略附注部分的,像"坦克车"可以照原词对音说"坦克"。可是也有些词是不可省略附注部分的,像"克里姆林宫"如果省略附注部分只说"克里姆林",词义就不够明确了。

从语音借取的借词,有音义双关的,它所用的记音汉字除对音以外,各字联缀起来意义也有些相似(并非完全相同)。例如:

引擎	engine
引得	index
俱乐部	club
维他命	vitamine
乌托邦	Utopia

二　借取书写形式的

1. 借词中的日语部分——借词的特殊现象

借词的正常规律是原词照搬,用汉语语音特点来使用外国语词。借词时,全词借用,词的语音形式是主要的。

但是,在汉语词汇里的日语借词部分,却出现了一种不从语音形式借取,只取书写符号的特殊现象。

这一现象是汉语词书写形式的表意作用适应于同一词或词素的各种音变,和中日两国长期文化交流的结果。隋唐时代,随着中国文化大量流入日本,日本语几乎整个地借用了汉语词汇和它的书写符号——汉字。这就使后来日语造词在词素、方法和结构上往往是符合汉语造词规律的。也就是用汉语造词素材和方法进行造词,适合于中国习惯的。汉字表意特点对于同词音变的适应性,使这种日本语词给中国人准备了以现代汉语处理它的语言条件。清代末叶,我国从日本大量地借入新的名词术语,因为有以上几种原因,发生日语汉读,从而造成了从书写形式借入的特殊借词。

这种借词只是直接借取它的汉字形式,用现代汉语语音来代替日语音节。例如:

手续	日本语说	てつづき
	汉语借来说[ʂouɕy]	
取缔	日本语说	とりしまり
	汉语借来说[tɕʻyti]	
引渡	日本语说	ひきわたす
	汉语借来说[intu]	
仲裁	日本语说	チュウサイ
	汉语借来说[tʂuŋtsʻai]	
座谈	日本语说	ザダン
	汉语借来说[tsuotʻan]	
伦理学	日本语说	リンリガク
	汉语借来说[lunliɕye]	
俱乐部	日本语说	クラブ(借词)
	汉语借来说[tɕyləpu]	

这种借词有一种特别现象:中国人一般能知"东京"是日本首都,可是很少能知道[tokyo]是什么。

2. 认定日语借词首先要辨明它是不是汉语贷词

汉语,在它悠久的历史路程中,先后地累积了许许多多的外来语词。了解这一问题的同时,我们要注意到汉语并不是贫乏的,并不是只仰仗别的民族语言来丰富自己的,而是也常用自己的词去丰富别的民族语言词汇的。换句话说,汉语也是先后地被别的民族语言借去不少词的(这种借出可不等于自己减少)。被借去的汉语词是汉语贷词。

被借出的词,加入别的民族语言词汇,必然要受那一语言内部规律的制约,因而,正像汉语从别的民族语言借词一样,一般说来,在形式上必定有些改变。被借用的汉语词,并不都是同时同地的,在汉语史上的位置是不全相同的。被借用的词,因为汉语具体的发展情况,有的已经在中途被废置了。因此,这种词由于历史的限制,有的"久假不归",甚至一时不易辨认了。

譬如:英语的 typhoon[taifuːn](特指中国海的台风),有人说是借希腊语的,有人说是借阿拉伯语的,有人说是借广东话的,有人说是借台湾话的。[①] 到底它是不是从汉语借去的,一时都不大敢肯定。按广东话"大"说[taːi],"风"说[fuŋ],"大风"跟[taifuŋ]声音很近,可能是从汉语广东话借去的。[②]

汉语被借到日本语里的词,也有这种情形。有些词冷不丁一看好像从日本语借来的,实际它却是我们自己的汉语词。例如:

拔河

拉大绳的游戏,唐代叫做"拔河"。《封氏闻见记》说:"拔河古谓之牵钩,襄汉风俗,常以正月望日为之。相传楚将伐吴,以此教战。古用篾缆,今民则用大麻纽(=绳),长四五十丈,两头分系小索数百条,分二朋(意=帮),两相齐挽,当大纽之中,立大旗为界,震鼓叫噪,使相牵引,以却(意=退)者为胜,就(意=到界)者为输,名曰拔河。"日本的"拔河"是从中国传去的。我们现在把"拉大绳"叫"拔河"并不是借用日本语,而是使用我们自己的词。

道具

日本语把工具和作业的必需器物叫做"道具"(ドゥグ)。现在我们有把剧场所用的"行头",如:布景、化妆品等等演剧必需的器物,叫做"道具"的。一般觉得这是从日本剧场借来的词,实际上,是我们自己的词。"道具"原是我国佛教术语。《释氏要览》中说:"道具"《中阿含经》云:"所蓄之物可资身进道者,即是增长善法之具。"《菩萨戒经》云:"资生顺道之具。"天台别传说:"衣钵、道具,分为两分。"可见把"道具"当做工作必需的工具和什物来用,是从资助学道的意思引申扩大出来的。

石炭

现代汉语的"煤",日本语叫做"石炭"。

"石炭"是日本语从汉语借去的。《豫章记》说:"(建城)县有葛乡,有石炭二顷,可燃以爨。"①郦道元《水经注》:"(火山)山有石炭,火之,热同樵炭也。"②

现代"煤"已取得了全民性,"石炭"就不如它通行了。

---

① 刘昭《补后汉书郡国志》,"豫章郡",注引。
② 《水经注·漯水》。

被日本语借用的汉语词,并不是找回来都可以作为现代汉语词的。例如:

挨拶

这个词汉语原意是人众拥挤的意思。葛长庚文"其时士庶挨拶",就用的是这个意思。

日本语把这个借去表示人相见时所说的"相见之辞"或寒暄、客套。假如有人从日本语把它找回来使用,一定会给人一种"协和语"的感觉。这种词是不应使用的。

贰 借词在汉语中的简化

无论哪一种民族语言,在它的词汇里的借词,都是受它的民族语言内部规律支配,变成民族语言词汇的一个部分的。因此,所有的借词,在形式上一定要或多或少地披上借入一方的民族语言色彩:这在语音上或书写上都可以看得出来。

汉语词汇里的借词,除涂上汉语色彩之外,在使用上也常汉化。借词简化,便是其中的一种现象。例如:

塔

梵语 stupa 的汉语对音,过去曾经有许多形式:

牵都婆	窣堵波	窣睹波	素睹波
薮偷婆	薮斗婆	数斗波	
苏偷婆	私鍮簸		
偷婆	鍮婆	兜婆	塔婆
			塔

"塔"隋唐时说[t'ap],是"塔婆"[* t'appua]的节缩,省略一个音节。现在的[t'a]则是[t'ap]省去音尾辅音。

米

公尺 metre，过去有用"迈当"或"米突"对音的。"迈当"没有行得通，现在，"米突"已经取得全民地位。

"米突"现在一般简略作"米"。例如：百米、一千五百米。

第四节　译　词

壹　译词跟它和借词的区别

把一种民族语言翻成另一种民族语言的工作叫做"译"。

汉语词汇里有许多词是从外国语译过来的。这种词和借词不同：借词基本上是保存外国语词原有的语音形式的；译词就不这样，它已经抛弃了外语词的原有语音形式，用我们自己的造词材料和方法跟外国语词所概括的内容另构成一个纯汉语的内容和形式的统一关系。换句话说：借词是把别种语言的词直接地基本上照样搬来使用的；译词只是汲取外来的新概念，用我们自己的造词材料和方法，重新创造的新词。前者是借用别人的，后者是我们自己创造的。

贰　译词的种类和性质

译词有三种：全译的、半译的和附注的。

按照造词的性质来说，全译的和附注的译词都不算外来语词，因为除了词所概括的概念是外来的之外，词的语音形式和书写形式全是汉语自己的——是用汉语自己的造词材料和造词方法创造成的地道的汉语词。一定要强调它的来源，顶多也只能说它是受外来影响的汉语自造新词。至于半译的词，在音节上还残存着外语原词的一部分形迹,可以说是外来语词。

全译词和半译词各有两种:以词译词和以词组构成复合词译词的。附注译词一般是以词译词的。

一　全 译 词

干部	кадры
辩证法	dialectic
集体农庄	колхоз
不可战胜的	непобедимый
无政府主义者	анархист
帝国主义以前的	доимпериалистический
资本主义私有制的	частнокапиталистический

二　半 译 词

半译的译词是把外语原词用一半对音一半翻译的办法翻译出来的。像:

卡片	card	("片"不是附注。)
珂罗版	collotype	
列宁主义	ленинизм	
爱克斯光线	X-ray	
米丘林的信徒	мичуринец	
斯达哈诺夫工作者	стахановец	

这些都是前音后义的。在这以外,也有前意后音或前后都是意译只有中间是音译的。例如:

冰淇淋	icecream
反法西斯的	антифашистский
新康德学派	Neo-Kantists

前拉斐尔主义　　　　　pre-raphaelism

三　附注译词

这种译词,一般说来附注部分是极其必要的。假如照原词直译往往不大明了。例如:电影用语的"录音"一词,是从 recording 翻译来的汉语新词。按 recording 本词并没有"音"的意义。假如照原词直译作"记录",便不能概括所要的概念。添注上一个"音"字,用"录""音"两个材料来造词,就不会含混了。

附注部分有放在前面的。例如:

銀幕　　　　　　　　screen
明星　　　　　　　　star
制海权　　　　　　　sea-power
捕鲸船　　　　　　　whale-boat

附注部分也有放在后面的。例如:

地球　　　　　　　　earth
真理报　　　　　　　правда
潜水艇　　　　　　　submarine
抒情诗　　　　　　　lyric

第五节　外来语词的统一和使用

壹　外来语词的混乱现象必须澄清

汉语词汇里比较早的外来语词,例如汉唐时期所吸收的,在汉语发展的历史途程上,一般地都在使用中经过选择,基本上已经统一了。"蒲萄""蒲桃"的书写形式已经被排斥在全民语言之外了,"葡萄"成了全民语言的一个词。除非倒行逆施的人,谁还能把大家都熟悉的"玻璃"偏偏写作"颇黎""颇梨""颇胝迦""塞颇胝迦"①呢？

　　比较古的外来语词，现时说来，一般还没什么混乱现象。近代新吸收的外来语词，有些词是经过较长时期的选择，基本上确定下来；也有些还没完全确定。这样，在我们阅读或谈话中，常常遇到一些使人迷惑的词。试看：

虞哥	雨果	嚣俄		
郭里奇	戈理基	高尔基		
探照灯	探海灯	照空灯		
螺旋桨	推进机			
水门汀	士敏士	塞门德	洋灰	水泥

　　像以上这几组词，每组里的各个词，是同一外来语词呢？还是一些各不相关的？

　　这类词的混乱，现时正在不同程度上逐渐得到澄清。

Hugo	现在一般写作"雨果"
Горький	现在一般写作"高尔基"
search light	现在一般写作"探照灯"
propeller	现在一般写作"推进机"
cement	现在一般写作"水泥"

可是没有很好地澄清下来的新外来语词也还不少。

例如：литературный язык

---

　　① 唐、玄应《一切经音义》卷2："颇梨、力私切、又作黎、力奚切。西国宝名也。梵言塞颇胝迦，又言颇胝。此云水玉，或云白珠。"同书二十四："颇胝尸，陛尸切，亦言婆波致迦，西国宝名也。旧云颇黎者，讹略也。"——梵语 Sphatika。《正字通》："玻瓈或作颇黎。因颇黎国所出，故名。"

这个词有翻译作"文学语言"的,有翻译作"标准语"的。翻作"标准语"的人认为翻作"文学语言"不大妥当。甚至有人认为:如果把这种规范化了的语言叫做"文学语言",那么我们在讲读文学作品时所提到的"文学语言"就全错了吗?可见这个外来语词译名的不统一,在工作上是容易发生混乱的。

由此看来,统一外来语词工作是非常必要的。

这种工作是必要的。但是这种工作只有在中国人民解放战争取得全国胜利之后才有可能。

在国民党反动统治时期,不但学术界经常受到摧残,就是学术界本身也缺乏团结和统一。这种工作在那个时代是很难有系统进行的,也很难得到什么显著成效的。

在中华人民共和国成立之后,全国人民在工人阶级及其先锋队中国共产党的正确领导下,得到空前的团结和统一。国家各项建设工作都有了明确的政策和方针,有计划地展开了伟大的国家改造工程。

外来语词——主要是学术名词的统一工作,在这种情况下,被提到中国学术机关和学术工作者的面前。学术工作是整个国家改造工作的一环,而学术名词的统一又是学术工作中的一环。因此,前政务院文化教育委员会成立不久,就决定在它的委员会下设立一个学术名词统一工作委员会。又在这个会下分设了自然科学、社会科学、医药卫生、艺术科学和时事名词五个大组;每组之下,又按照学术范围分设若干小组和分组,聘请了各方面的专家做工作委员,分头负责,协助进行。[1]

---

① 参考郭沫若:学术名词统一工作委员会各科名词序。

外来语词是相当多的,而且有些实际问题还需要深入研究,不可能一下子就完全统一。必须有计划,有步骤的,按它的性质,分别地作专门研究,广泛地向各方面征求意见,才可以实现。

现在学术名词统一工作委员会各组正做着这种工作。而且已经有了不少成绩。他们做出来的各科学术名词草案已经出版和将要出版的统一名词的书,据不完全的材料,初步了解的有——

达尔文主义与米丘林遗传学名词	动物组织学名词
胚胎学名词	脊椎动物解剖学名词
昆虫学名词	细胞学名词
植物解剖学名词	植物生态学名词
植物生理学名词	植物病理学名词
种子植物学名词	种子植物形态学名词
孢子植物形态学名词	林业名词
地质学名词	岩石学名词
矿物学名词	土壤学名词
自然地理名词——地形之部	冶金学名词
天文学名词	物理学名词
测量学名词	气象学名词
病理学名词	心理学名词
治疗学名词	生理学名词
化学物质命名原则	化学化工术语
结构工程名词	铁道与公路工程名词
等等	

这个工作,对我们祖国的经济建设和文化建设来说,是有其重要意义的。

在外来语词还没有经过有关学术机关研究,取得完全统一之前,我们在选用时务必尽力照顾它在全民语言中的精确性和可理解程度。在教书时遇到外来语词,千万不要"望文生训",用自己的猜想来讲解。为了免去发生把"幽默"(humour,有翻译作"有情滑稽"的)解释成"幽静""沉默"的事情,必要时,还是查对一下才好。

贰　不要滥用外来语词

随着新事物的出现和新生活的需要,借用一些外来语词,用它来丰富我们的语言是十分必要的。但是千万不可随便吸收,任意滥用。

在全国人民获得解放之前,一些买办资产阶级文化人,总觉得他自己的语言不如他的主子,说话写文章,常是夹杂一些不必要的外语。譬如明明可以说感谢××的鼓舞和帮助,他却偏偏要说:

"感谢××先生以及其他的朋友所给我的'瘾士皮灵'(inspiring)。"

明明可以说"一点意思也没有"他偏要说 nonsense。

为了民族语言的纯洁和健康,列宁是极力反对无故地应用外来语的。他就俄语来说:

"我们抛弃了俄语。无故使用外来语,用也用得不正确。当可以用 недочеты,недостатки 或 пробелы 等俄文来表示缺陷、缺点、短处等涵意时,凭什么要用上外来语的[дефикты]('缺点')呢?……

我认为,假如无故应用外来语使我感到痛恨(因为这妨碍我们对群众的影响),那么,有一些在报章上的错误更将使我受不了。譬如说,人们用 будировать 这个字表示激励、煽动、鼓舞等意思。但法国字 bouder 表示的却是愠怒、气恼……仿做法国式的下诺弗哥罗德(苏联诺弗哥罗德州之首府,位于列宁格勒东南六十一公里。——译者注)的用语,也就是在仿效俄国地主阶层的最可恶的代表人,这些家伙学了法语,但,第一,他们未能搞通法语,第二,他们是曲解了俄国语言。

难道还没有到向曲解俄罗斯语言宣战的时候吗?"①

我们坚决反对无故地应用外来语,这不等于完全排斥外来语。我们只是反对硬搬或滥用。毛泽东同志教导我们说:"要从外国语言中吸收我们所需要的成分。我们不是硬搬或滥用外国语言,是要吸收外国语言中的好东西,于我们适用的东西。因为中国原有语汇不够用,现在我们的语汇中就有很多是从外国吸收来的。例如今天开的干部大会,这'干部'两个字,就是从外国学来的。我们还要多多吸收外国的新鲜东西,不但要吸收他们的进步道理,而且要吸收他们的新鲜用语。"②

---

① 列宁《论清洗俄国语言》。——本节是从叶菲莫夫的《论宣传员的语言》高译本第28~29页转引来的。

② 毛泽东　反对党八股。——《毛泽东选集》第3卷,858~859页。

第四篇　基本词汇

第二十二章　现代汉语基本词汇的性质

第一节　语言词汇中的主要东西是基本词汇

壹　问题的提出及其意义

从语言的词汇里明确出来主要的东西,确定基本词汇的地位,这一思想是约·维·斯大林在他的天才著作——《马克思主义与语言学问题》中第一次明确地提出来的。

斯大林说:"大家知道,语言中所有的词构成为所谓语言的词汇。语言的词汇中的主要东西就是基本词汇,其中包括所有的根词,成为基本词汇的核心。基本词汇是比语言的词汇窄小得多的,可是它的生命却长久得多,它在千百年的长时期中生存着并给语言构成新词的基础。"①

基本词汇"它在千百年的长时期中生存着并给语言构成新词

---

① 斯大林(1953)《马克思主义与语言学问题》,人民出版社,21页。

的基础"这一些性能,是语言词汇生命力的保证,是语言词汇滋生繁衍的母体。因此,这些主要东西在词汇中,是起决定作用的语言因素。

不难设想,没有基本词汇是不会有语言的词汇的。所以斯大林说:假若"把千百年积累起来的基本词汇消灭掉了,又不可能在很短期间内创造新的基本词汇,那就会使语言瘫痪,使人们完全丧失相互交际的可能。"[①]因此,被斯大林提出来的语言的基本词汇的思想遂成为世界上进步的语言学者探索各个民族语言的南针。

"语言的文法构造和基本词汇是语言的基础,是语言特点的本质。"[②]基本词汇和语法,在民族语言的研究上是有它极其重要的意义的。从词汇来看,特别是对语言教育来说,正如拉赫曼诺夫所说:"在词汇领域中的教育工作,应该在于研究基本词汇。根据这些基本词汇,才有可能研究出语言发展的内在规律。"[③]

贰 什么样的一些词才是词汇中的主要东西?

斯大林虽然指出了"语言的词汇中的主要东西就是基本词汇",但是他并没有,也不可能在那一篇概论性的作品中明确指出来各个民族语言基本词汇到底是些什么样的东西。

基本词汇的性质在各民族语言里是共通的,因而是一个普通语言学问题;各个民族语言又各有它自己的内部规律,同时也是一个民族语言问题。这些共通性质体现在各个民族语言中,是依照各自语言内部规律而有所不同的。例如:经营商业,这种事情在人

---

① 斯大林(1953)《马克思主义与语言学问题》,人民出版社,23 页。

② 同上,24 页。

③ 《苏联语文教学的新方向》,1952 年,五十年代版,19 页。

类历史上已是一个比较长期稳定的客观现实。可是反映在各个民族语言里并不一样：俄语说［торговать］，是一个基本词；汉语说"做生意"或"做买卖"，不但不是一个基本词，而且也并不是一个词，乃是一个词组。

各民族语言基本词的差异丝毫不影响基本词的共通性质。基本词的共通性只有深入地了解各民族语言特点才能更好地认识出来。

因此，无论是普通语言学和民族语言研究，基本词汇的推寻探索都是一个刻不容缓的关键性问题。搞清每一民族语言词汇主要的东西不止解决民族语言词汇问题，也解决普遍语言学上的问题。

什么样的词才算作词汇中的主要东西呢？

在这一新的课题下，许多语言学家作了不同的努力，得到了不同的理解。而现代汉语——我们的民族语言的基本词汇究竟是些什么样的词，直到现时也还没有一致的见解。[①]

我个人的意见是：在现代汉语词汇里，不依存于其他现代汉语词的词是基本词。

我以为基本词汇的问题不是每个词的自身问题，而是一个词和词之间的词汇关系和地位问题，换句话说，不是单个词的问题，而是一个词汇问题。基本词的辨认必须放在词汇里来考虑。

在我们已经有了语言之后，词除去受语法结构的支配在句子里发生它们之间的语法关系外，各个词之间彼此也在发生影响。而所有不同时代的造词，它的内容不可避免地要在已有的语言基

---

① 例如：李荣　汉语的基本词汇，《科学通报》三卷、七期。李向真　关于汉语的基本词汇，《中国语文》1953 年 4 月号。李荣　字汇和词汇，《中国语文》1953 年 5 月号。伯韩　李荣、李向真两位先生关于基本词汇的论文读后感，《中国语文》1953 年 7 月号。林焘　汉语基本词汇中的几个问题，《中国语文》1954 年 7 月号。

础上,主要是词汇基础上选择词素决定它的形式的。成了词之后,它又不可能孤零零地存在,必然地要加入词汇。它不但要受其他一些词的影响以明确其地位,就在确立之后,同时它要发生作用给别的一些词以一定影响,而且也和词汇中别的一些词一样,也成为构词基础中的一个成分。

这就是说:词并不是孤立存在着,而是在一定的词和词的相互影响的关系中以不同的地位存在着的。

这也就是说,词汇这一概念并不是暗示着词的偶然堆积,而是每个成分互相影响着的一个整体。因此,词汇在语言发展当中,特别是在受强迫同化时,才有它的力量。如果把词汇看成一堆沙碛,一个登记账簿,那是不合实际的。像"词库"之类的名字,正反映着有些人把词汇沙漠化了的思想。

词汇的内部关系主要是依存和被依存的关系。这个关系使它所汇总的一切词发生地位上的分化。分化出主要的和次要的两个部分。

词汇内部的关系是随词汇在语言发展中新旧质变而有所变的。因此,古语和现代语的基本词汇,一方面有它的历史传承,另一方面又有它的新旧质上的差别。古汉语基本词和现代汉语基本词有共同的东西,也有不同的东西。

就现代汉语来看:在现代汉语词汇里,一切词在作为一个"身股"加入词汇这一点上是彼此完全平等的。但是在它们投入词汇之后,由于词汇总体中所发生的"词际"关系,却使它们的地位并不完全一样。其中:

有些词是不依存于其他现代汉语词而独自存在的;这类词,用以成词的造词材料,有的是现时已经失掉独立概括能力的。有的是构词之后不同于它独自成词的词义。这类词是不可离析的。拆开它，是不可能依照现代汉语语法关系支配它的材料原词，说明它们在构词组织上所概括的原义的。这类词在现代汉语词汇里是占据着不可缺少的决定性的地位的。例如："水银"，拆开之后是"水"和"银"，不能再依语法关系说明那一矿物。有了它，就能使我们反映出那一客观存在和依靠它而构成的一系列的更多的新词。例如：水银灯、水银柱、水银软膏。没有它，这一些主要的事物就不易说出，使语言贫乏甚至瘫痪，乃至于失掉交际能力。

有些词就不这样。它们是依存现代汉语词汇里另一些词，也就是前一类的词而存在的。没有前者，就没有后者。这一类词的造词材料都是现代汉语词，造词前和造词后，这些以词成词的材料原词的作用基本上是不变的，即或把它们分解开，这些造词材料是可以用它们现代汉语词的身份，依照现代汉语的语法关系组成词组，用来说明它们在组织中所概括的同一概念的。例如"牛毛"、"豆油"，"牛""毛""豆""油"在词的组织里是基本上没有失掉它们的词汇意义和语法关系的。因此，它们是被前一类决定的次要的东西。只要有前一类词的存在，这一类词才能存在。

前者是现代汉语词汇的主要部分，后者是次要部分。这两者的地位是不相等的。再举几个例子看。例如：

原子能

这一个词是依赖于"原子"和"能"这两个现代汉语词而存在的。"原子"和"能"这两个词的形式所概括的内容是和"原子能"造词成分一致的。了解了"原子"和"能"，就自然地能了解"原子能"。这个新的内容和形式的统一关系是依存于前两者而存在的。

可是，"原子"一词虽然也是由"原"和"子"两个成分构成的，但是它的内容和形式的统一关系并不是建立在现代汉语的"原"和"子"的基础之上的。现代汉语的"原"只概括着原来的意思（像："这原是一件好事"），不概括原始的意思；"子"只概括着种子的意思（像："金鱼甩子了"），不概括分子的意思。因此，"原子"是一个独立存在不依存于其他现代汉语词的词。没有"原子"这一词，单靠着"原""子""能"三个现代汉语词是不可能组成为"原子能"的。

至于"能"这一物理学名词，也是不依存于其他现代汉语词的。

再如：

煤气灯

这一个词是依赖于"煤气"和"灯"而存在的。在形式和内容的统一关系上，"煤气"和"灯"是跟"煤气灯"的组织成分一致的。了解了"煤气"和"灯"是容易了解"煤气灯"的。这个新的概括是依存于那两个旧的概括的。

至于"煤气"一词，却又依存于"煤"和"气"。这两个词，在现代汉语里，跟构成"煤气"的造词成分是一致的。"灯"是不依存于其他现代汉语词的。

就这两个例子看来，假定在现代汉语词汇里，没有"原子""能""煤""气""灯"等等的词，在交际上必然要遇到困难，甚至于瘫痪；不但不能产生许多新词，就是一些最基本的事物都没法表达了。有了它们，不但便于表达最基本的事物，而且毫不勉强地滋生出来许多"言下见义"的新词，像"原子笔""动能""机械能""煤气表""煤矿""气枪""灯罩""无烟煤""炭气""电灯"等等新词。

这样看来,语言的词汇里确有主要的东西。斯大林所明确出来的,"语言的词汇中的主要东西就是基本词汇"这一思想,就现代汉语词汇的情况说来,是合于语言实际的。

叁　词汇中主要的东西不就是常用词汇

在明确了词汇中的主要东西——基本词汇的性质之后,可以进一步澄清一个问题,就是基本词汇和常用词汇的差别。

基本词汇不是常用词汇。

在一个民族语言里,常用词的数量是相当大的。而且除极常用和极不常用两类词外,有些词是介于两者之间,即或作十分精确的统计,也很难以从使用频率上划清界线的。假定以 100 为最低的常用次数,那么,怎么能说 99、95 或 80 次就不是常用词呢?

即或相对地假定下来,假如认定常用词汇就是基本词汇,那么基本词汇的数量一定是随着丰富的民族语言词汇有相当大的数量。那就是说,它虽然比民族语言词汇的总量小,但是可以肯定它绝不是"窄小得多的"。

我们试看以下两组常用词:

(一)

红糖	鸡蛋	打倒
红领巾	糖萝卜	鞋拔子
筹备会	普通话	鸡蛋黄儿
社会主义		

(二)

红	糖	鸡	蛋
打	倒	鞋	会

话	拔子	黄儿
领巾	萝卜	筹备　　普通
社会	主义	

第一类常用词虽然都不能拆开,不能把它们分写成——

红	糖	鸡	蛋	打　　倒
红	领巾　糖	萝卜	鞋	拔子
筹备　会	普通　话	鸡蛋	黄儿	
社会	主义			

它们虽然都能各自成词,但是由每个词素——依以成词的词——还都不失它原来的作用,"红色的糖""有糖分的萝卜""做筹备工作的会"等等。只要掌握第二类词和语法关系,第一类词是容易理解的。也就是说,它们是依存于第二类的。

至于第二类词,它们不能依存或不能完全依存于其他现代汉语词的。如果不掌握"红""糖""会""萝卜""筹备"等等就不可能用现代汉语来进行交际。它们在现代汉语词汇里是处在决定地位的。假定没有这一类词,就将从根本上动摇现代汉语。

这样看来,第二类词是现代汉语词汇里的主要东西,是现代汉语基本词汇;第一类词是依存于第二类的非主要的东西(不等于说那一类词不重要,不是说它们可以消掉),不是现代汉语的基本词汇。

现代汉语常用词汇包括着上述第一第二两类词,在这种情形下,第二类词的数量是必然要相对地,在很大程度上,小于常用词汇的。所以这些在语言词汇里的主要东西——基本词汇,一如斯大林所说,是比语言的词汇窄小得多的。

或者有人这样想:"红糖""糖萝卜""筹备会"等词也都是主要

的,它们都是词,没有它们就不能说明这些客观存在的事物。

假如照这种想法来看,那必然要否定词汇中有主要东西的存在,从根本上消掉基本词汇的思想。这种想法实际是在说,在语言的词汇中去掉一些不常用的无条件的同义词,所有的词都是主要的。基本词汇的范围基本上是和常用词汇相同的,在语言的词汇里就说不到"窄小得多"的了。

如果这样想,那就不是从词汇的观点来看词的地位,而是从词汇以外的客观事物来论词了。

第二节　基本词汇在词汇中的地位和基本词的整体性

壹　基本词是一个完整的词

基本词汇里的词并不是一些什么特殊的东西,它们毫无例外地都必须是一个词。不是词根本不能汇入语言词汇,更谈不到在词汇里取得主要地位。

词是思想(概念)的语音物化。词的内容和形式的统一关系是不可分割的。词在词汇里的主要地位是以它的内容和形式的统一整体取得的。一个词是否是基本词不仅有它的内容基础,同时也更有它那和内容统一起来的形式上的关系。单单具备反映稳定的客观事物的内容而没有独立不倚的形式,不能成为基本词;单单具备了形式而没有稳定的内容也不能成为基本词。内容和形式两者必须齐备,才能成为词汇里的主要东西。

如果忽略基本词的词的性质,片面地从一个方面着手,是不可能解决基本词汇问题的。

基本词从词义上反映着稳定的客观事物，这是可以肯定的；但是不能把这句话倒过来说。因为反映稳定的客观事物的词并不一定都必须是基本词。

单从客观事物的稳定性来研究基本词是片面的，是不够正确的。

贰　单从词义研究基本词是不对的

一　基本词汇研究工作中的词义主义倾向

自从斯大林同志第一次明确地说明了基本词汇的概念跟它在语言中的决定性地位之后，许多语言学家在这个新的课题下作了不少辛勤的劳动。据个人浅见所知，现时有一部分学者把问题的焦点侧重在词义上。例如：

阿热戈夫在他的《词汇与基本词汇的问题》[①]论文里，以"在社会发展的一切阶段，语言的词汇形成着，成长着。它一贯地，不停地反映着一切为社会的发展及其活动所必要，为思想交通所必需的东西"[②]为依据。把词汇分作三大组基本词群。他说：

> 第一组是跟人对于广义的自然界的认识有关的词。包括着人在自然界中对于自己的认识，因而也就包括与体力活动及精神活动的标记有关的词。
>
> 第二组是跟社会生产力的发展有关的词。
>
> 第三组是跟人们在社会中的生产关系有关的词，和一切归根到底是从生产关系出发的人类社会生活及个人生活全部

---

① 《科学通报》，第3卷，第7期，453～454页。
② 阿热戈夫　词汇与基本词汇的问题，载《科学通报》，第3卷，第7期，454页。

范围的生活记录,包括跟思想范畴、上层建筑范畴的现象有关的词。

麦勒切尔在他的语言词汇中的基本词汇论文里拟出基本词汇的范围,除按词义分划外,还包括着语法上的区划。他拟定的范围是:星球、自然现象、自然力、近亲关系、人体部分、人本身、数目、最普通的树木、颜色、四季、周围的自然物体、家庭日用品、食品等等的名称,以及前置词、连接词、时间副词、地位副词、常用动词、助动词、语气动词、人称代名词和指示代名词。①

古勒车娃和谢列布连尼科夫在他们的《研究语言的基本词汇的任务》一文里更指出:"代名词和数词首先具有无比的历史的稳定性。由副词产生的具有辅助意义的一些词——比方前置词,周围的自然界现象和事物的各种名称,人体部分的名称,亲属关系的名称,事物的一般性质(如新旧黑白),最常见最普通的行为的名称、住所、家庭日用品、最重要的劳动工具等名称,都具有惊人的稳定性。"②

所有这几家的研究,正像古勒车娃等所说:"多半指出了属于基本词汇的词是标志着生活中必须的概念的词。而大半的语言学者的这些论点几乎没有遭到任何反对。能不能认为在这个方向上的探索是徒劳无功的呢? 可以设想,这个方法在原则上没有什么缺陷,因为语言中词的稳定性不是偶然的现象,词的稳定首先是因为它标志着按其特点来说是稳定的现实。用语言的词来标志的现实,就是决定基本词的稳定性的原因。"③

---

① 《新建设》,1954 年 2 月号,62 页,楚南摘译的《研究语言的基本词汇的任务》转录。

② 同上。

③ 同上论文,从本校古汉语教研室王凤阳同志的译本(未发表)转录。

这些先进的科学研究,从基本词汇稳定的现象和原因,以及从词义的分类统计等方面,给我们作了许多很好的启示。但是他们的主张也有一定的片面性质,不是就词的整体来论基本词。因为词是内容和形式的统一体,单从词义着眼是不一定能完全解决词的问题的。

二　基本词不等于客观存在的事物

有些研究现代汉语的人,不大考虑这种实际情况,往往直接从基本词汇稳定的部分原因——客观存在的稳定现象——把汉语词汇也按照词义分类,排列出几种基本词汇。

根据这种意见,可以从现代汉语词汇里寻找出一些按其意义来说是非常稳定或比较稳定的词。譬如说:

天体的名称	星	月	天	太阳	银河
季节的名称	春	夏	秋	冬至	春分
气象的名称	风	云	雨	台风	寒潮
矿物的名称	石	煤	铁	水银	云母
植物的名称	草	树	苗	高粱	蓖麻
动物的名称	人	马	鱼	鹦鹉	苍蝇
形状的名称	方	直	弯	椭圆	斑驳
色彩的名称	红	绿	紫	藕褐	漆黑
数量的名称	一	万	斤	百分	毫米
时间的名称	年	月	秒	将来	世纪
空间的名称	上	外	旁	边沿	四至
人体的名称	手	心	脸	胳臂	乳房
行为的名称	作	走	打	发掘	驾驶
心理的名称	忘	爱	想	糊涂	欢喜

生产工具的名称	刀	针	风箱	旋床
生产方法的名称	旋	铲	钻探	纺织
生产关系的名称	王	奴	地主	佃户
社会制度的名称	兵	税	法律	内阁
一般文物的名称	窗	庙	笔帽	屏风
	诗	戏	文学	雕塑等等

固然在这些词里,我们也可以从它们所概括的对象的稳定性来寻找和分别词的稳定程度。

可是,假若我们就这样地单从这些使用词来标志的客观存在的稳定现实来确定基本词汇的词,那就自然地会得出另一结论,就是:现实的稳定性决定着词的稳定性,决定基本词。

但是,汉语的事实告诉我们,客观存在的稳定性顶多只能是基本词的一种稳定原因并不能确定哪一个词必是基本词。

我们必须注意到基本词一定是词而不是别的。汉语基本词汇里的词,如果打算不从它的内容跟形式的统一关系,从它所隶属的汉语的内部规律去研究,而企图踢开词的内容和形式的统一关系。譬如单从概念,甚至单从使人认识的客观存在去寻找基本词,去探求基本词汇之所以千百年长存而又给构造新词准备了基础的道理,是不会成功的。如果抛开词去找基本词岂不是"骑驴觅驴"?

很显然,概念和客观存在跟词的关系是非常之大的。这是不可忽视的事实。可是词毕竟不等于概念,也更不是客观存在。

词不等于概念,同一内容就在同一民族语言里可有不同的形式,在一个民族语言的历史上可以有各自适合于当时语言特质的古今形式,因此,词的内容的稳定性跟词的稳定性并不能完全相应。内容稳定,词不一定稳定。不仅如此,就是概念也并不等于客观存在。同一比较稳定的客观存在,随着人们在生产活动中,在社会生活的实践中,认识的加深加密,概念也常是在不断的发展。把反映客观存在的概念看做千古不变极其稳定的东西也是不合实际的。更何况客观存在也是在不同程度上有它自己的变化!

从这看来,把基本词的稳定性完全寄托在它所概括的内容的稳定性上是不完全正确的,把它寄托到基本词所概括的对象——客观存在的事物上也是不对的。用客观事物的稳定性来确定并排列基本词汇中基本词的稳定性,这就等于企图证明概括某一概念的词是完全由概念所反映的客观事物的本质决定的,那就必然会导致这一结论:关于同一客观存在不会有不同的词。但,不同的民族语言词汇粉碎了这一"推断"。

所以说,脱离了民族语言,脱离了词,打算在语言词汇的词外去找确定基本词的理由是不够合适的。

我们看:"日""日头""太阳""老爷儿"这几个汉语词都概括着同一概念,都是一个客观存在物——天体的名字。按照概念所反映的客观存在来说,这四个词都应该是同样稳固的,是千百年不变的东西。可是为什么"日"在现代汉语里不能独自成词,假若有人说"日出来",不但一般人一时不懂,甚至在个别方言里,——例如东北方言,它还指骂人;而依古汉语说"日出"就行?为什么"日头"跟"太阳"在现代汉语都可以用,而"太阳"有造词能力,用它构成"太阳灯""太阳系","日头"就不能成为一般造词基础,不能用它构成"日头灯""日头系"?为什么"老爷儿"能在某些方言里以交错同义关系来叫这个千古不灭的客观存在?

可见没有和具体的词统一起来的客观存在的稳定性,或概念的稳定性,都不是基本词之所以是这个而不是那个的唯一的决定性的原因。存在跟概念的稳定性不可能解决"日"和"太阳"的古今汉语问题，不可能解决"太阳""日头"跟"老爷儿"为什么有的是属于全民语言，有的是属于全民语言的地方变体。

单单从概念和客观存在的稳定性来排列词的稳定表，顶多只能排列出一张客观事物存在稳定程度表，并不能说明概括这张表上每一事物的名称是不是语言的词汇中的主要东西。因此，它不能帮助我们具体地解决现代汉语基本词汇里到底包括哪些个词。

第三节　基本词汇的历史性

基本词汇的历史稳定性和作为构词基础的能力，决定了研究语言词汇里的基本词汇的方法，最好是从汉语发展的最新阶段——现代汉语词汇着手，只有在这个最新阶段的基础上才能回溯上去，结合着它的历史来进行。把现代汉语词和它所从发展来的古汉语词历史地连接起来看，哪些词是千百年长时期存在着并且给现代汉语造词作了构词基础，是很容易一目了然的。

这样做，可以看出：

一、历史比较长，在古汉语词汇里就早已出现，并且传承到现代汉语里它还是一个可以独立成词的词，它必然是具有基本词性的。反过来说，若是在出现之后，虽然曾经被使用了一个时期，可是后来在发展的途程上，中途失掉了现实作用，变成了历史陈迹，没有进入现代汉语词汇里，这类词，它的生命显然是不长久的，不能成为现代汉语词汇的词，必然不能成为现代汉语词汇里的基本词的。

二、跟前一项紧紧相连，在现代汉语词汇里，从一些使用属于新质造词方法造成的词里，可以把它们从组织上拆下来还能以独自成为现代汉语词的,这种作为造词材料的词,它必然是具有相当强的历史稳定性的词。换句话说,从构成新词的组织上看出造词的基础,也更容易找到基本词。

三、从现代汉语词汇历史地研究基本词,就词的形式和内容的统一关系上,可以看出:直到现在不但还能独自成词,而且还能用来造词的词,它所以能够长期存在并能给构造新词作基础的,一方面是因为它的内容概括着稳定的客观存在,同时,另一方面也因为它用以概括的物质形式也更有它适合语言内部规律的词的形式的历史稳定性质。这两者统一在一起才能使它成为基本词。

不这样着手是有困难的。忽视词的发展史和继承性就没有方法识辨词的历史稳定性;忽视现代汉语词汇,不全面研究现代汉语词汇里的造词材料,主要的是以新质方法为特征的造词材料,就没有方法辨认以词造词基础;不从词的历史看现实,不从词的内容和形式的统一关系来看词,不以词来看基本词,是不能理解和辨认汉语基本词的。

这一道理,同样适用于古汉语基本词汇的研究。以一定时代的汉语作当时的"现代"汉语,是可以考察出汉语基本词在那一个时代的情形的。

我们说从现代汉语词汇研究基本词,这并不意味着割断汉语词汇的发展历史。很显然,现代汉语是从古汉语里随着新旧质的逐渐变化传承或萌芽滋长发展壮大起来的。绝大多数的古汉语基本词传承到现代,成为现代汉语的基本词。抛开古汉语和现代汉语的历史关系,是不可能理解现代汉语的。

但是,现代汉语在词汇方面,除历史地传承下来的基本词外,还有它随着事物的发生发展,和随着由事物发生发展而反映出来的认识上的变化,以及与之相适应的依着汉语新质要素陆续创造或改造出来的,一些前所未有的基本词。

这里必须明确稳定性绝不是固定性。

事实上汉语基本词汇的历史稳定性,只是由所有基本词汇总起来而形成的总体性能,这种性能是词汇的。这不意味着所有的汉语基本词都是在古代的某一个时期里同时一起出现,而且一经出现之后,就定型定额不生不灭的。汉语基本词汇里的词,既不是同时出现定额定量的,也不是一成不变不增不减。基本词既是语言的词汇里的词,那么,它也有一般词的性质:出生、发展、变化甚至消亡。有的出生之后一直稳定下来,有的经过一定的发展变化才稳定下来。也有的经过相当稳定时期后又由于失用或被代替而失掉了稳定性质。

汉语基本词汇既然本身就是一些在发展着的东西,那么,研究汉语基本词汇,就必然要接触到两条线索:上下古今看基本词汇,从古汉语到现代汉语的传承关系去看各种基本词发展变化的法则。这是一条线索。我们将在下一篇来讲它。另一条线索是必须在一个比较稳定的汉语词汇的基础上才能认明到底哪些词才是基本词。能确实掌握的比较稳定的基本词汇,只有现代汉语的基本词汇。因为它只有现在和过去的关系,将来还没有出现。既容易掌握总的情况,也容易看它的历史关系。对象是比较稳定的。

假如我们不从现代汉语词汇看基本词汇,由于古今汉语新旧质的性质差异,由于基本词出现的时代不同,由于基本词的发生发展变化参差错落,若是没一个固定的标准,游移不定,忽古忽今,那就变成一团风中的飞絮捉摸不定了。我们只能明确地说:"政治"是现代汉语基本词,"政"是古汉语基本词。我们不应该含混说:

"政"和"政治"都是汉语基本词。这样含混说,首先就否定了现代汉语基本词汇的词必须是民族语言词汇中的词的原则。"政"在现代交际中没有独自成词的作用,那又接着违反了基本词的历史稳定性原则。如果说,"政"在一般懂得"文言"的人中间是有交际作用的,那么,既违反全民性原则,又混淆古今汉语的界限。总之,不分清时代来泛论抽象的汉语基本词是不着实际的。

但这并不是说古今汉语基本词是互相隔绝,各自独立的东西,而是说只有明确地按照汉语新旧质的发展交替,认识了古今汉语词汇里的基本词,才能够正确地认识到汉语基本词。

第四节 基本词汇的全民性和现实性

汉语基本词一方面要在词汇中具有它在语言上的基本形式,同时,另一方面在内容上也必然概括着一个具有历史稳定性的现实。这种现实反映在人们的认识上,必须是普遍的和现时的。

基本词在认识上的普遍性是基本词汇全民性的体现。基本词汇是常用词汇中的一个部分。斯大林在阐述基本词汇时没有明确提出这一点,正因为这种性质是不言而喻的。

基本词汇的历史稳定性和基本词的历史稳定性,在整体和个体之间是有区别的。基本词的稳定性有语言上的原因也有语言之外的客观原因。客观原因是:决定一个词的反映在认识上的客观存在。因此,反映自然现象的基本词除认识上的发展和语言上的变化外,一般稳定性是最大的;反映社会现象的基本词,随社会文物制度的变化,有些是要随之改变或逐渐失用甚至于消失的。这就使基本词和它反映的事物之间的现实意义显得非常重要。

无论是属于自然的或社会的,有些事物只有部分人——专业人才能从实践中认识到;一般人在一般情况下是不能认识的。这就使有些词尽管它的内容反映着如何稳定的客观存在,虽然有现实意义,可是由于不普遍,并不能取得全民性。

就全民性和现实性来说:

一、那些只有少数专业的人才能懂得的词,无论它的形式如何,它的内容如何稳定,都不能成为全民语言的基本词。因为不是同一专业的人不能懂得,必须加以注解或说明才能用以交际的词,它首先就缺少了基本词所必须具备的全民的性质。试想:

只有研究天文历法的人才能懂得的

　　岁实①　　　岁差②

只有研究摄影的人才能懂得的

　　景深③　　　翻拍④

这些连民族语言的常用词汇都不能加入,怎么能是基本词汇的组成部分呢?

如果它们也是基本词,那么基本词又和一些科学技术等专门的名词和术语有什么分别呢? 在这里,词,在它跟形式统一起来的内容上,历史稳定性和普遍性的紧密结合是区别基本词和专门名词的标尺。

这个尺度既不妨碍某些专门名词成为基本词,也不允许滥用

---

① 由今年冬至到明年冬至的日数叫做岁实。

② 太阳从今年冬至环行一周天,到明年冬至的时候还没有回到原点。这个现象叫做岁差。

③ 距离镜箱远近距离景物的清晰度叫做景深。

④ 一些图画、照片、图案以及其他平面物的拍摄叫做翻拍。

专门名词术语混淆基本词的界限。

从这看来,基本词和专门名词术语是有区别的。

二、词所概括的对象曾是长期稳定过的,但是,由于物体的消失,由于社会基础以及与之相应的上层建筑的改变,它的稳定性已经随着这类文物制度的消失而消失,致使这类词变成历史上的名词。这种失掉历史稳定性的曾是基本词的词,就不能再是基本词了。很显然,既已失掉现实意义,又从哪里会有基本词的历史稳定性呢? 例如:

水牌

是一种用墨笔作临时浮记的桐油白木板。写在上面的墨笔字,事情过了以后,是可以用水擦掉的。"水牌"这个词的命名是就它可以用水擦净另写记事的特点命名的。这种东西至晚在明代就已经通行。《七修类稿》说:"俗以长形薄版涂布油粉,谓之简版,以其易去错字而省纸,官府用曰水牌。"这种东西一直到清末民初,粉笔黑板还没有普及之前,在各地商店还是在使用着的。

这个词在明清两代是基本词。但是,现在由于粉笔黑板的通行,更简便好用的新东西代替了它。它的名字已经随着这种东西的失用在逐渐消失了。

衙门

以前把官府叫做"衙门"。这个词最初写作"牙门"。《北史·宋世良传》:"后拜清河太守,每日牙门虚寂,无复诉讼者。"以后写作"衙门"。《唐书·张仲方传》:"衙门未开,百官错立朝堂。"《广韵说》:"衙"的另一意义也是"衙府"。把官府叫"衙门",从南北朝到清末民初,有一千五百多年。这在当时是一个基本词。但是由于中国封建社会的崩溃,这个基本词也在逐渐地失用了。

基本词的现实性,并不局限在一个社会里。例如:"皇帝""大臣"这些词所概括的内容,除那些君主国家之外,已经不复存在。但是在而今的世界上,既然还残存着君主国家,那么这样的基本词,就不随它概括的对象在非君主国家里的消失而失掉现实性,而失去它基本词的作用的。这种基本词和完全失掉现实意义的历史名词是有区别的。

至于"牺牲""功臣"等类的基本词已经由词义引申或扩大进一步成为变义造词的新词,和那些随文物制度消失而失去基本词地位的历史词又各为一事,不容相混了。

第二十三章 如何从现代汉语词汇中推寻基本词汇

第一节 基本词汇的性能不能作判定基本词汇的标准

壹 基本词汇的两种词汇性能

约·维·斯大林在阐明基本词汇在语言的词汇里的地位之后,接着又揭出来它的两种性能。他说:基本词汇"它在千百年的长时期中生存着并给语言构成新词的基础。"前者是说基本词汇有长时期的历史稳定性,后者是说它有作为构成新词的基础的能力。这两者保证了语言的词汇在语言发展中任何时期的相对的继续的稳固地位。

这两种性能是指着基本词汇的词汇总体而说的。

基本词汇这两种性能当然是和它所汇总的各个基本词的性能分不开的。假若没有一个基本词，根本就不会有基本词汇。基本词汇的这两种性能除词汇的总体力量之外，也还反映着一般基本词的性能。

但是基本词汇的词汇总体力量是超于各个基本词之上的。这就使在语言发展进程中，尽管基本词汇在不同时间内，先后地有个别基本词的累积、传承和发展变化，由于两种性能的作用，始终是随时保持着它的相对稳固性质的。

基本词汇这两种词汇性能，只是性能而不是区别于非基本词汇的特点的本质。用来作为判定基本词汇的标准是不合适的。用来判定基本词更不合适。

性能是和本质大不相同的。

基本词汇之所以成为语言的词汇里的主要东西，在于它是语言词汇里的独立不倚的非依存性质。这一性质使它成为一个民族语言对一切概念名称的基地，成为人们用以交流思想的语言"基石"。没有它，人们不但无话可说，更严重的是没有用语音物质固定下来的思想。有了它，不仅能说出反映客观存在的认识，而且可以凭借它进行思维，获得新的认识，在一定情况下创造新词，了解新词。

基本词汇这两种性能，从语言方面来说，是被这种特点的本质决定的。

在词汇里非依存的词汇部分，包括着反映在民族语言中的最基本的思想（概念）的物质形式。这些语音物化了的思想是一些坚韧的内容和形式的统一整体。因而在语言发展的途程中禁得起重重考验,表现了长时期的历史稳定性,有千百年长存的长命能力。它适应语言新旧质变,传承下来。

词汇里的非依存部分除少数新的东西之外,绝大多数是从古传承下来的。因此这一部分东西实际上是这一民族已有的基本认识的总汇。人们的新认识是在旧有的一些认识的基础上,从实践中,从客观事实获得的。反映客观事物的新认识,就人的思维来说,是在已有的语言材料上进行的。因而在从已知到新知,对新概念的命名时,往往是以词造词的。这就使词汇里的主要东西——基本词汇成为构造新词的无尽基地。

基本词汇的这两种性能是词汇的。并不是每个基本词必具的。而具有这些性能的词也不一定就是语言词汇里的主要东西。我们不能在体现基本词汇本质的特点之外,单从各个词的性能推寻基本词。

请看以下的事实:

贰　历史稳定性和造词能力 并不是基本词所独有的

一　基本词具有历史稳定性,但是有这种性质的词并不一定就是全民语言词汇里的主要东西

基本词汇的特征之一,如斯大林所说,是生命长久,可以千百年长期存在着的。那么,可不可以就只从词的历史稳定性来推寻基本词呢?

不可以。

历史稳定性固然是每一个基本词所必具的一种性能,可是单

单富有长期生命力的,也不一定就是全民族语言词汇中的主要东西。不是基本词也可以有长久的生命的。例如:

糖霜

白糖,现代浙江东部黄岩地区叫做"糖霜"。

"糖霜"一词在宋代已见于作品。苏轼诗:"涪江与中泠,共此一味水。冰盘荐琥珀,何似糖霜美。"

"糖霜"的制作法在唐朝就已发明了。大历年间(公元八世纪)邹和尚教伞山黄氏用甘蔗作"霜"。以后在伞山出现了手工业者"糖霜户"。当时所制"糖霜"是有许多种类和颜色的。其中:"紫为上,深琥珀次之,浅黄又次之,浅白为下。"

现时"糖霜"一名已经不见于现代汉语词汇,只在个别方言里还在使用。而黄岩用它专指白糖,词义已经缩小。

从唐朝大历年间到现在,已经一千一百多年,"糖霜"一词,就黄岩来说,它的生命不能不算长久了。然而它并不能成为现代汉语基本词。

再如:

箸

筷子,现在黄岩地区叫"箸"。"箸"的历史是很长的。若按韩非子"纣为象箸而箕子怖"的传说来看,似乎殷代就已经使用这种食具了。

不用从殷,就从韩非来算,"箸"这一词到而今至少已经两千多年了。历史不能不说是长久的。但是它并不能成为现代汉语基本词,只是一个方言词。

这类词尽管历史如何悠长,在方言词汇里尽管是属于基本词汇,但是无论如何它是不可能成为现代汉语——这个民族语言词汇的基本词的。因为是处在极其狭小的地区,而且是居于日趋衰亡地位的。

或者有人说:方言基本词总还是基本词嘛,不足以影响历史稳定性作为判定基本词的标准。那么,我们再看看现代汉语基本词,例如:

地皮

韩愈诗:"榆荚车前盖地皮。"卢仝《萧宅赠答诗》:"扬州恶百姓,疑我卷地皮。"是"地皮"一词,到现在至少已有一千多年的历史。

但是它也只是一般的常用词。它是依存于"地"和"皮"两个现代汉语词的,还不是词汇中主要的东西。因为只要了解"地"和"皮"便可以了解它。它是不能成为基本词的。

笔筒

晋代陆机《毛诗草木鸟兽虫鱼疏》:"取桑虫负之于木空中或书简笔筒中。"

"笔筒"一词传承到现在已经有一千六百多年,无疑是有历史稳定性的。

但是这个词也并不是基本词。因为它依存于"笔""筒"两个词。只要人掌握了"笔""筒"两个现代汉语词,"笔筒"一词就可以了解了。

这一类词虽然既有全民性,又有历史稳定性,但是还没有独立不倚的性质。依存于另外一些现代汉语词,因而还不能成为现代汉语基本词。可见词的历史稳定性和词能不能在民族语言词汇中取得主要地位,成为主要东西,还是两回事情。

不但如此,假定历史稳定性若是基本词的唯一的决定条件,那么对一些新出现的词必然是没有办法的。谁也不允许在现代汉语词汇里剔出一些新词,对它们宣布,因为年代过少,暂不受理,留待千百年后再听历史解决。

历史稳定性不能确定新词的词汇地位,这就暴露了它没有处理基本词的能力。因而不能成为标准和规律。

二　基本词汇给语言词汇以构造新词的基础,但是有造词能力的词不一定就是基本词

基本词汇虽然"给语言构成新词的基础",但是不能把它反用过来从民族语言词汇类推,说凡有造词能力的词都属基本词汇。因为有造词能力的词不一定就是民族语言词汇的基本词。例如:

方言的基本词,在地区方言里它是属于基本词汇的,可是它不一定就是民族语言的基本词。

方言是有它自己的文法构造和基本词汇的。方言的基本词就方言的角度来看,也是必须具备从内容和形式找到条件的,它是基本词,有造词能力,然而提到民族语言词汇里,就不一定是基本词,例如:"太阳"是东北方言的基本词,也是民族语言的;可是"窝囊"就不是,除某些方言区的人能懂外,作为全民语言词汇来说,它就不能被了解。但"窝囊"在东北方言里是基本词,用它可以构造成新词,像"窝囊废"。

可见有造词能力的不一定就是全民语言的基本词。再如:

没有取得全民性的外来语词,虽然在一定地区可以造成新词,可是它并不就是民族语言的基本词。

广州把牌号叫"嘜"。这个词是 mark 的对音。[1] 用这个词造

---

① 罗常培《语言与文化》,语文出版社,29 页。

出来"双妹嚜"花露水、"双妹嚜"雪花膏。这两种化妆品卖到东北来，人们很少懂得什么是"双妹嚜"。

可见有造词能力的词不一定就是全民语言的基本词。

至于像东北在被日本帝国主义者侵占时期，农村和城市曾经被迫使用过"出荷""出张"两个"协和语"词，并且也曾用它作基础构成过什么"出荷粮""出荷车""出张费""出张所"等等不伦不类的词。这种现象只是在侵略者的血腥统治下以强迫同化手段给我们造成的语言病毒，是必须坚决彻底把它干净消灭的！根本就没有加入我们民族语言词汇的资格，更从哪里谈到基本词问题？

可见有造词能力的词不一定就是我们民族语言的基本词。

不仅如此，就是民族语言词汇里的词，有造词能力的也不一定就是基本词。例如：

咸菜干　　　纸石板　　　玻璃灯罩　　　人造象牙

这些复合词是由"咸菜"和"干"、"纸"和"石板"、"玻璃"和"灯罩"、"人造"和"象牙"等词或词组依现代汉语语法，好像"兄弟媳妇""槟榔萝卜"两词之由"兄弟"和"媳妇"、"槟榔"和"萝卜"等词依语法关系组织成词一样，一个词的两个组织材料是可以独自成词互相依附构成词组的。这种词是可分析的，只要了解它们组词材料的词的形式和内容的统一关系，就不难了解由它们组织而成的新词。

同理，像前一节所说，"咸菜""石板""灯罩""象牙"等词，也像"兄弟媳妇""槟榔萝卜"一样，也是可以分开，也是依着语法关系成词的。只要了解"咸""菜""石""板""灯""罩""象""牙"，就不难了解"咸菜""石板""灯罩"和"象牙"了。

　　那么,从造词能力来说,究竟"咸菜""石板""灯罩""象牙"是基本词呢? 还是"咸""菜""石""板""灯""罩""象""牙"是基本词呢?

　　我以为前者是依存于后者而存在的。后者变成前者的组织成分时,还保持原词的作用。"兄弟媳妇""槟榔萝卜"既然可以看做两个词依语法关系的复合,那么,前者"石板""象牙"也只是后者"石""板""象""牙"的复合。有什么理由可以只许可"兄弟媳妇""槟榔萝卜"的复合关系,而不能许可"石板""象牙"的复合关系呢? 我们不能只因为双音节词是现代汉语词的基本形式,因而抹杀双音节词在组织上的复合现象。

　　由此可见,单单从有没有造词能力来判定基本词,就是就我们民族语言——现代汉语来看,也是不能很好解决问题的。这个问题,在民族语言里,必须在词的组织结构不依语法关系而整体存在的单词之上,才能解决。

　　不但这样,而且即或是一个不能以现代汉语词来依语法分割的整体,是一个基本词,它的造词能力也并不是普遍的。例如:"你"和"毛病"。

　　"你"可以变成"你的""你们"。

　　但是"你的""你们"只是"你"的词尾变化,是用词结构,并不是造词结构。"你"不能作词根,派生若干属于"你"下的新词;也不能用来作前加成分,造成"你×"的新的内容和形式的统一。在词汇中,这个主要成分不是能产的。

　　"毛病"可以用形容词说明,说——

大　　毛病　　　　小　　毛病

老　　毛病　　　　旧　　毛病　　　　等等

或

毛病	大	毛病	小	
毛病	多	毛病	少	等等

无论是什么"毛病"或"毛病"怎么样,它只能是词组,不能成词。

由此看来,基本词汇给语言以造词基础,这只是基本词汇的一般性质,并不是每个基本词必具这个能力。

想单从造词能力这一点上来推寻基本词也是不能成功的。

总之:在现代汉语里,有造词能力的词也不一定是基本词。寻找基本词汇的造词能力这一线索,是不能孤立存在的。它必须紧系在全民族的、稳定的、独自成词不可分拆的基础之上的。

第二节　推寻现代汉语基本词汇的主要线索

壹　历史线索

——从古汉语词汇中传承下来的现代汉语词是现代汉语基本词

这一线索是从造词法的性质结合词的历史稳定性来寻认基本词的。

造词法的新旧质,是以现代汉语主要的造词方法为基础,把它跟古汉语造词法,历史地,比较地,相对确定下来的。汉语造词方法的旧质特征,是不需要另外的词来相帮,除摹声造词外,都是单用一个已有的词来造词的。像以前所说,改变音节的造词和无条件的比拟造词都是使用属于旧质的造词方法造成的。

使用属于旧质的造词方法造成的词,能传承到现代汉语里的,它们所概括的事物都是稳定的,绝大多数是历史很长或较长的,经过多少年代的考验,事实已经证明它们是富于稳定性的。像"螺蛳"之类,用旧法造成的新词,这种在以新质为主的词汇里的旧质残余,那是非常之少的。

用旧质方法造成的词,能通过古汉语词汇随着汉语新质发展进入现代汉语词汇里,以旺盛的生活力活跃在现代,就因为它们的概括力最明确最强大,而所概括的对象是最基本最稳定的。它们各个词的形式和内容的统一关系是非常之紧的。它们不像那些随着事物的发展,随着人们认识的进步,逐渐修订、被替代,或逐渐失用,终于变成语言词汇的历史遗物而停滞在古汉语词汇里的"巾""政";也不像那些随着认识的进步和语言明确的要求,受新质力量的冲击,不得不修改补苴的"鲤鱼""更改";也更不像那些随着社会文物制度的改革而被废置在古汉语词汇里的"觐""奏"。它们力量的强大,在汉语发展的历史途程上,在不断的交际中,战胜了一些同义词,并使它们萎缩在一定的历史途程上,变成古汉语词,像:"锅"跟"釜","眼"跟"目"。"锅""眼"成为现代汉语词,而"釜""目"只停留在古汉语里。

用旧质的造词方法造成的基本词,它们所概括的对象一般是稳定性大的、最明显的主要物类和事物,它们出现的时代一般是比较早或最早的。这是因为"人的认识,主要地依赖于物质的生产活动,逐渐地了解自然的现象、自然的性质、自然的规律性、人和自然的关系;而且经过生产活动,也在各种不同程度上逐渐地认识了人和人的一定的相互关系"。[①] 在这种认识过程里,人们从感性上,最先使人容易辨认的是一些主要的物

---

① 《毛泽东选集》,第 1 卷,281 页。

类和事类。因此，概括主要的事物的词，出现得比较早，而出现得比较早一些的词，在造词方法上一般是使用属于旧质的造词方法造出来的。

但是，人的认识是"一步又一步地由低级向高级发展，即由浅入深，由片面到更多的方面。"①因此，有些比较早一些的词，随事物的发展变化，随着认识的深入，或社会文物制度的变化或变革，以及语言发展内部规律的制约、影响，先后地分化、补苴、更换、代替，有的蜕变成新词，有的废置成古词。——这种古词除非以造词材料、古语成语、或历史叙述的需要，是不能跟现代汉语词一样受现代汉语法支配造句的。

在这种情况的对比下，那些使用属于旧质造词方法造成的，概括着主要的事类或物类的词，通过语言史上的种种变革，直到现在还依然"健在"的词，它们千百年长期存在的寿命，跟它们概括的对象的稳定相一致，说明了它们的历史稳定性；而它们坚韧的词的形式和内容的统一关系，又是和客观存在，以及由客观存在所产生的概念的稳定性紧紧相连的，这是用不着怀疑的。因此，说这种词是现代汉语词汇里的基本词是没有什么问题的。这一类词都是从古汉语传承下来的。

因此，说在现代汉语词汇里，从古汉语传承下来的，使用旧质造词方法造成的词是基本词汇的一部分是可以的。

这种经过历史考验的，从古汉语传承下来的词，无疑是古今汉语不可缺少的部分。如果没有它们，我们就不可能使用汉语说出一些最基本的概念。譬如：没有"火""水""人""马""车""想""动"

---

① 《毛泽东选集》，第 1 卷，282 页。

"美""恍惚""蹀躞",古汉语将成个什么样子,现代汉语又将成个什么样子呢?

那就不但不能说出:

火	水	人	马
车	想	动	美
恍惚	蹀躞		

这些最基本的物类和事类,而且也更不可能有——

篝火	炮火	火柴	火车	火轮船
汽水	油水	水产	水塔	水平尺
木马	种马	马尾	马戏	马铃薯
火车	汽车	车辕	车站	车前子
思想	理想	想念	想头	想象力
劳动	行动	动机	动态	动员令
美丽	美术	优美	完美	美人蕉
黄昏	含混	含糊		
抖擞	哆嗦			

从这一些事实里,可以摸索出一条线索,就是:在现代汉语词汇里,造词方法属于旧质而历史很长或较长的词,也就是从古汉语词汇里传承到现代汉语词汇里的,都是基本词。

这种的基本词单音节的比较多,双音节的比较少。

贰　结构线索

一　词素上的推寻线索

1. 以古汉语词作词素的词一般是现代汉语基本词

这一类基本词,一般是双音节的,是有它不同于前一类基本词的特点的。在造词方法上是完全属于新质的,因而它们不是单纯的古汉语传承。在造词材料上必然有两个部分,而这两部分材料全是或主要部分是未曾传承下来的古汉语词。

就造词材料的性质来说,构成这一类基本词的,其中:

有完全使用古汉语词构成的有兼用古今汉语词构成的。

(1) 完全使用古汉语词构成的基本词

这种基本词也有两种情况:

有完全使用对现代汉语词来说没有简缩关系的古汉语构成的。例如:

宇宙	蹂躏	挥霍	维持
绥靖	鞠躬	拂晓	目的

所有这种基本词的造词材料不能被理解为某些现代汉语的简缩。

也有全用古汉语词,但其中有一个对现代汉语词来说是有简缩关系的。例如:

警惕	疑窦	附庸	蔑视
抨击	惋惜	酝酿	庶务

"惕""窦""庸""视""抨""惋""酝""庶"是古汉语词,"警""疑""附""蔑""击""惜""酿""务"是有以它们为基础的现代汉语同义词的,可以被人理解为"警戒""疑惑""附属""轻蔑""打击""可惜""酿造""事务"的简缩。

(2) 兼用古今汉语词构成的基本词

这类基本词也有有简缩关系和没有简缩关系两种:使用古汉语词和现代汉语词构成而没有简缩关系的。例如:

肇事	毅力	恫吓	阉割

　　　　紊乱　　　　椭圆　　　　将养　　　　巨大

　　这些词第一个词素都是古汉语词,第二个词素都是现代汉语词。例如:

　　　　挑衅　　　　叫嚣　　　　新颖　　　　难堪
　　　　贪婪　　　　催促　　　　比喻　　　　灌溉

这些词第一个词素都是现代汉语词,第二个词素都是古汉语词。有简缩关系的古今汉语词构成的基本词。例如:

　　　　熔点　　　　铁轨
　　　　容量　　　　潜力　　　　证人

　　"点""铁""量""力""人"都是现代汉语词,而"熔""轨""容""潜""证"虽是古汉语词,但是都有以它为基础改造成的现代汉语同义词,例如:"熔化""轨道""容受""潜在""证明"。

　　这里,因为"熔化点"和"铁轨道"在常用词汇中或是地位很小,或是根本没有地位,这类简缩关系不影响"熔点""铁轨"的基本词地位。至于"容受量""潜在力""证明人"都虽然成词也比较常用,可是它们并不影响"容量""潜力""证人"的基本词地位。因为它们不依简缩关系依然成词和"土改""镇反""少先队"依简缩关系而存在的并不相同。

　　2. 以现代汉语词作词素,在结构中改变或失去原词作用的是现代汉语基本词

　　这类基本词造词的素材虽是现代汉语词,可是词素进入组织之后已经失掉它在成词以前的现代汉语词的性质,并不是以现代汉语词依语法系组成的。

　　我们可以用"白菜""香菜"和"干菜""咸菜"来作比较:

　　这些词在造词法上都是使用属于新质的造词方法里条件分化

造词的。可是成词之后的组织关系却不相同。"香菜""白菜"的组织是牢固的,不可分拆的;拆开,就使它们完全失掉了词的概括能力,语法关系就会使它们变成香的菜、白的菜,指着跟"香菜""白菜"并不相同的另一类对象。至于"干菜""咸菜"就不这样,它们是可以拆开的。拆开之后两个造词材料即时受语法作用的支配,使它们变成干的菜,咸的菜,所说明的对象跟"干菜""咸菜"的词义基本相同。

这样看来,在"干菜""咸菜"两个词里,"干""咸""菜"在词的组织里跟它在语句的组织是起着同样作用的。那么,只要有"干""咸""菜"三个词,不但"干菜""咸菜"很容易理解,就是"干咸菜""咸干菜""咸菜干"这类词都是可以理解的。可见"干菜""咸菜"这两个词是依存于"干""咸""菜"三个基本词而存在的,它们的造词组织决定它们并不是基本词。

至于"香菜""白菜"就不是这样的。假若只有"香""白""菜"三个基本词,只能依着语法关系表示香的菜、白的菜,说"香—菜""白—菜"而不能概括那两种蔬菜了。假如在现代汉语词汇里失掉"香菜""白菜"这两个词,我们除非用它们已经失掉全民性的古词"蘹荽""芫荽""胡荽"和"菘"来叫它们,才能说出来,然而那又有多少人知道呢?可见失掉"香菜""白菜"差不多等于在思想里消掉了两个反映客观存在的概念。可见"香菜""白菜"是跟"香""白""菜"在现代汉语词汇里是互不依存,而是同等重要的基本词。

二　造词法上的推寻线索——非基本词多在词汇—结构造词里

在汉语造词法里,象声造词,变义造词,单纯的比拟造词和音变造词(改变重音除外)都是属于汉语旧质的。这些造词方法历史比较长,而且现在已经很少使用。在现代汉语词汇中属于这些造词方法造成的词,一般是从古代传承下来的,通过汉语发展的新旧质变,从古汉语词变成适合于现代汉语情况的现代汉语词。从词的历史线索和词素线索来推寻,这些词都应该是现代汉语基本词。

在比拟造词中,条件比拟造词在方法上是属于汉语新质特点的。但是这种造词方的特点是"比拟"而不是直接以词素原词原义构成的。"水银"并不是"水"和"银"的实际关系。不能理解为像水一样的银子。成词之后就成为不可分拆的整体。用这一类造词法造成的词,不用说其中使用古词的就是都用现代汉语词去作词素,由于造词法上的特点,也应该是属于基本词的。

在形态结构造词方法里,表现汉语新质特点的附缀造词中,附后缀的附缀造词,例如:"拔子""唱儿""年头""作家""记者""选手"等等也都是基本词。因为它们也不是可以从语法关系按词素体会出来的。至于前缀只有称名叙数的临时性作用,并不改名数本义,"阿菊""老王""第一"可以不看做基本词。

除这以外,剩下的是词汇结构造词方法。这种造词是属新质造词方法的。除在以古汉语词作词素的和词素在结构中改变或失去原词原义的一些词外,其他一些词都是非基本词。

在方法上看来好像范围很小,实际是词汇中数量相当大的一个部分。这种造词法是现代汉语造词方法中最能产的。因此,可以说:现代汉语词汇中,非基本词大部是由词汇结构造词方法造成的。

三　词源上的推寻线索——用缩写的方法从故事或成语中提炼出来的现代汉语词不拘词素的性质都是基本词

这一类基本词在词的素材和结构等方面是可以分属于前几类的。其中：全用古汉语词的，例如："矛盾"，兼用古今汉语词的，例如："借鉴"，全用现代汉语词的，例如"推敲"。

但在语源上它有特殊的地方。一般的词，从词素上可以直接推求语源，这一类词即或了解词素，若是不明白它的"出处"，也还是不知道它的"所以"。

这一类词的内容和与之相应的形式都是从一个故事或成语里提炼出来的。换句话说，这种词只是一个故事或短语的缩写，只是从那一故事或短语里提炼出来的主要思想的标志。它们的造词材料和方法常是被那个提炼出来的思想决定的。造词的材料和方法是从它们之外的另一个东西来的。

例如："推敲"一词是概括着选择近义词的修辞活动的。很显然，"推""敲"两个造词材料都跟这一内容没有直接关系。在以词造词时，绝不是取它"推"近义词或"敲"近义词的行动，也不是概括对一些近义词的既"推"且"敲"的行动，它们是从生出这一思想的故事里提炼出两个足以标志选择近义词思想活动的突出特点，来进行概括的。

"推"和"敲"都是现代汉语基本词，可是单单理解"推""敲"两个词是不足以理解"推敲"这一个词的。"推敲"是不完全依存于"推""敲"这两个基本词的。它自己就是一个基本词。

这一类基本词，在民族语言中，是在表现着民族智慧的提炼。

这类基本词在教学过程中，在必要的条件下，适当地从故事上说明语源，是有助于理解的。不过这种处理须要十分小心，千万不可喧宾夺主地大讲其典故来！

可以作这一类基本词的。例如：

居奇① 掣肘 续弦② 借鉴③

矛盾 推敲 偏袒④ 垄断⑤

第二十四章 现代汉语基本词汇的核心——根词

第一节 现代汉语根词的性质和界限

壹 根词是基本词汇里的主要东西

从词的观点，就着基本词汇的词汇整体来看，各个基本词之间的关系和地位也并不是完全一样的。其中也有主要的，为其他基本词依存的东西。这些东西是基本词汇的核心部分，是"根词"。斯大林在说"语言的词汇中的主要东西就是基本词汇"的同时，就

---

① 《史记·吕不韦列传》："吕不韦贾邯郸，见而怜之，曰：'此奇货可居。'"——"居"是"居物致富"的"居"，有囤积储存的意思。

② 《诗经·常棣》："妻子好合，如鼓瑟琴。"女曰鸡鸣："宜言饮酒，与子偕老。琴瑟在御，莫不静好。"后人因之，常用琴瑟比夫妇。把丧妻叫"断弦"，续娶叫"续弦"。

③ 《淮南子·主术训》："夫据槁而窥井底，虽达视犹不能见其睛。借明于鉴以照之，则分寸可得而察也。"

④ 《汉书·高后纪》："勃入军门，行令军中曰：'为吕氏，右袒；为刘氏，左袒！'军皆左袒。"

⑤ 《孟子·公孙丑下》："使己为政，不用，则亦已矣。又使其子弟为卿。人亦孰不欲富贵，而独于富贵之中，有私龙断焉。古之为市也，以其所有易其所无者。有司者治之耳。有贱丈夫焉，必求龙断而登之。以左右望而罔市利。人皆以为贱，故从而征之。"——"龙断"即"陇断""垄断"。

指出"其中包括所有的根词,成为基本词汇的核心。"[①]

就现代汉语来看,在基本词汇里,哪些东西是主要的呢?

首先要弄清楚的,是基本词汇里的主要东西并不是别的,而是基本词汇里的词。可以肯定这种主要东西,它:一、不就是词根,二、也不能是词所概括的事物。

我们知道词根并不是一切词都必有的,从现代汉语词汇来看,词的语源有的是以词根造词的,也有的是以语句成词的;而且词根造词是现代汉语词汇里基本词和非基本词所共有的。或者有人想:是不是能作词根的基本词才是基本词汇的主要东西? 这也不是的,因为基本词汇既是给构造新词准备了基础,也就是一般基本词都可以有作为词根的能力,何况词根又不都是最初的? 由"板"造成"石板",由"石板"造成"纸石板"。从"纸石板"来看,"石板"是词根,而"石板"本身又是以"板"为词根的。可见即或从词根上来考查,也很难明确出到底哪一类东西是主要的。

我们也不能说基本词汇的主要东西是它们所概括的对象。前几节已经说过,对象的稳定性,并不能完全决定词的稳定性,概括同一稳定事务的词,因为语言新旧质的发展,有的基本词已经在现代汉语里失去一般的交际作用,不再是基本词而被另一个符合于当前语言规律的新基本词所代替了。基本词的内容和它所概括的客观存在并不是同一个东西,词不等于概念,也更不等于客观存在事物。不能在词以外寻求根词的标准。

从词的特点来看基本词汇,它的主要部分应当是一些有决定性的,不依存于其他基本词而独自成词的基本词。它们是基本词

[①] 斯大林(1953)《马克思主义与语言学问题》,人民出版社,21 页。

的核心部分。假如没有这部分基本词,就不会有以它们为基础而构成的另一些基本词。更主要的是假如没有它们,就从根本上消掉了基本词汇,消掉了语言词汇的主要部分,就等于消灭了这一种语言。

在现代汉语基本词汇里具有决定意义的部分到底应该是哪一些词呢?

这应该从基本词的造词材料和方法的性质来判别。找到主要部分和非主要部分的分水岭,它们的分界线就不难辨认了。

它的分水岭就是:从语源上看,造成基本词的材料是不是现代汉语里一些独立不倚、不能再分的基本词? ——再分,它们就不是现代汉语的基本词了。

不依存于其他现代汉语基本词而成词的基本词,也就是不能从另一些现代汉语基本词给人某些启示的基本词。它们是基本词汇里的基本核心,是根词。反之,依存于这一核心部分的就是一般的基本词。

贰　根词和词根的区别

根词是基本词汇里的基本的或根本的基本词。它们可以是其它一些基本词的成词基础。就现代汉语来说,作为根词的基本词是可以造成完全依靠它们而形成的基本词,而它们本身并不是完全依靠,或根本不依靠其他现代汉语基本词而存在的。它们是现代汉语基本词汇里独立存在的部分,它们是其他现代汉语基本词所依存的核心部分。

词根是以词造词的生长点。是新词生长的根源。可是这种派生新词的根源,在词的行辈上却很有不同。例如:已经举过的例子——"纸石板"的词根是"石板",而"石板"的词根是"板"。基本词一般地可以作为词根,但是可以作为词根的不一定就是基本词。有的词根是基本词,可不一定是根词,有的词根既是基本词又是根词。词根和根词这两个概念,虽然有一定瓜葛,有一定重叠,可并不是完全相同的。

根词可以作词根,可是所有的词根并不都是根词。

词根可以是基本词,而基本词并不都是根词。不能说可以作基本词的词根就是根词。"黄瓜"对于从它派生出来的"酸黄瓜"是词根,可是我们不能因为"黄瓜"既是基本词又能作词根就判定它是根词。"黄瓜"这一基本词是依存于基本词汇里另外两个基本的基本词"黄"和"瓜"而存在的。"黄"和"瓜"是"黄瓜"所依存的核心,是根词。可见寻找根词的工作是不应该单纯地套在基本词和词根的统一关系上的。

再有,现代汉语的根词,我们说它是非依存的,是就现代汉语词汇来说的。如果从整个汉语史来看,把在现代汉语词汇里不依存的东西提到古汉语去看,无疑,它们也都是依存的。例如:"河"依存于"丂","佝偻"依存于"考老",而"考老"也依存于"丂"。

这样说来,根词是非常游动的了。

但是,我们不能这样说。

我们从汉语的新旧质考查古今汉语,只能在汉语发展的一定途程上看它的各种成分,在一定的时代上看它的基本词里的根词;不能抛开具体的语言时代,把根词上下古今地推来推去,弄成不可捉摸的东西。一句话,现代汉语根词是存在于从古汉语传承发展下来的现代汉语词汇中的基本词汇里。历史的蝉联,使它和古汉语基本词汇的根词有相续的发展关系。我们不能承认现代汉语基本词汇是在古代就已造全,就已造定了的。同理,它的根词也是这样。它有它的历史稳定性,同时又有它的一般语言词汇的特质,从旧质到新质的历史发展性。

现代汉语基本词汇里的根词,总是应该放在现代汉语词汇里来理解的。

第二节　哪些基本词是现代汉语根词?

哪些基本词是基本词汇的核心呢?

作为根词的基本词,就现代汉语来说:

一、用属于汉语造词方法中旧质的造词法造成的基本词是根词。这里边包括着象声的变义的,无条件比拟的和音变造词。

二、用新质造词方法造成的基本词里,用没有传下来的古汉语词作词素的基本词是根词。

这些基本词是基本词汇的核心部分。没有它们就没有基本词,没有它们就没有基本词汇。

除这两类根词之外,剩下的是以现代汉语作词素,用新质造词方法造成的基本词。这一类基本词有的是条件比拟造词的,有的是词汇结构造词的。

它们在词的组织里虽然都已改变或失去原词词义。"白菜"不再是白色的菜,"水银"不再是像水似的银子,跟"牛奶""地皮"不同。可是"白""菜""水""银"的词的作用还是有显著的现实意义的。

从语言的词汇来说,它们是独立不倚的基本词。从基本词汇来说,它是依存的;还不是最根本的。因此,这一类基本词在基本词汇里不是属于核心部分的,不是根词。

第五篇　基本词汇的累积、传承和发展

第二十五章　基本词汇历史稳定性的认识问题

第一节　基本词汇的历史稳定性是在语言发展中相对地提出来的

汉语基本词汇的累积、传承和发展问题，按其性质来说，是基本词汇历史稳定性的认识问题。

在研究基本词汇的工作中，我们容易看到它的全民性、历史稳定性和构造新词的能力，以及形成这些特点的客观原因。可是容易忽略的却是眼前的问题，——基本词汇的"词"在语言上的本质特点。结果，往往抛开对象的语言性质，变成客观存在稳定性的研究，以致以条件代替了本质，"往而不返"因而不能全面地认识基本词了。就在比较容易认识的基本词汇的历史稳定性上，我们也往往有人只看到它千百年长存的稳定现象，而忽略了它的发展和变易。特别是汉语基本词汇，由于它所使用的，从商周以来，由象形文字演变到而今，在今天，还在使用着的表意文字的长期的历史延续,更容易给人一种印象,好像汉语基本词汇的"词",几乎是一从出现,就很少变易似的。

有人援引甲骨文,商周青铜器铭文和《周易》、《诗经》、《楚辞》之类的先秦书面语言,企图证明像"月""走"之类的基本词已有三四千年的稳定历史。这完全是被词的标记符号的历史所迷惑的一种错觉。只看到汉语基本词汇反映在文字方面的历史延续,并没有看到用这种文字作标记符号的汉语基本词在古今汉语新旧质变方面所发生的重大变革。因而片面地强调词的标记符号,忽略或忘记了该符号所标的词的语言本质,忽略了汉语基本词形式和内容的古今变化。要知道,现代汉语词的"月""走"在书写形式上只是一直从商周演化下来的,并且就楷书方面来说,已有相当长时期的稳定;但是作为一个具体的基本词来看,它们已不仅在书写上不同于商周,就是在语音方面——词的物质形式——不光是不同于商周,也不同于和我们今天一样使用楷书的隋唐时代了! 不仅在语音方面有了改变,更有一些词在内容上也是今不同于古了!

说汉语基本词汇有悠久的长期历史,有相当大的稳定性这都是正确的。但是必辨明它这种稳定性并不是始终不变,"振古如斯"的,而是在语言发展的历史途程中,就基本词和以它为中心的一般词汇相对地比较来说的;是在缓慢地逐渐发展的历史进程上,相续的一定时期的相对稳定;并不是一旦形成之后就永远不再改变的东西。

基本词汇的稳定性是由于它所汇集的基本词的特点形成的。离开具体的基本词,并不存在基本词汇,更哪里会有什么基本词汇的历史稳定性! 但是这个汇总起来的集体,又有超过每个基本词个体的力量。各个基本词前后参差地发展变化，并不即时妨碍基本词汇总体的相对稳定。

基本词不但是它们出现和汇入基本词汇的时间各个不齐，有早早晚晚；就是它们的发展程度和速度，在逐渐改变的历史形势下，也是错错落落的。这就使基本词汇在语言发展中，它的稳定性大于它所汇集的各个基本词的发展变化，而这些沿着内部规律，从属当时总的趋势，错落不齐的各个基本词的发展变化，也将会使这稳定的总汇，由逐渐的量变渐渐地发生质变。古汉语基本词汇和现代汉语基本词汇都有它的稳定性。这两种各有其稳定性的基本词汇，不是突然爆发的，而是汉语基本词汇在长期发展中，在各个时期连续不绝的相对稳定逐渐转化而成的。

所以说基本词汇的历史稳定性是在语言发展的基础上提出来的。把它理解为一直不变，是错误的。

约·维·斯大林说"语言的结构，以及它的文法构造和基本词汇，是许多时代的产物。"[①]这"许多时代的产物"是什么样的情形呢？他说："（语言）它是许多时代的产物，在这许多时代中，它形成起来、丰富起来、发展起来、精炼起来。"[②]可见语言的词汇中的主要东西——基本词汇必然是有发展变化的。

不过它的发展变化是比较缓慢的。但是比起语法来，它还是比较快一些的。正如斯大林所说："语言的文法构造比语言的基本词汇变化得更慢。"[③]

斯大林说："基本词汇是比语言的词汇窄小得多的，可是它的

---

① 斯大林(1953)《马克思主义与语言学问题》，人民出版社，24页。
② 同上，5页。
③ 同上，23页。

生命却长久得多,它在千百年的长时期中生存着并给语言构成新词的基础。"①"生命长久得多"和"在千百年的长时期中生存着"的基本词汇特点是在语言发展的基础上的相对地提出来的。

基本词汇的基本词既是发展的,那么研究基本词汇的累积和丰富就不能单从新词的增加来考查了。

不但如此,在发展着的东西中是有其"新陈代谢"的。基本词汇的历史稳定性,也不意味着所有基本词都一样地能随着语言发展永久存在。语言从旧质到新质的逐渐发展,"不是经过消灭现存的语言和创造新的语言,而是经过新质的要素的逐渐积累,也就是经过旧质要素的逐渐衰亡来实现的。"②基本词汇自然不能例外,也是有失用、衰亡,在一定时期逐渐被摒弃于基本词汇之外的发展变化。不过这种基本词和新累积来的相比是很少的。约·维·斯大林在他的语言学说中,关于基本词的这一特点已经说得很清楚。他列举许多原因之后说:"虽然通常从语言的词汇中消失了一些已经陈旧的词,可是添加的新词的数量却要多得多。至于基本词汇是基本上完全保存下来的。"③所说"基本上完全保存下来",正是因为有某些基本词是在发展的途程中由于失用而逐渐消亡了。

因此,在研究基本词汇的累积、传承和发展的同时,在发展中逐渐消亡的情形,也不能不予以注意了。

---

① 斯大林(1953)《马克思主义与语言学问题》,人民出版社,21 页。
② 同上,26 页。
③ 同上,23 页。

第二节　基本词汇累积、传承和发展的不可分割

　　语言的发展是逐渐的。在逐渐的发展过程中,语言的新质要素从自现代说来是以旧质要素为主的古代语言中,逐渐萌生、滋长、壮大,慢慢地达到了一个质变的转化,从而形成一种不同于古语的,以新质要素为主的现代语言。

　　这种逐渐质变,并不是抛弃一种语言另造一种语言;而是同一种语言的不断生长。因此,古今语言两方面既有性质上的区别,同时又有不可分割的历史连续。

　　汉语基本词汇的古今传承,便是汉语延续发展的一个基本部分。

　　现代汉语基本词汇在性质上是不同于古汉语的。在词的累积上,除去一些新的或比较新的基本词外,一般是从古汉语基本词汇在发展中传承下来的。这是一个不断的延续。这种传承下来的基本词,在语音形式上,由古今语音的变化,已不同于古汉语。因而在传承延续之中,又发生了区别。

　　古汉语基本词在向现代汉语基本词发展过程中,不但语音形式有所变化,就是词的本身也常随人在生产实践中认识的加深加密而发生转化或分化。这又使古今汉语基本词汇在传承发展中,有些基本词发生了根本变化。

　　也更有一些基本词,由古今汉语在造词法上的新旧质变而发生了构词形式的改造,发生了古今同义词的逐渐的新陈代谢,致使有一部分基本词渐次失用,完全被保留在古汉语基本词汇之中,而以它属于新质形式的同义词加入现代汉语基本词汇里。

由此看来,现代汉语基本词汇的累积和丰富,是在很复杂的情况下不断汇集而成的。这就是说,现代汉语基本词汇的积累和丰富,并不像秋庭落叶,只是一层层毫无生机的东西的堆积;也不像滚动的雪球,在前进的途程中只是单纯地增加新的成分。而是在不断添加新成分的同时,已经积累的成分也在变化。而且有许多新的成分就是由已有的旧成分变化出来的。

现代汉语基本词汇的累积、传承和发展这三方面是紧紧相关的。累积之中向前传承,在传承之中又有新的累积;在传承中有发展,发展之后又有新的累积和传承。这种关系,真是"如环无端",不可分割的。

为说明的方便,想从以下几个方面分别举例来论证:

1. 汉语基本词的累积;

2. 汉语基本词的传承;

3. 汉语基本词的发展;

4. 汉语基本词在传承中个别地新陈代谢和失用。

第二十六章 汉语基本词汇的累积

第一节 累积中的两个问题
——时间和来路

基本词汇在累积中的错综复杂情形前面已经说过了,这里不再重述。只就它的几个部分——基本词的汇入时代和来路举几个例子略作说明。

基本词汇入基本词汇的时间和来路,因为它不可能有随时的记载,是很难确指的。但是我们有悠久而丰富的书面的语言历史材料,这个问题并不是绝对困难的。一般说来,在有了文字之后,反映在书面语言上的基本词,一般的总是或多或少晚于口头语言的。换句话说,写在书面语言的词,必然是在当时已通行了一个时期的。

我们有可能根据这些材料考求出许多基本词出现的时代和来路。

基本词出现的时代和来路的问题和它的语源有关。然而语源并不能完全解决这个问题。在一成形就是基本词的词上,出现的时代和来源是和语源一致的。从语源上可以解决这一问题。至于一些开始还不是基本词,后来才随着语言发展,逐渐成为基本词的词,它的出现时代和来路就不能是同一时代的。这样的基本词,从语源上只能解决它的来路问题。至于它什么时候才变成基本词,要靠更多的记载来推寻了。例如:

"作活"一词,在现代汉语是一个不可分割的基本词。从来路来看,当初它只是一个词组,还不成词。这个词组在六朝时代就已反映在书面语言之中。《魏书·北海王祥传》:"高太妃云:'今不愿富贵,但令母子相保,共汝扫市作活也。'"这时的"作活"只是劳动谋生的意思,在语言上还是词组性质。到了唐代,例如张籍的诗:"贫穷作活似村中,作活每常嫌费力","作活"就已然成词了。

须要注意的是:各个基本词出现的时代和它的来路只是它的历史开端,并不意味着所有传承到现代汉语基本词汇的形式和内容的统一关系,远在形成基本词的时候,就都已完全固定下来了。

还是像前面说过的：各个基本词依着汉语词汇发展的内部规律，成词之后，在传承中有发展，在发展后——除极少数由于失用被逐渐废止外——还有它的新的继续传承。

基本词的来源问题和现实既有密切联系，又有性质上的区别。在看下面的例子时，务必分清这种关系。

第二节　新基本词的随时汇入

基本词汇远在文字之前就已存在。在开始用文字来作词的标记符号，把口头语言加工写成精炼的书面语言时，按其时代来说，基本词汇已经相当丰富了。

从我们现时已知的最早的书面语言——殷墟卜辞和商周青铜器铭文来看，有许多现代汉语基本词汇中的基本词，它的较早的形式远在那个时代就已被记录下来了；也就是说现代汉语基本词汇里，有许多词生命力强，历史长，远在三千五六百年之前就已经在书面上出现了。

周秦以后，记载更多。我们不仅从各种古书可以考查出许多基本词的最早记载，也可以就各种文物制度的发明、发现以及建制、改革来推定有关基本词的出现时代。——须要注意的是，我们只是就它出现的"时代"来看基本词的历史，并不是说远在那一时代它就已经是传承到今天的形式。例如：

"到"——这一基本词在春秋以前就已出现了：劉。

《毛诗·韩奕》："厥父孔武，靡国不到。"是个表示到来的词，在标记符号上，也有反映，周代青铜器铭文都是从"人"，并不从"刀"。"到"是人到来的意思，在当时已经是明确了的。

"磁石"——这一基本词在战国时就已出现。

《吕氏春秋·精通篇》:"慈石召铁,或引之也。"当时写作"慈石"。为什么叫这个名字呢?晋朝、郭璞在他的《山海经图赞》上说:"慈石吸铁,母子相恋也。"正说明它命名的原因。

"慈石"一词除《吕氏春秋》之外,也见于《管子》和《山海经》。这两部书实际也不早于战国。

"慈石"受汉字形声结构的影响,以后变作"磁石"。受单音节影响和科学上的提炼再简缩成"磁"。——"磁"只是科学术语,在实际中不常使用,"磁石"还是一个基本词。

"文字"——这一基本词是秦代出现的。

秦以前把文字叫做"名"和"文"。《仪礼·聘礼》:"百名以上书于策,不及百名书于方。"注:"名、书文也。今谓之'字'。"《左传》:"于文止戈为武","于文反'正'为'乏'","于文'皿虫'为'蛊'"。《论语》:"吾犹及史之阙文也"。都说"文"不说"字"。到秦始皇琅琊台石刻"书同文字",才把"字"和"文"同义连用作成一个词。

后汉,许慎把"文字"分开来说,他说,"依类象形谓之'文',其后形声相益即谓之'字'。——字者、言孳乳而浸多也"。"文字"一词结构还不十分紧密。

现代汉语,"文字"和"字"成了两个不能完全互换的基本词了。

"纸"——这一基本词是在汉代出现的。

纸是公元第一世纪时中国的天才的工人发明的,在一〇五年(汉和帝元兴元年)由一个宫廷奴隶——宦官蔡伦公布出来的。

《后汉书·蔡伦传》说："自古书契，多编以竹简。其用缣帛者，谓之'纸'。缣贵而简重，并不便于人。(蔡)伦乃造意用树肤、麻头及敝布、鱼网以为'纸'。元兴元年奏上之，帝善其能，自是莫不从用焉。故天下咸称蔡侯纸。"

"店"——这一个基本词在六朝时已经出现。

《晋书·阮修传》："以百钱挂杖头，至酒店，便独酣畅。"《南史·刘休传》："休妇王氏妒。明帝闻之，令于宅后开小店。使王氏亲卖皂笑扫帚以辱之。"宋乐府《读曲歌》："飞龙落药店。骨出只为汝！"

"店"这一词，在六朝时代已然通行了。崔豹《古今注》说："店、置也，所以置货鬻物也。"

"点心"——这一个基本词在唐代已经出现。

唐代"郑(修)为江淮留后。家人备夫人晨馔。夫人顾其弟曰：'治妆未毕，我未及餐，尔可且点心。'其弟举瓯已罄。俄而女仆请饭库钥匙，备夫人点心。修诟曰：'适已给了，何得又请！'"

孙颢《幻异志·板桥三娘子》："三娘子先起，点灯。置新作烧饼于食床上，与诸客点心。"

正如宋人吴曾《能改齐漫录》所说："世俗例以早晨小食为'点心'，自唐时已有此语。"

"蛋"——这一个基本词在宋代已经出现。

吴自牧《梦梁录》："三日，女家送冠花缎鹅蛋。又育子，父母家家以彩画鸭蛋百二十枚及芽儿绣棚彩衣至婿家。"是宋代已经把鸟卵叫做"蛋"了。

它的语源,应如《宛委余编》所说:"'蛋'字似应写作'弹'。盖鸟卵圆转如弹丸,故有'弹'之名。"是用比拟造词法造成的。

"兄弟"——这一个基本词在元代已经出现。

《元曲·燕青博鱼》:"若不嫌弃我呵,愿与哥哥做个兄弟","哥也,你兄弟有一句话敢说么?""兄弟"和"哥哥"相对称呼。"兄弟"不再是兄和弟的统称。

《元史·泰定帝即位诏》:"诸王哥哥兄弟每也都理会的,又争立的,哥哥兄弟也无有。"《元典章》:"军户替补条,也有哥哥兄弟孩儿每的话。"从"兄弟"和"哥哥"先后相连并称。可见把"兄"和"弟"合起来作为称呼弟弟的"兄弟"一词在元代已经形成了。

"落花生"——这一个基本词是在明代出现的。

明代徐渭的"渔鼓词",有:"堆盘如菽不知名,咏物成林未著声。只有青藤词一语,茨菰香芋落花生。"落花生是在明代传入中国的。清初、张璐,在他的《本经逢原》一书上说:"长生果,一名落花生,产闽地,花落土中即生。从古无此,近始有之。"

可见"落花生"这一基本词是在明代出现的。

第三节　基本词的两条来路

汉语基本词汇,就各个基本词的语源来说,来路是比较复杂的。总的看起来,大体可分作两类:自造的和借入的。

以下就这两类分别举例说明。

壹 创造和发展的基本词

自造的基本词是汉语基本词汇中决定性的部分,数量也最大。没有这部分基本词,就没有汉语基本词,民族语言便不可能存在,根本就不会有从外语借入的"借词"存在,更说不到由借词变成的基本词了。

这类基本词:

1. 有一开始就是作为一个基本词出现的。例如:

马头

船马头的"马头",按《资治通鉴》的记载:"史宪诚据魏博。于黎阳筑马头,为渡河之势。"注云:"附岸筑土,植木夹之,以便兵马入船,谓之'马头'"。这个基本词在唐代已然通用。

《晋书·地理志》:"武昌郡,鄂县有新兴马头。""马头"一词在魏晋时就已出现。

就词的结构来说,这一个基本词一开始就是一个基本词的。在它成词之前,并没有过渡的语言形式。

2. 有的基本词虽然在它成词之前就早已具备了成词的语言条件,但是还不是词。经过一定的时期之后,由于语言的或认识的发展,才在已有的基础上形成新的基本词。

其中:

由于语言新旧质消长的影响而产生的新基本词。例如:

面貌

《荀子·大略》:"爱之而勿面,使之而勿貌"。"面""貌"这两个同义词,在先秦还是各自成词的。这是合于古汉语词的特点的。

到了汉代,这两个同义词,已开始以互注造词的方法,形成反映着正在滋长着的汉语造词法新质特点的双音节词——"面貌"。《史记·田儋传》:"欲一见我面貌耳!"《汉书·张禹传》:"又奇其面貌。"这些都是。

由于认识的发展,在已有的语言基础上,形成新的形式和内容的统一,构成新的基本词。例如:

宣言

这一个基本词,是近百年才形成的。以前它只是一个词组。

《国语·周语》:"为川者决之使导,为民者宣之使言。""宣""言"之间是可以夹上其他成分的。

《左传·桓公二年》:"故因民之不堪命,先宣言曰:'司马则然'。"《国策·秦策》:"楚王大说宣言之于朝廷曰:'不谷得商于之田方六百里。'""宣"和"言"都是各自成词,以语法关系相接的。

但是到了近代,主要是由于政治上的生活实践和要求,把原有的"宣言"两个词的组合,融成一个新的统一,用来概括人们正式向广大群众宣布政见或其他意见的言语行动或书面文件。

贰　从借词变成的基本词

关于这个问题,可能有人怀疑。试想:外语既然是在我们民族语言之外的另一系统语言,那么,我们从它借来的词怎么能加入我们的民族语言基本词汇,怎么能成为汉语基本词呢?

这个怀疑是从词的来源出发的,没有注意到词的形式和内容统一关系的民族语言特点。

借词,说起来,并不是偶然临时挪用;从思想上说,这种外语词的内容已经随着反映客观存在的新认识,变成了我们自己思想的一部分,不再是外国思想的借用;从形式说,词的形式也不是外语原来形式的照样搬用,而是按照汉语语言系统、音节特点和造词方法,乃至文化影响加以适当的改造。因此,这种汉语化了的外来语词,在词的形式和内容的统一关系上看,已经成为一个汉语词。假如,照汉语化的形式返回它的原来语言里,反倒觉得不调和了。

其中:越是汉语化了的借词,它的基本词的性质也就越发明显,如果不经人指示来路,一般人几乎不知道它是从外语借来的借词。例如:

魔

这一个基本词,它不但可以独用,而且也可以造词,造成"魔手""魔术""疯魔""恶魔"等等。如果不寻找它的来源,谁知道它是以一个借词身份加入汉语基本词的呢?

"魔"原来是梵语 mara 的对音——"魔罗"的省略。是一个借词。

再如:

唢呐

这种乐器原是回族所用的。原名"苏尔奈"。有写作"琐嗉""唆哪""锁呐"的。

这类借词都是在使用中逐渐略去它的外语形式的特点,使它进一步汉语化的结果。已经使人不觉或很少觉到借词意味了。

如果在借词的形式之外,再按汉语构词法在对音音节前或后加一个汉语成分,那就更加汉化,有的很难想到它原是一个借词了。例如:

菠菜

这种菜是从西域传来的。最初的对音是"波稜"。唐代韦绚《刘宾客嘉话录》："菜之波稜本西国中有僧将其子来,如苜蓿、蒲陶因张骞而至也。绚曰:'岂非颇陵国将来,而语讹为菠稜邪?'"

按《唐会要》:"太宋时,尼波罗国献波稜菜。类红蓝。火熟之,能益食味。"

再如:

狮子

狮子,汉代写作"师子"或径写作"师"。后来因为它是兽类,为了书写上的区别,用"狮子"来写。《后汉书·班彪传上》:"挟师豹",李贤注:"师,师子也。"

这个来自外国的动物,它的名子是从一种伊斯兰语对音来的。它的原词是什么,现时学者意见还没有一致的意见。[1]

第二十七章　汉语基本词的传承

第一节　汉语基本词的传承和汉语的新旧质变

基本词的传承是它在语言发展中,随着新旧质变的历史延续。古今汉语相对地说起来,是各有它的特质的。但是这种同一

---

[1]　罗常培《语言与文化》,语文出版社,19~20页。

语言的性质改变,是逐渐过渡的。在从今天看来是以旧质要素为主的古汉语中,有新的萌芽和滋长,在以新质要素为主的现代汉语中,还残存着某些旧质的残余特点。而且古汉语也并不是被现代汉语排挤得一干二净,在必要的情况下,某些古语成分也还是适当地夹用在现代汉语里。这种历史的蝉联交搭并不混淆或抹杀古今汉语在本质上的区别。

出现早的或比较早的汉语基本词,从整个汉语史来看,从古至今,它是一个基本词的历史延续;从延续中的古今汉语质变来说,它是同一词的古今传承。

古今汉语质变是逐渐的。因而传承中的改变并不是突然的。这就使汉语基本词在汉语史的任一时期中都有它的较长的相对稳定性,不致在交际上发生困难。何况基本词汇中的各个基本词,适应新质要求而发生的逐渐改变,又是先后错落,不是"一齐开步走"的。这就使基本词汇在汉语发展的任一时期中都保持着巨大的稳定力量。

现代汉语基本词汇中出现较早一些的词,是在汉语新旧质逐渐改变中传承下来的。语言的质变不仅影响了基本词,使它相应的改变形式,而且就词汇来说,也从各个基本词的先后逐渐质变和累积,逐渐发生了基本词汇的质变。

因此,在考查基本词千百年长存的生命和它的历史稳定时,若把这悠长的生命和各时期的相对的长期稳定理解为固定不变,始终如一,是不合实际的。

汉语基本词在传承中的质变表现在哪里呢?

表现在词的语音形式上的语音系统和音节结构的改变。

表现在词的词汇—结构造词方法和形态—结构造词方法上。

以下就这两点来说明汉语基本词传承的一般情况。

1. 汉语基本词在传承中的语音形式质变；

2. 汉语基本词在传承中的结构形式质变。

第二节　汉语基本词在传承中的语音形式质变

壹　古今汉语语音系统在传承中
已经渐变得很不相同

相传明末的古音学家顾炎武住在他的朋友傅青主家。有一天，他起床很晚。傅青主在门外向他说"汀茫久矣！犹酣卧耶？"顾炎武听来不懂，觉得很奇怪。傅青主说："你精通古音，怎能不知道'天'本来说'汀'，'明'本来说'茫'啊！"两个人哈哈大笑起来。①词的语音形式特点是它区别古今、方言的本质特点之一。不用往更远来说，假定有人用现时所拟隋唐语音说"道德"[*d'ɑutək]一词。我们听来不仅觉得有方音性质，甚至觉得好像是在说日本语"どうとく"[dautoku]。日语音读保存着的唐代汉语语音，我们若是挪回来用古汉语语法或现代汉语语法来说，可以肯定那是不会发挥交际作用的。那么比这更古的汉语古音和现代汉语语音来比一定会有更大的差别。可见语音系统特点和音节结构特点是体现语言新旧质的特点之一的。例如：

《诗经》：

"缔兮绤兮，凄其以风。我思古人，实获我心"——绿衣，四

---

① 梁绍壬《两般秋雨盦笔记·一·汀茫》："顾亭林先生邃于古音。尝宿傅青主家。一日，起稍宴。青主于户外呼曰：'汀茫久矣！犹酣卧耶？'先生怪其语。青主曰：'君精古音，岂不知天本音汀，明本音茫耶？'相与大笑。"

"习习谷风，以阴以雨。黾勉同心，不宜有怒。"——谷风，一

"如彼遡风，亦孔之僾。民有肃心，荓云不逮。"——桑柔，六

"吉甫作诵，穆如清风。仲山甫永怀，以慰其心。"——烝民，八

"彼何人斯，其为飘风。胡不自北，胡不自南，胡逝我梁，只搅我心？"——何人斯，四

"鴥彼晨风，郁彼北林。未见君子，忧心钦钦"——晨风

把"风"和"心""南""林""钦"等相押。

《楚辞》：

"登大坟以远望兮，聊以舒吾忧心。哀州土之平乐兮，悲江介之遗风"——九章，哀郢

"湛湛江水兮上有枫，目极千里兮伤春心。魂归来兮哀江南！"——招魂

"乘鄂渚而反顾兮，欸秋冬之绪风。步余马兮山皋，邸余车兮方林"——九章，涉江

也是用"风"和"心""南""林"等相押。

从这可以看出"风"在《诗经》、《楚辞》时代的收韵是和"心""南""林""钦"等韵相同的，收［*-m］。这不但和现代汉语不同，就是和隋唐时代也不相同。从唐诗和《广韵》看来，那时的"风"已经不再和"心""南""林""钦"同韵，而是和"东"在一韵，韵尾已经变成收［-ŋ］的了。

如果再按汉语古有"复辅音"的线索看来，像以前我们引用过的"风"不但在《诗经》、《楚辞》时代收韵和我们不同，就是发声也不一样。据一般同意的拟音，当时大概是说［*plum］的。

现在如果有一个人把"风"说成［plum］，一定没有人懂。

现在如果有人用"风"来和"心""南""林""钦"等音节在唱辞中

押韵,一定是唱不上口来,听来也不合辙了。

由此可见古今语音系统的变化,在基本词的语音形式上是有本质的区别的。因为它已经使词的形式和内容统一关系有明显的改变。

古今汉语在语音上的差异并不是突然变成的,而是在汉语基本词传承中逐渐转化出来的。在传承的过程中,每一时期都没有显然变化,在过程相去较远的两端,相对地显现出很大的差异。古今语音系统的差别是历史延续中渐变的结果;不能以音变的道理抹杀这种形式差别的性质,把古今汉语基本词混同起来。

贰　汉语基本词的语音形式质变不能被书写形式所蒙蔽

我们有理由,可以从用现代通行的汉字改写已久的先秦古书里,指出"火""风""马"等等基本词的历史是很久的;因为汉字的书写形式演变,证明了它们每一个词的标记符号,都是从古至今一直传承发展下来的。从词的标记符号的历史来看词的历史固然是一个重要线索。

但是,就这样从书写形式笼统地认为现代汉语基本词——"火""风""马"先秦时代就已经在说[xou][fuŋ][ma],就已经写作"火""风""马"那就不对了。

像本书以前举过的例子,"风"古代是说[*plum]的。隋唐时代是在说[*pĭuŋ][1],宋元以来才说[fuŋ][2]。

---

[1]　《广韵·东韵》:"风、方戎切。"
[2]　赵荫棠《中原音韵研究》,137 页。

[fuŋ]是从[*plum][*pĭuŋ]传承下来的现代汉语基本词；而[*plum][*pĭuŋ]只是现代汉语基本词的前身，还不就是现代汉语基本词。我们不能被用现代通行的汉字改写过了的古书所迷惑，指着《尚书》、《周易》、《诗经》、《楚辞》等等现存古书的"风"字去冒认现代汉语基本词。——古汉语基本词"风"和现代汉语基本词"风"是既是一事而又不相同的。我们现在是用现代汉语来读古汉语词的。

我们从汉语基本词的传承来考查古今基本词是应该的，从历史上认识现代汉语基本词才能掌握它的规律。讲汉语基本词是可以而且必须从古到今地作系统研究的，但是讲到现代汉语基本词时，一定要和古汉语词在蝉联中看到区别。

不仅由于汉字的书写形式，容易引起对汉语基本词在古今传承中所形成的古今词的形式混淆，妨碍了正确地认定现代汉语基本词；也更有一些基本词，在传承中由于书面语言和口头语言的脱节，致使应该认识到的现代汉语基本词的时代，被文字读音所影响，轻轻地以古汉语把它遮盖而拖后了时间。

例如："煮豆燃豆萁"的"豆萁"，在现代汉语叫[toukai]"豆秸"。"豆萁"现代读作[touɕi]。"秸"是不能独用的。"豆秸"是现代汉语基本词。从语音形式和书写形式来看，这两个词，是古今词。在"豆萁"的时代，并不说[toukai]，而且汉字的书写形式又给人以一种印象，好像它们只是古今同义词，并没有传承关系。

但是，我们看《淮南子》时则训"莝萁燧火"的高诱注，他说："'萁'读'该备'之'该'。""该"现在读[kai]，隋唐时代读[*kai]。"该"古音在"之"部，"之"部古音，如杨树达先生所拟，"盖以'哑'

（[a]）始，以'衣'（[i]）终'"①，那么，在古时也是说[kai]的。由此看来，认为它们是两个古今同义词，各自独立，没有传承关系是不合实际的。

总之，研究汉语基本词的传承问题，历史地考查汉语基本词，和明确地认识现代汉语基本词，语音是主要的。一定要在词的语音基础上来打量标记它的汉字。

虽说汉语基本词的历史传承，词的语音形式是主要的。但是我们有历史很长的，从象形文字到表意文字的汉字作它的标记符号。文字一经结合到词上，成为词的书写形式之后，它就不仅仅是词的标记，有时也影响了词。其中：

有的基本词，它的标记符号——汉字——是从古至今一直在和词紧紧相结中，按照它自己的发展规律传承下来的；

有的基本词，它的标记符号，在传承使用的途程中有了更换，在更换前后的书写形式也按照文字发展规律传承下来，造成了同一基本词的不同写法。

前一种的传承关系，因为有一个一贯的文字线索给我们准备了很好的引线，是容易辨认的。后一种传承关系，因为有了文字更换，一般是比较难以辨认的。

前一种基本词的古今区别，就现行的用汉字写成的书面语言来说，主要是在词的语音上；后一种基本词的古今区别，就现行的书面语言来说，表现在词和文字两方面。两方面都是现行的，是现代汉语基本词；有一方不是现行的，都是古今汉语基本词。

---

① 杨树达（1933）《之部古韵证》——《古声韵讨论集》，好望书店，136 页。《积微居小学金石论丛》，卷 3。

我们就这两种情况，举几个例子来看它们的传承关系：

1. 在传承中改变语音形式而不改换书写形式的基本词；

2. 在传承中既改变语音形式又改换书写形式的基本词。

一　在传承中改变语音形式而不改换书写形式的基本词

这一类基本词，是系统地随着汉语语音演化，逐渐改变自己的语音面貌的。标记它的文字，也是系统地随着汉字书写形式变化，逐渐地改变它的书写面貌的。

就文字来说，只有古今写法的不同，并没有换别的字来代替。但是，词的文字书写形式的改变并不是和词的语音改变步步相应的。书写形式变化了，语音不一定变化；语音变化了，书写形式也不一定变化。唐代语音“盐”收[-p]，“月”收[-t]，“锡”收[-k]，而现代汉语（除一部分方言外）这些基本词在文字写法和唐代一样，可是在语音上已经消掉它们的辅音韵尾，不收[-p][-t][-k]了；现代已经试用的简体字中，“鐵”写作“铁”，“團”写作“团”，书写形式虽有改变，但是语音并没有改变，还是说[tie][tuan]的。

这一类基本词，在书面语言上，因为只有写法上的系统改变，并不是文字的更换，是比较好认识的。例如：

星

它在先秦时代大概是说[* seŋ]，隋唐时代大概是说[*sieŋ]，元代以迄现代说[siŋ]。它在殷代写作“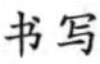”，在周代写作“”，在汉魏以后写作“星”；词的语音形式和书写形式略有变化，本义完全没有变。

火

它在先秦时代大概是说[* xuɛ]，隋唐时代大概是说[*ᶜxuɑ]，元代以迄现代说[xuo]。它在殷代写作“”，在周

代写作"🔥""火",在汉魏以后写作"火";词的形式略有变化，本义完全没有变。

女

它在先秦时代大概是说[﹡nɔ],隋唐时代大概是说[﹡ᶜniwo],从元到现代说[ny]。它在殷代写作"🜨",在周代写作"🜨",在汉魏晋以后写作"女";词的形式略有变化，本义完全没有变。

门

它在先秦时代大概说[﹡muɛn],在隋唐时代大概说[﹡ᶜmuən],元代说[muən],现代汉语说[mən]。它在殷、周时代都写作"🜨",汉魏以后写作"門";词的形式略有部分变化，本义完全没有变。

追

它在先秦时代说[﹡tuɛ],在隋唐时代说[﹡twi]。从元到现代说[tʂuei],它在殷代写作"🜨",周代写作"🜨",汉魏以后写作"追";词的形式改变，词义基本没变。

语言的音系变革和书写形式的变化都是缓慢地渐进的，从旧质和新质的逐渐消长达到质变的。因此，这一类基本词，就汉语整个发展中，可以说是长期稳定的、千百年长存的。就它们古今汉语的语音特点和书写特点来说，又是有古今区别的，这种质变是系统的、逐步的，古今虽有不同，但是它们都是一直延续传承的。

二 在传承中既改变语音形式又改换书写形式的基本词

这类基本词按传承的历史关系来说有两种：一种是在系统的历史的音变中，也就是在当时的一般正常读音基础上改换书写形式的;一种是在系统的历史的音变中,在当时一般正常语音系统上发生了个别词的音变,这种个别的说话音变在取得了全民地位之后,随变音改换了书写的形式的。

1. 在系统音变的基础上改变书写形式的

汉语基本词汇在传承中间,有些基本词,它的音节虽然是随着汉语语音系统的逐渐演变,在缓慢的音变过程中,一直传承下来,成为现代汉语基本词;可是它的书写形式——书写它的汉字却在演变过程中,被另一个汉字所代替,以更换了的书写形式传承到现在,成为现代汉语基本词的书写形式。

一般来说,有三种情况:

(1)　同词的不同造字——"或体"的书写形式在传承中的替换

第一种情况:

这种是替换字和被替换字都是同一个基本词的不同造字——书写同一基本词的不同结构——"或体字"。例如:

鷄(鸡)

这个基本词是用象声造词法造成的,是以鸡的叫声命名的。先秦时代大概说[*kɐk],隋唐时代大概说[kiei],从元到现在说[tɕi]。词的音节是在演化中一直传承下来的。

它的书写形式,从殷墟龟甲兽骨文字来看,有两种写法:"𪁪"是象形的,"𪂚"是形声字,用"奚"作音标,用鸟形来指示物类,这个形声字的结构后来又分化为两个写法:有从"隹"的"雞",也有从"鳥"的"鷄"。在这些不同结构的同词"或体字"中,象形写法的"𪁪"早已失传了,而在传承下来的形声字中,也只有"鷄"取得了稳固的地位。

（2） 专用书写形式和借用书写形式在传承中的替换

第二种情况：

这种情况是替换字和被替换字并不是同一个词的不同造字。不是同词"或体"的不同选择，而是"本字"和"借字"或是"借字"和"借字"的选择，其中：

属于"本字"和"借字"的选择的，有两类：

① 由借字书写到造成专用字

有的基本词，开始并没有专为标记它而造的"本字"，是直用假借的办法，借字记音的。后来，由于社会的要求和汉字系统的影响，为它制造了专用字。这个后起的"本字"取得全民公用的地位，逐渐地排挤了当初的"借字"，因而形成伴随词的传承而出现的，一个词的书写形式的更换传承。

这样"借字"被"本字"更换了的。例如：

胭脂

这个基本词过去也写"臙脂"。它是从借词来的。"胭脂"作为妇女美容涂料的名字是从它的原料胭脂草来的。最初写法并不固定，有写作：

焉支　　焉者　　阏氏

燕支　　烟支　　臙支　　撚支　　等等形式。

崔豹《古今注》："燕支，西方土人以染红。中国人谓之红蓝，以染粉为妇人面饰，名'燕支粉'。"《史记·匈奴传》："过焉支山。"正义引《西河旧事》说："匈奴失焉支山，乃歌曰：'失我焉支山，使我妇女无颜色。'"《妆楼记》："燕支染粉为妇人色，故匈奴名妻阏氏，言可爱如燕支也。"

胭脂调粉常掺油脂，而"脂""支"音近，遂按汉字的形声字用标记物类的办法,造成专用字"胭脂"和"臙脂",这大约是六朝时代的事。

自从"胭脂"出现之后,因为它的书写形式合于汉字习惯,原来借同音字标记的写法逐渐失用。文字虽然更换了,但是词的语音却一直传承下来。

② "本字"被"借字"代替的

有的基本词,原来是有为它专造的"本字"的。但是,当它伴随它所标记的基本词,在一道演化地向前传承中,受语音变化和文字简化的影响,半路上被一个原来和它无关,而本词已经"作古"的同音词以文字的"同音假借"代替它。因而"本字"渐次失用,成为"古字"并影响了这一个词的前半传承,使它成为"古词";后来的"借字"却取得稳固的地位,传承下来成为现代汉语基本词。例如:

球

"球"是一个现代汉语基本词。它这个书写形式并不是从古到今伴随词的语音变化传承,一直在原有的"本字"的结体上演变下来的,而是用了一个标记和这种可以手打脚踢的浑圆丸体无关的另一个词的书写形式来书写的。它以同音代替的资格排挤了原有的书写形式。

这个基本词原来的书写形式是"鞠"。"鞠"是世界上最早的足球。足球这一种很好的体育运动,是我们的先代发明的。它是一种用皮革缝制的浑圆的体育用具。这个词的写法是用"革"指示它的材料类属,用"匊"作为标记它的音节的。这种球类的玩法是用脚踢,所以古人用"麇鞠""蹴鞠""蹋鞠"等词组来说。《史记·苏秦传》:"六博蹋鞠",《战国策·齐策》写作

"六博蹋鞠"。踢球比赛大概在战国时代就已出现。刘向《别录》说:"蹵鞠,……盖因娱戏以练武士",《汉书·艺文志·兵家》有"蹴鞠二十五篇",《一切经音义·二》引三苍郭注说:"蹋鞠、兵势也,所以陈武士,简材力也。"可以见这种球类运动,我们祖国远在汉代就已发现它集体合作锻炼体力的优越性,用作训练士兵战斗精神的一种方法了。

这个词到唐代改用"毬"来写。因为球的内部有的是用毛填充的,《广韵》:"毬、皮毛丸也。"又因词的语音演化,由入声转成阴声,失掉韵尾[-k],遂又另造了一个形声字"毬",而且又受汉语新的造词法的影响,说:"毬子"。① "毬""毬"都是"鞠"的后起"或体字"。"毬"因为更合于它所标记的词的语音,而且又符合汉字简化原则,在改换后一直传承使用。

但是,汉字简化的历史规律在影响着它。"毬"被和它相似的另一个词的书写形式——"球"所代替。写来比带横折钩的更方便一些。而今"球"遂成这个历史悠长的词的书写形式。

但是,"球"原是"璆"这一个词的不同写法,这个词是指玉说的②,跟这种可以踢打的用皮革缝制的浑圆形的体育用具毫无关系。在简化字"毬"的基础上,用它来写,实际上是一种同音假借。我们现代汉语基本词"球"是排挤了它的"本字"而以"借字"传承的。

这种传承关系,是这样的:

---

① 《广韵·屋韵》:"鞠、蹋鞠,以革为之,今通谓之毬子。"
② 《说文解字·玉部》:"球,美玉也,一曰,玉磬也。璆,球或从翏。"——宋本作"玉声也。"此从严氏、王氏改订。

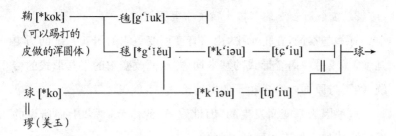

鞠 [*kok]
（可以踢打的
皮做的浑圆体）

毬 [g'ǐuk]

毱 [*g'ǐuə̌] —— [*k'iəu] —— [tɕ'iu] —— 球→

球 [*ko] —— [*k'iəu] —— [tŋ'iu]
‖
璆（美玉）

（3）　借用的书写形式在传承中的替换

第三种情况：

还有一种是替换字和被替换字都不是为它们所标记的词专制的标记符号，都不是"本字"。这种传承是以"借字"相替换的。例如：

　　什么

　　这个基本词在唐代就已见于记载。赵璘《因话录》："玄宗问黄幡绰'是勿儿可怜？'对曰：'自家儿可怜。'"摭记，记韩愈问牛僧孺："且道拍板为什么？"到了宋代，《集韵》："不知而问曰'拾没'，'没'音'母果'切。""拾没"就是"什么"。南宋、张端义《贵耳集》有"问韩侂胄是甚么人？"的话。《姜夔词》："甚日归来，梅花零乱春夜。"朱熹的语录一书，兼用"甚么"和"甚"。

　　是勿　什么　拾没　甚么

　　这些不同的写法没有一个是为这个基本词专造的书写符号——"本字"，都是借别的词的书写符号来写的。在这些先后借字里，"什么"替代了"是勿"，并在传承中战胜了"拾没"和"甚么"①。

---

① 　唐钺《国故新探》，87～94 页。

2. 在个别音变的基础上改变书写形式的

有些基本词,在传承中,由于音变而变更它的语音系统的历史延续,形成另一语音形式的基本词,并从而改变它的书写形式的传统,换了与原词内容不相干的书写形式。

这种因为音变而发生的"因讹致异"的传承,是和上面所说的系统演变的变易不相同的。例如:

望子——幌子

孟元老《东京梦华录》:"中秋节前,诸店皆卖新酒。重新结络。门面彩楼。花头画竿,醉仙饰旆。市人争饮。至午未间,家家无酒,拽下望子。"《广韵·盐韵》:"青帘、酒家望子。""望子"原是唐宋时的酒店幌子。《水浒》"(鲁智深)行不到三二十步,见一个酒望子挑出在房檐上(鲁智深大闹五台山)。"①

"望"唐宋时说[*miwaŋ],辅音属"微"纽,"微"纽辅音就中原音韵来看,到元代已经系统地从双唇音变作齿唇音,"望"被说成[vaŋ]。更由[v][ɤ]的音变,把"望"说成[ɤuaŋ]。正像"王瓜"和"黄瓜"。于是"望子"受语音音变影响被写成"幌子"。词义扩大,遂成了一般商店所悬挂的营业标志的通名。清代翟灏说"今江以北凡市贾所悬标识悉呼'望子',讹其音乃云'幌子'。"他的说法是对的。

"望子"变成"幌子"是辅音音变的结果。

再如:

侵早——清早

清早,唐人诗都写作"侵早"。杜甫《赠崔十三评事公辅》

---

① 青本正儿《望子(看板)考》,见《支那文学艺术考》,456~474 页。

诗:"天子朝侵早",贾岛《早春题友人湖上新居二首》:"门尝侵早开",王建《宫词》:"为报诸王侵早入"。

"侵"唐代说[*ts'ǐəm],元代说[ts'im]。后来北音系统把[-m]韵尾一律改变作[-n]韵尾,而[-n][-ŋ]音变,像"荤辛"被说作"荤腥"一样,"侵早"变作[ts'iŋtsau],更随音变改写成"清早"。

"侵早"在传承中变作"清早",是收韵音变的结果。再如:

麻捣——麻刀

麻刀是一个基本词。原先写作"麻捣"。

《珩璜新论》:"俗以和泥灰为麻捣。出《唐六典》。京兆岁送麦稭三万围,麦麸二百车,麻捣三万斤。"郝懿行说:"麻捣者,须用捣乱以和泥灰也。"

"捣"在皓韵,上声;"刀"在豪韵,平声。"麻捣"轻音在第二音节。音变作平声,[matau˅]说成[matau˦]。由于语音的影响和书写上的便利,"麻刀"遂成了这一基本词的现代形式。

"麻捣"在传承中变作"麻刀"是由声调变化和汉字简化的结果。

第三节　汉语基本词在传承中的结构形式质变

壹　传承中结构形式质变的性质、原因和种类

汉语基本词在传承中语音形式的质变,是基本上以原有结构延续下来的,仅仅改变了语音系统和音节结构。这种词是从古到

今一系传承的。

在传承中另一形式上的质变是词的结构形式质变。这种改变是汉语词新旧质在词汇结构上的体现。许多依照属于对现代汉语来说是以旧质造词法造成的基本词,被标识现代汉语新质特点的造词方法和结构改造成新词。这种改变,使许多体现旧质特点的基本词相对地被保留在古汉语基本词汇里,而以它的后继者,体现新质特点的基本词传承下来。

当然,依照标识新质特点的造词结构从旧词里改造出来的新词,出现的时间并不相同,而且它也是随着语音的逐渐转化在变化着词的语音形式的,但这不等于结构改造同时也同样改变了音节结构特点和语音系统。

基本词在传承中的结构改造并不是词的自愿改变,词本身并不是能动的有机体,而是有它的社会原因的。人们在实践中,由于客观存在的变化和反映存在的认识的加深加密;在交际中,由于事物的发展,要求语言的更加明确,致使有些词不能再更好地反映认识,不能满足交际上的要求,因而在已有的基础上,依着词的语法关系和词的结构可能,形成一些新的结构。

基本词的结构形式改变,就词本身说来,是逐渐的来,最初是以词组的形式,可离可合的。以后逐渐凝定成为体现着新质的新基本词。就是说在旧基本词传承中代之而起的新基本词的形式是有一定的过渡期间的。因此旧基本词之被替换也是逐渐的。

基本词在结构形式上的质变,是以词汇—结构造词法和形态—结构造词法体现出来的。

贰 汉语基本词在传承中几种结构形式质变

一 有些基本词在传承中以条件分化被改造而变质

基本词在交际中词义逐渐扩大，成为同类事物的共名；换句话说，也就是人在实践中对于客观事物认识越来越细密时，从当初认为各自分别的东西中看出共同属性，从当初认为是一个整体的东西中分辨出不同的特点，随着认识的加深加密，在形成新概念时，往往随着对旧事物的新认识，从旧词中分化出新词。这就使原有的基本词受到一定限制，使它从一般的同类事物中区别出来。词得到改造，词也就同时体现了新的特点。例如：

> 河

> 这个词原是黄河的名字。后来扩大到一切河流的名字，用词义造词法造成新词。另依条件造词用"黄河"的新结构来概括黄河，把它改造成另一个新词传承下来。

二 有些基本词在传承中增添辅助成分被改造而变质

在汉语发展中，随着交际上的需要和语言上双音节词趋势越来越大，有些单音节基本词，人们为了使它更加明确，有的增加类属，有的同义互注，将它们改造成另一种结构的新词。

① 附注物类将旧基本词改造成新形式。例如：

> 鲤　　芹

> 这两个基本词，在附注物类之后，变成新的基本词。

> 鲤鱼　　　芹菜

> 原有的基本词变成古语基本词被保留在古汉语基本词汇中，以新形式的基本词接着它传承下来。

② 同义互注将旧基本词改造成新形式。例如：

　　锐　　　更

　　这两个基本词在逐渐衰退中用一个生命力强有现时意义的同义词和它配起来，互相注解，形成新的基本词。像：

　　尖锐　　　更改

　　原有的基本词被保留在古汉语里成为古汉语基本词。这种结构的有现时意义的基本词，以新的形式接着传承下来。

　　乌　　　鸦

　　这对基本词，在传承中除"鸦"以加前缀的形态结构变质为"老鸦"并继续传承外，还以"乌鸦"的结构传承下来。在这种结构中，"乌""鸦"两个基本词（原是一个基本词，后来随语音变化分化成两个同义词）都成古汉语词。

三　有些基本词在传承中赋予形态特征被改造而变质

　　有些基本词在交际中由于词义变化和语法上的需要，在原词的结构上被赋予形态上的特点，从而改变了词的基本结构，以一种具有形态上的新形式代替原词传承下来。例如：

　　日

　　在附缀之后，以"日头"的形态传承下来成为现代汉语基本词，"日"标识一种天体概念的词，逐渐成为古汉语基本词被保留下来。

　　狮

　　在附缀之后，以"狮子"的形态传承下来，而"狮"成为古汉语基本词。

　　尾

　　在附缀之后，以"尾巴"的形态传承下来，"尾"成为古汉语基本词。

鼠

在附缀之后，以"老鼠"的形态传承下来。"鼠"成为古汉语基本词。

第二十八章　汉语基本词的发展

汉语基本词的发展，是汉语基本词传承的道路问题。

发展是从传承中间看出来的，而传承是按着不同的发展途径进行的。

从现代汉语来说，这是现代汉语基本词的来源问题。了解了它，才能了解现代汉语基本词是从哪些道路上渐次累积丰富起来的。了解基本词的发展规律，才能认识词的发展规律。

汉语基本词汇的发展，按它的质量来分，大致有两种：分化和改变。前者是由一个基本词分成几个基本词；后者是由一个基本词转成一个内容和最初的词义不同的基本词。

以下就这两种发展分别举例：

第一节　汉语基本词在传承中的分化

在现代汉语基本词汇里，有些基本词是从某些较古的基本词中分化出来的。这种基本词的出现，是和人反映客观存在的认识，由低级向高级，由浑沦到分析的发展相应的。

在造词那一章里，提到过分化造词。这里所说的基本词，就是随着认识从浑沦到分析的发展,在某一个基本词上用分化造词的方法造成的。例如:以前举过的,从"买"分化出来"买"和"卖",从"史"分化出"事"。前一例,分化出来的新基本词一直传承下来,至今没大变化;后一例,分化出来的新词除一直传承着的"事"外,还有"史""吏"两词,它们虽在古汉语词汇中曾是基本词,但是在现时已经失掉了独立成词的能力,成为古汉语词。

"买""卖"两个基本词的来路是:

"事"的基本词是这样来的:

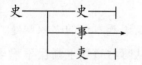

语言的发展是比较复杂的。由古基本词分化出来的基本词,来路不全像"买""卖"那么单纯。换句话说,基本词的分化发展是错综复杂的。例如:

老①

在现代汉语词汇里,"老"也是一个很稳定、历史比较长的基本词。从这个基本词的来路来看,它应该是和"考""孝"两个古汉语词为一系,都是从一个比它们更早一些的基本词分出来的。

在西周时代的青铜器铭文里,"考""老""孝",在使用上常是没有多大区别,甚至没有区别的。例如:杜伯簋,三代

---

① 拙作《考老考》。——这是该篇的部分要点。

吉金文存著录了五器。这五器的铭文都是相同的。其中"其用享于皇神祖考"一句的"考"字就有两种写法:有四个器是写"考"的,有一器把"考"写作"孝"①。而在写"考"的四器中,"考"有的和"老"同形。而这三个词,无论在词的语音形式、书写形式和词的意义上都有极其密切的关系。按照人们反映客观存在的认识的发展,按照跟这种发展相应的汉语造词方法,可以推定,它们三个词,当初是从一个概括着它们而还没有分析的,比较浑沦的词——"考"——分化出来的。

这里所说的"考",不是我们现代习用的,借作"攷",表示考验、考试之类意思的"考",而是指在古汉语里,属于人身发育程度和亲属关系,所谓"考老"和"考妣"的"考"。

这个"考"在它还没有分化的时候,是泛指一切老人而说的,既不分家里、家外,也更没有明晰出来对待家里老人之道。换句话说,还没在认识中明确出一般老人的"考",家里老人的"考",和对待家里老人之道"孝",正像"买"、"卖"、"授"、"受"没有分化之前似的,是一浑沦的词。

把一般老人叫做"考",是在比"考"更古的一个基本词,概

---

① 于省吾《双剑誃尚书新证》卷2、第2页:"金文考孝通用"自注说:

舀鼎:"作朕文考弈伯鬻牛鼎"段孝为考。

仲师父鼎:"其用亯用考于皇祖帝考。"师𡌦父鼎:"用追考于剌仲。"师𡌦鼎:"用亯考于宗室。"叔皮父敔:"用亯考于叔皮父。"丰兮尸敔:"用亯考"。仲殷父敔:"用朝夕亯考宗室。"其髟勾镶:"台亯台考"。并段考为孝。

又:

《史记·燕世家》作"孝公"。《汉书·古今人表》作"考公"。《后汉书·阳城恭王传》:"子考候——仁,嗣。"洪颐宣谓:"前书王子侯表作'孝假仁'。"可证"考""孝"二字在汉世亦相通段矣。

括着缚着木柄的长条石斧"丁"（丂）的基础上，用比拟造词的方法造成的。这种工具在形式上的特点是一个勾娄着的样式。老人身躯佝偻，看来好像"丁"似的因而把老人叫"丁"，在词的书写形式上，在"丁"上画了老人的形象，造成了"考"的最初形体——"丅"。

这事，我们从"考""老"同义①，而先秦又把老人叫做"耆老"，就古有复辅音的说法，"耆老"和"佝偻"的音义关系，"楮栳"的向里"佝伛"的器形和词的音义，可以推知"考""老"原是一个词的语音形式的分化。

在分化之前，"考"可能是说[*klo]的。以后又分化出"孝"[*xo]来。

在书写形式上，"老"是从"考"的结体上略微变更一下笔画，从写法上分化出来的。"孝"和"考"是从结体上以"考"为基础就事类上别构形声字，来写这个分化出来的新词。

随着汉语新旧质的逐渐变化，"考""孝"已成古汉语基本词，不能做现代汉语词受现代汉语语法支配来使用，是已经停止使用或被新词代替了的。只有"老"是一直传承下来的。

在这种情形下，"考"现在已经以"假借字"，用作另一个和它古词无关的词的书写形式，变成现代汉语词；"孝"则以它的变义为基本词义，例如"他给谁穿孝"，成为现代汉语词。

总的看起来："老"这个基本词来路也是比较复杂的。

---

① 《说文解字·老部》："老、考也。""考、老也。"

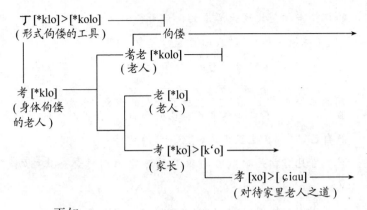

再如：

监①

"贾珍率领贾蓉、贾萍等监工。因贾蔷又管理着文官等十二个女戏并行头等事,不大得便,因此贾珍又将贾菖、贾菱唤来监工。"②

"(凤姐)便把派他监种花木工程的事都隐瞒的一字不提。"③

"监"这一个基本词是从古汉语传承下来,千百年长存的。但是若从汉语史上来看,这一个基本词并不是稳固到从古如此一成不变的。它的形式最初并不同于现代汉语,不是说[tɕian],而是可能说[*klam]的;最初不是像现代汉语写作"监",而是写作"𥌓"的。跟这种形式统一起来的内容也不全同于现代汉语,并不就是"监工""监种花木工程""监了一天工""监了一次场"的近于监视、监察或监督之类的意思。"监"

---

① 拙作《释监》。——这是该篇的部分要点。

② 戚蓼生本。——有正书局大字本,第23回。

③ 同上,第24回。

的词义当初是比现代浑沦的。试看：

《诗经·柏舟》："我心匪监"（今本作"鉴"）——我的心不是镜子，"监"是照影察形的"镜子"的意思；

《尚书·酒诰》："古人有言曰：'人无于水监，当于民监'"，——人不要在水上照自己的面目，应当在人民的面前来照自己，"监"在这里又是照"镜子"的意思；

可见当初是把照脸的器具和照脸的动作都一律叫"监"的。

我国在战国以前，人借以观察自面目的器具是盛了水的大盆。殷墟龟甲兽骨文字和殷周青铜器铭文的"监"字正画着一个人俯身低头，向他身前盛水的大盆照影的样子：

那时把照影的盆、照影的动作都叫"监"，是浑沦在一起的。以后，在生活中扩大词义，从俯身照模样的意义上引申出观察，监视的意思。

后来，俯身观察的意义使用得渐渐多起来，变意的地位不弱于本义了。为了区别，在书写形式上出现了专记器物的"从金监声"的"鉴"，"监"遂独有了俯身视察的词义。至于语音形式在先秦有什么相应的变化，现时虽不能确说，但是就《广韵》看来，后来有区别：俯身视察的"监"用平声[1]说，照脸面器具的"鉴"用去声[2]说，用变更声调的方法形成了词的分化。

---

[1] 《广韵·平声·衔韵》："监、领也。察也。说文云：'临下也。'"

[2] 《广韵·去声·鉴韵》："鉴、镜也，诫也，照也。"

　　"监"当初是用大盆盛水照形,分化之后,盛水大盆的照人器具变成"鉴","鉴"以后又扩大而为大盆的意思。

　　"鉴"的大盆形制,到春秋战国时代,随着冶炼技术在合金调剂方面的进步,按着使用铜盆的经验和照形器具简化的要求,把青铜大盆改造成"金锡半",一半铜,一半锡的平面鉴。这是一个飞跃,使人脱离了"水监"生活。这时,照影察形的器具已进到平面铜镜了。

　　新的存在,大铜盆和平面铜镜是两个截然不同的东西。反映这种事物,在"鉴"[*kam]的基础上,用变更音素的方法,造成新词"镜"[*kɔŋ],用这个新词概括新器物,新概念,出现了新的基本词。

　　到这,"监"由一个基本词在古汉语里发展变化,先后分化出来"监""鉴""镜"三个基本词。其中:"监"一直传承到现代汉语里,成为现代汉语的基本词,而"鉴""镜"两个基本词都没有直接传承下来。"鉴"被一些新词像"鉴定""鉴别""鉴赏""借鉴"等词所代替,"镜"则以新的形式,附缀成"镜子""镜儿",不再单说"镜"了。

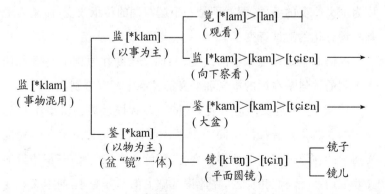

　　"监"在战国时代又由词义扩大,从俯身视察引申出观看的意思,分化出一个新词"览"。"览"没有从古汉语传承下来,这个古汉语基本词,在现代汉语里,被一些新词"阅览""展览""游览"等分别代替了。

第二节　汉语基本词在传承中的变异

壹　性质和种类

　　汉语基本词在传承中的变异是古今汉语基本词的质变过程。从它逐渐质变的历史蝉联关系来说,是一个汉语基本词的发展;从它嬗变前后的词义改换质量来说,是古汉语基本词的逐渐失用消亡和现代汉语基本词的逐渐萌生滋长。

　　汉语基本词的这种发展,是在长期交际中,受社会生活影响而发生的词义改变结果。

　　在这种改变前后,词的语音是随着语音系统的演化在逐渐变化着。不过这种改变并不是作为词义改变的标记。若是语音改变成为词义改变的条件,那就不是一个基本词的传承改变,而是属于基本词分化的造词音变了。

　　汉语基本词在传承中的改变,和词义改变在原则上是没有什么不同的。但是在词的本义和变义的关系上却有分别:

　　一、本义和变义同时并存,在同一时代同性质的汉语中都能使用的。若是两者都使用同一个语音形式,有变义而没有伴随变义而生的在原词基础上的部分变音,那就是词的变义;若是伴随词义改变而产生与之相应的,在原词基础上的部分变音,使本义和变义在词的语音形式上出现有联系的音节差别,成为两个各有自己的内容和形式,成为两个不同的词,那是用造词音变造成的基本词的分化。这都不是汉语基本词在传承中的改变。——分化是发展成两个或两个以上的词。而改变则是由一个原是这样意义的词,变成了一个不同于原义的词。

二、本义和变义不能在同一时代同性质的汉语里取得同等地位,本义是被变义排挤成为古义,变义据有原词物质外壳,不改变原词传承下来的语音,取本义的地位而代之,成为当时的基本意义,这是在传承中的改变,成为变义造词。这是和分化有分别的。基本词在分化之后虽然也可能有部分消失,但是还有部分存在,跟这种本义被变义完全排挤是不一样的。

汉语基本词在传承中的改变,按词义改变来说,也有三种:扩大、缩小和转移。

以下就这三种情形各举一例:

贰 在传承中的三种变异

一 在传承中由词义扩大而发生变异的

扩大了的词义,在交际中取得了比本义稳固的地位,成为词的当时基本意义,从而排挤了逐渐失用的本义,成为变义造词。这样在传承中的改变,像:

毛病

这个词当初只是指马说的,是一个"相马"的术语。在封建社会,有一种迷信,认为马身的毛旋儿,有好有坏。马的旋毛如果位置不好,是会妨碍主人的。

徐咸《相马书》:"马旋毛者,善旋五,恶旋十四。所谓毛病最为害者也。"《王良百一歌》:"毛病深知害,妨人不在占。大都如此类,无祸也宜嫌。"马的旋毛位置本来和人的运命毫无关系。但是在封建社会运命论势力下,"毛病"这个词遂由"妨人的地方""对人有妨害的地方"扩大到一切事物的有妨害的地方。黄山谷刀笔,已经有"此荆南人毛病"的话,可见"毛病"一词扩大成为泛指一切事物有妨害有亏损的地方,历史也相当久了。

二 在传承中由词义缩小而发生变异的

缩小了的词义在交际中逐渐取得了稳固的社会地位,本义逐渐失用退缩,遂使变义取得了词的基本意义,从而排挤了渐渐失用的本义,成为变义造词。这样在传承中的改变,像:

丈人

岳父,古汉语叫"舅"或"外舅",现代汉语叫"丈人"或"岳父"。

"丈人"一词原是指老人说的,是一个敬语的称谓,有长老的意思。《周易·师》:"贞、丈人吉。"王弼曰:"丈人,严庄之称。"《论语·微子》:"遇丈人以杖荷蓧。"这些"丈人"都不是岳父的意思。

汉魏六朝时代,"丈人"一词缩小为亲属称呼,不分男女性别,把内外姑舅通叫"丈人"。《论衡·气寿篇》:"尊公妪为丈人。"公妪,就是舅姑。《史记·匈奴列传》:"汉天子,我丈人行[xaŋ]也。"汉和匈奴和亲,公主出嫁匈奴,这是指妻族的长辈说的。古乐府歌词,先述三子,次及三妇,妇是对舅姑之称,其末章云:"丈人且安坐,调丝未遽央"[①]这是就夫家说的。是内

---

① 《相逢行》。

外亲长辈通叫"丈人"。《颜氏家训·风操篇》,颜之推写他"尝问周弘让曰:'父母,中外姊妹何以称之?'周曰:'亦呼为丈人。'"这是沿用汉魏以来的习惯,颜之推说:"自古未见丈人之称施于妇人也。"这话虽然不合于古时情况,但是反映了当时已把"丈人"又缩小到专指男性的尊亲说的。而就他所说:"中外丈人之妇,猥俗呼为'丈母'。"那时人民口语已经由于把"丈人"用到男性,相对地把女性长亲叫做"丈母"了!

到了唐代,如《资治通鉴》所记:"唐、韦执谊系杜黄裳婿。杜劝执谊,请太子监国。执谊惊曰:'丈人! 甫得一官;奈何启口议禁中事乎?'""丈人"一词又从内外长亲的称呼再一度缩小专指岳父了。

从这些发展过程可以看出:现代汉语"丈人"这一个基本词是从一个范围比较大的基本词,在传承中间一再缩小词义而成的。从发展的全程来看是不稳的,但是它每一个变化都有较长的稳定性。

三 在传承中由词义转移而发生变异的

转移了的词义在交际中逐渐取得稳固的全民性,本义逐渐失用,变义取了当时的基本意义,从而排挤了原词的本义,成为变义造词。汉语基本词在传承中的这种改变,像:

行李

现代汉语把出外行旅所携带的东西叫"行李"。这个基本词在古汉语中原是指着"行人"——两国往来聘问的使者说的。由使者变成旅客携来的东西,由人变成物。这是基本词在传承中词义转移的结果。

先秦时代,这个词有两种写法:"行李"和"行理"。《左传·僖公三十年传》:"行李之往来",《襄公八年传》:"亦不使一介行李"都写作"行李";而《昭公十三年传》:"行理之命",《国语·周语》:"行理以节逆之"都写作"行理"。这都是指使者说的。

《旧唐书·温造传》:左拾遗舒元襄说:"元和长庆中,中丞行李不过半坊,今乃远至两坊,谓之笼街喝道。敕曰:'宪官之职在指佞触邪,不在行李。'"是唐代"行李"一词。已经由使者转移成官府导从的人了。

把"行装"叫"行李"则是把它从使人、导从、转移到携带物了。

古汉语"行李"和现代汉语"行李"是两个不同的基本词。但是这两个不同的词一方各有其历史的稳定性,又有它传承中的发展关系。

第二十九章 汉语基本词在传承中个别地新陈代谢和失用

第一节 从汉语史看基本词的传承现象

积累在基本词汇里的词,一般说来,生命是比较长的,是可以千百年长存的。这个特点,是对非基本词比较来说的;并不能因此意味着基本词全都是"永生不息"的。很明显,长寿和不死毕竟是两回事。

汉语史实告诉我们：基本词千百年长存的程度是参差不齐的。有的从商周时代就随着汉语发展，通过各种变化，一直延续地传承到今天。有的在商周时代虽是一个基本词，但是在汉语发展的进程中，没有随着新旧质变传承到现代汉语基本词汇里，只是以它的旧质特点停滞在古汉语基本词汇里；现时除夹杂在引用古语和作为造词材料存在于某些词的组织中，有时还被使用外，它已经失掉了可以独立成词的资格去作为现时语言的建筑材料了！例如：

"王赏作册般贝。"——般父己甗（《三代吉金文存》卷五，一一页）

"天君赏厥征入斤贝。"——天君鼎（同上，卷四，四页）

"王大𥏪在宗周，赏献厌罡贝。"——献厌鼎（同上，卷三，五十页）

"子光。赏𤔲贝二朋。"——𤔲母辛卣（同上，卷一三，四二页）

"王赏伐𤰈贝二朋。"——伐𤰈鼎（同上，卷四，七页）

"王赏旨贝廿朋。"——匽厌旨鼎（同上，卷三，五十页）

"姜赏令贝十朋，臣十家，鬲百人。"——矢𣪘（同上，卷九，二六—二七页）

在这些句子中，我们看到一个公式："某人赏给某人什么东西（或多少个什么东西）。"在这类句子里，主要动词"赏"（当时用法和现代不同，并且是各种各样的）通过汉语在发展中的一切变化，延续地传承到现代，成为现代汉语基本词汇中历史比较长的一个。至于被"赏"的东西"贝"在古汉语中是一个基本词。到现代汉语基本词汇里，它只是以一个造词成分存在于一些同它有关的词里，它已经不是可以独立应用的基本词了。换句话说，它没有通过汉语新旧质变,延续地传承下来成为现代汉语词,而是被停滞在古汉语里的。

"贝"的计算单位"朋",比"贝"的失用还早。在秦汉以后,就已经不大理会了。它的书写形式,被另一个常用词表示朋友、朋比的"朋"所专用了。

矢殷的"臣十家、鬲百人"里,"十""百""家""人"一直传承下来,成为现代汉语基本词,而"臣"是属于古汉语的,现时只能同引用的古语跟现代汉语夹用,只有成为现代汉语基本词的造词材料,是不能独自称"臣"的了。

"鬲"失用得最早。它到了这种程度,现代许多考古学家只能从它所处的语言地位和关系上,推定出内容,还没有搞通和这一内容统一起来的词形式到底是属于古汉语词中的哪一个。

毫无疑问,在上面这几个青铜器的铭文里使用着的,"赏""贝""朋""臣""鬲""二""十""廿"等词,在商周时必然是基本词。因为这些文字并不是同时同地由一个人写作的,而是在不同时间,不同地点,由不同的人写出来的,而且除了"鬲"由于失用过久,一时还搞不清它的原词在古汉语中的传承关系外,其他各词,有的在古汉语里是主要的东西之一,更有些词一直传承到今天还是基本词。

从这个例子看来,可见汉语基本词有很多生命力很强,随着汉语发展一直传承到现在成为现代汉语基本词,有些基本词的生命并不像前者那么强,虽然在一定长的时间内曾是基本词,可是以后并没有能随着汉语发展传承到现代汉语基本词汇,只留在古汉语基本词汇里,取得一个历史地位了!

个别基本词在发展中没有能传承下来,并不会影响基本词汇的长期生存和它随时适应新旧质在各个时期连续地取得长时期的相对稳定。因此,约·维·斯大林说:"至于基本词汇是基本上完全保存下来的,并且使用为语言的词汇的基础。"①所说"基本上完全保存下来的"("基本上"字下黑点是我加的——常叙)正是因为有个别的基本词没有延续地传承下来。

第二节　汉语基本词的新陈代谢
——同义词的新旧交替

　　汉语基本词在发展中的新陈代谢,关系和情况是比较复杂的。从大体上说,有两种情形是比较突出的:方言同义词交替和古今同义词交替。这两种词的交替,形成了旧基本词的逐渐失用和新基本词的逐渐确立。

　　促成这种代谢交替的社会的和语言的原因,在具体的词上,虽然比重不全相同,但是都是重要的。

　　这里只就方言同义词的交替和古今同义词的代谢,分别举例来说明。

壹　由于方言同义词的交替造成的
基本词新陈代谢

　　在全民语言和各方言相互接触相互影响中,有的方言词取得了全民地位,成为基本词,致使一向使用的旧基本词,逐渐失用,将自己的基本词地位让给来自方言的新基本词。旧词遂被保留在古语之中,成为古基本词,不再传承;代之而起的新词却延续传承下

---

① 　斯大林(1953)《马克思主义与语言学问题》,人民出版社,23 页。

去。例如：

　　锅　　釜

"釜"是古汉语基本词。在古作品中提到"锅"的时候都用"釜"。

"锅"在古语中只是一个方言。《说文解字》："鍋，秦名土釜曰'鍋'，读若'过'。"并不写作"锅"。

这个属于秦方言的词，取得全民地位之后，在以古汉语为书面的文学语言的时代里，是不被所谓"文人"使用的"俗语"。而使用当时口语的人们又不熟悉古字书，便新造了一个从金呙声的"锅"字来标记它。正如清代郝懿行所说："俗人见有铁为鍋者，遂书作'锅'。"

"锅"代替了"釜"成为现代汉语基本词，是方言词排挤了古汉语基本词取而代之的结果。再如：

　　妯娌　　先后　　娣姒

古时没有"妯娌"的称呼。"妯娌"是在从古语"娣姒"发展来的方言词间取得全民的基本词地位的。

"娣姒"原是同嫁一个丈夫的几个女人之间的相互谓称。《尔雅》所说："女子同出，谓先生为姒，后生为娣"，就是指这种制度中的称谓说的。

后来，由于社会制度的改变，词义扩大，变成一家"兄弟之妻相名"的称呼。于是"娣姒"遂成了标志妯娌关系的名词。

这种关系的叫法，在汉代各地方言中是不同的。《汉书·郊祀志》："见神于先后宛若。"孟康说："兄弟妻相谓'先后'。——宛若，字也。"颜师古说："古谓之'娣姒'。今关中俗呼为'先后'。吴楚俗呼之为'妯娌'。"

"妯娌"这一方言词在古关西方言中也叫"筑娌"。是同一词的音变。《方言·十二》："筑娌、匹也。"郭注："今关西兄弟妇相呼为'筑娌'。"

在这些方言同义词中"妯娌"取得了基本词的地位，一直传承到现代，而"筑娌"、"先后"两方言词和古汉语词的"娣姒"都成为古词了。

贰　由于古今同义词的交替而造成的基本词的新陈代谢

在汉语发展的进程中，常有些个别的基本词，因为有更合于当时语言情况的新的同义的基本词逐渐地取得了全民地位，从而代替了原有的基本词，形成了基本词的新陈代谢。

这种取旧基本词而代之的新的基本词，在一定的社会原因里，更有它较多的语言原因。

语言原因，大体说来，不外两种：造词材料方面的和造词方法方面的。总之：是语言新旧质消长在词汇上的一种反映。

以下就这两种情况，各举两个例作为说明。

一　在造词材料方面

造词材料已经失去现实意义，而词的组织整体，又长期地脱离语言生活，不是人们习见熟知的，这样的基本词常是失用被代替的。例如：

裹腿　　腿绷　　行滕　　幅

裹腿，也叫"腿襻"。秦汉以后叫"行滕"，秦汉以前叫"幅"。

《诗经·采菽》："邪幅在下。"郑玄说："邪幅如今行滕也。

逼束其胫,自足至膝,故曰'在下'。"《左传·桓公二年》:"带裳幅愊","愊"前没加形容。《礼记·内则》:"逼屦着綦。"用"逼"来写。注说:"逼,行縢"。刘熙《释名》:"逼,所以自逼束,今谓之'行縢'。言以裹脚,可以跳腾便利也。"

《战国策·秦策》:"苏秦嬴縢履屫"只用"縢"来说。

行縢,后来成为军装的一部分,正如而今战士打裹腿一样。《三国志·吴志》:"吕蒙为兵作绛衣行縢。"《旧唐书》:"德宗入骆谷。值霖雨。道涂险滑。东川节度使李叔明之子升,郭子仪之子曙,令狐彰之子建等六人,恐有奸人危乘舆,相与啮臂为盟,着行縢钉鞬,更鞔上马以至梁州。"

行縢,这个基本词由于它的词根的僻远和整个词的长期脱离口语,终于被一个后起的、为全民所熟悉的新的基本词"裹腿"或"腿绷"所代替,成为一个古汉语词了。

若是一个基本词在造词材料和组织形式上都没有变化,但是在词义上已经由混沦到分析,以其中一部作为基本的词义发展成为一个比古义还清晰的新词,而另一部分用另一个词来概括,成为另一新词。那么,它就要从被明晰出来的另一部中退让出来,让位给足以代替它的新词。在这一意义上,相对地,成为失用的古基本词。例如:

字　　　文　　　名

"字",先秦时代叫做"名"或"文"。

《周礼·春官·外史》:"掌达书名于四方"。注说:"古曰名,今曰字。"《仪礼·聘礼》:"束帛加书将命。百名以上书于策,不及百名书于方。主人使人与客读诸门外"。注:"名,书文也。今谓之字。"是汉代叫"字",古人叫"名"。

顾炎武《日知录》："春秋以上，言'文'不言'字'。如《左传》：'于文止戈为武'；'故文，反正为乏'；'于文皿虫为蛊'。及《论语》'史阙文'，《中庸》'书同文'之类，并不言'字'。……以'文'为'字'乃始于《史记》、秦始皇琅琊台石刻曰：'同书文字'。《说文解字序》云：'依类象形谓之文，形声相益谓之字，……此则'字'之名自秦而立，自汉而显也与？'"

现代"文""名"两个基本词早已明晰出来各自独立。至于文字的基本词地位已被"字"和它的后起者"文字"所代替。"文""名"都变成"字"的古汉语词了。

二　在造词方法方面

用表现新质特点的造词方法造成的新词，一经取得稳定的地位之后，原有反映旧质特点的词，由于逐渐失用，就会将基本词地位让给它的同义词。例如：

日　　　　太阳

日，作为一个表示天体的词，在现代汉语中它的地位被"太阳"代替了。它只能以一个古汉语词被现代汉语当做一个造词成分或古成语成分来使用，一般是不能在交际中以词的身份出现的。

《说文解字》："日，实也，太阳之精不亏，从○一，象形。"在汉代已经有构成新词的基础了。

《世说新语·宠礼》："元帝正会，引王丞相（导）登御床。王公固辞。中宗引之弥苦。王公曰：'使太阳与万物同晖，臣下何以瞻仰！'"是魏晋时代"太阳"早已成词了。

唐人，李贺《宫娃歌》："愿君光明如太阳。"

再如：

箸

筷子,古汉语叫做"箸"。韩非子《说林·上》:"纣为象箸而箕子怖。"(《史记·十二诸侯年表》"怖"作"唏"。)"箸"是否远在殷代就已使用,虽不敢定,但是从《汉书·张良传》:"臣请借前箸以筹之",和韩非子提到的"象箸",我们至少可以肯定秦汉之际,这种饭具是早已存在的了。《水浒传》:"拂那双筋拂落在地下"(二十四回),"筋"是"箸"的另一写法(见《集韵》)。从这看来,"箸"从秦汉到明初,一千七八百年,曾是长时期稳定的。在这一期间是汉语基本词。

但是,从明到现代,它却被它的同义词"筷"取而代之了。"筷",据明代陆容的《菽园杂记》说,是由于禁忌语被吸收到全民语言而成的。他说:"吴俗,行舟讳言'住'。'箸'与'住'同音,故谓'箸'为'筷儿'。"又"筷""箷"同音。范紫东据《篇海》,"箷",箭竹也,说"箷亦竹名,可以为箸,故称箸为箷"。

第三节　汉语基本词汇在传承累积中个别基本词分别地逐渐失用和消亡

壹　传承中失用消亡的原因和它跟新陈代谢的区别

汉语基本词汇中个别基本词的失用和逐渐消亡是跟基本词的新陈代谢有区别的。

基本词的新陈代谢是古今同义词的交替。这种交替,词的内容基本上没有什么变革,只是和这个内容统一起来的形式有了某些调整或改换。按其性质来说,实际是一种"金蝉脱壳"式(这个比喻不一定恰当)的历史延续。失用的旧词和代之而起的新词之间还是保持着新老两代的传承关系的。

至于基本词的逐渐消亡,只是由于失用而被停留在古汉语词汇之中,形式和内容是同时被摒弃的,没有代之而起的新词。从失用到消亡,是历史延续的停滞,是传承关系的结束。

这两者,一个继续新生,一个停滞发展。

在基本词汇传承发展之中,为什么会出现个别基本词的失用和逐渐消亡的现象呢?

这是和这些基本词它们各自反映对客观存在的认识分不开的。

客观存在的事物消失了。反映这种客观存在的认识有的继续存在和发展下去,有的也随着它逐渐地由于失用、停滞乃至于消失。

在传承发展中已经变异的基本词,例如"牺牲",它的内容是不跟原词所反映的存在一同消失的。反映这种发展了的认识的基本词就会依然健在,向前继续传承发展下去。认识随着存在的消失而逐渐消失的,反映这种认识而没有变义的基本词就会跟着逐渐失用,变成历史上的词,甚或渐渐消失。

贰　有些基本词逐渐失用进入历史词汇

有些文物制度废置得稍晚或更晚,跟着它的废置而失用的基本词,虽然人们还能了解,但是它已经退出基本词汇,转成历史上的词了。只有在人们叙述跟它相关的史料或史实时,它才有被使用的机会。

随着器物的失用而逐渐消亡的。例如:

火镰

"火镰"是使用一块像钩镰形状的铁器和火石相敲,用它们打出来的火星点着火绒子以燃烧取火工具。

这种取火器宋代王得臣登莲花峰记,把它叫做"火金",清代叫做"火镰"。到我国开始使用火柴之后,这个基本词和它所反映的实物使用范围一天天缩小,现在已经不使用它了。这个曾经长期稳定的基本词,现在已经随着器物的失用而逐渐失用了。

随着经济基础和与之相应的制度的废除而失用的基本词。例如:

税契

宋代程大昌《续演繁露》:"晋自过江至于梁陈,凡货卖奴婢牛马田宅,有文券,率钱一万输估四百入官:卖者三百,买者一百,名为'散估'。即今田宅报券输钱之数,所谓'税契'也"。——按此说本于隋书《食货志》。

从东晋直到解放之前,"税契"在口语上已是作为一个词来使用的,是基本词。——"契"在口语中是不独立成词的。

随着生产关系和土地制度的根本改变,在人民中国,这个基本词是已经失用了的。

叁 有些基本词长期失用接近消亡

已经消亡了的个别基本词,因为它不复存在,我们无从举例。但这并不是一种遁词,也不是想当然的。试从现存的古书面语言史料来看,有些许多商周记载(例如殷墟卜辞和商周两代的青铜器铭文)上的词,现在还有很多不知道它到底是些什么。

这不能完全归到文字问题,有些即或认清了文字结构还是不能了解。例如:

殷周青铜器铭文中,常见"蔑曆"。有时合用,有时分用。合用的,像:

"小臣谜蔑曆,用作宝尊彝"。——《三代吉金文存》卷九,十一页。

"竞蔑曆,赏竞章"。——同上,卷十三,四四页。

"趩蔑曆"。——同上,卷十一,三八页。

分用的,像:

"伯雕父蔑录曆,锡贝十朋"。——同上,卷十三,四三页。

"王蔑庚嬴曆,锡贝十朋,又丹一枡"。——同上,四五页。

"兔生蔑再曆"。——同上,卷六,四八页。

"曆"或写作"曆"。它的音节可以从形声结构推知,它的词义和语法意义可以从上下文来体会;但是它到底是什么,虽然有好多学者在推测[①],可是一直没有完全解决。这就因为这个古基本词早已失掉传承,而成为"故书所无"的了。

再如:

《诗经·七月》:"同我妇子,馌彼南亩,田畯至喜。"《诗经·甫田之什》:"曾孙来止,以其妇子,馌彼南亩,田畯至喜。"的"田畯"到底是什么?是土地之神还是王官?人们的意见也并不一致。[②]

---

① 郭沫若《金文丛考》,333～336 页。
　于省吾《释蔑曆》。《东北人民大学学报》(人文科学),1956 年,第 2 期。
　赵光贤《释蔑历》。《历史研究》,1956 年,第 11 期。
② 晓野《七月》。《文艺月报》,第 2 期,39 页。1948 年,吉林文艺协会。

其所以如此,不是为了别的,也是因为这个基本词,早已失用,并且由于失用接近消亡了。

这类基本词,在当时是全民的,稳定的。由于词所反映的客观存在,相关的文物制度的消失;由于古今语言结构上的变异,这类基本词长期失用,已经接近消亡或已经消亡了。

第三十章　汉语基本词汇的稳固性和抵抗性

第一节　汉语基本词汇的稳固性

汉语基本词汇是有它巨大的稳固性的。

汉语基本词汇的稳固性是被每个基本词千百年长存的寿命,被各个基本词在基本词汇中的累积、传承、发展的错落性,被由此而生的基本词汇总体大于个体的稳定势力等综合关系所决定的。

没有各个基本词的稳定就没有基本词汇的稳定。但是没有累积、传承和发展的错落,若是同时汇集或同时变化,每个时代都没有绝大多数的基本词的稳定的传承,虽然基本词寿命长,基本词汇也将是有突然变化,不能稳定的。

因此,强调基本词的稳定性抹杀基本词汇总体力量和个体的差别是不合适的。当然,没有个体的稳定也自然没有总体的稳定的。这两者必须综合起来,也必须区别开。

基本词的稳定性在谈基本词时已经解说过了。这里不再申说。我们只就基本词汇来说它的稳固特点。

汉语基本词汇的稳固性是和基本词的相对稳定性以及语言发展规律中量变到根本质变的转化方法分不开的，是为汉语基本词所汇成的具有雄厚的整体势力所形成的。

约·维·斯大林说："事实上语言的发展不是用消灭现存的语言和创造新的语言的方法，而是用扩大和改进现存语言基本要素的方法。并且语言从一种质过渡到另一种质不是经过爆发，不是经过一下子消灭旧的和建立新的那种方法，而是经过逐渐的长期的语言新质和新结构的要素的积累，经过旧质要素的逐渐衰亡来实现的。"①

语言新旧质的根本变化，是要经过长时期的逐渐发展才能达到的。这种转化不是用突然爆发的方法进行的。在长时期的逐渐变化的路程中，任一时期的语言，和跟它前后相邻接的比起来，总是一时觉不到有什么显明差别的。可是和比它更早的时期比起来，就比较容易看出不同了。

这一发展规律，就使汉语基本词汇，在它发展的任一历史时期中，和跟它蝉联的时代比起来，总是很少有差异，因而常是相当稳定，一般说来，是没有什么变化的。

语言的历史延续，不是新旧两种语言的换班交代，而是已有语言的继续传承，是用扩大和改进现存语言基本要素的方法进行的。这就使前一时期的语言基本上保留下来，使人觉察不到有什么突然的变化。

汉语基本词在这种传承情况下，因为它是汉语词汇中的主

---

① 斯大林(1953)《马克思主义与语言学问题》，人民出版社，25页。

要东西,是构成新词的基础,更显得稳定。在长期的逐渐转化过程中,对跟它相邻的时期比起来,可以说是基本上完全被保存下来的。

扩大和改进现存语言基本要素的方法,就基本词汇来说,是累积、传承和发展。基本词的累积、传承和发展是在逐渐的质变中进行的。它们既受当时语言特质的影响,又是这种特质的体现。是与时俱进的。

但是累积、传承和发展,是在从前一时期基本上完全保存下来的基本词汇的基础上进行的;是在逐渐质变的发展途程中进行的。而累积、传承和发展又是先后错落分别出现的。这些前前后后的个别变化,对从前一代继续传承下来的基本词汇整体来比是相当微弱的。某些新词的添加,某些陈词的失用,某些基本词的分化的发展,对这具有悠久历史、丰富的蕴蓄、雄厚的基础的基本词汇来说,在质和量,无论哪一方面,都不能给人以显然改变的感觉。

就我们在第十三章举的语例来看:《红楼梦》、《忠义水浒传》、元曲、《五代史平话》、唐代的唱词等等作品,说明了这个问题。

现代汉语和清代的语言是相蝉联的。两下比起来没有什么显明的变化。可以说这一个时期的基本词汇是稳定的。清代汉语是和明代语言相连的。两下里也没有什么显然的差异。基本词汇也是相当稳定的。明代的语言是和元代的汉语紧接着的。两下里也没有什么显然的差异。这样一个时期一个时期毗连起来看,在前后相连的时期中,基本词汇是基本上不变的,个别变化并不动摇它的稳定地位。但是,拿它们往更远一些时代去比,可以觉出现代汉语不但和明代有些差别,和元代的汉语也更有些不同。清代汉语不但与元代汉语有些差别，和宋、唐等时代的语言也更不同。

这就看出：汉语基本词汇的稳固性，在汉语发展的历史上是古今一贯，前后连续，没有一个时期是不稳固的。它的稳固性是跟着汉语发展，随着汉语逐渐地质变转化"相携俱进"的。因此，它这种稳固性就发展的全程来看，又是相对的。没有这种在一切发展阶段的相对稳定，就没有它自古迄今的一贯稳定。古今两端的显然差异，是这种发展着的连续地相对稳定经过长期逐渐质变的结果。

这种发展中的稳定关系，在一定的当前时限里，看不到它的生长和变化。但是这种表面上的相对稳定，正是它在继续发展着的一个渐变过程。强调现在的相对稳定，否认它的发展是错误的。强调它不断的质变而否认当前相对的稳定也是不对的。

我们肯定地平面的同时，不要忘记它是球面的一个部分；可是我们在肯定地球表面是一种球面的同时，也并不否认踏在自己脚下这片土地的地平面。

这种稳定性使"基本词汇能在许多历史时期中很好地使用着"①，使它的生命长久得多，"它在千百年的长时期中生存着并给语言构成新词的基础。"②

基本词汇的稳定性是基本词的稳定性体现。由于集体的关系，基本词汇有非单个基本词可比的巨大的稳固力量。它可以使基本词汇不致因为个别基本词的变异、交替或失用而瓦解，而丧失它在语言词汇中的主要地位，因此它才是和文法构造并重的语言

---

① 斯大林(1953)《马克思主义与语言学问题》，人民出版社，23 页。

② 同上，21 页。

基础,"是语言的特点的本质"之一。它是语言存在和发展的不可摇撼的力量。

这种强大的力量,在"给语言构成新词的基础"上,可以使外来语词服从我们民族语言特点,成为汉语化的借词。可以使这种借词成为汉语基本词,并以此为基础构成新词。

这种力量的强大,对同化主义者的强迫同化表现出极大的抵抗性。

由此可见,语言的稳固性是和基本词的稳固性分不开的。约·维·斯大林说:"语言的稳固性是由于它的文法构造和基本词汇的稳固性所造成的。"[①]

第二节 汉语基本词汇和语法构造的稳固性使它对强迫同化表现了巨大的抵抗力量

语言并不是独立存在的"自在物",而是一种作为人们交际工具的社会现象。没有保持并使用这种交际工具的"人",语言是不能存在的。因此,语言的稳固性是和使用它的广大人民的社会生活分不开的。

汉语,在汉民族反对侵入者,反对强迫同化的斗争中,经受了不止一次的考验。

由于广大的勤劳勇敢的中国人民,爱祖国,爱祖国的人民和语言,并以他们劳动生产和在劳动生产中所创造的光辉灿烂的文化,不仅在"敌忾同仇"的意识下反对并战胜了敌人的强迫同化,保存

---

① 斯大林(1953)《马克思主义与语言学问题》,人民出版社,24 页。

了历史悠久、丰富多彩、富于表达能力的汉语,甚至有时反倒使侵入者在中国人民对它进行的长期斗争中逐渐失去了它自己的语言,使用了汉语,使汉语在两种语言斗争中成为胜利者。

汉语的稳固性是由于汉语基本词汇的稳固性和汉语语法构造的稳固性所造成的。

当汉语还是部族语言的时候,华北地区的中国人民,在晋南北朝时代,沦陷在"五胡十六国"和北魏北周的血腥统治中。其间,鲜卑族的拓拔氏(后魏)统治了一百七十多年(386—577)。在后魏"初定中原"之后,虽然鲜卑族的上层分子"军容号令,皆以夷语",①并且用权势地位加以利诱,"若孟威以明解北人语,敕在著作,以备推访;孙搴以能通鲜卑语,宣传号令;祖珽以解鲜卑语免罪,复参相府,……并见遇时主,宠绝群僚"。②虽然当时的汉奸地主为了他们更便于压榨人民,宁愿"教其(儿)鲜卑语及弹琵琶,稍欲通解,以此伏事公卿",③但是,在广大的勤劳勇敢的中国人民面前,在中国劳动人民创造并保持着的中国语言和文化面前,汉语取得了伟大的胜利。后来,就连侵略者,后魏的统治者——拓拔氏也不得不"欲断诸北语,一从正音(汉语)"。④ 在太和十九年(公元495年)六月下诏书命令"不得以北俗之语言于朝廷,若有违者,免所居官。"⑤

---

① 《隋书·经籍志》。
② 顾炎武《日知录》。卷 29。
③ 颜之推《颜氏家训·教子篇》。
④ 《魏书·列传第九·上·咸阳王僖传》:"高祖曰:'……今欲断诸北语,一从正音。年三十以上,习性已久,容或不可卒革;三十以下,见在朝廷之人,语音不听仍旧。若有故为,当降爵黜官。各宜深戒!'"
⑤ 《魏书·高祖纪》。第七、下。

五代时,石敬塘为了争夺统治地位,把当时华北燕云十六州双手送给契丹,无耻地奉契丹主为"父皇帝"! 从此这十六州的人民便长期沦陷在侵略者的手里,经过东胡、女真、蒙古等族的相继统治,经过了辽金元三代,四百三十多年。在这艰苦的漫长岁月里,汉语在这些地方不但没有被强迫同化,相反地却和华北其他地区一样,逐渐形成了现代汉语的北方支派——北方汉语方言。

在宋代,女真族侵略中国,在中国人民先进的经济、文化的影响下,好多女真人把他自己的姓氏译成汉姓,学汉人的服装,说汉语。当时的侵略者曾经下令禁止女真人,不许他们译成汉姓,学南人服装;命令歌手,要他们唱女真歌词。"(完颜璟)二十五年十二月,进封原王,判大兴府事,入以国语谢。世宗喜,且为之感动,谓宰臣曰:'朕尝命谓王习本朝语,惟原王语甚习,朕甚嘉之。'"[①]只有元王讲女真语讲得很熟习,可见当时统治华北人民的女真族,就连统治者的诸王在内,对于他们自己的语言已经不使用了。

汉语对强迫同化的抵抗力量,"九一八"之后,在东北更经历了严重的考验。

"九一八"之后,蒋介石出卖了东北人民,日本帝国主义者以残暴的血腥统治,在东北建立了傀儡政府。优秀的中华儿女,在中国共产党领导下,展开壮烈的游击战争,沉重地打击了侵略者。日本侵略者,认识到了日本刀是征服不了中国人民的,于是他们妄想用法西斯的语言教育来奴化中国人民。硬把汉语改名叫什么"满语",想消蚀中国人民的民族意识,硬把日本语叫什么"国语",到处作"国语は日本语"的宣传。在学校减少中国语的时间,增加日本

---

① 《金史·章宗本纪一》。

语的时间，甚至有的学校取消了中国语的课程。不但如此，还在强迫同化的语言教育之外，用什么"高等官"为钓饵，年年举行"语学检定"，妄想用野蛮的血腥统治来消灭汉语。但是，结果呢？是"在满日本人"绝大多数学会了汉语，而中国语言除增加了一些不合乎汉语造词规律的中国语音的日本语词，和个别的违反汉语语法的句子，像："出荷""出张""你们大大的……"少数的"协合语"稍稍影响了东北地方汉语的纯洁和健康外，我们祖国语言——汉语——在东北广大人民的口中，和反抗帝国主义侵略的意识一样，在狂暴的法西斯统治下，依旧是顽强地稳固地越来越旺盛地生活着！

第三部分
词汇音变

第三十一章 词汇音变以及研究它的目的和方法

第一节 词汇音变和它的种类

壹 音位变化和词汇音变

一提到音变,可能有人感觉到这是语音学问题和词汇学无关。音变是一种语音现象。从语音现象来研究它,它是可以放在语音学范围里的。但是语音本身是不会发生发化的。[a]是[a],[ə]是[ə]。[a][ə]音素本身谁也不会变的。音变必须体现在具体的语言上,抛开具体的词或词和词的关系,想谈音变是困难的。

剥	pa——pə
摩	ma——mə
发	fa——fə(轻音)
疙瘩	kata——kəta

没有这一类词汇现象,就没有汉语语音[a][ə]音变事实。只有在词汇关系里,我们才可以根据许多词的具体情况,看出有从[a]变[ə],或从[ə]到[a]的音变规律。若是脱离词汇就没有说这些音素谁变谁的权利。音素本身是不会改变的。

不但如此,在词汇里"调"[tiau]和"调"[t'iau]不同,"散"[san]和"撒"[sa]不同,"看"[k'an ˥]和[k'an ˅]不同,它们各组之间又有一定的语源关系。从词汇看,在一定情况下,音变还有造词作用。

脱离词汇去研究语言音变是不可能的。何况在大力推广普通话工作中,想把那些用地方方音说的全民语词改成以北京音为标准音的民族语言词汇,词汇音变的研究更为重要。

发音器官是很灵活的。说话时,词所用的音素在发音部位上或方法上稍有出入,音值就不相同。例如:[a]靠前一些,说出来的是[a];靠后一点,说出来的是[ɑ];介于前后之间的,说出来是[A]。

一个民族语言,它的音系是可以分析出许多不同的音素的。

各个音素都是有区别的。一般说来,在词的音节中是不能混同的。就现代汉语来说,譬如:把"混合"[xuənxə]说成[xuanxə]听来就成为另一个词——"缓和"了。

可是在词汇中也有些音素,即或在词中换用,也没有什么影响。例如:"八"北京音说[pa],它的元音是一种中[a]。但是事实上各人发音并不一样:有些人说得较前一些,近乎标准元音的前[a];有人说得较后一些,近乎后[ɑ]。并且同一人在不同音的前后,或同样的音在不同的时候,也可能有略前略后的说法。① 再如:"贪"[t'an]"胎"[t'ai]"他"[t'A]"滔"[t'au]"汤"[t'ɑŋ]五个音节,它们的韵腹[a],也并不是完全一样的。"贪""胎"用[a],比较靠前;"滔""汤"用[ɑ],比较靠后;而"他"则是使用中间的[A]。实际上,即使把它们都说成前[a]或后[ɑ]中[A],在词汇里是没有什么影响的,不致使人发生误会。②

从词汇看来,有些音素必须区别,有些音素即或在说话时有些

---

① 赵元任《方言性变态语音三例》。《史语集刊》,第5本,第2分本。241页。
② 田恭《音位和音位学》,《中国语文》,1955年4月号,35页。

变动,不加区别也没有多大关系。这样,我们可以从一种语言里,按照有没有区别词汇意义的作用,把一些音素归并出为数较少的"声音类型",找出音位系统。在一个音位里,有一个音是它这一音位的典型。其他的都是这同一音位的不同变体。从使用上说,在同一音位里既存在一些不同的变体,那么在这些变体里,一定要确定这个音位的典型。"在孤立的形式上就发出这一个音,并且只有它被我们理解为语言的因素。所有别的变体,普通我们都不认为它们跟这个典型声音有什么不同,除非受过语音学的专门训练才能学着听出来。"①

不同的音位绝不能混淆。若一混淆,就会由词的语音外壳的混淆而引起词义的误解。例如:把[ɑŋ]说成[aŋ]是可以的,因为它们音位相同。可是,若是把"衣裳"[iṣaŋ]说成[iṣəŋ],那么,"我去看衣裳"就变成"我去看医生"了。因为[a][ə]是不同音位的。

同一词使用不同音位来说,在方言中有时也不会发生误解,例如:"割"在东北一般说[kə],也或说[ka],一般都能得到同样的理解,并不妨碍交际。可是我们不能因此就说[ə]和[a]是属于同一音位的。因为在东北方音中"哥哥""革命""个别"的[ə]是不能用[a]说的。若是把它们说成[kaka][kamiŋ][kapie]听来不是发生误会,就是不易了解的。这只是方言音变,并不是同一音位。

现代汉语,我们的民族语言,是以北京音为标准音的。各地方音向北京音对音时,音位的研究是非常重要的。为了做好这一工作,各音之间的变化关系必须找出来。能定出规律的作出规律,不能成规律的也要分别指出,以便学习和使用。

---

① 田恭《音位和音位学》,《中国语文》,1955 年 4 月号,38 页。

关于各地方音跟北京音的对音规律,已由科学院语言研究所组织各地语言学家分别编写,将来各有专书。本书不是现代汉语语音学,不能涉及这一范围。

这里只从词汇方面来讲一讲现代汉语语音变化问题。体会,运用,在改正方音词使它进入全民词汇的工作上,可能有一点儿用处。

贰　汉语音变的种类

汉语语音变易情况很复杂。就时间来说,有古今音变,就空间来说,有方言音变。就造词来说,有造词音变;就用词来说,有说话音变。

这几种音变是互相联系着的。

本书不是汉语语音史,在这不系统地讲古今音变。本书也不是汉语方言学,也不系统地讲古今各地方言情况。只以现代汉语为主,着重讲一讲词汇中的造词音变和说话音变。

因为各种音变都有联系,在谈造词音变和说话音变时,有时不免要涉及一些汉语语音的历史和某些方音。

在分别说明造词音变和说话音变两种汉语音变之前,先把它合起来略谈一下:

一　造词音变

造词音变是和人们在实践中,从已有的认识里分析出和新认识相应的一种造词方法。造词音变是音变造词的结果。用音变的方法造成的词,随着各个词的历史情况不同,在现代汉语词汇里,有些词在书写符号上作出区别,有些词还没有改变书写形式。譬如:"钉钉"名、动两词在语音上虽然能分开,但在文字上却还不能分别；"汤汤手"就不但在语音上能分得开，就是在文字上也分开了，写成"汤烫手"。长短的"长"和长幼的"长"在语音上已经清楚地变成两个不同的词，可是在文字上却还分不出来；而"传""转"两词，在音变之后，不但能从听觉上感到区别，就是在视觉上也有了区别；"落地"的"落"和"落下"（遗下的意思）的"落"，在听觉上虽听出是两个不同的词，但在视觉上还分不出来。而"抖擞""哆嗦""蹀躞"等词，音变之后，不但能从听觉上感到区别，而且在视觉上也能得到区别。

二 说话音变

说话音变则是一种变态语音，因为它逸出了当时当地的常轨。这种音变也有两种：临时性的和系统性的。

1. 临时性的变态语音

临时性的变态语音是随着说话人当时的思想情绪而发生的。是随着思想而发生的情绪的身态变化结果。大笑时，元音变开变前，譬如："笑的话[xa]都说[sə]不[pɯ]清楚[tʂ'ɯ]了"；在生气时，往往把不送气的语音说成送气的，譬如："这（彻）东西！真（琛）是的！"[①]闭口音的音节，在呼喊时，有时变成开口。例如："的"[ti]收[i]，是闭口的。但是小孩子招呼卖糖的人时，往往是喊"卖糖的[tie]"。听来好像在喊"卖糖爹"。不但音素在说话时，有的有变化，就是声调也有。例如："办"[pan]是去声，它的调值是51。可是在无可奈何时，常常把它的调值说成5121，像："这可怎么办ᐧᐧ！"

2. 系统性的变态语音

系统性的变态语音有两种：个人的和地方的。前者，可以分为

---

① 赵元任《方言性变态语音三例》。《史语集刊》，第五本，第二分本。241 页。

发育未完全跟发育不完全两种情形。因发育未完全而跟常态语音有歧异的是小孩子的说话。如果到成年时,说话还是越出环境语言所习用的规范,那就是所谓"大舌头"或"咬舌子",是须要矫正的语病。这些变音不是对于一个两个词一次两次的偶然失常,而是对于某某音在某种情形下的系统改变,是自己形成一个内部一致的体系的。这种自成系统的变态语音对于它所在的环境语言的正则语音,正像另一方言或另一时代的语言跟这个当时当地语言的关系一样。这种成系统的变态语音,如果不是个别的几个人,而是一个地区的人;不是个人系统,而是这个地区人的共同变音系统,形成了一个独特的语音区域,这种变态语音就是方音。①

第二节　研究词汇音变的目的和方法

壹　研究词汇音变的目的

语言是许多时代的产物。语言的建筑材料——词汇在这许多时代中有它的传承和发展。就词的语音形式来说,它一方面按照自己的内部规律不断地逐渐变化,在音节结构和语音系统上发生了积渐而来的古今音变。另一方面又在各时代中有它的地域性分化发展,从而形成了全民语言的不同分支;这个分支,又复按照它从属于全民语言的地方特点逐渐向前发展。这种错综复杂的汉语历史,使汉语词汇音变的研究不能不做多方面的分析研究工作。

研究汉语词汇音变,从总的要求说,就是要求从纵的方面找出古今音变的规律,从横的方面找出在古今音变之中的地方语音分

---

① 赵元任《方言性变态语音三例》。《史语集刊》,第五本,第二分本。242 页。

化规律以及各地区方音在发展中的差异和关系。

从纵横两面找到规律，不止在研究汉语史和汉语方言史有其重要作用和意义，就是对当前实践来讲也更为重要。

我们知道在汉语规范工作中，词的语音规范是一个最尖锐的问题。汉语方言词汇中有很大部分是共同的。所差的，只是它在词的语音形式上涂着各个不同的方言色彩。若是找到方音之间的特点和规律，用来和北京音相对应，把具有全民性而涂有地方方音色彩的方音词，改用标准音来说，普通话的词汇规范工作基本上解决了一大部分。

因此，词汇音变的研究在适应地方语言情况推广普通话的工作上有着极其重要的意义。

从学校教学工作来说，掌握并运用音变规律，在文学教学和习作上是有很大方便的。例如：

"大家在这里已经半年，日里也挖，夜里也挖，每个人的手掌，不知磨落了多少层趼子。"——李蕤《感情最深厚的人们》

"茧子"一词东北学生一时不好理解。因为他们在文字上一向把它读作[tɕiantʂʅ]，在词的意义上一向只了解"趼"是蚕趼。它的形式和内容，在这一作品的文句上统一不起来。

如果他们掌握现代汉语词汇有韵尾[-n][-ŋ]音变的现象。知道"趼子"[tɕiantʂʅ]就是自己方言里的[tɕiaŋtʂʅ]，及时懂得这习见熟知的词，可以减少许多不必要的讲解。再如：

"凤仙花"东北叫做[tɕitɕitsʻau]。学生常把它写作"季季草"。写完了，自己也很难心安。因为他明知它不但不是季季开花，而且也不季季存在。若是改成"凤仙花"在一定的作品上又失掉了必要的地方色彩。致使他们有些踌躇。

如果他们根据词汇音变的道理，知道 [tɕitɕits'au] 就是 [tʂʅtɕiats'au] "指甲草" 的变音，写成 "指甲草"，一方面保持了所要的地方色彩，一方面又写成全民易解的词，"顾名思义"，自然 "心安理得" 了。

这一本书主要是为了从事语文教学工作的同学们写的。在研究词汇音变问题上，纵横两方面，当前的目的只能放在后一方面了。

尽管词汇音变需要作纵横的全面的综合研究，可是同学们还没有学习汉语史，特别是没有汉语语音史的知识；而当前所要的，就我校这一学科来说，主要是能处理东北方音和北京音的对应问题，因而在一些实例中，除有些词例提到古音和方音外，一般是直接就东北方音和北京音作比较对应来说的。

我们的例证是在这种情况下分类列举的。因此，有许多词例按历史关系可能另有类属和发展线路，这里就不能涉及了。把它留在汉语史里来解决。这一点是须要事先说明的。

与此相应，对同学们的要求只是要通过一些词例，学习着运用语音学知识来研究眼前可能处理的东北方音和北京音的对应关系，适当地处理在东北方言中某些常见的 "有音无字" 的词，研究它们是不是可以按音变规律找出一些可以去掉方音色彩说成和写成全民语言的词。

贰　研究词汇音变的方法

在研究词汇音变时，首先不要忘了是研究 "词" 的语音变化，并不是抽象的空谈语音变化。因此，在处理具体的词时，必须把词的语音形式和内容紧密地联系起来。

其次是必须熟悉发音器官的构造以及基于它的构造可能发生的各种节制作用,和作成节制时相互对构成势的部位,以及使用这种对构关系的发音方法。从音理的可能关系上,就音节极其相似或相近而词义相同或相关的词,去考虑它们音变的可能。

有一定方音知识和汉语语音史知识的同学们,必须在前一基础上联系方言和语音史来作综合的研究。——因为我们还没有开这个课程,现阶段还不作为普遍要求来提出。但是必须指出,我们将来作进一步研究时,这两者是不可或缺的部分!

从另一方面说,即或方言、语音史虽不熟悉,我们也可以从同一个词在不同人的不同读法和说法上,找出必要的线索。

研究发育未完全的变态语音也可以得到启示。

最后,要应用处理音变的方法,去在教学过程中,针对学生的语音情况进行正音工作。

第三十二章 汉语造词音变

第一节 一般的造词音变

壹 变化声调的造词音变

一 变化声调的造词作用

随着词的音高而显示出来的词的声调特点,在词的分化中,常成为被内容决定的一种形式表现。这种内容和形式的变化是有造词作用的,例如现代汉语:

[na]（那）

说成上声时是表示询问，字有写作"哪"的。说成去声时是表示远指。

[a]（啊）

说阴平时是表示感叹，

说阳平时是表示疑问，

说上声时是表示惊疑反诘。

[pəŋ]（绷）

说阴平时是表示把物体紧紧的从四周向外平张起来。例如："把它绷到墙上"。

说上声时是表示紧张的动作。例如："他立时把脸绷起来"。

说去声时是表示因为绷得过紧而忽然破裂的情形。例如："绷开""绷裂"的"绷"。

这种声调变化是和词的意义紧紧相关不容混乱的。如果把远指方向的"那"[naﾋ]说成[naﾌ]，或把询问方向的"哪"[naﾌ]说成[naﾋ]都会立刻引起语言混乱的。可见声调变化在这一类词里是一种主要的表现形式，去掉了它，就是去掉了从一个词分化出来的几个词之间的区别标志。所以说它是有造词意义的。

1. 声调六类变化都有造词作用

变化声调的造词是不拘一格的。阴平、阳平、上声和去声这四声的变化可以有六类十二种。在六类变化里，各类变化都有用作造词的。

这里每类各举一例。例如：

（1）有的是阴平和阳平音变的，像：

撩[liau]　说阴平是揭起的意思,说阳平则是挑逗招引的意思。

(2) 有的是阴平和上声音变的,像:

搂[lou]　说阴平是向自己方面括取东西的意思,说上声则是搂抱的意思。

(3) 有的是阴平和去声音变的,像:

冲[tʂʻuŋ]　说阴平是向前直冲,说去声则是表示直冲的趋向。

(4) 有的是阳平和去声音变的,像:

横[xθŋ]　说阳平是横竖的"横",说去声则是不通情,不讲理的意思,像"这人蛮不讲理,说话很横。"

(5) 有的是上声和去声音变的,像:

瓦[ua]　说上声是砖瓦的"瓦",说去声是"施瓦于屋"的"瓦",像:"瓦匠在房屋上瓦瓦"。前一"瓦"是去声,动词,有写作"㼚"的;后一"瓦"是上声,名词。

2. 去声在变调造词中的突出作用

在变化声调的造词音变中,有很多是和去声有关的。在由于变调而分化出来的两三个(大多数是两个)词中,其中往往有一个是去声的。这种现象:

(1)　最多是在动词和名词的转化里

其中:

a. 有用去声指出物体名称的

	动词	名词
[pei]	背(揹)、阴平	背、去声
[tan]	担、阴平	担、去声

[tʂuan]	钻、阴平	钻、去声
[tʂ'əŋ]	称、阴平	称、去声
[tɕ'ian]	牵、阴平	牵(纤)、去声
[ian]	研、阳平	研(砚)、去声
[mo]	磨、阳平	磨、去声
[fəŋ]	缝、阳平	缝、去声
[ʂu]	数、上声	数、去声

b. 有用去声指示动作的

	名词	动词
[tiŋ]	钉、阴平	钉、去声
[t'aŋ]	汤、阴平	烫、去声
[tɕia]	家、阴平	嫁、去声
[tɕian]	间、阴平	间、去声(间苗)
[liaŋ]	凉、阳平	凉(晾)、去声
[ua]	瓦、上声	瓦(宽)、去声
[nai]	奶、上声	奶、去声
[tʂuŋ]	种、上声	种、去声
[tʂən]	枕、上声	枕、去声

(2) 其次是在动词的分化里

a. 有用阴平和去声分化动词的

[pən]	说阴平是奔走的"奔",
	说去声是够遗的"奔"或写作"逩"。
[k'an]	说阴平是看守的"看",像"看家",
	说去声是观看的"看"。
[tʂəŋ]	说阴平是斗争的"争",

452

说去声是用力挣脱的"挣",像"两头挣""挣断了缰绳"。

b. 有用阳平和去声分化动词的

[xua]　　说阳平是划分的"划",

说去声是绘画的"画"。

[ɕyan]　　说阳平是旋转的"旋",

说去声是镟东西的"镟"。

c. 有用上声和去声分化动词的

[mo]　　说上声是涂抹的"抹",

说去声是墁墙抹灰的"抹"。

[tau]　　说上声是倒下的"倒",

说去声是颠倒的"倒",像"把图看倒了"。

[san]　　说上声是闲散、散乱的"散",

说去声是解体的分散动作,像"散会"的"散"。

[tʂuan]　　说上声是变换方向的"转",

说去声是旋转的动作,像"转圈儿"的转。

[tʂaŋ]　　说上声是涨水的"涨",

说去声是膨胀的"胀"。

二　造词音变和词性改变

有些造词音变不仅改换内容,也引起词性变化;有的只改词的内容,不改变词性。

一、只改变内容而不改变词性的。例如:

1. 名词音变

油[iu]　阳平说的是"油",去声说的是"釉"。

2. 动词音变

挑[t'iau] 阴平说的是选择或用肩从中担起,说上声则是拿一个细长的东西用它的一端把另一东西从中挑起。

二、既改换内容又改变词性的。例如:

3. 形容词音变

少[ʂau] 说上声是指数量,说去声则是指年龄。

4. 名、动词音变

钉[tiŋ] 说阴平时是名词,说去声时是动词。

5. 动词、形容词音变

凉[liaŋ] 说阳平是表示比较低些的温度,说去声是使凉或晒之使干的动作——"晾"。

6. 动词、副词音变

往[uaŋ] 说上声是来往的"往",说去声是行动的趋向。

7. 名词、形容词音变

难[nan] 说阳平是难易的"难",说去声是灾难的"难"。

贰 变更发音方法的造词音变——用送气 与否来作分化的造词音变

有些用塞声或塞擦声发声的词,在分化时,往往随着它的内容变化在原有的语音形式上用送气与否作出相应的形式改变,以形成新的内容和形式的统一,造成新词。例如:

歉[tɕian]——[tɕ'ian]

"谷不升曰歉",没有粮食吃的年景叫"歉年";心里感到不足也叫"歉",说"抱歉""道歉",这一个词是从[tɕian]分化出来的,用送气表示区别,说成[tɕ'ian]。

强[tɕiaŋ]——[tɕ'iaŋ]

强大、强壮、强硬等"强"说[tɕ‘iaŋ]。倔强、强嘴、一强到底等"强"说[tɕiaŋ]。用送气和不送气区别这两个从同一词分化出来的词的形式。

增[tsəŋ]——层[ts‘əŋ]

"增"和"层"都是从重叠添加的词义分化出来的。在语音上用送气和不送气作出区别,在字形上用从"土"从"尸"来区别。

拨剌[pala]——[p‘ala]

东北方言[pala],在"用棍子 pala","不要 pala 倒了"等类的语句里,是标志左右拨动的意思,字有写作"拨剌"的。至于"往嘴里紧 p‘ala""把饭碗 p‘ala 得叮当直响"等的语句里,[pala]被说成送气的,标志着向自己一个方面不住的拨动的意思。[p‘ala]是从[pala]分化出来的词。

提溜[tiliu]——[t‘iliu]

东北方言[tiliu]一词在语句中,像"打 tiliu","他用手 tiliu 一个瓶子",是标识一方面向上提起,一方面向下悬垂的意思。但是在"油 t‘iliu"、"打一 t‘iliu 酒"等类语句里,[t‘iliu]则是标志着向上提起的具体实物——向上提起液体的器具。[t‘iliu]是用送气的方法使它从[tiliu]一词里分化出来,现时也还是有音无字的。

便宜[piani]——[p‘iani]

说[piani]时,"便宜"是"便宜行事","用什么有什么,真便宜"等顺便、方便之类的意思。说[p‘iani]时,是所付的代价少,而换得的事物或利益多,像"这东西真便宜","不要便宜了他"等"便宜"。

补绽[putʂan]──[pʻutʂʻan]──[pʻutʂʻən]

衣服补绽的地方叫"补绽",可以做补绽用的旧布也叫"补绽",为了区别,音变作[pʻutʂʻan]再变作[pʻutʂʻən]。

叁　变更音素的造词音变

随着词内容的发展和分化,有些词在原来的语音形式基础上使用变更部分音素的方法以表示分化之后的形式区别的。其中:有变更辅音的,有变更韵腹的,也有变更韵尾的。

一　变更辅音的造词音变

一、语音分化了,但是书写形式还没有分化的。例如:

降[tɕiaŋ]──[ɕiaŋ]

降,原来是从高处走下来的意思。古音说[*ɣoŋ],隋唐时代已经分化成两个词:下降的意思,说[*koŋ];降伏的意思,说[*ɣoŋ]。① 这已然是两个词,但仍然使一个书写形式──"降"。后来,[*koŋ][*ɣoŋ]颚化成[[tɕiaŋ][ɕiaŋ],变成了现代的语音。

折[tʂə]──[ʂə]

折,原来是用斧子砍断草木的意思,古音说[*dʻat]。这个词以后分化成两个:一个是"拗折"的动作,隋唐时代说[tʂiɛt];一个是"断而犹连"的形象,隋唐时代说[ʑiɛt]②。现代把"拗折"说成[tʂə],把"断而犹连"说成[ʂə],还依然是这个分化系统,只不过古今语音有些变革。

---

① 《广韵·平声·江韵》:"降,降伏,下江切。"去声,绛韵:"降,下也,归也,落也,古巷切。"

② 《广韵·入声·薛韵》:"折、常列切,断而犹连也。""折、旨热切,拗折。"

二、语音和书写形式都分化了的。例如：

間 間[tɕian]——[ɕian]

間，原是空隙的意思，古音说[*kan]。隋唐时代这个语音已经分化成[*kan][*ɣan]①两音。以后颚化成[tɕian]和[ɕian]。前者，标志空隙的意思，后者标志了事和事之间的空隙——闲暇无事的意思。为了在视觉上造成区别，书写形式后来也变成了两个："间"和"闲"——在"間"的基础上改变字形。

辰 派 脈[p'ai]——[mai]

辰，原是水的分流支岔，古语说[*p'ɐk]。由这一个词比拟造词分化出两个词来：一个是水的支流；一个是人身体内血管的支流；前者字写作"派"，后者字写作"脈"，在视觉上可以辨出形式区别。在语音上，隋唐时代的韵书已经记录了它们的分化，水的支流——派，说[p'wɑːi]；血的支流——脈，说[mwæk]②。现代北京音把"派"说成[p'ai]，把"脈"说成[mai]。虽然古今语音有些变化，但是它们分化的统系是不变的。

二 变更韵腹的造词音变

一、[a][e]音变造词。例如：

那

那[na]在"那一个"里，有两个不同意义的说法：表示询问

---

① 《广韵·山韵》："間，隙也……又中间，古闲切。"又"闲暇也，户间切"。当时用防闲的"闲"求作区别。

② 《广韵·挂韵》："派、分流也，匹挂切。"《广韵·麦韵》："衇、《说文曰》，'血理之分邪行体者。'莫获也"。也写作脈(脉)。

时,"那一"合音是说[nai]的;表示远指单数时,口闭一些音变作[nei]。

二、[ə][i]音变造词。例如:

更

更,原是改的意思。古代计时是随着刻漏的变化,按定时改变它的报时数目——打鼓或敲梆子——改一次是一更,以后从"更"的词里,分化出来夜间报时的名字。"更改""变更"等义说[kəŋ],"打更""五更"等义说[kiŋ],[kiŋ]以后颚化说[tɕiŋ]。

三、[a][θ][u]音变造词。例如:

竿　根　棍

竿、根、棍原是三个不相关的词。竿,是竹挺;根,是木的根柢——"下本";棍,是"束木"或"混同"。现在说"一根竹竿","一根木棍",用"根"作计数的单位,用"棍"作物体名字,是在"竿"这一词分化之后借来标音的。

竿,古音说[*kan],隋唐音说[kɑn]。计数时,当时是用"竿"来记的,像"一竿竹"。后来分化了:从竹挺的本义里分出来计数的单位,在"竿"[kɑn]的基础上音变作[kən],借"根"来标记。从"竿"的基础上,类化同类异质的物体,分出:竹挺叫"竿"[kan],木挺叫"棍"[kun],借"棍"来标记。竿[kan]、根[kən]、棍[kun]现代常见的三个词都是从一个词分化出来的。

四、[u][a][i]音变。例如:

漉

漉,也写作"渌",是"录"的后起字。古音说[*tluk]。"涿

458

鹿""独鹿""祝粟"等字都是它的记音。甲骨文"𩰊"是它的形象,涿的"奇字""𝔇"是它的简写①。

这个词已分化成好几个不同音义的词:像一些从上向下滴沥着的圆滚水珠似的东西叫[tulu];一个一个像水珠似地从上面滚落下来,说[t'ulu];小一些的水珠一点一点地滚落,说[tili];从上向下悬着,说[tala],悬得过长,说[taŋlaŋ]。

五、[a][ə][i]音变造词。例如:

𝕝𝕝

𝕝𝕝,是两只脚向外分辟,走动困难的意思,古音说[*lat-puat],音变作[*laŋpuat]"刺跋""狼狈"都是它的记音。这个词直到现在还使用着,并且还分化出来几个音义不同的词:两脚分辟,行路困难说[lapa];两脚沉重分辟横拖几乎失去作用,说[*la:p'a:];两脚不良于行,动作费力,勉强从事,说[lie-pa];外行,动作勉强,说[lipa],——有写作"力笨"的,不一定合适。

六、[y][o]音变造词。例如:

句 勾

这两个不同音义的词,原是一个词的分化。在早,只有"句"。"句"是"勾曲"的意思,古音说[*ku]。随着文学语言的发展,在章句的认识上,形成了句子的概念。用"句"划在句尾来断句,遂把"句"作为标识句子概念的词。在汉代,章句的"句"已经从勾曲的"句"分化出来。《说文解字》说:"瞿""读若章句之句",可见那时章句的"句"已经不说"鉤"了。隋唐时代

---

① 拙作:《涿鹿邑布考》。

章句的"句"说[kǐu]，句曲的"句"说[kəu]①。以后[kǐu]颚化成[tɕiu]，[i][u]相合又变音说[tɕy]，[kəu]音变成[kou]。在书写形式上，章句的"句"占用了原形，句曲的"句"为了区别把"口"捏成了三角。

三　变更韵尾的造词音变

1.更换韵尾的造词音变

用[-i][-n]音变造词的。例如：

赖　懒

赖[lai]、懒[lan]是用变换韵尾辅音表示词的分化的。

"赖"是倚赖仗恃的意思，有所仗恃而懈怠起来，什么也不做的叫"赖"。

用[-n][-ŋ]音变造词的。例如：

称　称

衡量物体轻重的计器叫"称"[tʂʻəŋ]。物体在两旁等立相对，像称称两端平衡相等似的，说"称"[tʂʻən]。[tʂʻəŋ]和[tʂʻən]是用改变韵尾辅音的方法区别出来的分化造词。

鉴　镜

"鉴"古音说[*kam]，"镜"古音说[*kɔŋ]。隋唐时代"鉴"说[kam]，"镜"说[kǐɐŋ]。现在北京音"鉴"说[tɕian]，"镜"说[tɕiŋ]。这两词是从"监"——古时代盛水照影的盆镜分出来的。分化最初是用[-m][-ŋ]的音变说成的，以后[-m]拼入[-n]又形成了现在的[-n][-ŋ]的音变。

---

① 《广韵·侯韵》："句，说文，'曲也'，古侯切。"《广韵·遇韵》："句，章句。九遇切。"

2. 增减韵尾的造词音变

(1)增加韵尾的。例如：

你　您

你，一般地说[ni]，在敬语时说[nin]，增加了一个辅音韵尾[-n]表示敬意。

他　怹

他，平时说[ta]，敬语时说[tan]，增加了一个韵尾辅音。

(2)减掉韵尾的。例如：

冰

冰，隋唐时代说[*piəŋ]，现代北京音说[piŋ]。但是，在"冰手""冰得很"等词组里，把"冰"用作动词时，东北方音说[pa]，用减掉韵尾[ŋ]来标识"冰"的词的分化。

驳落　疤拉

"驳落"古音说[*pɔklɑk]。物体表皮驳落的瘢痕叫"疤拉"[pala]。从[pɔklɑk]到[pala]是随着词的分化用减掉韵尾的办法制造新词的。

废

废[fei]在东北方言里，又分化出来一个表示废弃无用的意义的词——[fa]，例如："废货""废茶叶""废透了"等等的"废"都是说[fa]的；有人把它写作"乏"，词意不大相合。

第二节　后缀"儿"的造词音变
——"儿"化音变

现代汉语后缀[-ər](儿)在使用上有两种情况：一种是用它的

全音节的;一种是用它的卷起舌尖的特点使它所附的词根韵腹发生"尖化",从而形成"儿"化音变。

前一种在作品里常见。例如:

> 一群群肥壮的牛羊
>
> 珍珠般的撒在
>
> 像海一样的草原上。
>
> 鞭儿响亮。
>
> 我们欢呼、歌唱。
>
> 敬爱的毛主席呀有了您,
>
> 我们的羊儿肥,马儿壮,
>
> 草原上的生活变了样。
>
> ——节录呼伦贝尔草原上的歌

"鞭儿""羊儿""马儿"是使用[-ər]的全音节的,朗诵时是要说成[pianər][iaŋər][maər]的。

后一种在口语里常见。例如:

> 一个学生个儿特别矮。有一次,大伙儿跳皮筋儿。别人都跳得很高,就是她跳不高。她非常难受。可是有个同学还拿她取笑,说:"可怜的孩子,你怎么不长高点儿啊!"她当时脸就红了,差点儿哭出来。这时候,大伙儿都责备那个拿她取笑的同学。为什么大伙儿都不满意拿别人取笑的行为呢?
>
> ——初小语文课本第七册15～16页

"个儿""大伙儿""皮筋儿""高点儿""差点儿"在说话时,现在一般是不使用[ər]的全音节,而是把所附韵腹"儿"化。

"儿"化音变的一般规律是这样的:

用"儿"[ər]附缀的音节,若是不带韵尾的,除以舌尖或舌面前最高元音作韵腹的可以使用[ər]的全音节外,其他元音作韵腹的都不能使用[ər]的全音节,而是用[ər]的[r]把作韵腹的元音加以尖化。

用"儿"[ər]附缀的音节,若是带有韵尾的,一律割掉韵尾,然后再用[r]来使韵腹舌尖化。其中:用[i][n]作韵尾的,韵尾完全去掉;[u]韵尾去掉之后,尚存唇形;[ŋ]韵尾去掉后,韵腹元音"儿"化同时鼻化。

后缀"儿"的造词作用在第三篇第十一章第二节已经说过,这里不再重述,只说说它的语音变化情况。

壹　无韵尾音节的"儿"化音变

一　用舌尖或舌面前最高元音作韵腹附"儿"时,韵腹和"儿"全音相结

这两种词的"儿"化是以韵腹和"儿"的全音相结的。因为发音时韵腹的舌位是在舌尖或舌面前而且上升得最高,致使舌尖紧促不能卷起,势必在说完韵腹元音之后,舌位下降到[ə]再行卷舌"儿"化。这种"儿"化是使用全"儿"轻声的。例如:

$$\text{"铁丝儿"的"丝儿"} \qquad [sɿ] \rightarrow [sɿər]$$

$$\text{"锯齿儿"的"齿儿"} \qquad [tʂʻɿ] \rightarrow [tʂʻɿər]$$

$$\text{"针鼻儿"的"鼻儿"} \qquad [pi] \rightarrow [piər]$$

$$\text{"口头语儿"的"语儿"} \qquad [y] \rightarrow [yər]$$

二　用舌前非最高元音或舌后元音作韵腹附"儿"时韵腹"儿"化

这种"儿"化词因为韵腹不用舌前最高元音或舌尖元音,因而舌尖比较舒展,可以在说韵腹元音的同时就把舌尖卷起,形成了[er][ur][or][ɤr][ar]等音——是韵腹元音的卷舌尖化,并不是在韵腹元音之后加上[ər]的。例如:

"叶"[iɛ]——"儿"化成[iɛr]

   ——像:"树叶儿",

"月"[yɛ]——"儿"化成[yɛr]

   ——像:"正月儿",

"秃"[t'u]——"儿"化成[t'ur]

   ——像:"小秃儿",

"说"[ʂuo]——"儿"化成[ʂuor]

   ——像:"小说儿",

"歌"[kɣ]——"儿"化成[kɣr]

   ——像:"唱歌儿",

"法"[fɑ]——"儿"化成[fɑr]

   ——像:"方法儿",

"话"[xuɑ]——"儿"化成[xuɑr]

   ——像:"笑话儿"。

贰　有韵尾音节的"儿"化音变

这种词"儿"化音变有两种情形:一、用舌尖鼻音或舌前最高元音作韵尾的词,在"儿"化时,都割掉韵尾直接用韵腹"儿"化或和"儿"相结;二、用舌后最高元音作韵尾的词,在"儿"化时,只受韵尾的口形影响,不用韵尾的舌位;用舌根鼻音作韵尾的词,在"儿"化时,只用韵尾的鼻音,而不用韵尾的舌位。——总之,后两者也是直接在韵腹进行"儿"化的。但是,它们有一点和前两者不同,就是:它们虽然割掉了韵尾舌位,却依然保持着原来韵尾的影响。

一　用舌前最高元音或舌尖鼻声作韵尾的"儿"化情形

这种"儿"化词有两类:ai、an 一类和 ei、ən 一类。

1. 用［a］作韵腹的，ai、an "儿"化音变

例如：

　　"孩儿"［xai］　"儿"化如［xar］去掉了［i］，

　　"块儿"［k'uai］　"儿"化成［k'uar］去掉了［i］，

　　"瓣儿"［pan］　"儿"化成［par］去掉了［n］，

　　"件儿"［tɕian］　"儿"化成［tɕiar］去掉了［n］，

　　"罐儿"［kuan］　"儿"化成［kuar］去掉了［n］，

　　"卷儿"［tɕyan］　"儿"化成［tɕyar］去掉了［n］。

这种音变的结果，把几个原来不同韵的语音，譬如：［kai］（盖）和［kan］（竿），在"儿"化之后变成了同韵的语音，"小匣盖儿"的"盖儿"和"爬竿儿上树的"的"竿儿"都说成［kar］。

2. 用［e］、［ə］作韵腹的，ei、ən 的"儿"化音变

例如：

　　背［pei］

　　"儿"化变成［pər］——去掉了韵尾［i］，把［e］变成［ə］，例如："木梳背儿"。

　　水［ʂuei］

　　"儿"化成［ʂuər］——去掉了韵尾［i］，把［e］变成［ə］，例如："自来水儿"。

　　闷［mən］

　　"儿"化成［mər］，去掉了韵尾［n］，像："纳闷儿"。

　　唇［tʂ'uən］

　　"儿"化成［tʂ'uər］，去掉了韵尾［n］，像："嘴唇儿"。

3. 用［i］［y］作韵腹的［in］［yn］"儿"化音变

　　心［ɕin］

"儿"化成[ɕiər]，去掉韵尾[n]，像："葱心儿"。

群[tɕʻyn]

"儿"化成[tɕʻyər]，去掉了韵尾[n]，像："合群儿"。

这种音变的结果，常把几个原来不同韵的词，譬如："一趸儿"的[tuən]和"一堆儿"的[tuei]，在"儿"化之后，都说成了[tuər]，变成了音素相同的词了；把"鱼""群"变成[yər][tɕʻyər]，都说成同韵的了。

二　用舌后最高元音作韵尾的"儿"化情形

这种"儿"化词，就是用[u]作韵尾的词的"儿"化。在"儿"化时，韵尾[u]只要求口形，并没有实际的舌位；换句话说，这种词在"儿"化时使韵腹[ɑ]变成[ɔr]；[ou]变成[or]，舌后[u]的动作被略去了。例如：

号[xɑu]

"儿"化成[xɔr]，把韵腹[ɑ]上升变成圆唇的[ɔ]，省掉了[u]的发音行为。像："外号儿"。

调[tiɑu]

"儿"化成[tiɔr]，把韵腹[ɑ]上升变成圆唇的[ɔ]，省掉了[u]。像："小调儿"。

候[xou]

"儿"化成[xor]，把[u]省掉。像："时候儿"。

流[liou]

"儿"化成[lior]，省掉了[u]。像："中流儿货"。

三　用舌根鼻声作韵尾的"儿"化情形

这种词"儿"化时，把韵尾辅音舌根鼻声[ŋ]的舌根上升动作省掉，使用它的鼻音，从而把韵腹在"儿"化的同时变成鼻元音。例如：

忙[mɑŋ]

"儿"化成[mãr]，省掉[ŋ]的舌根动作，用它的鼻音影响[ɑ]。使它变成[ã]。像："帮忙儿"。

样[iaŋ]

"儿"化成[iãr]，省掉[ŋ]，把[ɑ]鼻音化，变成[ã]。像："榜样儿"。

筐[kʻuɑŋ]

"儿"化成[kʻuãr]，像："小筐儿"。

缝[fʌŋ]

"儿"化成[fʌ̃r]，像："门缝儿"。

葱[tsʻoŋ]

"儿"化成[tsʻõr]，像"水葱儿"。

镜[tɕiŋ]

"儿"化成[tɕiɤ̃r]，像："眼镜儿"。

穷[tɕʻyŋ]

"儿"化成[tɕʻiõr]，像："苦穷儿"。

第三十三章　汉语说话音变

第一节　说话音变的性质和种类

壹　说话音变跟造词音变的区别

汉语词的音变除了前面所说的造词音变外，还有一种不属于造词的音变——就是不变更词义的单纯音变。这种音变是在说话中间,由于说话人发音时口舌行为的失度或前后互相影响以及语气的关系顺口说成的。

它和造词音变的区别,主要的就在于那个词的音变有没有语义和语音同时俱变的关系。造词音变是由于语义变化引起的语音变化,在原词语音基础上,变更它的音节中的某一部分发音行为,使变化出来的词义和新的语音形式统一起来;是有意的——但不是任意的——推陈出新的音变。说话音变就不这样,它的音变是没有词义关系的,并不是为了表现在旧基础上产生的新的造词而变更了语音形式的。相反的,词的声音形式虽然改变了,但是词的意义却依然如故、这种音变是无意的改变,是在一定情况下顺口溜出来的。

贰　说话音变的种类

说话音变有两种:系统的说话音变和非系统的说话音变。

系统的说话音变有两类:个人的和社会的。

个人的说话音变,就是发育未完全的变态语音。社会的说话音变,就是前面所说的方音。这两种音变有一个共同之点,就是:它们都有系统性。我们掌握了某人变态语音的系统,便可以矫正他一系列的发音错误,使它适合于全民语言。我们掌握了某一方音的系统,便可以根据它不同于全民语言的特点,找出对应关系,给以适当的系统训练,使他们学会了全民语言。这两点在语言教学上都有很大意义。

非系统的说话音变也有个人的和社会的。和前一种的差别只在于有没有一系列的体系。这种音变如果是地域性的,就是社会的非系统的说话音变,是个别的方音或土音。在推广普通话时也必须以北京音为标准音予以矫正。如果没有地域性，只是个人的出入，则是个人的非系统的说话音变，也更须矫正。

我们这里所举的非系统的音变，因各地方言调查还没有做完，只是作为一般的概论。其中可能有应该是属于系统性的。这要等到已经找出各地方音系统之后，再行清理。

以下就系统的和非系统的两种说话音变分别举例来说明，作为研究的参考。

第二节　系统的说话音变

壹　个人的系统的说话音变

个人的系统的说话音变，一般是小孩儿比较多。这就是所说的发育未完全的变态语音。假若这种变态语音到成年还没有改过来，在交际中必然会给人一种异感，使人觉得他的语音和年龄极不相称。他不止被人说是"咬舌子"，甚至有时被人嘲笑为"贱舌"。

这种音变。一定要在儿童时代就由家长、保育员、教师，以及有关人等及时给予纠正，不要使它发展下去。肃清变态语音的工作，是学校教师，特别是语言文学教师"责无旁贷"的任务。

矫正变态语音的方法，首先要找出它的系统，找出规律。按发音的部位和方法给予指导，通过实践来矫正。

这里，我们选一个发育未完全的北京话作为实例，用来说明这种音变的系统性：

这个语例的说话人是一个四整岁的小姑娘。她的环境语言是不很纯粹的北京话，但是她的语音则是——

① 声母 l 变 i，例如"来" lai 说"崖" iai。

② 声母 tʂ 系和 ts 系合并成为 ts、ts'、s，因而 z̧ 也跟着变成 z，例如"猪肉"tʂuz̧ˌəu 说 tsuzəu。

③ 韵母 ɿ、ʅ，因为声母 tʂ，ts 两系变 ts 系，当然也合并为 ɿ 韵。

④ 因为他的韵母特别富于 ə 韵，所以 ɔ，uɔ 也同化为 ə、uə。

此外除环境语的 ə 还是 ə 外，连环境语的 ən、əŋ 的鼻音韵尾也失落而变化成 ə；ɚ 失去了卷舌作用也变成 ə。uən 也变成 uə。例如"门"mən 说 mə，"火棍"xuɔkuen，"火棍儿"xuɔkuɚ 都一样说 xuəkuə。

⑤ 但，uŋ 不是变 uə，而是变成 o，因为 u 音较开，有另成一韵的意味。例如"空钟"k'uŋtʂuŋ 说 kotʂo。

⑥ iɛ、iɛn 全是 iɛ；yɛ、yɛn 全是 yɛ。例如"面"miɛn 说 miɛ，"圆圈"yɛntɕ'yɛn 说 yɛtɕ'ɛ。

⑦ an、uan 不跟别韵混，但是改说成 æ、uæ。例如"山"ʂan 说 sæ；"完"uan 说 uæ。

⑧ i、in、iŋ，都是 i，例如"今天"tɕint'iɛn 说 tɕi't'iɛ。

⑨ aŋ、iaŋ、uaŋ 变 a、ia、ua。例如"瓜""光"都说 kua。

她的这些语音在说话时凑在一块儿，当然会使它和当地的语言环境相差很远。例如把"叮叮当当"说成了"滴滴答答"tititata，把"铃铃郎郎"说成了"咿咿呀呀"iiiaia，把"来了两个人"说成了"崖□哑个□"iai iə iakɤ zə，出现了系统的语音变化。不了解她的语音系统的人是一时听不懂的。但是听惯了她的语音的人都很自然地听懂了她的话，正像我们听惯了一种方言一样，对于那些改变了的语音，无意中把它折合成我们常用的语音①。

---

① 赵元任《方言性变态语音三例》。——《史语集刊》，第五本，第二分本。244 页。

在这位小姑娘发育未完全的北京音里,有好多变态语音是和别处的方音相合的。譬如:

太原就把"瓜""光"都说成 kua,

太原、大同、三水、兰州都把"山"说成 sæ,

太原、大同、上海、温州都把"面"说成 mie,

太原、大同、温州都把"圆"说成 ye。

从这看来,发育未完全的语音,比临时性的变态语音,是有系统性的,而且和社会性的方音有些相近。

贰　社会的系统的说话音变——方言音变

社会的系统的说话音变,是地区性的音变。对全民语言来说,是方音或土音。这种音变的研究,实际是现代汉语规范工作的一个基本部分。找出地域语音系统,用来和作为全民语言标准音的北京音系统来对应,找出对音规律,以便地方群众学习和应用,使大家在说话时能用正确的语音来说民族语言词汇。

这里,举一个实例作为说明:

一　方言音变的差异性和相近性

汉语方音各地是不一样的,譬如:"威"——

北京说 ui	太原说 vei	朝鲜说 ui
广州说 uai	兴县说 ue	日本
客家说 vui	太谷说 uei	汉音说 ui
汕头说 ui	文水说 uei	吴音说 ui
福州说 ui	凤台说 uai	越南说 ui
温州说 y	兰州说 uei	
上海说 ue	平凉说 uei	

开封说 ui　　　　西安说 uei

怀庆说 ui　　　　三水说 uei

归化说 vəi　　　　四川说 ue

大同说 vɛi　　　　南京说 uei

这些方音,若是散乱地看起来,一定感到它是很乱的。把"威"说成[uai]和[y],这个差异是很大的。但是,我们若把它们按照发音部位和方法排列起来,则觉得这些汉语方音的差异彼此相去并不是很远的。

我们看:"威"在隋唐韵书里说[ʔǐwěi](或拟作[ʔwəi])。若是把[w]再开一些,舌根就下降成[u]。这样看来,兰州、西安、三水、南京等地的[uei]是和隋唐音相近的,只是开始时下巴向下落了一些。

若是说[uei]时下巴向下落得较大或更大一些,把韵腹[e]说成[ɛ]或[a]。那么[uei]就被说成了[uɛi],像平凉的语音;或被说成[uai],像凤台、广州等地的语音。

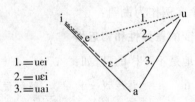

1.＝uei
2.＝uɛi
3.＝uai

若是把[u]变成[v],那么,[uɛi]就被说成[vɛi],成了太原、大同等地的口音。若是把韵腹[ɛ]说得向后,向中,说成舌央中元音[ə],那么[vɛi]就被说成[vəi],成了归化的口音。

如果把[uei]说得过紧,从[u]直接到[i],省去了在中间向下稍稍开口从闭到半闭的动作,那么,"威"就被说成[ui],成了北京、汕头、福州、开封、怀庆等地的口音,和在朝鲜语、日本语以及越南语中所使用的汉音了。

若是把[ui]说得松一些,韵腹的口形从闭到半开,舌从最高落到高中,就被说成上海、四川等地的[ue];若是落到低中的地位,就被说成兴县的口音[uɛ]。

若是说[ui]的人,把[u][i]两个发音动作,合而为一,用[u]的口形[i]的舌位,那么,[ui]就被说成[y],像温州的口音。

从这种方音关系里,我们可以看出汉语方言的差异不是不同语言系族的差异,而是同一语言的流转。这是和汉族在历史上的几次流转迁移,是和汉族过去的经济、政治、文化情况相关的。从这里,更看出汉语方音是全民语言的分支的部分情况。当然这不意味着汉语地方分支的历史情况正同我们这例子的分析一样。

二 方言音变一般是自成系统的

各地区方言音变不是杂乱的,正如前面所举的那个小姑娘一样,是各有它的系统性的变化的。譬如:"威"北京话说[ui],凤台说[uai]。凤台不止单单把"威"说成[uai],它是一系列地把——危 委 为 惟 尾 卫……都说成[uai]的。不止这样,并且把一些用[-ui]作韵的音节也都说成了用[-uai]的,像——

桂、瑰[kuai]　　亏、魁[k'uai]　　会、惠[xuai]

队、堆[tuai]　　颓、推[t'uai]　　累、雷[luai]

最、追[tsuai]　　吹、啐[ts'uai]　　睡、岁[suai]

方音变化不止音节的韵的部分发生系统的变化,就是辅音——声的部分也是成系统地不同于别的地方。譬如:文水把"风"[fəŋ]说成[xũ],把"丰""峰""封"等也都说成[xũ]。在文水,辅音[f]都说成[x]。这是一系列的地方音变。例如:

发、法[xua]　　扶、妇[xu]　　非、废[xuei]

凡、翻[xuĩ]　　分、奋[xũ]　　房[xu]、纺[xuĩ]

把[f]也都说成了[x]。

社会的说话音变从纵的方面来说,是有古今音变的:从横的方面说,各时代是各有它的方音音变的。从口头语言和书面语言的相互影响,从生产活动、文化生活以及各地区人民迁徙流转,各地方音先后地相互影响等等错综复杂的关系看,词汇音变是比较错综复杂的。

尽管这种变化是比较复杂的,但是它们之间是有共通性的:就发音行为来说,不外词在语音形式上的音素或音节的"声""韵""调"的变化。了解这些共通性质,处理各种音变都比较方便。它可以帮助我们把许多在一定地区中涂着方音色彩的具有全民性的词,按照音变道理,找出和北京音的对音规律,使它改变成规范了的民族语词。也可以帮助我们在写作中处理"有音无字"的方音词。

三　东北方言系统音变略例

东北方言是和北京方言同属于一个大方言区的。在语音系统上,两下里差别虽然不多,但是差别的特点却很显著。其中比较突出的,例如:

有的地区[tʂ][tʂʻ][ʂ]和[ts][tsʻ][s]不分。

把"张同志"和"臧同志"混同起来,

把"插上"说成"擦上",

"四十四"说不明白。

有的地区没有[ʐ]。[ʐ]用[i]来说。合口时,[ʐ]用[y]来说。

把"日头热晒人肉"说成"意头夜晒银又"。

把"褥子"说成"玉子"。

有的地区把[i]说成[ʐ̩]，把[y]说成[ʐ̩u]。

把"又"说成"肉"，

把"遇"说成"褥"。

有的地区把[tɕ][tɕʻ]说成[ts][tsʻ]，像锦州把

中国人民解放军的"军"[tɕyn]说成[tsun]，

把"完全"[uantɕʻyan]说成了[uantsʻuan]。

有的地区在舌尖辅音后不用介音[u]，把"对"[tuei]说成[tei]，把"腿"[tʻuei]说成[tʻei]。例如大连。

有的地区，在用开口元音发声的音节前加[n]。例如：

ə＞nə　　　　ən＞nən

ai＞nai　　　au＞nau

an＞nan　　　aŋ＞naŋ

ou＞nou

因之：

讹诈[ətʂa]被说成[nətʂa]，

恩情[əntɕʻiŋ]被说成[nəntɕʻiŋ]，

爱情[aitɕʻiŋ]被说成[naitɕʻiŋ]，

骄傲[tɕiauau]被说成[tɕiaunau]，

鞍山[anʂan]被说成[nanʂan]，

气昂昂[tɕʻiaŋaŋ]被说成[tɕʻinaŋnaŋ]，

海鸥[xaiou]被说成[xainou]。

像这样的系统的地方方言音变，还有一些。我们应该找出它和北京音不同的地方，定出对应规律，使地方的广大群众早早地掌握普通话。

第三节　非系统的说话音变

壹　非系统音变的性质和种类

非系统音变也有社会的和个人的两种。

社会的非系统音变也是地域性的,是方音或土音的一部分,是具有相对稳定性的。

个人的非系统音变有比较稳定的,也有临时性的。它是奠基在一定方言之上而发生变异的。

社会的非系统音变,是该地域人民随着政治、经济、文化发展和语言发展,在实际社会生活中形成的语言的历史产物。

个人的非系统音变,比较稳定的部分有的是发育未完全的变态语音残余,有的是其他地区方言的影响,有的是个人的语言错误——发音行为的、书面语言的误读或环境语言中某些个别错误语音的影响。

个人非系统音变的临时性部分,常是人们在交际中,由于当前事情繁简缓急,事态险夷和顺逆,所引起的思想情绪变化,以及伴随这种变化而发生的身态——主要是发音时口舌运动的紧张弛缓,致使发音行为超过或没有达到应该构成的部位关系,没有使用应该使用的发音方法而造成的。

无论社会的或个人的非系统音变,虽然没有同一音系的系统变化,但是由于发音器官的生理限制,只能在可能的活动范围之中发生变异。因而这些音变又有它们共通的性质或规律:有的变异是由于没到达到适当的部位,有的变异是由于没有使用应该使用的方法,有的变异是由于邻近音节或音素的影响牵制。

　　根据这些情况,为了便于理解和运用,分作以下五个项目来说明:一、增加,二、节缩,三、同化,四、换位,五、变更方法。

　　在以下五项音变实例中,我们举了一些方音——主要是东北方音词例。这些词例是为了理解词汇音变现象及其音理上的道理,并不是要我们发展方音! 相反地,是要我们从这些现象在音理上找出规律,研究如何把在结构上具有全民性在语音形式上具有地方性的方音词按照标准音予以调整或改变,使它去掉方音色彩,成为全民语言的词。

　　这个目的是必须明确的。

　　不然,一定会眼花缭乱无所适从,甚或走上方言自然主义的道路!

　　以下就前面提到的五项,——增加、节缩、同化、换位和变更方法,分头举例:

贰　东北方言词的几种非系统的说话音变

一　增加音素的音变

　　有些词由于收音的余势带起来一个相应的口舌动作,从这个动作跟踪而来的活动,使它增加了音素。

　　有些词由于两个相邻音素的部位相去比较远,在结合时,由甲到乙,中间有一个过渡的口舌运动。在说话时,若是把音节拖长一些,这个过渡的舌位必然要起作用,发出声音,从而增加了音素。

　　两个词连说时,前一词的收音部位,给后一词的发声准备了作势的基本条件,从而在"睦邻"的关系上增加了音素。

　　1. 由于收音余势而增加音素的

　　一个音节的收音若是开口的,说完之后不能一开不闭;若是闭口的,说完也常常是要开口。口是不能一闭不开,也不能一开不闭的。因此,有些用开口收音的音节,由于开后闭口添上了闭塞的尾音;用闭口收音的音节,由于闭后开口,添上了开口的音节。

（1）闭口收音添加音素的

例如:

眨

古音"眨"是有塞声韵尾[-p]的,隋唐时代说[tʂap]。现代北方话在它的塞声韵尾之后增加了一个元音[a],说成[tʂapa],写成"眨巴"。

告诉

"诉"[su]是用舌后元音[u]收韵的,合口。在发音完了时若是气从鼻出,就添加舌根鼻音[ŋ]。这样,"告诉"[kausu]就变成了东北方音的[kausuŋ]。

（2）开口收音添加音素的

例如:

和

在一般情况里,"和"是说[xə]的。在用作连词时,东北方音有时音转作[xən]。例如:"谁和[xən]谁",在韵腹之后增加了辅音韵尾[-n]。在[xən]的基础上又有从舌根擦声变成塞声说[kən]的,把"谁和谁"说成"谁跟谁"。

整天价

词尾"价"一般说[tɕia]。在东北方音中,有时在[a]的后面增加了[n],说成[tɕian]。东北方音更把它的"整"[tʂəŋ]送气说作[tʂʻəŋ],于是"整天价"有说成"成天价"或"成天见(音)"的。

笑话

"笑话"的"话"[xua]是以开口[a]收音的。在收音之后，闭口较急的时候，往往带出舌尖鼻声[n]。在东北方音里，这个词被说成[ɕiauxuan]。

2. 由于过渡部位而增加音素的

例如：

不理

"理"[li]这一音节是由两个音素构成的。[l]是舌尖边声，发音时舌尖抵颚，[i]是舌面前部最高元音，舌尖向下。若在从[l]到[i]的过程中，把音节拖长时，舌尖从抵颚的高度下降，舌面前部从下向上突起，中间过渡出现了[e]。在东北方音中，"不理"有时说成[pulei]。

厉害

"厉害"[lixai]一词，是由两个音节说成的。前一音节的[i]和后一音节[x]在部位上一前一后，相去较远。在从[i]到[x]的过程中，口稍开，舌稍下，出现了[e]。结果，[lixai]在东北方音中变成[liexai]。

3. 由于前音节收韵口势影响而增加音素的

这种音变在表示语气的"啊"上最为突出。"啊"的语音基本形式是[a]。在句子里常受它前一音节的韵尾影响而发生音变。

① 在[-i]音之后，[a]变成[ia]。[y]的舌位和[i]相同，所以在[-y]音之后的[a]也变音作[ia]。例如：

你啊	ni	a	说成	niia	你呀
谁啊	ʂei	a	说成	ʂeiia	谁呀
对啊	tuei	a	说成	tueiia	对呀

来啊	lai	a	说成	laiia	来呀
快啊	k'uai	a	说成	k'uaiia	快呀
去啊	tɕ'y	a	说成	tɕ'yia	去呀

② 在[-u]音之后，[a]被说成[ua]。例如：

苦啊	k'u	a	说成	k'uua	苦哇
扭啊	niu	a	说成	niuua	扭哇
抽啊	tʂ'ou	a	说成	tʂ'ouua	抽哇
着啊	tsau	a	说成	tsauua	着哇
挑啊	t'iau	a	说成	t'iauua	挑哇

③ [a]在[ɿ][ʅ]之后。例如：

织啊	tʂʅ	a	说成	tʂʅʅa	
吃啊	tʂ'ʅ	a	说成	tʂ'ʅʅa	
是啊	ʂʅ	a	说成	ʂʅʅa	
子啊	tsɿ	a	说成	tsɿɿa	
刺啊	ts'ɿ	a	说成	tsɿɿa	
撕啊	sɿ	a	说成	sɿɿa	

④ [a]在韵尾辅音[n]的后面音变成[na]。例如：

干啊	kan	a	说成	kanna	干哪
嫩啊	nən	a	说成	nənna	嫩哪
抿啊	min	a	说成	minna	抿哪
熏啊	ɕyn	a	说成	ɕynna	熏哪
编啊	pian	a	说成	pianna	编哪
圈啊	tɕ'yan	a	说成	tɕ'yanna	圈哪
关啊	kuan	a	说成	kuanna	关哪
滚啊	kuən	a	说成	kuənna	滚哪

⑤ [a]在韵尾辅音[-ŋ]后，音变成[ŋa]。例如：

忙啊	maŋ	a	说成	maŋŋa
凉啊	liaŋ	a	说成	liaŋŋa
光啊	kuaŋ	a	说成	kuaŋŋa
能啊	nəŋ	a	说成	nəŋŋa
听啊	t'iŋ	a	说成	t'iŋŋa
中啊	tʂuŋ	a	说成	tʂuŋŋa
凶啊	ɕyŋ	a	说成	ɕyŋŋa
翁啊	uəŋ	a	说成	uəŋŋa

除"阿"[a]的这些关系外，有些双音节词也有这种现象。例如：

晌午

"晌午"[ʂaŋu]东北方音有说[ʂaŋxu]的。这是前一音节韵尾辅音影响了后一音节[u]，致使在后一音节发音之前，在从舌根鼻声转到舌后最高元音的过程中出现了舌根擦声[x]。因而形成了[ʂaŋxu]。

嫌恶

"嫌恶"[ɕianu]东北方音有说[ɕianxu]的。也是前一音节的韵尾辅音的鼻声对[u]给与影响，在说[u]之前出现了[x]。

二 节缩音素的音变

词的音节节缩有的是由于合口呼或齐齿呼变作开口，有的是由于词的发声或收音过轻，有的是受相邻音节的影响。

发声过轻的往往省略发声的节制作用，因而失落了辅音；

合口变开口或齐齿变开口往往失落"韵头"；

受邻音影响而节缩了的音节往往失落"韵腹"或"韵尾"；

收音过轻的往往省略收音动作,因而失落了"韵尾"。

以下就失落辅音、失落韵头、失落韵腹、失落韵尾四点来分别举例:

1. 失落辅音

词由于音节紧缩而失掉辅音的,在东北方言里,常听到的,例如:

秋千

"秋千"[tɕ'iutɕ'ian]东北方音把这个词说成了[iutɕ'iar],省略前一音节的发声节制,因而失掉了辅音[tɕ'],直用[iu]来和下一音节连用;而下一音节又复"儿"化。

辘轳

"辘轳"[lulu]东北方音说[ulu]。省略了前一音节的发声节制,因而失掉了辅音[l],直用[u]来和下一音节连用。

2. 失落韵头

词失落韵头是"齐""合"两呼变成开口的结果。

① 由齐变开的,例如:

搌笔

"搌"[t'ian]由齐齿变成开口,失掉[i],说[t'an]。

辫嘴

"辫"[pian],由齐齿变成开口,失掉[i],说[pan]。

② 由合变开的,例如:

谁

谁[ʂuei]在急问时,说"谁!"[ʂei]。由合变开,失掉了韵头[u]。

喜欢

喜欢[ɕixuan]东北方音说[ɕixan],由合变开,也失掉了韵头[u]。

3. 失落韵腹

例如:

指甲草

指甲草也叫凤仙花。女孩子们常用它作染指甲的颜料。因此又把它叫做"指甲草"[tʂʅtɕiatsʻau]。说快了,[ʅ]变[i],说成[tʂitɕiatsʻau]。第一音节受第二音节的影响同化成[tɕi],第二音节又受第一音节的影响节缩成[tɕi],脱掉了[a],结果把"指甲草"说成了[tɕitɕitsʻau]。有人依照这个东北方音,把凤仙花写成"季季草"。这是不对的;很显然,凤仙花不是季季都开的,到了深秋和冬天不用说花,就连这种草都是不存在的。

唾沫

"唾"[tʻuo]的韵腹[o],因下一音节用[m]发音,由[u]到[m]从合口到闭口比较顺便,因而失落,[tʻuo]变成[tʻu]。使全词的语音形式由[tʻuomo]变成了东北方音的[tʻumo]。

4. 失落韵尾

① 受下一音节影响而失掉韵尾的。例如:

蝙蝠

"蝙蝠"[piɛnfu]前一音节韵尾辅音是舌尖鼻声,后一音节开始用齿唇擦声,两音素部位相去较远,不顺便。在东北方音中,这个词常省掉前一音节的韵尾[-n],把它说成了[piɛfu]。

再如:

格阑钱儿

这是我国古货币中的一种形制,在外廓和方孔之间带四个格阑,成㉔的形状。这种钱现时已不流通,形制成为一种民间艺术的图案。[kəlantɕʻiar]的[lan]是带舌尖鼻声韵尾的。而它的相邻音节[tɕʻiar]的辅音是以舌尖塞声[t]开始跟舌面前擦声[ɕ]合成的塞擦声[tɕʻ]。[n]的舌位和[t]相同,因而受[tɕʻ]影响,使[lan]失掉韵尾变成[la]。于是"格阑钱儿"在东北遂被人说成[kəlatɕʻiar]。

坚实

"坚实"[tɕienʂɭ]前一节的韵尾是舌尖鼻声[n],跟[ʂ]的部位相去不远,受影响被失落。于是[tɕienʂɭ]变成了东北方音[tɕieʂɭ]。有照变音写成"结实"的,并不合适。

② 因"儿"化而失掉韵尾的。例如:

趸

"趸"在一般情况下是说[tuənˇ]的。东北方音在说表示总数的"一趸儿"时,是把它说成[ituər]的;同样,"成趸儿"被说成了[tʂʻəŋtuər]。都因为"儿"化而失去了韵尾辅音[-n]。

纩(絖)

东北方音的"棉花瓜儿"是由"棉花絖"音变来的。

绵絮在古代叫做"纩"也或写作"絖"。当时是指蚕茧的緜(绵)子。棉花或称草棉是从外国传来的。它的种子成熟时带有像绵子似的绵絮,因而把这种植物也叫做绵;因为它是植物,字又改造作棉。把棉絮叫"棉花",也有把它叫做"棉花纩"的。"纩"[kuaŋ]"儿"化作[kuar],写成"棉花瓜"。"纩"现代已经不用,一般地把它写成"棉花瓜儿",实际上这个"瓜儿"只是借别的词的书写形式来写的,是个借音字,并不是用来标识瓜果本义的。把[kuaŋ]说成[kuar]是因为"儿"化而脱落了韵尾辅音[-ŋ]的。

③　因轻音而失去韵尾的。例如：

苤蓝

这个菜名不说[p'ielan]而是说[p'iela]。把[lan]说成[la]是词尾轻音的结果。现代汉语，在这个词上，把"蓝"的韵尾辅音[-n]脱掉了。

三　音节或音素的同化音变

这种音变在双音节词中最为常见。有的是前一音节影响后一音节，使之同化；有的是后一音节影响前一音节，牵动它的音位，使之发生同化作用。有的是全音节影响全音节的，有的是部分音素影响部分音素的。

以下分两项来说明：

(1) 受前音节影响而发生音变的，

(2) 受后音节影响而发生音变的。

1. 受前音节影响而发生音变的

受前一音节影响以同化作用而发生音变的，有两种：一种是受全音节的影响，一种是相邻音素的影响。

(1)　前音节用它全音节同化后一音节的

例如：

攀不倒[panputau]　儿童玩具"不倒翁"，北京、吉林都把它叫做"搬不倒"[panpantau]。实际是"攀不倒"[panputau]的音变。"攀"不送气。第二音节的[pu]，受它前一音节[pan]的影响，音变成[pan]。照声音写成"攀攀倒"是不对的。

pan pu tau=panpantau

方法[faŋfa] "调着方法"，东北方言有些人把它说成"调着方方"。[faŋfa]被说成[faŋʃaŋ]，是第二个音节[fa]受了它前一音节[faŋ]的影响而发生音变的。若是照它的变音写成"方方"是不对的。

faŋfa=faŋfaŋ

兜肚[toutu] 东北方言有些人把它说成"兜兜"[toutou]。后一音节的[tu]受前一音节的影响音变成[tou]。但是据此把它写成"兜兜"是不对的。

toutu=toutou

家机布[tɕiatɕipu] 东北方言有些人把它说成[tɕiatɕiapu]的。第二音节[tɕi]受它前一音节的影响音变成[tɕia]。若是照它的声音写成"家家布"是不对的。

tɕiatɕipu=tɕiatɕiapu

亲戚[tɕʻintɕʻi] 这个词东北方言一般说成[tɕʻintɕʻin]。这是前一音节同化了后一音节的。

tɕʻintɕʻi=tɕʻintɕʻin

新鲜[ɕinɕian] 东北方言有说成[ɕinɕin]的。后一音节受前一音节的影响音变成[ɕin]。

ɕinɕian=ɕinɕin

压腰葫芦 这是一种细腰葫芦。东北方言一般把它叫做[iaiaxulu]，当是"压腰葫芦"[iaiauxulu]的音变。是第二音节

486

受第一音节的影响而发生音变的结果。

iaiauxulu=iaiaxulu

（2） 前音节的韵同化后音节韵的

例如：

证见 "证见"[tʂəŋtɕian]，东北方言说[tʂəŋtɕiəŋ]。后一音节的[-an]被前一音节的[-əŋ]所同化。

tʂəŋtɕian=tʂəŋtɕiəŋ

深浅 不知礼节，不留分寸，东北方言叫[meiʂənts'ən]。当是"没深浅"[meiʂənts'ian]的音变。第三音节的[-an]受第二音节的[-ən]的影响因而与之同化。

ʂənts'ian=ʂənts'ən

2. 受后音节影响而发生音变的

这种音变有三种：受全音节影响的，受韵影响的，受相邻音素影响的。

（1） 受后音节全音节影响而同化的

例如：

蜘蛛[tʂʅtʂu] 前一音节[tʂʅ]受后一音节[tʂu]的影响音变成[tʂu]。东北方言有些人把"蜘蛛"说成[tʂutʂu]就是这种音变的结果。

tʂʅtʂu=tʂutʂu

（2） 受后音节韵的影响而同化的

例如：

487

埋怨[maiyan]　东北方言,前音节受后音节影响音变成[man],把[maiyan]说成[manyan]。因为前后两个音节的韵尾都是舌前部分的,发音部位相近因而同化。

maiyan=manyan

懊丧[ausaŋ]　东北有些地方把"懊"说成[nau]。"懊"的韵尾[-u]和"丧"的韵尾[-ŋ]都是舌后的。后一音节影响了前一音节,把[nau]说成[naŋ],于是"懊丧"说成[naŋsaŋ]。

ausaŋ
‖
nausaŋ=naŋsaŋ

(3)　受后音节声的影响而同化的

例如:

耽误　东北方言把"耽误"[tanu]有说成[taŋu]的。前一音节的韵尾辅音[n]是舌尖的。后一音节是舌后的。后一音节强,使前音节韵尾由舌尖鼻声[n]变为舌根鼻声[-ŋ]。

tanu=taŋu

箭干儿[tɕiankar]　东北方言把去掉残叶的光杆秫秸叫做"箭杆儿"。"箭"的韵尾辅音[n]受"干"的辅音[k]的影响,移后变成了舌根鼻声[-ŋ],于是[tɕiankar]被说成[tɕiaŋkar]。

tɕiankar=tɕiaŋkar

含糊　东北方言有把"含糊"[xanxu]说成[xaŋxu]的。前音节韵尾辅音[n]受后音节[x]的影响后,转变成[ŋ]。

xanxu=xaŋxu

棉花[mianxua]　东北方言，这一个词前一个音节韵尾辅音[-n]，受它后一音节的辅音[x]的影响，变成舌后最高元音[u]。从[u]到[x]比从[n]到[x]在连续发音的行动上来得方便。这样，[mianxua]便被说成了[miauxua]。还有在[miauxua]的基础上，轻音简化，变成[miauxu]；或更进一步有把[m]变成[n]，说[niauxu]的。

mianxua=miauxua＞miauxu

niauxua＞niauxu

暖和[nanxə]　第一音节的辅音韵尾[-n]也受第二音节辅音的影响变成[u]，而第一音节的变音又影响第二音节说成[nauxu]。

nanxə =nauxə＞nauxu

至于不属于方音性质的同化，像：

寒毛

xanmau=xammau

美慕

çianmu=çiammu

面包

mianpau=miampau

进步

tçinpu=tçimpu

这一类的同化在这里就不作说明了。

四　由于音位移动而发生音变的

现代汉语词的方音和标准音之间的差异,除掉前面提到的各种作用外,还有由于音位移动而发生的音变。

以下就元音音变、韵尾辅音音变和辅音音变三部分,用北京音和东北方音作例来说明。

1. 元音音变

(1)　由于舌的前后移动或唇形变化而发生的音变

这种音变是由于发音部位舌面最高部分从舌前到舌后,或从舌后到舌前的横的变易而发生的。也有舌位不动而嘴唇口形由平变圆或由圆变平而发生的。主要的变化是舌前最高元音[i]和舌后最高元音[u]的变换。其中:有舌位不动,只变化唇形的;也有舌位和唇形同时变化的;——如果[i]的舌位不动和[u]的唇形相结,变成舌前最高的非正则元音,那么,[u]或[i]都要变成[y]的。

①　[u]和[i]的音变

论理儿　　轮班儿

这一类的"论""轮"[lun],在东北方言有变音说[lin]的。

[lunpar]变成[linpar],[lunliər]变成[linliər]。

②　[i]和[y]的音变

[i]受[u]的唇形影响,及时变成舌前非正则元音[y]。反之,[y]若由圆唇变成平唇,就成了[i]。例如:

樨

北京音说[ɕi]。但是,"木樨肉"的"樨"北京却说成圆唇的[ɕy]。若是写成"木须肉"只是记录了它的变音。

险

北京音也有两个说法：[ɕian]和[ɕyan]。老乡们说"好ɕyan"，我们不能照样记音把它写成"好悬"，还应该把它写成"好险"。

陷

"陷"[ɕian]　东北方言音变说[ɕyan]。

漆黑

"漆黑"[tɕʻixei]　东北方言音变说成[tɕyxei]。

怯手　怯阵

"怯手　怯阵"[tɕʻieṣou][tɕʻietʂən]的[tɕʻie]东北方言有说成[tɕʻye]的。

寻思

"寻思"[ɕynsʅ]　东北方言音变说[ɕinsʅ]，[y]变成[i]。

③　[u]和[y]的音变

若是[u]的唇形不变舌位前移，移到舌前最高位置，就音变成[y]。例如：

绿

"绿"[lu]，东北方言说[ly]。

风俗

"风俗"[fəŋsu]，东北方言说[fəŋsy]或[fəŋɕy]。

宿舍

"宿舍"[suṣə]，东北方言说[syṣə]或[ɕyṣə]。

④　[iu]和[y]的音变

先[i]后[u]是[iu]。若是把[i]的舌位和[u]的唇形合起来同时说，立时发出[y]音。

取

取　北京音说[tɕʻy]。东北方言，口头上常说[tɕʻiu]，还残存古语音痕迹（隋唐时代说[tsʻiu]），例如"取东西"的"取"，一般不说[tɕy]，而是说[tɕiu]的。读书音和北京音一样。

菊

菊　北京音说[tɕy]。东北方言，口头上常说[tɕiu]，也残存着古语音（隋唐时代说[kǐuk]）。例如："菊花"说[tɕiuxua]。如果按照口音写成"九花"是不对的。

若是把[ui]的[u]的唇形和[i]的舌位在发音时同时使用，也立时发出[y]来。

大尉

尉　东北方言有两个说法：[ui]和[y]。说[y]，是[u][i]两个发音行为重叠起来，同时并作，用[u]的唇形[i]的舌位说成的。

尾

尾　东北方言，"末尾"的"尾"说[ui]，"尾巴"的"尾"说[i]；"后尾儿"的"尾儿"说[yər]。

[ui]，若是把[u]的舌位去掉，用它的唇形说[i]，这样，"尾"变成[y]。"后尾儿"的变音是在变[y]之后"儿"化的。"尾巴"的"尾"是在变[y]之后，连[u]的唇形也没了。

（2）　由于舌的上下运动而发生的音变

说话时，同一语音有时因为口的开合和舌位升降的不适度往往发生音变。就舌前舌后两列元音来说：

①　舌前升降的音变

舌面前主要的元音是[i][e][ɛ][a]。若是说话时开口的角度过大或过小，舌面最凸出的部位升降不适度，[i]可能变[e]，变

[ɛ],变[a];[a]可能变[ɛ],变[e],变[i]。

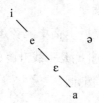

例如：

斜

"斜"，隋唐音说：[zia][1]。现在福州、汕头、客家说[sia]，凤台、归化说[ɕia]，北京、西安说[ɕiɛ]，大同、太原说[ɕie]，温州说[zi]。[ɕie][ɕiɛ][ɕia]的不同语音，在收韵上只是 i—e—ɛ—a 的变化。口张大了是[ɕia]，半开是[ɕiɛ]。

蔚蓝

"蔚蓝"[uilan]　东北方言在口头上一般说[ualan]，因而在书面语言上有写成"瓦蓝"的。

② 舌央升降的音变

舌央部元音在北方话里常用[ə][ɐ]和[ɚ][ɐ˞]。口开到正中的程度是[ə][ɚ]，舌往下落一些，口再开一些是[ɐ]或[ɐ˞]，例如：

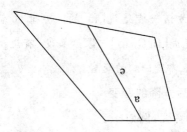

"二""而"北京音说[ər]，东北方言一般说[ɐr]。

③ 舌后升降的音变

舌面后部最高元音是[u]，高中元音是[o]，低中元音是[ɔ]，最低元音是[ɑ]。[u][o][ɔ][ɑ]是一线升降的。口开得不适度，过或是不及，都能发生音变。例如：

骨朵

"骨朵"一词东北方音说[kutu]或[kuto]。[kutu]和[kuto]是[u][o]音变。

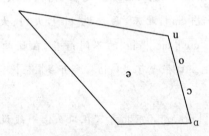

模

模 北京音说[mo]，东北方言在口音上有说[mu]的。例如："模样"[muiaŋ]，"模子"[mutsɿ]。

发

发 北方话一般是说[fa]的。东北方言在轻音时，往往口不大开，说成[fu]、[fo]。像："头发"有说[toufo]或[toufu]的。[fu][fo]都是[fa]的变音。

④ 舌前中后升降的音变

1）[a]—[ə]音变，例如：

含

"含"[xan]，在东北方言中有说成[xən]的。

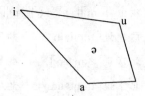

割

"割"[kə]东北方言有说[ka]的。[ka]还残存着隋唐音。

蛤蜊

"蛤蜊"[kəli],东北方言说[kala]。[ka]也是隋唐音的残留。

2)[a][ə][i]音变,例如:

的

"的"[ti],有说[tə]的,有说[ta]的。

"的"说[tə]是由[i]下降移向舌央[ə]的音变。

说[ta]则是更下降到最低程度。

晶亮

"晶"[tɕiŋ],在"晶亮"一词中,东北方言有音变作[tsən]说[tsənliaŋ]的。

"晶"原是说[tsiŋ]的。[①] [tsənliaŋ]的[tsən]是在[tsiŋ]的基础上由[i]到[ə]的音变。

3)[ə][u]音变,例如:

核

"桃核""杏核",东北方言有把"核"[xə]说成[xu]的。

2. 韵尾辅音音变

---

① 《广韵·清韵》:"晶、子盈切。"

汉语韵尾辅音有六个：[-m][-n][-ŋ][-p][-t][-k]。例如：

担任	广州说[tamiɐm]。	韵尾辅音是[-m]。
人参	北京说[ʐənʂən]。	韵尾辅音是[-n]。
农庄	北京说[nuŋtʂuɑŋ]。	韵尾辅音是[-ŋ]。
集合	广州说[tsaphɔp]。	韵尾辅音是[-p]。
发达	客家说[fattʻat]。	韵尾辅音是[-t]。
积极	汕头说[tɕɛkkɛk]。	韵尾辅音是[-k]。

汉语音韵学家把收鼻声的音节看做"阳声"的，收塞声的看做"入声"的。没有辅音韵尾的看做"阴声"的。

"阴声"若加上鼻声辅音韵尾[-m]或[-n][-ŋ]就变成"阳声"；若加上塞声辅音韵尾[-p]或[-t][-k]就变成"入声"。反之，"阳声"或"入声"失去辅音韵尾就变成"阴声"。塞声韵尾若变成鼻声辅音韵尾，[-p]变成[-m]，[-t]变成[-n]，[-k]变成[-ŋ]就成为"阳声"。与此相反，鼻声辅音韵尾也可以换成塞声变成"入声"。

这种音的关系旧日叫做"对转"。

北京音系里没有这么多的辅音韵尾，只有鼻声辅音韵尾[-n][-ŋ]。在这一音系中，"阴""阳"对转是有的。例如：

当郎　奔拉

[taŋlaŋ]是阳声的。失去鼻声韵尾[-ŋ]它就变成了[tala]，成为阴声的。

乒乓球

在东北有说[piŋpaŋtɕʻiu]的，有说作[piŋpatɕʻiu]的。也是由阳声转为阴声的。

和

"和"[xɤ]，作为连词来说，东北方言有说[xɤn]的，加鼻声韵尾,由阴声变成阳声。

三 两

"三""两"在计算个数时,[san]音变说[sa],[liaŋ]音变说[lia],由阳声变成阴声。

这种情况可以归到前面提过的"增加"音素或"节缩"音素两项里去。因为北京音系没有"入声",而"阳声"韵尾中[-m]又拼入[-n]里。这里就不再按语音历史关系来说"对转"的音变了。

以下只谈两点:

(1) 鼻声韵尾的更换

在这种音变里,一般是把舌尖鼻声[n]换成舌根鼻声[ŋ]。例如:

含糊

"含糊"[xanxu]·东北方言有说成[xaŋxu]的。由于邻音同化[-n]变成[-ŋ]。

胖

胖① "心广体胖"②的"胖"相沿说[p'an]。隋唐时代说[p'uan]。现在北方话是说[p'aŋ]的。[-n]变成了[-ŋ]。例如:"胖子""肥胖""胖胖的"等都是。

[p'an]说成[p'aŋ]。正像南京把"盘"说成[p'aŋ]一样,是把舌尖鼻声说成了舌根鼻声了。

耽误

"耽误"[tanu]东北方言由于邻音同化有说[taŋu]的。

---

① 《广韵·换韵》:"胖、普半切。"
② 《礼记·大学》。

荤辛

"荤辛"[xunɕin]　东北方言后音节韵尾[-n]变成[-ŋ],说[xunɕiŋ],有因而写成"荤腥"的。

槟榔

"槟榔"[pinlaŋ]　东北方言一般说[piŋlaŋ],前音节受后音节影响,由[-n]变[-ŋ]。

亲家

"亲"一般说[tɕʼin]。但是在说"亲家"一词的时候,却把[tɕin]说成[tɕʼiŋ]——把韵尾辅音[-n]更换成[-ŋ]。

茧

茧(趼、皲)　"茧"隋唐时代说[kien]①,本词是蚕茧。人脚下磨出的重重硬皮,像蚕茧重重起皮似的,比拟地把它造成一词叫做"茧"。"墨子百舍重茧"("战国策""宋策")就是用这个意思。"百舍重趼而不敢息"("庄子""天道")又用"趼"来写它。《说文》:"皲"是"黑皴",《广韵》:"皲"是"皮起",都是它的后造的专用书写形式。

现代北方话把"茧""趼"两字说成[tɕian],把脚上磨起的重皮叫做[tɕiaŋtsʅ]——说"茧子"。把"茧"说成[tɕiaŋ]是韵尾辅音[-n]变成[-ŋ]的结果。

(2)　元音韵尾和鼻声韵尾的变换

①　有把舌尖鼻声韵尾[-n]说成舌前最高元音[i]的。例如:

泔水

"泔"是"淅米汁"。朱骏声说:"今苏俗尚呼,'泔脚水'"。

---

① 《广韵·铣韵》:"茧、古典切。"

现代北京话把洗锅碗的浊水叫泔水。东北方言有把它叫做
"泔［kai］水"或"泔［kai］水脚子"的。这个音变是把［kan］的
韵尾辅音［-n］变成［-i］的。

还

"还"［xuan］　韵尾辅音是［-n］。北方话把它用作副词的
时候，说［xai］。韵尾辅音［-n］音变成［-i］。

② 有把舌前最高元音［-i］说成舌尖鼻声［-n］的。例如：

埋怨

"埋怨"［maiyan］　东北方言一般说成［manyan］。前音
节受后音节影响，韵尾辅音［-i］音变成［-n］。

骨髓

"髓"［suei］　在东北有些地方把它说成［suən］，韵尾辅
音［-i］变成［-n］，于是"骨髓"被说成［kusuən］。

退

"退"［tʻuei］韵尾辅音是［-i］，在东北，"倒退""退着走"
"往后退"的"退"有些人说［tʻuən］，正像把"褪"说成［tʻuən］
一样，是韵尾辅音［-i］音变成［-n］的。

茴香

在东北有些地方把"茴香"说成［xuənɕiaŋ］。［xuei］音变
成［xuən］是韵尾辅音［-i］音变成［-n］的。

3. 辅音音变

词的辅音音变，从东北方音和北京音对应来看：有不变发音部
位只变发音方法的；有不变方法只变部位的；有部位方法都改变了
的。

以下按这三种情况分别举例：

（1）　改变发音方法的辅音音变

①　由于送气不送气发生的音变

1）双唇塞声[p][p‘]音变

例如：

　　　培　pei——p‘ei

　　　"培陇"的"培"东北方言说[pei]，不送气；

　　　"培土"的"培"说[p‘ei]送气。

　　　醭　pu——p‘u

　　　醋上的白醭，北京说[pu]，是不送气的；东北方言有把它

说成送气的[p‘u]的。

2）舌尖塞声[t][t‘]音变

例如：

　　　顶　tiŋ——t‘iŋ

　　　"顶好"的"顶"照原词应该说[tiŋ]，不送气；但是东北方

言现在一般把它说成[t‘iŋ]，变成送气的。有些人就这个变

音把它写成"挺好"。

　　　蝴蝶　xutie——xut‘ie

　　　"蝴蝶"的"蝶"。北京和东北一般都把它说成[tie]。有

时送气说[t‘ie]。"儿"化时，也常送气说[t‘ier]。

　　　糊涂　xutu——xut‘u

　　　"糊涂"的"涂"是送气的，说[t‘u]。北京和东北都把它说

成[tu]变成了不送气的。

　　　提溜　tiliu——t‘iliu

　　　"提"单音词说[t‘i]，送气；双音节词"提溜"，北京和东北

都说[tiliu]，不送气。

3）舌根塞声[k][kʻ]音变

例如：

　　刽　kuei——kʻuai

"刽子手"的"刽"说[kuei]，不送气；但也有说[kʻuai]的，送气。

　　刮　kua——kʻua

"刮"是不送气的。在东北有些人是把它说成[kʻua]的。送气。

② 塞声和擦声音变

舌根声[k][x]音变

例如：

　　虹　kaŋ——xuŋ

"虹"，东北方言在口语里说[kaŋ]，在读书音里说[xuŋ]。是[k][x]音变。这个音变在隋唐时代就已经出现了。[①]

　　汞　koŋ——xoŋ

"汞"，在东北方言有两种说法：有人说[kuŋ]，也有人说[xuŋ]。也是[k][x]音变。

③ 塞声和塞擦声音变

舌尖中声和舌尖后声[t][tʂ]音变

例如：

　　澄　təŋ——tʂʻəŋ

东北方言"澄"在书面语言中一般是说[tʂʻəŋ]的。在口头语言里，一般是说[təŋ]的。譬如："澄清"说[təŋtɕʻiŋ]，"澄

---

① 《广韵·绛韵》："虹、古巷切，又音红。"

沙"说[təŋsa],"淘澄"说[tautəŋ]。

    铸   tau——tʂu

东北方言"铸"现在读[tʂu],口头上说[tau],例如:"铸模子""用铁铸的"都说[tau]而不说[tsu]。[tau]是古音在方音中的残余。

④ 擦声和塞擦声音变

1) 舌尖前声[s][ts]音变

例如:

    尿   suei——tsʻuei

"尿泡"[sueipʻau],东北方音有说成[tsʻueipʻau]的。

    厕   tsʻɿ——sɿ

"厕所""茅厕"(也有写作"茅司"的)等词的"厕",一般说[tsʻɿ]也有说成[sɿ]的。

2) 舌面前声[tɕ][ɕ]音变

例如:

    系   ɕi——tɕi

"系"现在一般读音念[ɕi],但在口头上往往说[tɕi],像"系着带子""系了一条绳子"。

这个音变是从塞声和擦声音变来的。"系"以前就有两个说法。隋唐时,缚系的"系"说[kiei],《周易·系辞》的"系"说[ɣiei]。[①] 后来由于颚化的结果,[k]变[tɕ],[ɣ]更由[x]变[ɕ]。在这个音变基础上,才出现了[tɕi]和[ɕi]的读书音和口语语音的差别。

---

① 《广韵·霁韵》:"系,缚系。古诣切。"又:"系、易之系辞。胡计切。"

⑤　塞声和鼻声音变

1）双唇声［p］［m］音变

例如：

秘　pi——mi

"秘书"一词有说［piʂu］的，东北方言说［miʂu］。

"私秘"［sʅpi］　东北方言也有说［sʅmi］的。

庞　maŋ——p'aŋ

"庞杂"一词有说［p'aŋtsa］的，也有说［maŋtsa］的。
［maŋ］和隋唐音相近。

2）音尖中声［t］［n］音变

例如：

鸟　tiau——niau

"鸟"现在说［niau］。悬在门户上用以上锁的搭鋬叫做
"了鸟"，①说［liautiau］。"鸟"音［tiau］是在方言中的残存着的
古音。

⑥　鼻声和边声音变

舌尖中声［n］［l］音变

东北方言没有系统的［n］［l］音变，但是个别的词却也有这种
音变现象。例如：

嫩　nen——lən

"嫩"北京音说［nən］，也有说［nun］的。东北不仅有说
［nən］［nun］的，也有说［lən］［luən］的。

落　lau——nau

---

①　李商隐诗："锁门金了鸟，展帐玉鸦叉。"《广韵·筱部》："鸟、都了切。"

"落下"的"落"北京音说[lau]。东北有些地方把它说成[nau]。像:"落下一身毛病","落个不够人"。这些[nau]有人照语音写字用"闹"来记它,这是不合于词的原意的。

脊梁 tɕiliaŋ——tɕiniaŋ

"脊梁"的"梁"原是说[liaŋ]的。北京和东北有把它说成[niaŋ]的。

(2) 改变发声部位的辅音音变

① 擦声的部位变换

例如:

豆腐 toufu——touxu

东北方言没有[x][f]的系统音变。但是个别词的音节是有偶然发生这种变换现象的。

"豆腐"[toufu]在轻声时有人说成[touxu]。[f]由于前后两个[u]的舌后部位影响,改变部位,从齿唇擦声变成舌根擦声。

② 鼻声的部位变换

例如:

鸟 niau——miau

"鸟"东北一般说[niau]。个别人也有说[miau]的。[n]变[m]是舌尖鼻声和双唇鼻声的部位更换。

(3) 改变发音部位和方法的辅音音变

① 双唇塞声和齿唇擦声[p][f]的音变

例如:

孵 pau——fu

"孵"[fu] 东北方言在口头上说[pau],例如:"孵小鸡儿"。孵小鸡的母鸡叫"老孵子"有写作"老抱子"的。

"孵"古音说[*po]——古代没有唇齿音，[f]是从[p]变来的。

嚏喷　t'ip'ən——t'ifən

"嚏喷"的"喷"原是说[p'ən]的。北京和东北有把它说成[fən]的。

逢

"逢"[fəŋ]　东北方言在口头上说[p'əŋ]，例如："在道上逢见他"。有些人把它就音找字，写成"碰见"，和原意不大相符。[p'əŋ]基本上和隋唐音相近。

② 舌尖中声和舌尖后声[n][ʐ]的音变

例如：

懦　nau——ʐu

"懦"[ʐu]　在口音上，例如东北地方，说[nau]。"懦"古音说[*nu]。[ʐ]是从[nʐ]演变而来的。说[nau]是残留的古音，说[ʐu]是后起的新音。

③ 舌根塞声和舌面前塞擦声的音变

这种音变是舌根声颚化的结果。

k>ki>tɕ

k'>k'i>tɕ'

x>xi>ɕ

在东北方言中，例如：

隔　kə——tɕie

隔壁[kəpi]　在东北方言中有说[tɕiepier]的。

痂　ka——tɕia

"疨"[tɕia]　东北方言说[ka]。例如:"疮疨"东北说[tʂʻuaŋkatsㄋər]。除诵读外,很少说[tɕia]的。"疨"隋唐时说[ka][①],后来音变作[kia],更从[kia]变成[tɕia]。

客　kʻə——tɕʻie

"客"现在字音说[kʻə],东北方言在口头上说[tɕʻie]。例如:"来客"东北说[laitɕʻie],"有客"说[ioutɕie]。"客",隋唐时说[kʻɐk]。后来脱掉韵尾辅音[-k],把韵腹[ɐ]说成[ə],变成[kʻə],更从[kiə]变成[tɕʻie]。

嚇(吓)　xe——ɕia

"吓"隋唐时说[xək][②]。以后音变成[xia],更从[xia]变成[ɕia]。

(4)　由辅音音变转成辅音和元音音变

由擦声清浊("带音不带音")的转换,进一步变成辅音和元音音变的。例如:

腻烦

"腻烦"[nifan]　东北方言有说成[niuai]的。烦[fan],韵尾[n]音变成[i],[f]变浊成[v],更由[v]变成[u]。

东北方言系统音变中[ʐ][i]音变,也是这类例的。[ʐ][j]是改换发音部位的音变,[j][i]是辅音和元音音变。

[ʐ]古音大体是说[nʐ]的。后来[ʐ]变成主要成分而失掉了[n]。[ʐ]是舌面前的,前移成舌尖后声[ʐ],后移成舌面中声[j],改换部位没有改换方法,它们都是带音的擦声。

---

① 《广韵·麻韵》:"疨、疮疨,古牙切。"
② 《广韵·陌韵》:"嚇,怒也,呼格切。"

编　辑　后　记

　　孙常叙《汉语词汇》是中国第一部较系统、全面地研究汉语词汇的专著,是现代汉语词汇学的开山之作。原书1956年由吉林人民出版社出版发行。近五十年来,它对现代汉语词汇学的进一步发展、完善,起到了重要的推动和促进作用,并已成为博士、硕士必读的词汇学著作。鉴于该书的学术价值,我们决定再版这本书。作者生前在书中有一些改订文字,有的是写在小纸片上,夹在书中的,我们都作了一些订补,修改了个别字词,统一了引文体例。为尊重文献的历史性,尽量保持原貌,使改订部分准确无误,特意请张志毅先生一一审读确认,并请他为再版作序。

商务印书馆编辑部